和歌山県

〈収録内容〉

2024年度 …………………… 数・英・理・社・国

2023年度 …………………… 数・英・理・社・国

2022年度 …………………… 数・英・理・社・国
※国語の大問二は、問題に使用された作品の著作権者が二次使用の許可を出していないため、問題を掲載しておりません。

2021年度 …………………… 数・英・理・社・国
※国語の大問三は、問題に使用された作品の著作権者が二次使用の許可を出していないため、問題を掲載しておりません。

2020年度 …………………… 数・英・理・社・国

DL 2019年度 …………………… 数・英・理・社

JN002438

便利なDLコンテンツは右のQRコードから

解答用紙　過去年度　リスニング ⇒

※データのダウンロードは2025年3月末日まで。
※データへのアクセスには、右記のパスワードの入力が必要となります。 ⇒ 633169

本書の特長

POINT 1	解答は全問を掲載、解説は全問に対応！
POINT 2	英語の長文は全訳を掲載！
POINT 3	リスニング音声の台本、英文の和訳を完全掲載！
POINT 4	出題傾向が一目でわかる「年度別出題分類表」は、約 10 年分を掲載！

実戦力がつく入試過去問題集

- ▶ 問題 …………… 実際の入試問題を見やすく再編集。
- ▶ 解答用紙 …… 実戦対応仕様で収録。
- ▶ 解答解説 …… 重要事項が太字で示された、詳しくわかりやすい解説。
  ※採点に便利な配点も掲載。

合格への対策、実力錬成のための内容が充実

- ▶ 各科目の出題傾向の分析、最新年度の出題状況の確認で、入試対策を強化！
- ▶ その他、志願状況、公立高校難易度一覧など、学習意欲を高める要素が満載！

解答用紙ダウンロード	解答用紙はプリントアウトしてご利用いただけます。弊社ＨＰの商品詳細ページよりダウンロードしてください。トビラのＱＲコードからアクセス可。
リスニング音声ダウンロード	英語のリスニング問題については、弊社オリジナル作成により音声を再現。弊社ＨＰの商品詳細ページで全収録年度分を配信対応しております。トビラのＱＲコードからアクセス可。
famima PRINT	原本とほぼ同じサイズの解答用紙は、全国のファミリーマートに設置しているマルチコピー機のファミマプリントで購入いただけます。※一部の店舗で取り扱いがない場合がございます。詳細はファミマプリント（http://fp.famima.com/）をご確認ください。
UD FONT	見やすく読みまちがえにくいユニバーサルデザインフォントを採用しています。

～2025年度和歌山県公立高校入試の日程（予定）～

☆特色化選抜

出願受付	1／24
↓	
面接等	1／30
↓	
合格内定	2／6

☆一般選抜・スポーツ推薦

一般出願受付	2／17
↓	
本出願受付	2／26・27
↓	
学力検査	3／10
↓	
面接、実技検査等	3／11
↓	
合格発表	3／18

※募集および選抜に関する最新の情報は和歌山県教育委員会のホームページなどで必ずご確認ください。

2024年度/和歌山県公立高校一般選抜・スポーツ推薦出願状況

＜全 日 制＞

学校名・学科		定員	入学者枠数	出願者数		出願倍率
				スポーツ推薦	一般選抜	
橋本	普通	160	160	－	163	1.02
	普通(県立中)	40	－	－	－	－
紀北工業	機械	80	80	1	79	1.00
	電気	40	40	0	28	0.70
	システム化学	40	40	1	32	0.83
紀北農芸	生産流通	40	35	1	19	0.57
	施設園芸	40	30	0	17	0.57
	環境工学	40	40	3	11	0.35
笠田	普通	80	80	0	70	0.88
	総合ビジネス 情報処理	80	80	0	89	1.11
粉河	普通 理数	240	240	10	218	0.95
那賀	普通	240	240	－	264	1.10
	国際	40	40	－	25	0.63
貴志川	普通	120	120	－	62	0.52
和歌山北	普通(北校舎)	320	316	21	291	0.99
	普通(西校舎)	80	80	0	33	0.41
	スポーツ健康科学	40	40	－	34	0.85
和歌山	総合	200	200	－	181	0.91
向陽	普通	240	240	－	281	1.17
	環境科学	80	－	－	－	－
桐蔭	普通	200	200	－	235	1.18
	普通(県立中)	80	－	－	－	－
和歌山東	普通	200	200	1	118	0.60
星林	普通	280	280	0	342	1.22
	国際交流	40	40	0	37	0.93
和歌山工業	機械	80	80	6	78	1.05
	電気	80	80	3	52	0.69
	化学技術	40	40	0	22	0.55
	建築	40	40	8	58	1.65
	土木	40	40	0	36	0.90
	産業デザイン	40	40	5	42	1.18
	創造技術	40	40	1	58	1.48
和歌山商業	ビジネス創造	280	280	6	221	0.81
海南	普通(海南校舎) 教養理学	200	200	－	207	1.04
	普通(大成校舎)	40	40	－	27	0.68
(美里分校)	普通	40	40	－	7	0.18
箕島	普通	80	76	11	57	0.89
	専門学科系	80	80	0	29	0.36
有田中央	総合(総合) 総合(福祉)	120	120	－	66	0.55
(清水分校)	普通	40	40	0	0	0.00
耐久	普通	200	200	－	163	0.82
日高	普通	200	200	－	175	0.88
	総合科学	40	－	－	－	－
(中津分校)	普通	40	40	－	22	0.55
紀央館	普通	120	118	4	124	1.08
	工業技術	40	39	1	35	0.92
南部	普通	80	80	－	19	0.24
	食と農園	120	116	－	47	0.41
(龍神分校)	普通	40	37	－	10	0.27
田辺	普通	200	200	－	206	1.03
	自然科学	80	－	－	－	－
田辺工業	機械	80	80	－	60	0.75
	電気電子	40	40	－	20	0.50
	情報システム	40	40	－	44	1.10
神島	普通	120	120	－	134	1.12
	経営科学	120	120	－	161	1.34
熊野	看護	40	40	－	32	0.80
	総合	160	160	5	140	0.91
串本古座	未来創造	120	116	－	67	0.58
新宮	普通	200	200	－	189	0.95
新翔	総合	120	120	－	89	0.74

○市立

学校名・学科		定員	入学者枠数	出願者数		出願倍率
				スポーツ推薦	一般選抜	
和歌山市立和歌山						
	総合ビジネス	160	160	15	177	1.20
	デザイン表現	40	40	－	43	1.08
	普通	60	60	－	69	1.15

※　橋本高校普通科のうち１クラス、向陽高校環境科学科、桐蔭高校普通科のうち２クラス、日高高校総合科学科、田辺高校自然科学科については、それぞれの県立中学校からの進学者のみとし、県立高校入学者選抜による募集を実施しない。

※　海南高校美里分校、有田中央高校清水分校、日高高校中津分校、南部高校龍神分校の入学者枠数には、全国募集枠数を含む。

※　有田中央高校総合学科福祉系列の人数は、26名以内。総合学科出願者数66名のうち、福祉系列の受検者数は６名。

※　南部高校食と農園科調理コースの人数は、24名以内。食と農園科出願者数47名のうち、調理コースの出願者数は38名。

※　南部高校未来創造学科宇宙探究コースの人数は40名以内で、特色化選抜合格内定者数を除いた入学者枠数は36名。未来創造学科出願者数67名のうち、宇宙探究コースの出願者数は３名。

和歌山県公立高校難易度一覧

目安となる偏差値	公立高校名
75 ~ 73	
72 ~ 70	
69 ~ 67	桐蔭
66 ~ 64	向陽
63 ~ 61	
60 ~ 58	海南(普／教養理学)
57 ~ 55	星林，田辺，橋本 星林(国際交流)，耐久
54 ~ 51	那賀 粉河(理数)，日高 神島
50 ~ 47	新宮，和歌山工業(機械) 那賀(国際)，和歌山商業(ビジネス創造)，[市]和歌山市立和歌山(デザイン表現) 神島(経営科学)，和歌山工業(電気)，[市]和歌山市立和歌山 笠田，粉河，和歌山北[北校舎]，和歌山工業(創造技術)
46 ~ 43	熊野(看護)，和歌山工業(化学技術／建築／産業デザイン) 箕島，[市]和歌山市立和歌山(総合ビジネス) 笠田(総合ビジネス・情報処理)，貴志川(人間科学)，和歌山工業(土木) 串本古座(未来創造)，南部
42 ~ 38	紀北工業(機械／電気)，和歌山(総合) 紀央館(工業技術)，紀北工業(システム化学)，熊野(総合)，田辺工業(機械／電気電子／情報システム) 紀央館，新翔(総合)，箕島(専門学科系)，和歌山北[西校舎](スポーツ健康科学) 有田中央(総合)，海南[大成校舎]，貴志川，日高[中津分校]，和歌山北[西校舎] 海南[美里分校]，和歌山東
37 ~	紀北農芸(生産流通／施設園芸／環境工学)，南部(食と農園) 有田中央[清水分校]，南部[龍神分校]

＊(　)内は学科・コースを示します。特に示していないものは普通科(普通・一般コース)，または全学科(全コース)を表します。[市]は市立を表します。

＊データが不足している高校，または学科・コースなどにつきましては掲載していない場合があります。

＊公立高校の入学者は，「学力検査の得点」のほかに，「調査書点」や「面接点」などが大きく加味されて選抜されます。上記の内容は想定した目安ですので，ご注意ください。

＊公立高校入学者の選抜方法や制度は変更される場合があります。また，統廃合による閉校や学校名の変更，学科の変更などが行われる場合もあります。教育委員会などの関係機関が発表する最新の情報を確認してください。

数学　出題傾向の分析と合格への対策

出題傾向とその内容

〈最新年度の出題状況〉

今年度の出題数は，大問が4題，小問数にして25問で，昨年と同様であった。

出題範囲は，中学数学の全域にわたっていて，基本を重視する問題が大半であるが，総合的・発展的な問題も含まれている。

今年度の出題内容は，大問1が数・式，平方根の基本的計算問題5問を含み，式の展開，二次方程式，比例関数，図形の移動，円の性質を利用した角度の計量に関する10問の小問群，大問2は関数とグラフ，動点，連立方程式の応用，資料の散らばり・代表値，確率，規則性，文字を使った式，大問3は図形と関数・グラフの融合問題，大問4は記述式証明問題と相似の性質や三平方の定理を利用した線分の長さ，角度，面積を計量させる平面図形の総合問題であった。

問題数は多いが，難問はないので，基本をしっかりマスターできていれば，時間が足りないという事はないであろう。

〈出題傾向〉

問題の出題数は，ここ数年，大問数で5題，小問数で25問前後が定着している。

出題傾向は，大問1で5問の数・式，平方根の基本的計算問題を含め，中学数学の全領域からまんべんなく，基本的な数学能力を問う小問群が10問前後出題されている。大問2では，数の性質，方程式の応用，式による証明，関数とグラフ，確率，動点問題などから，少し応用力を必要とする問題が4問前後出題されている。これらの問題は，日頃の授業や教科書の内容をしっかり身につけ，確実に得点できるようにしよう。大問3以降では，図形と関数・グラフの融合問題，記述式証明や計量問題を含む平面図形・空間図形の総合問題，動点問題，規則性の問題などから大問3題が出題されている。問題集の少しレベルの高い問題にあたり，これらの問題への対策も十分立てよう。

来年度の予想と対策

来年度も，今年度とほぼ同様の出題傾向となるだろう。例年，「数と式」では，数量の関係を題意に即して処理する能力，「図形」では，証明の過程を正確に表現する能力，「数量関係」では，関数と図形の関係を正しく処理する能力などが問われるので，この分野についてはよく学習しておこう。特に，円や平面図形に関しては，多くのパターンの問題を解きなれておきたい。また，基礎・基本問題を中心として出題されるので，日頃から基礎的な事項の確認が必要である。まずは，苦手な単元を早い時期に克服し，どの単元から出題されても対応できる実力をつけるようにしておこう。

今年度は小問の解答数が多く，来年度も同様と予想されるので，過去問題集などをテスト形式で勉強するときは，きちんと時間を計りながら解いてみることが高得点獲得には必要なことである。

⇨学習のポイント

- 制限時間が50分で，出題の中心が教科書や問題集の基礎，標準レベルの問題からなることを考えると，正確さが求められる。各分野の問題を確実に解く力をつけよう。
- 証明問題や途中の計算過程を書かせる記述式問題への準備もしっかりしておこう。

年度別出題内容の分析表 数学

出題内容			27年	28年	29年	30年	2019年	2020年	2021年	2022年	2023年	2024年
数と式		数の性質					○			○		○
		数・式の計算	○	○	○	○	○	○	○	○	○	○
		因数分解			○			○			○	
		平方根	○	○	○	○	○	○	○	○	○	○
方程式・不等式		一次方程式	○	○	○	○	○	○	○	○	○	○
		二次方程式		○		○	○	○	○	○		○
		不等式							○			
		方程式の応用	○	○	○	○	○	○	○	○	○	○
関数		一次関数	○	○	○	○	○	○	○	○	○	○
		関数 $y = ax^2$	○	○	○	○	○	○	○	○	○	○
		比例関数			○		○	○	○	○		○
		関数とグラフ	○	○	○	○	○	○	○	○	○	○
		グラフの作成										
図形	平面図形	角度	○	○	○	○	○	○	○	○	○	○
		合同・相似	○	○	○	○	○	○	○	○	○	○
		三平方の定理	○	○	○	○	○	○	○	○	○	○
		円の性質	○	○	○	○	○	○	○	○	○	○
	空間図形	合同・相似	○								○	
		三平方の定理										
		切断										
	計量	長さ		○	○	○	○	○	○	○	○	○
		面積	○	○	○	○	○	○	○	○	○	○
		体積	○		○	○	○	○		○	○	
		証明	○	○	○	○	○	○	○	○	○	○
		作図		○								
		動点			○				○			○
データの活用		場合の数										
		確率	○	○	○	○	○	○	○	○	○	○
		資料の散らばり・代表値(箱ひげ図を含む)	○	○	○	○		○	○	○	○	○
		標本調査			○		○			○		
融合問題		図形と関数・グラフ	○	○	○	○	○	○		○	○	○
		図形と確率										
		関数・グラフと確率										
		その他										
その他			○	○	○	○	○	○	○	○	○	○

— 和歌山県公立高校 —

英語 出題傾向の分析と合格への対策

出題傾向とその内容

〈最新年度の出題状況〉

本年度の大問構成は，リスニング問題1題，長文読解問題2題，会話文読解問題1題，自由・条件英作文問題1題の計5題であった。

リスニング問題は，対話の内容に合う絵を選ぶもの，英文を聞いて日本語の質問の答えを選ぶもの，やや長めの英文を聞いてその内容についての質問の答えを選ぶものが出題された。配点は100点満点中の25点であった。

長文読解問題，会話文問題は内容理解に関するものが中心であったが，グラフなどの資料の読み取り，条件英作文，日本語による内容説明なども出題され，総合的な英語力が問われたと言える。

自由・条件英作文では，掲示された表を読み取り，どちらのイベントに参加したいかを25語以上で表現することが求められた。

〈出題傾向〉

ここ数年，出題傾向に大きな変化はない。

リスニング問題は，出題形式はやや珍しいものもあるが，難易度は標準的である。

長文読解問題，会話文問題では，内容理解の力を求める小問が多く，さまざまな形式で読解力が試される出題であった。本年度は語句の並べ換えが出題されず，小問はすべて内容理解に関するものであった。

自由・条件英作文は本年度も「25語以上」との指定があり，まとまった量の英文を書く能力が求められた。

来年度の予想と対策

来年度の出題も本年度と同じ形式で，問題量や難易度にも大きな変化はないと予想される。過去問題には必ず取り組もう。

リスニング問題の対策としては，実際に英語の音声を聞く練習を重ねておこう。その上で本書を利用し，本県の出題形式に慣れておくこと。英文を聞きながら内容について日本語でメモをとる練習をしておこう。

文法事項は単独の大問，小問としての出題はないが，英文の読解はもちろん，英作文，英問英答問題などで必要になる。中学校で学習する文法事項は，英語力の基礎になるので，しっかり復習し，問題演習をして身につけよう。

読解問題対策として日頃から英文をできるだけ多く読み，読解力をつけておくことが大切であろう。学校の教科書をくり返し読むなどして，短い英文から始めて，少しずつ長い文章の読解にも取り組んでおこう。本文は比較的量が多く，問題では英文の内容についてさまざまな形式で問われるので，ある程度の速さで正確に読み取る力が必要だ。さらに日本語での記述・英問英答は，読解力と表現力の双方が要求されるため，じゅうぶんな練習を積んでおくこと。また，図や表などの資料を用いた問題が毎年出題されていることにも注目しておこう。

英作文は難しい表現を使う必要はない。中学校で学習した，自分が自信をもって書ける英語で表現すればよい。学校や塾の先生に指導を受けながら，数多く練習しておこう。

⇨学習のポイント

- リスニング問題はCD，ラジオなどで実際の音声を利用して，数多く練習しておこう。
- 中学校で学習した文法事項や単語をしっかり復習し，文法力・読解力・表現力を身につけよう。
- 過去問題に取り組み，出題傾向を知っておこう。

年度別出題内容の分析表　英語

出題内容			27年	28年	29年	30年	2019年	2020年	2021年	2022年	2023年	2024年
設問形式	リスニング	絵・図・表・グラフなどを用いた問題	○	○	○	○	○	○	○	○	○	○
		適文の挿入	○	○	○	○	○	○	○	○	○	○
		英語の質問に答える問題				○	○	○	○	○	○	○
		英語によるメモ・要約文の完成										
		日本語で答える問題	○	○	○							
		書き取り										
	語い	単語の発音										
		文の区切り・強勢										
		語句の問題										
	読解	語句補充・選択（読解）	○	○	○	○	○	○	○	○	○	○
		文の挿入・文の並べ換え	○	○	○	○	○	○	○	○	○	○
		語句の解釈・指示語	○	○	○	○	○	○	○	○	○	○
		英問英答（選択・記述）	○	○	○	○	○	○	○	○	○	○
		日本語で答える問題	○	○	○	○	○	○	○	○	○	○
		内容真偽			○	○	○	○	○	○	○	○
		絵・図・表・グラフなどを用いた問題	○	○	○	○	○	○	○	○	○	○
		広告・メール・メモ・手紙・要約文などを用いた問題									○	
	文法	語句補充・選択（文法）										
		語形変化										
		語句の並べ換え	○	○	○	○	○	○	○	○	○	
		言い換え・書き換え										
		英文和訳										
		和文英訳	○	○	○	○	○	○	○			
		自由・条件英作文	○	○	○	○	○	○	○	○	○	○
文法事項	現在・過去・未来と進行形		○	○			○	○	○	○	○	○
	助動詞		○	○	○		○	○	○	○	○	
	名詞・冠詞・代名詞				○	○	○	○	○	○	○	○
	形容詞・副詞		○	○		○		○	○	○	○	○
	不定詞		○	○	○	○	○	○	○	○	○	○
	動名詞		○	○	○	○	○		○	○		○
	文の構造（目的語と補語）		○	○	○		○	○	○	○	○	
	比較							○			○	○
	受け身			○	○			○	○			○
	現在完了		○	○				○		○	○	○
	付加疑問文											
	間接疑問文			○	○	○						
	前置詞					○						○
	接続詞		○				○			○	○	○
	分詞の形容詞的用法									○		
	関係代名詞		○	○	○	○		○	○		○	○
	感嘆文											
	仮定法										○	

—和歌山県公立高校—

理科 出題傾向の分析と合格への対策

出題傾向とその内容

〈最新年度の出題状況〉

実験や調査をもとに基礎的な知識や，科学的な思考力を問う問題が出題された。標準的な内容で，比較的解きやすかった。

〈出題傾向〉

大問は5題であり，解答すべき問題数は40問以下と適量であった。大問1は，各分野からの小問集合，大問2が生物，大問3が地学，大問4が化学，大問5が物理と各分野からバランスよく出題されているので，テンポよく解き進めていきたい。また，実験・観察をふまえた思考力を試される出題もあるため，事前の練習は幅広くしておきたい。作図のほかにしっかりとした理由を書かせる文章記述形式の解答も多く，出題文や図表などをよく読み，時間配分にも注意しながら解いていくことが必要である。

物理的領域　教科書に出てくる実験を利用しており，確かな知識の裏付けを必要とする問題が見られた。

化学的領域　教科書内にある実験を通して，気体と水溶液を中心とした知識が要求される出題であった。問題自体は基本的で大変解きやすかった。

生物的領域　比較的スタンダードな問題であった。基礎事項を正しく理解していれば，難なく解けたであろう。確かな知識と表現力が必要な論述問題も見られた。

地学的領域　図表の正確な読み取りが鍵となる問題が見られた。1つの現象が起こるしくみをきちんと理解しながら学習を展開しよう。つねにさまざまな現象などを説明する習慣をつけておこう。

来年度の予想と対策

例年，教科書でよく見られる実験を用いた出題が多く，基礎～標準レベルの問題を中心にバランスよく出題され，この傾向は今後も続くと考えられる。原理・原則をもとにして科学的に思考するタイプの問題も見られるが，基礎的内容を問われているものも多くあり，解きやすい問題である。

学校の授業内容を理解した上で，出題意図に合わせて自分の考えをまとめていく力が求められる。実験や観察の目的や方法をまとめ，結果をグラフや表にしたり，簡潔な文章で表現したりする訓練が必要であろう。教科書や問題集で用語を正確に理解し，過去問にも取り組んでおこう。

また，新聞やニュースで科学的な話題があれば興味をもって見るようにしてほしい。

⇨学習のポイント

- 教科書にのっている語句などを説明しながら，記述問題をクリアする力をつけよう。
- 教科書にのっている図はしっかりと読み込んで，全体的な理解に努めよう。

年度別出題内容の分析表　理科

※★印は大問の中心となった単元

分野	学年	出題内容	27年	28年	29年	30年	2019年	2020年	2021年	2022年	2023年	2024年
第一分野	第1学年	身のまわりの物質とその性質			○	○				○		
		気体の発生とその性質	○	○				○		○		○
		水溶液			○	★		○			○	○
		状態変化		○	○		○					
		力のはたらき（2力のつり合いを含む）						○			○	
		光と音	○			★			○	○		★
	第2学年	物質の成り立ち		○	○	○	○	○			○	○
		化学変化，酸化と還元，発熱・吸熱反応		○	○		○		★			
		化学変化と物質の質量		○			○		○		○	
		電流（電力，熱量，静電気，放電，放射線を含む）	○		★	○				○	★	
		電流と磁界	★			○			★			
	第3学年	水溶液とイオン，原子の成り立ちとイオン				○	○	★		○		○
		酸・アルカリとイオン，中和と塩	○				○		○		○	
		化学変化と電池，金属イオン	○					○		★		
		力のつり合いと合成・分解（水圧，浮力を含む）					○	○				
		力と物体の運動（慣性の法則を含む）					★					
		力学的エネルギー，仕事とエネルギー		★						★		
		エネルギーとその変換，エネルギー資源	○	○	○		○			○		○
第二分野	第1学年	生物の観察と分類のしかた					○				○	
		植物の特徴と分類	○					★			○	
		動物の特徴と分類					★			○		
		身近な地形や地層，岩石の観察					○		○			
		火山活動と火成岩		○			○		○	○		○
		地震と地球内部のはたらき	○	○						★		
		地層の重なりと過去の様子	○				★		○	○	○	
	第2学年	生物と細胞（顕微鏡観察のしかたを含む）				○					○	○
		植物の体のつくりとはたらき	○		○			○	★			
		動物の体のつくりとはたらき	○	★			○	○	○	○		○
		気象要素の観測，大気圧と圧力		○		○	○	★				○
		天気の変化		○		★		○				○
		日本の気象				○	○	★				○
	第3学年	生物の成長と生殖		○	○	★						○
		遺伝の規則性と遺伝子			★						○	
		生物の種類の多様性と進化					○					
		天体の動きと地球の自転・公転			○		○		★	○		
		太陽系と恒星，月や金星の運動と見え方			★	○		○		○	★	
		自然界のつり合い	★							○		
自然の環境調査と環境保全，自然災害			○									
科学技術の発展，様々な物質とその利用					○	○		○				
探究の過程を重視した出題			○	○	○	○	○	○	○	○	○	○

―和歌山県公立高校―

社会　出題傾向の分析と合格への対策

出題傾向とその内容

〈最新年度の出題状況〉

本年度の出題数は，大問6題，小問38問である。解答形式は語句記入が14問，記号選択は17問である。短文の記述問題が7問出題されている。大問数は，日本・世界地理2題，歴史2題，公民2題となっており，小問数は各分野のバランスがとれていると言える。

出題内容は，基礎的知識を問う問題が大部分を占めている。地図・図表・絵・グラフなどの資料も多く使われている。

地理的分野では，地図やグラフ，表などを用いて，諸地域の特色や産業などを問う出題となっている。歴史的分野では，年表・史料などが用いられ，日本と外国とのかかわり，古代から現代までの歴史の流れや各時代の特色を問う出題となっている。公民的分野では，憲法・地方自治・経済一般に関する幅広い内容を問う出題となっている。

〈出題傾向〉

地理的分野では，地図や統計資料などの読み取りを通して，日本や世界の諸地域の特色，自然や産業などを問う問題が出題されている。

歴史的分野では，図表や史料などを用いて，各時代の政治や社会の様子，文化，外国との関係などについて問う出題となっている。

公民的分野では，資料やグラフなどの読み取りを通して，憲法・経済一般など，幅広く基礎的事項の確認をする出題となっている。

来年度の予想と対策

来年度も出題数や出題内容とも大きな変化はないだろう。基礎知識を問う問題では，重要な語句を正確に書けるようにしておこう。また，さまざまな形式で出題される記述問題に対する練習も必要である。資料を読み取る力をつけるとともに，重要語句は正確な言葉で簡潔に説明できるように表現力を身につけておこう。

地理的分野では，世界と日本の自然や地形・産業などに関する基礎知識は学習しておこう。地図や統計資料を使った問題への対策も必要である。

歴史的分野では，各時代の政治・経済・外交・文化の特色をおさえておくことが必要である。また，世界史の近現代史についても整理しておこう。

公民的分野では，政治や経済のしくみのほか，国際政治・経済も出題される可能性があるので，時事問題への対応もかねて，ふだんから新聞やテレビのニュースなどから新しい知識を得るように努めておこう。

⇨学習のポイント

・地理では，統計資料から，各地域の特色や，様々な問題を読み取る力をつけておこう！
・歴史では，教科書で基本的事項を整理し，一問一答形式の問題に慣れておこう！
・公民では，基礎的な事項を整理し，ニュースに触れ，考える習慣をつけておこう！

年度別出題内容の分析表　社会

出題内容			27年	28年	29年	30年	2019年	2020年	2021年	2022年	2023年	2024年
地理的分野	日本	地形図の見方			○		○					○
		日本の国土・地形・気候		○	○	○	○	○	○	○	○	○
		人口・都市	○	○	○		○	○			○	
		農林水産業		○	○		○	○	○	○	○	
		工業	○	○	○		○	○	○	○	○	
		交通・通信				○						○
		資源・エネルギー	○					○		○		
		貿易				○						
	世界	人々のくらし・宗教			○		○		○	○	○	
		地形・気候	○	○	○	○	○	○	○	○	○	○
		人口・都市			○			○	○		○	○
		産業	○			○				○		○
		交通・貿易	○	○	○	○	○	○	○			○
		資源・エネルギー	○				○					
	地理総合		○									
歴史的分野	日本史―時代別	旧石器時代から弥生時代		○				○	○			
		古墳時代から平安時代	○	○	○	○	○	○	○	○	○	○
		鎌倉・室町時代	○	○	○	○	○	○	○	○	○	○
		安土桃山・江戸時代	○	○	○	○	○	○	○	○	○	○
		明治時代から現代	○	○	○	○	○	○	○	○	○	
	日本史―テーマ別	政治・法律	○	○	○	○	○	○	○	○	○	○
		経済・社会・技術	○	○	○	○	○	○	○	○		
		文化・宗教・教育		○	○	○	○	○	○	○	○	○
		外交	○	○	○	○	○	○	○	○	○	○
	世界史	政治・社会・経済史	○	○	○	○	○			○	○	○
		文化史										
		世界史総合										
	歴史総合											
公民的分野	憲法・基本的人権		○	○	○	○	○	○	○	○	○	○
	国の政治の仕組み・裁判		○	○	○	○		○	○	○	○	
	民主主義										○	
	地方自治		○			○			○		○	○
	国民生活・社会保障		○		○		○		○		○	
	経済一般		○		○	○	○	○	○	○	○	○
	財政・消費生活		○		○	○	○	○	○	○	○	○
	公害・環境問題		○	○								○
	国際社会との関わり			○		○	○	○		○		○
時事問題			○	○								○
その他												

―和歌山県公立高校―

国語 出題傾向の分析と合格への対策

出題傾向とその内容

〈最新年度の出題状況〉

本年度は，大問四つの構成となっていた。

大問一は，漢字の読み書き，画数，敬語に関する問題が出題された。漢文については，形式を問う問題，返り点をつける問題が出題された。

大問二は，論説文の読解問題。文脈把握をしながら，筆者の主張・考えをまとめる問題や見出しをつける問題が出題された。

大問三は，随筆の読解問題。内容の理解が主である。また今年度も課題作文が単独で出題された。写真を見て，感じたことをまとめるものであった。

解答形式は，記号選択式と記述式の併用である。記述式には，60字，80字など長めのものが出題されている。また，課題作文は160字以上200字内の字数が求められた。

〈出題傾向〉

読解問題は，論説文が毎年必出となっている。筆者の意見の根拠を問うものなど，内容理解に関する問いが中心で，脱語補充や指示語の問いも見られる。本文の内容について話し合っている会話が伴われるなど，出題形式のバラエティーが豊富だ。また，古文や漢文を絡ませることも古文・漢文を原文から的確に内容をつかむ力が求められる。扱われる現代文は，小説や随筆の場合もあるので，心情読解の学習も必要だ。

漢字や文法などの知識問題は，読解問題中に含まれる。漢字は，読みと書き取りのほか，行書から画数を求めるなど，幅広い知識が求められる。文法は，文節相互の関係，品詞，活用などの出題が見られる。ことわざや慣用句，熟語の出題もあり，語句に関する豊富な知識が必要だ。また，古文や漢文では，歴史的仮名遣い，返り点などが問われている。

課題作文は，読解問題の本文の内容に沿ったテーマが与えられることが多い。自分の意見をまとめる力だけでなく，本文中の筆者の意見を正確に把握する読解力も求められる出題となっている。

来年度の予想と対策

来年度も同様の傾向の出題となろう。

現代文については，的確な内容把握が問題を解く基礎となるため，読解力を養いたい。ジャンルとしては，論説文は必修である。さらに記述問題対策として，記述力や表現力も身につけておきたい。小説や随筆の出題も考えられるので，文章に触れておこう。

漢字は基礎的なものを確実に解答できるようにしたい。語句・文法は，問題集を使うなどして，まんべんなく学習しておこう。

古文・漢文については，語句の意味，歴史的仮名遣いや返り点などといった基本的な事項を，教科書を用いておさえておくようにしよう。

課題作文については，例年テーマは様々だが，課題に沿って書くものが中心なので，何を問われているかを，しっかり把握したうえで，自分の考えを述べることが求められる。200字以内で条件設定に沿った文章を書く練習をしておくとよいだろう。

⇨**学習のポイント**

・過去問を解いて，出題形式に慣れよう。
・漢字や文法などを，教科書でおさらいしよう。
・さまざまなテーマで作文の練習をしておこう。

年度別出題内容の分析表　国語

出題内容			27年	28年	29年	30年	2019年	2020年	2021年	2022年	2023年	2024年
内容の分類	読解	主題・表題										
		大意・要旨	○	○	○	○	○	○			○	○
		情景・心情			○		○		○	○	○	○
		内容吟味	○	○	○	○	○		○	○	○	○
		文脈把握	○	○	○	○	○	○	○	○	○	○
		段落・文章構成									○	
		指示語の問題		○				○	○	○	○	
		接続語の問題						○				○
		脱文・脱語補充	○	○	○	○	○		○	○	○	○
	漢字・語句	漢字の読み書き	○	○	○	○	○	○	○	○	○	○
		筆順・画数・部首		○	○	○	○	○				○
		語句の意味			○		○			○		○
		同義語・対義語	○	○								
		熟語		○	○			○		○		
		ことわざ・慣用句・四字熟語				○	○	○			○	
		仮名遣い	○		○				○	○		
	表現	短文作成										
		作文(自由・課題)	○	○	○	○	○	○	○	○	○	○
		その他										
	文法	文と文節									○	
		品詞・用法	○	○	○				○	○	○	
		敬語・その他	○	○		○		○	○	○	○	○
	古文の口語訳								○			
	表現技法・形式										○	○
	文学史											
	書写		○	○	○	○	○	○	○	○	○	○
問題文の種類	散文	論説文・説明文	○	○	○	○	○	○	○	○	○	○
		記録文・実用文										
		小説・物語・伝記			○		○	○	○	○	○	
		随筆・紀行・日記							○			○
	韻文	詩										
		和歌(短歌)										
		俳句・川柳										
	古文		○		○		○	○	○	○		
	漢文・漢詩			○							○	○
	会話・議論・発表		○	○			○				○	
	聞き取り											

MEMO

大切なことはメモしておこうネ！

和歌山県公立高等学校

2024年度

★★★★★★★★★★★★★★★★★★★★★★★

入　試　問　題

●くわしい解説……47ページ

＜数学＞　時間　50分　　満点　100点

1　次の〔問１〕～〔問６〕に答えなさい。

〔問１〕　次の⑴～⑸を計算しなさい。

⑴　$-4+7$

⑵　$6+\frac{7}{9}\times(-12)$

⑶　$-2(a-b)+5(2a-b)$

⑷　$\sqrt{28}-\sqrt{7}+\sqrt{63}$

⑸　$(a+5)^2-(a-8)(a-2)$

〔問２〕　次の二次方程式を解きなさい。

$(x+2)^2=13$

〔問３〕　$\sqrt{126n}$ の値が自然数となるような自然数 n のうち，最も小さいものを求めなさい。

〔問４〕　y は x に反比例し，$x=2$ のとき，$y=-3$ である。
このとき，y を x の式で表しなさい。

〔問５〕　AB＝BCの直角二等辺三角形ABCがある。右の図のように，辺ABを３等分する点をAに近いほうからD，E，辺BCを３等分する点をBに近いほうからF，G，辺CAを３等分する点をCに近いほうからH，Iとし，それぞれ点を結ぶ。また，線分EHと線分FIの交点をＪとする。

次の⑴，⑵に答えなさい。

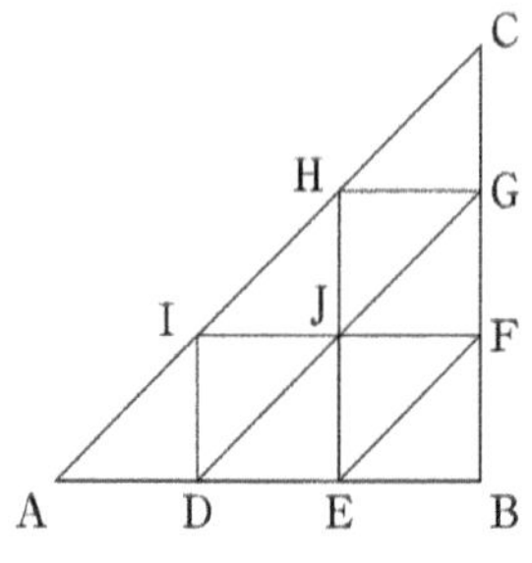

⑴　△ADIと合同な三角形のうち，平行移動だけで△ADIの位置に移るものは△ADI以外にいくつあるか，求めなさい。

⑵　△DEJを△GHJの位置に移す方法を次の２通り考えた。
次の [ア] にはあてはまる数を，[イ] にはあてはまる直線を答えなさい。

方法１　△DEJを点Ｊを中心に [ア] 度回転移動させる。

方法２　△DEJを△JFGの位置に移るように平行移動し，さらに直線 [イ] を対称の軸として対称移動させる。

〔問６〕 右の図のように，円Oの周上に３点A，B，Cがあり，線分OBと線分ACの交点をDとする。

OA // CB，∠BDC＝114°のとき，∠xの大きさを求めなさい。

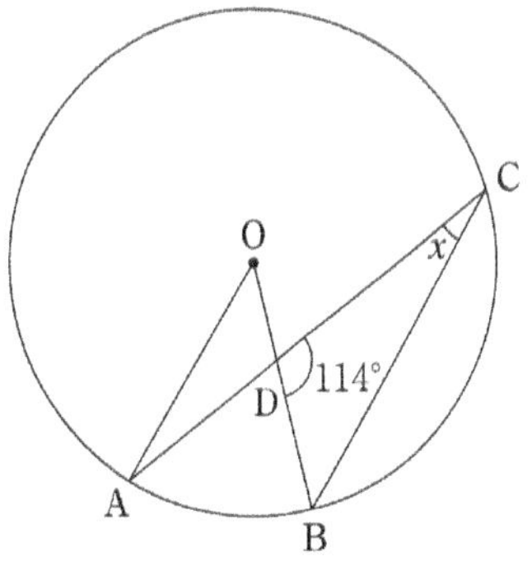

2 次の〔問１〕～〔問５〕に答えなさい。

〔問１〕 右の図のような長方形ABCDがある。点Pは点Aを出発して長方形の辺上をB，Cの順にCまで動くものとし，点Pが点Aからx cm動いたときの△APDの面積をy cm^{2}とする。

このとき，点PがAからCまで動くときのxとyの関係を表したグラフとして適切なものを，次の**ア**～**エ**の中から１つ選び，記号で答えなさい。

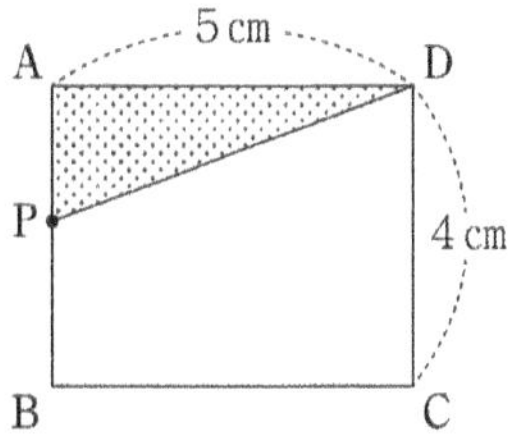

ア

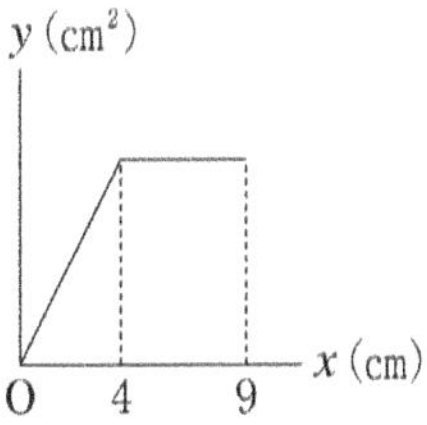

イ

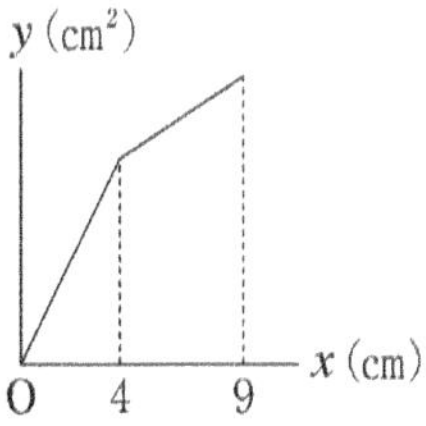

ウ

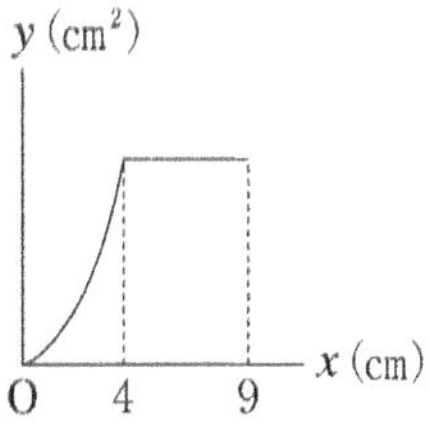

エ

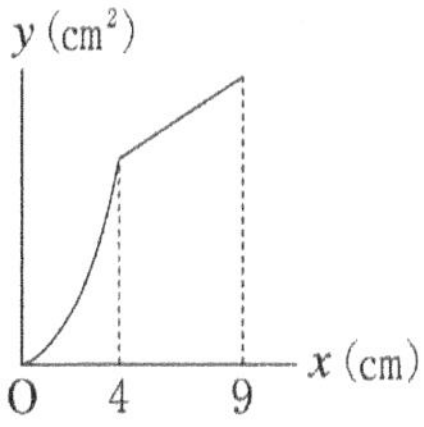

〔問２〕 たかしさんは家族でドライブに出かけました。午前９時に家を出発して目的地まで，一般道路を時速30km，高速道路を時速80kmで走り，午前11時に目的地に到着しました。

走った道のりがあわせて130kmのとき，一般道路と高速道路をそれぞれ何km走ったか，求めなさい。

ただし，答えを求める過程がわかるようにかきなさい。

〔問３〕 右の図は，あるクラスの生徒17人が懸垂を行い，その回数をグラフに表したものである。

このとき，懸垂の回数の記録を箱ひげ図で表したものとして適切なものを，次のページの**ア**～**エ**の中から１つ選び，記号で答えなさい。

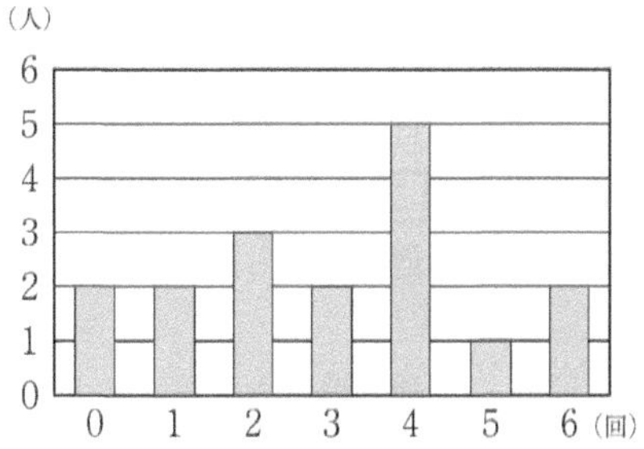

ア

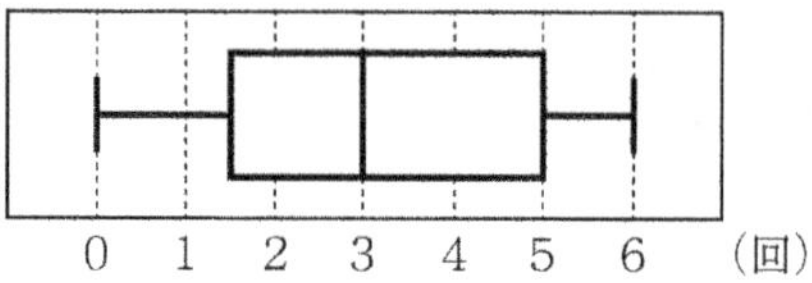

イ

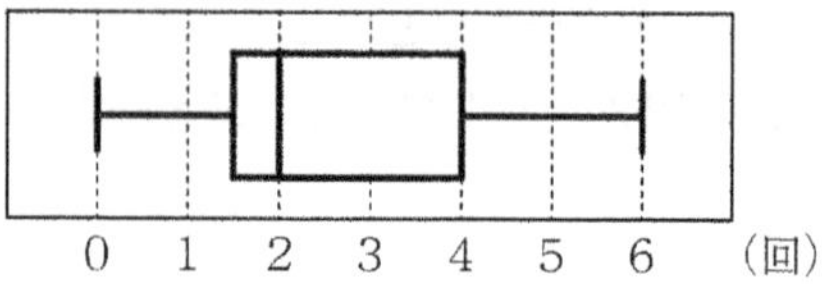

ウ

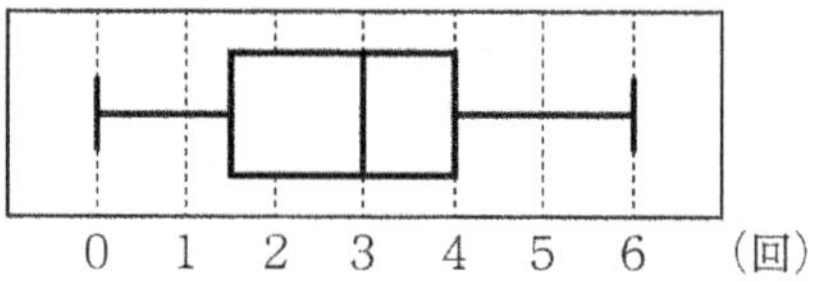

エ

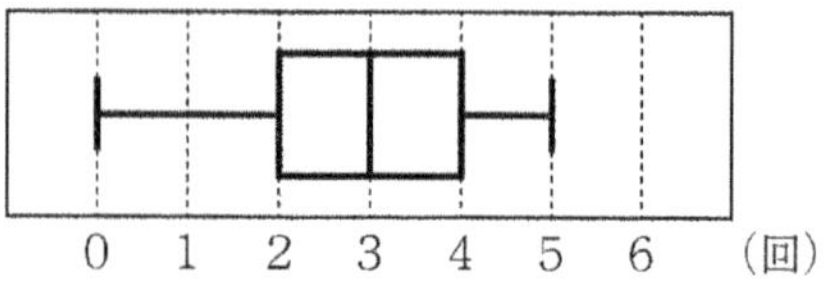

〔問４〕　箱Aの中に，1，2，3，4，5の数字が１つずつかかれた５枚のカードが，箱Bの中に，「$6+a$」，「$6-a$」，「$6\times a$」の式が１つずつかかれた３枚のカードが入っている。

箱A，箱Bの中からカードを１枚ずつ取り出し，箱Aから取り出したカードにかかれた数をaとし，箱Bから取り出したカードにかかれた計算をするとき，その結果が奇数になる確率を求めなさい。

ただし，どのカードを取り出すことも，それぞれ同様に確からしいものとする。

箱A

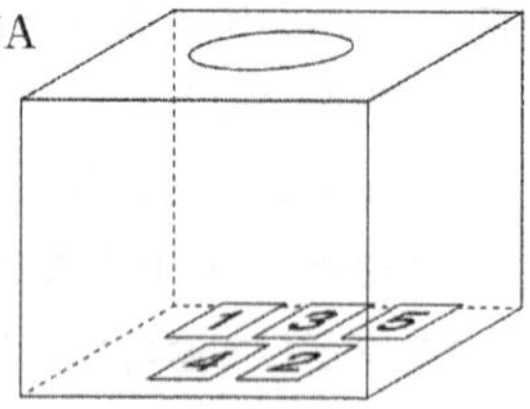

箱B

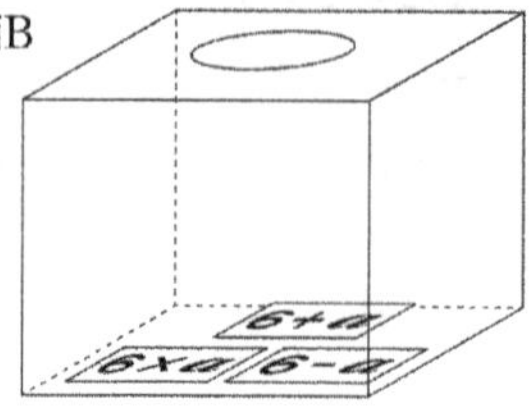

〔問５〕　右の図は，ある月のカレンダーです。このカレンダーで，３つの数を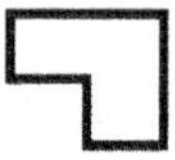の形で囲みます。次の文は，ようこさんと先生が，囲んだ３つの数の和がどんな数になるかを話し合っている会話の一部です。

日	月	火	水	木	金	土
		1	2	3	4	5
6	7	8	9	10	11	12
13	14	15	16	17	18	19
20	21	22	23	24	25	26
27	28	29	30	31		

ようこ：カレンダーで，の形で囲んだ３つの数の和は，$1+2+9=12$，$11+12+19=42$のように，いつでも２の倍数になるのかな。

先　生：［ア］のような場合があるので，いつでも２の倍数になるとは限りませんね。他の場合も計算して，どんな数になるか考えてみましょう。

ようこ：他の場合も計算すると，の形で囲んだ３つの数の和はいつでも３の倍数になるといえそうですね。

次の(1)，(2)に答えなさい。

(1) [ア] について，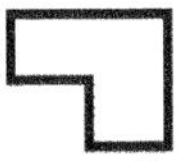の形で囲んだ３つの数の和が２の倍数にならない式の例を，１＋２＋９＝12のような形で１つかきなさい。

(2) 下線部のことがらが成り立つ理由を説明しなさい。

ただし，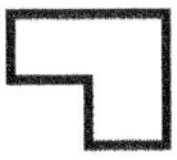の形で囲んだ３つの数のうち，最も小さい数を n として説明しなさい。

3 図１のように，関数 $y=2x^2$ のグラフ上に２点A(２，８)，B(−１，２)がある。

次の〔問１〕～〔問４〕に答えなさい。

〔問１〕 関数 $y=2x^2$ について，x の変域が $-2 \leqq x \leqq 1$ のとき，y の変域を求めなさい。

図１

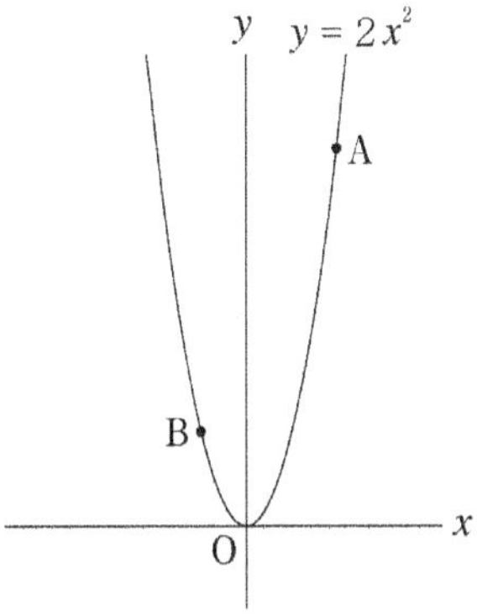

〔問２〕 図２のように，点Aを通り，y 軸に平行な直線と x 軸との交点をCとする。

このとき，直線BCの式を求めなさい。

図２

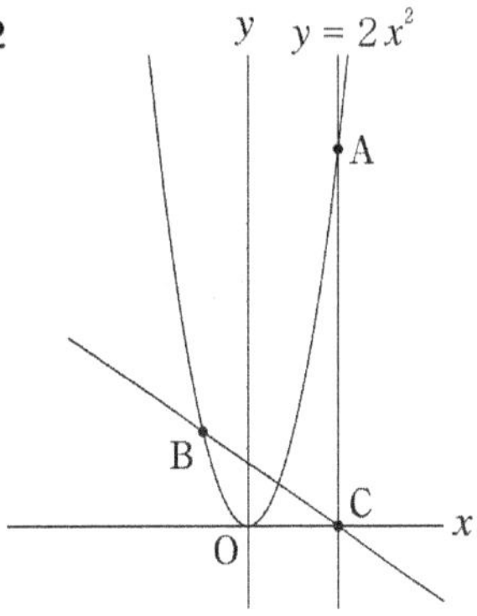

〔問３〕 図３のように，直線ABと x 軸との交点をDとする。

このとき，AB：BDを最も簡単な整数の比で表しなさい。

図３

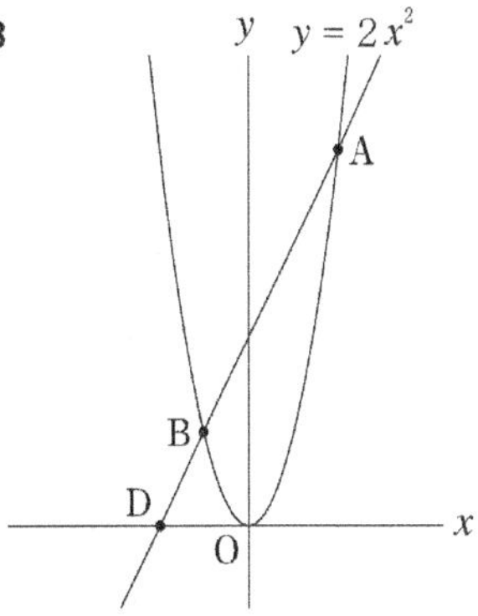

〔問4〕　図4のように，y 軸上に点E（0，－4）をとる。
　また，関数 $y=-\frac{1}{2}x^2$ のグラフ上に点Pをとり，△OPEの面積が△OABの面積の $\frac{1}{2}$ 倍となるようにする。
　このとき，点Pの座標をすべて求めなさい。

図4

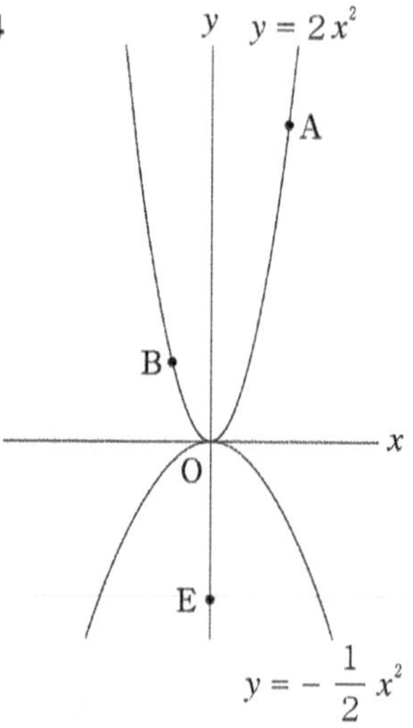

4　図1のように，一辺の長さが a cmの正方形ABCDと，一辺の長さが b cmの正方形EFGHがあり，点Cと点Fが一致するように辺CDと辺EFが重なっている。
　次の〔問1〕～〔問3〕に答えなさい。

〔問1〕　図1において，点Bと点Hを結ぶ。
　$a=3$，$b=2$ のとき，線分BHの長さを求めなさい。

図1

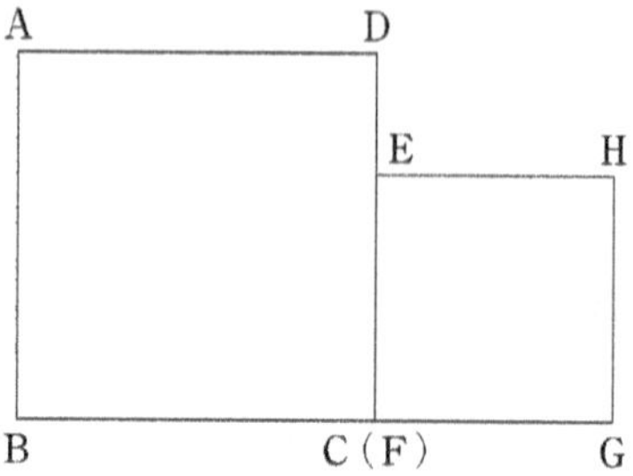

〔問2〕　$a=b$ とし，図2のように，正方形EFGHを点Fを中心に反時計回りに70°回転させた。
　このとき，∠x の大きさを求めなさい。

図2

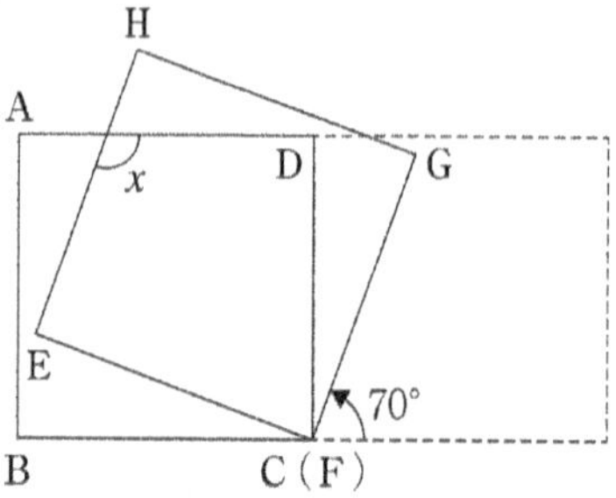

〔問3〕　$a=5$，$b=3$ とし，図3，図4（次のページ）のように，正方形EFGHを，3点D，H，Gがこの順で一直線上に並ぶように点Fを中心に反時計回りに回転させた。
　次の(1)，(2)に答えなさい。

(1)　図3において，辺CDと辺EHの交点をIとする。
　このとき，△DIHの面積を求めなさい。

図3

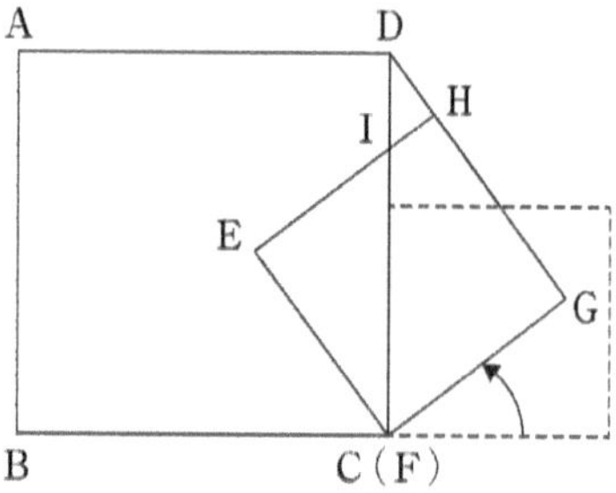

⑵　**図４**において，３点B，E，Hは一直線上に並ぶことを証明しなさい。

図４

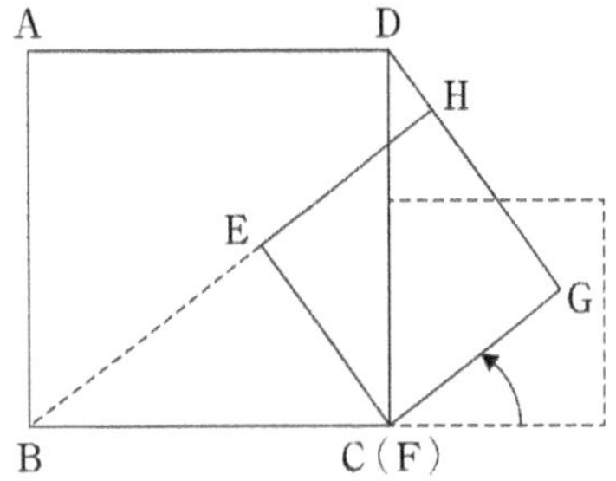

＜英語＞

時間　50分　　満点　100点

1　放送をよく聞いて，次の〔問１〕～〔問３〕に答えなさい。

〔問１〕　No. １～No. ３の順に，それぞれ対話を１回放送します。No. １～No. ３の対話の内容に最も合う絵を，A～Dの中から１つずつ選び，その記号を書きなさい。

No. 1

A
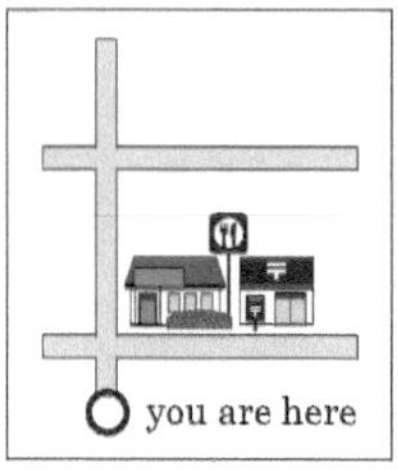

B
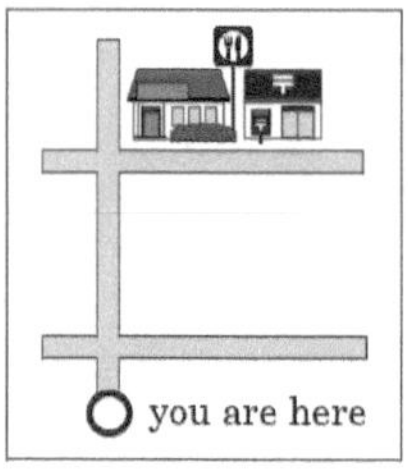

C

D
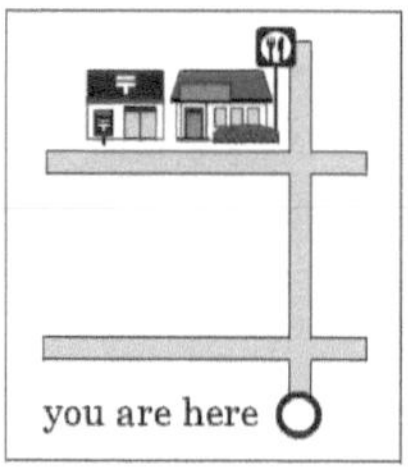

No. 2

A

B

C

D

No. 3

A

B

C

D

〔問２〕　No. １，No. ２の順に，それぞれ質問と英文を放送します。質問に対する答えとして最も適切なものを，A～Dの中から１つずつ選び，その記号を書きなさい。

No. 1　中学生の里美（Satomi）が，英語の授業で部活動についてスピーチをします。スピーチの内容に合うものはどれですか。

A　Satomi thinks she is very good at playing tennis.

B　Satomi has been playing tennis since she was ten years old.

C　Satomi stopped practicing tennis.

D　Satomi wants to be a good tennis player.

No. 2　あなたは，留学生のメグ（Meg）に，彼女が週末に訪れる自然公園での過ごし方について話しています。その内容に合うものはどれですか。

A　Meg can't touch animals in the park.

B　Meg can't watch birds in the park.

C　Meg can't enjoy local food in the park.

D　Meg can't take pictures in the park.

〔問3〕 高校生の健太（Kenta）が英語の授業で行ったスピーチと，その内容について5つの質問を2回放送します。No. 1～No. 5の英文が質問の答えとなるように，□ に入る最も適切なものを，A～Dの中から1つずつ選び，その記号を書きなさい。

No. 1　He went to America □.

A　last spring　B　last summer　C　last fall　D　last winter

No. 2　He is □.

A　a Japanese teacher in America　B　a science teacher in America

C　a math teacher in America　D　a history teacher in America

No. 3　She studied Japanese □.

A　by going to the museum　B　by learning American culture

C　by talking with her teacher　D　by watching Japanese anime

No. 4　Because □.

A　she was very interested in American culture

B　she was very interested in Japanese culture

C　she felt her Japanese was good

D　she felt her Japanese was not good

No. 5　He wants to □.

A　go to America again　B　study math harder

C　be an English teacher　D　improve his English more

2 次の英文は，高校生の悠真（Yuma）が，英語の授業で行った，和歌山の観光についてのプレゼンテーションの原稿です。これを読み，〔問1〕～〔問3〕に答えなさい。

Do you know that Wakayama is popular among foreign visitors? Last summer, I went to Kyoto for sightseeing, and I made some foreign friends there. One Chinese friend, Jing, asked me a question about famous places in Wakayama. She asked me because she was going to visit Wakayama with her family. I could not answer the question well.

When I went back home, I told my father about my experience in Kyoto. He said, "In Wakayama, we have many places to visit. For example, we have some famous World Heritage Sites. So, many foreign people from different areas visit Wakayama every year." I was surprised to hear that because I thought Wakayama was not so popular among foreign tourists.

I wanted to know more about foreign people who visit Wakayama, so I used the Internet and found some interesting data. From the data, I made two graphs.

①Graph 1 shows the number of foreign tourists who visited Wakayama. From 2013 to 2019, the number increased almost every year. However, in 2017, the number decreased. ②Graph 2 shows where the visitors came from in 2019. The percentage of tourists from Asia was the highest. I thought more people came to Wakayama from North America than from Europe. But that was not true. Nine percent of visitors did not come from those three areas.

From making these graphs, I learned that many people from different areas came to visit Wakayama. I want more foreign people to visit Wakayama. So, I will study about famous places in Wakayama and I want to introduce them to many foreign people.

（注） sightseeing　観光　Jing　ジン（女性の名前）　decrease　減る　percentage　割合
North America　北アメリカ　Europe　ヨーロッパ

〔問１〕 本文の内容に合うように，次の(1)，(2)の（　）にあてはまる最も適切なものを，それぞれア～エの中から１つ選び，その記号を書きなさい。

(1) Jing asked Yuma a question because (　　　　).

ア her teacher asked her to do that
イ she had a plan to go to Wakayama
ウ she visited Kyoto for sightseeing
エ her father told her about his experience in Kyoto

(2) Yuma was surprised because he (　　　).

ア visited some famous World Heritage Sites in Wakayama
イ thought that his father did not know about Wakayama
ウ learned about famous places in Wakayama
エ thought that not many foreign people visited Wakayama

〔問２〕 文中の下線部①，②について，あとの(1)，(2)に答えなさい。

(1) 下線部①Graph 1について，悠真が作成した「和歌山県を訪れた外国人観光客数」のグラフとして最も適切なものを，次のア～エの中から１つ選び，その記号を書きなさい。

ア
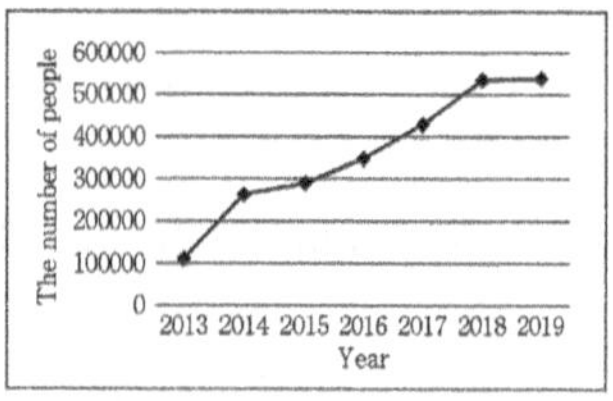

イ
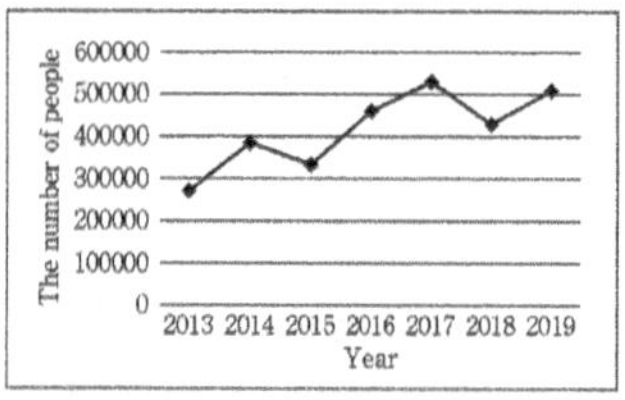

ウ
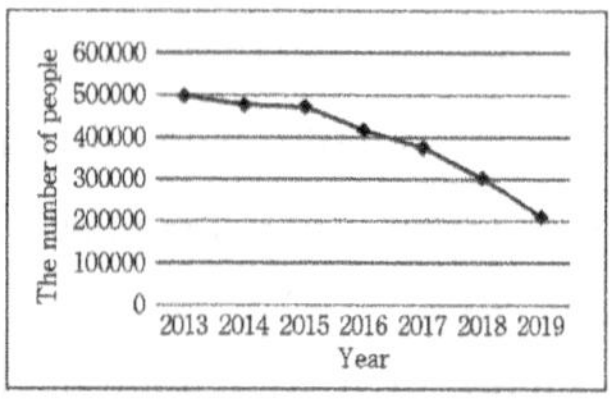

エ
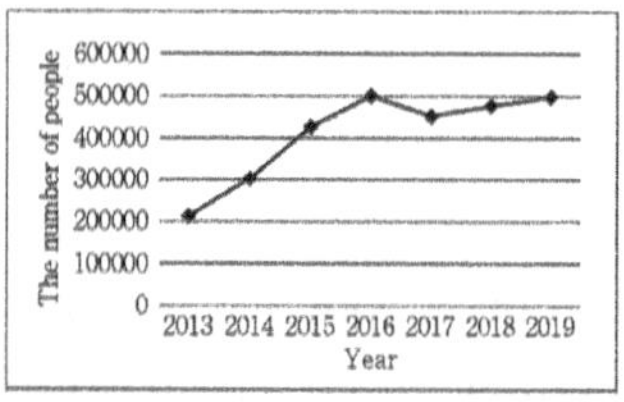

(2) 下線部②Graph 2について，悠真が作成した「和歌山県を訪れた外国人観光客の地域別割

合」のグラフのA～Cにあてはまるものを，次のア～ウの中から１つずつ選び，その記号を書きなさい。

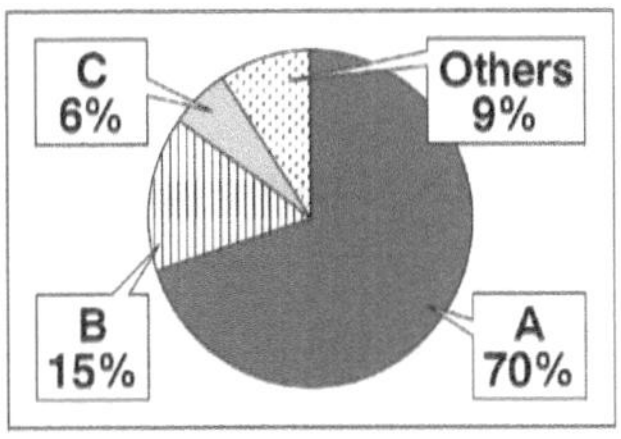

ア　Europe
イ　Asia
ウ　North America

〔問３〕 悠真は，プレゼンテーションの後，ALT（外国語指導助手）のサム（Sam）と話をしました。次の対話文は，そのやりとりの一部です。これを読み，あとの(1)，(2)に答えなさい。

Yuma : Thank you for listening. Do you have any questions ?
Sam : Yes, how will you study about famous places in Wakayama ?
Yuma : By visiting them.
Sam : Good idea! [①]
Yuma : I will go to Koyasan.
Sam : Nice. How will you introduce famous places in Wakayama to many foreign people?
Yuma : [②]
Sam : Good. I am sure many foreign people will be interested in Wakayama.

（注） Koyasan　高野山

(1) 対話の流れに合うように，文中の [①] にふさわしい英語を書きなさい。ただし，語数は４語以上とし，符号（ . , ? ! など）は語数に含まないものとする。

(2) 対話の流れに合うように，文中の [②] にあてはまる最も適切なものを，次のア～エの中から１つ選び，その記号を書きなさい。

ア　I will use the Internet and show many pictures of them.
イ　I will make a poster of them and put it in my class.
ウ　I will study more information about them.
エ　I will talk about them with my family.

3 次の英文は，高校生の真利子（Mariko）と留学生のジャック（Jack）の対話です。これを読み，〔問１〕～〔問５〕に答えなさい。

Jack : Hi, Mariko. What are you doing?
Mariko : Hi, Jack. I'm preparing for tomorrow's presentation.
Jack : What is the topic of the presentation?
Mariko : It is about SDGs. I have been preparing for the presentation for two weeks. Look at the first slide in the presentation.
Jack : It shows six people, right?
Mariko : Yes. That picture shows one of the SDGs. I'm interested in helping

people in developing countries.

Jack　　: Sounds great.

Mariko : This is the next slide. I think fair trade is important to solve that problem. By the way, do you know anything about it?

Jack　　: Of course. I like buying fair trade products. Do many Japanese people know about fair trade?

Mariko : Please look at the next slide. Actually, there are many young Japanese people who know the word “fair trade”. I was surprised to learn that. I want more people to learn about fair trade.

Jack　　: What does the fourth slide mean ?

Mariko : These three are the fair trade products produced much in the world.

Jack　　: I see. I often buy fair trade tea. Mariko, [　　　　]?

Mariko : I sometimes buy fair trade chocolate.

Jack　　: By buying fair trade products, the people’s lives in developing countries are protected.

Mariko : That’s true.

Jack　　: I hope your presentation will be successful.

Mariko : Thank you.

（注） SDGs　持続可能な開発目標　　slide　スライド　　developing country　開発途上国
fair trade　フェアトレード（開発途上国の商品を適正な価格で購入する仕組み）
by the way　ところで　　produce　生産する

〔問１〕 次のア～エのスライドを，真利子の発表順に並べかえると，どのような順序になりますか。その記号を順に書きなさい。

ア

イ
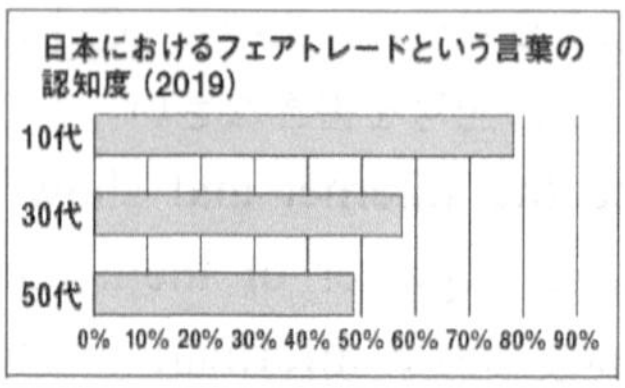

ウ

エ
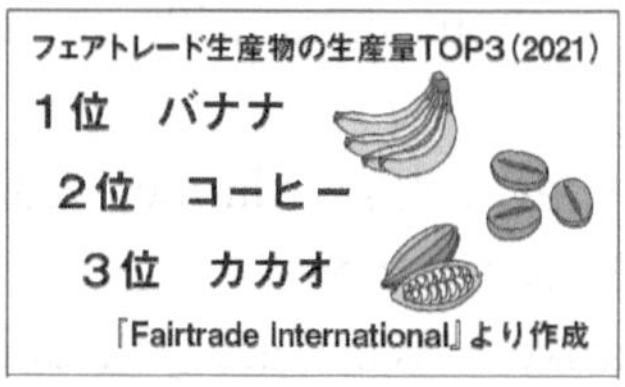

〔問２〕 対話の流れに合うように，文中の[　　]にあてはまる最も適切なものを，次のア～エの中から１つ選び，その記号を書きなさい。

ア　how about fair trade　　イ　how about SDGs
ウ　how about tea　　　　　エ　how about you

〔問３〕 下線部 That の内容を，日本語で具体的に書きなさい。

〔問４〕 次のページの(1)，(2)の質問の答えを，それぞれ英語で書きなさい。

(1) How long has Mariko been preparing for the presentation ?

(2) What fair trade products does Jack often buy ?

〔問５〕 対話の内容に合う最も適切なものを，次のア～エの中から１つ選び，その記号を書きなさい。

ア Mariko has never bought a fair trade product.

イ Mariko hopes more people will learn about fair trade.

ウ Jack does not know about fair trade at all.

エ Jack is going to talk about fair trade with Mariko tomorrow.

4 次の表は，ある町で行われる10月のイベントの内容です。これを読んで，あなたならイベント１，２のうち，どちらに参加しますか。〔　〕に参加するイベントの番号を入れた上で，その理由を，次の [　] に，25語以上の英語で書きなさい。ただし，符号（．，？！など）は語数に含まないものとする。

表

Event Information for Next Month（October）

	Event Name	Date	Time
Event 1	Enjoying Cooking Local Vegetables	20 (Sunday)	10:00-12:00
Event 2	Enjoying Watching Beautiful Stars in the Night Sky	25 (Friday)	18:30-20:00

I will join Event〔　　〕.

5 次の英文は，高校生の沙希（Saki）が，タイからの留学生ナエン（Naen）との出会いをきっかけに学んだことについて，英語の授業で行ったスピーチの原稿です。これを読み，〔問１〕～〔問５〕に答えなさい。

Today, I'd like to talk about one of my best friends, Naen. She lives in Thailand. About two years ago, she came to Japan to study Japanese and stayed at my house for six months. Our family had a very good time with her. [A] Now we sometimes talk online both in English and Japanese. It's fun.

Since Naen came to my house, I have been interested in foreign cultures. And I have learned there are many differences between cultures. [B], there is a big difference about being punctual between Japan and Thailand. During Naen's stay at my house, we had one family rule. We had to come home before seven in the evening. But Naen often came home several minutes late. And she never said, "I'm sorry to be late." One day, I asked her, "Why do you often come home late?" She answered, "In my country, it is not a problem to be several minutes late." She also said, "Sorry. I never thought I broke the rule. I didn't know Japanese people were so punctual." If I didn't know <u>this cultural difference about being punctual</u>, I would think she is the person who often breaks rules.

Now the number of foreign people living in Japan has increased from about 2,000,000 to about 3,000,000 in the past ten years. In the future, the number will increase more. This means we will have more chances to live and work with foreign people. And many of them have different cultures from us. I asked myself, "How can we live well in a society with cultural diversity?"

I think Leitch Michael, a famous rugby player, tells us something important about [C]. He was interested in playing rugby in Japan, so he came to Japan from New Zealand twenty years ago. Now he is a member of the Japan men's national rugby team. Many members of the team are from foreign countries. They have different cultures. He says, "In our team there are many players with different cultures and we respect each other to be one team. So we have learned different ideas and ways of thinking from each other. This has made the team stronger. I think Japan needs to create its future together with foreign people from now. Our team can be a good model for that."

From Naen and Leitch, I have learned a lot. First, we need to know the differences between cultures. If we don't understand the differences, we may misunderstand each other. Second, we also need to respect each culture and its differences. By doing so, we can learn different ideas and ways of thinking. I believe this can help us make our society better.

（注） online　オンラインで　　punctual　時間に正確な　　late　遅刻して
broke < break（(規則) を破る）の過去形　　chance　機会　　cultural diversity　文化的多様性
Leitch Michael　リーチマイケル　　model　模範　　misunderstand　誤解する

〔問１〕 本文の流れに合うように，文中の [A] ～ [C] にあてはまる最も適切なものを，それぞれア～エの中から１つずつ選び，その記号を書きなさい。

[A]

ア　She was like a real student.　　イ　She was like a real family member.
ウ　She was like a real leader.　　エ　She was like a real Japanese teacher.

B

ア For example　イ Like this　ウ At first　エ Second

C

ア this language　イ this rule　ウ this work　エ this question

〔問2〕 下線部this cultural difference about being punctualの内容を，日本語で具体的に書きなさい。

〔問3〕 次の⑴，⑵の質問の答えを，それぞれ英語で書きなさい。

⑴ What languages do Saki and Naen use when they talk online ?

⑵ Why did Leitch Michael come to Japan ?

〔問4〕 本文中で，沙希が引用しているリーチマイケルの考えと一致する適切なものを，次のア～エの中から1つ選び，その記号を書きなさい。

ア Leitch Michael does not think that cultural diversity in his team is its strong point to win games. It is because the team members cannot communicate well with each other.

イ Leitch Michael does not think that cultural diversity in his team is its strong point to win games. It is because Japan needs to create its future together with foreign people.

ウ Leitch Michael thinks that cultural diversity in his team is its strong point to win games. It is because the team members can get different ideas and ways of thinking.

エ Leitch Michael thinks that cultural diversity in his team is its strong point to win games. It is because the foreign players are better at playing rugby.

〔問5〕 本文の内容に合うものを，次のア～オの中から2つ選び，その記号を書きなさい。

ア Naen came to Japan and stayed at Saki's house for one year.

イ Saki has been interested in Japanese culture since she went to Thailand.

ウ In Japan, people will have more chances to work with foreign people in the future.

エ Naen always came home before seven in the evening because she understood the family rule.

オ Saki thinks that both knowing and respecting differences between cultures are important.

＜理科＞

時間 50分 満点 100点

1 和美さんたちは，理科の授業で学んだ元素の周期表をもとに，調べ学習に取り組んだ。図1は，元素の周期表の一部である。あとの〔問1〕～〔問4〕に答えなさい。

族＼周期	1	2	3	4	5	6	7	8	9	10	11	12	13	14	15	16	17	18	族／周期
1	H																	He	1
2	Li	Be											B	C	N	O	F	Ne	2
3	Na	Mg											Al	Si	P	S	Cl	Ar	3
4	K	Ca	Sc	Ti	V	Cr	Mn	□	Co	Ni	Cu	Zn	Ga	Ge	As	Se	Br	Kr	4

図1 元素の周期表の一部

〔問1〕 次の文は，和美さんが「酸素」について調べ，まとめたものの一部である。下の(1)，(2)に答えなさい。

> 酸素は原子番号８番の元素で，「O」という元素記号で表されます。酸素は，ヒトが生きるために必要な元素で，呼吸によって体内に入ります。体内に入った酸素は，肺で血液にとりこまれ，血液の成分である①赤血球によって②全身に運ばれます。

(1) 下線部①について，赤血球にふくまれており，肺胞などの酸素の多いところでは酸素と結びつき，逆に酸素の少ないところでは酸素をはなす性質がある物質を何というか，書きなさい。

(2) 下線部②について，全身の細胞に酸素を供給して酸素が少なくなった血液は，再び肺で酸素をとりこみ，くり返し体内を循環する。この循環において，酸素を多くふくむ血液を何というか，書きなさい。

〔問2〕 次の文は，紀夫さんが「ナトリウム」について調べ，まとめたものの一部である。下の(1)，(2)に答えなさい。

> ナトリウムは原子番号11番の元素で，「Ｎａ」という元素記号で表されます。ナトリウムの化合物である水酸化ナトリウムは，水溶液中で③ナトリウムイオンと水酸化物イオンに分かれ，水溶液は強いアルカリ性を示します。水酸化ナトリウムは，洗面台の排水口のつまりを取り除く洗浄剤などにふくまれています。

(1) ナトリウム原子がナトリウムイオンになるときの変化を表す式を，イオンの化学式を用いて書きなさい。ただし，電子１個は e^- と表すこと。

(2) 下線部③について，物質が陽イオンと陰イオンに分かれることを何というか，書きなさい。

〔問3〕 次のページの文は，美紀さんが「ケイ素」について調べ，まとめたものの一部である。あとの(1)，(2)に答えなさい。

ケイ素は原子番号14番の元素で，「Ｓｉ」という元素記号で表されます。ケイ素は，地球全体を構成する元素の中で３番目に多く，④火成岩や堆積岩といった岩石にも多くふくまれています。火成岩はマグマが冷え固まってできた岩石で，もとになったマグマのねばりけなどの違いによって，できる火成岩の種類が変わります。また，マグマが地表に噴出してできた⑤火山も，マグマのねばりけによって形が変わります。こうしたマグマのねばりけの違いは，ケイ素など，ふくまれる成分の違いが関係しています。

(1)　下線部④について，**図２**はある火成岩を観察したときのスケッチである。この火成岩のように，肉眼で見分けられるような大きさの鉱物が組み合わさった岩石のつくりを何というか，書きなさい。

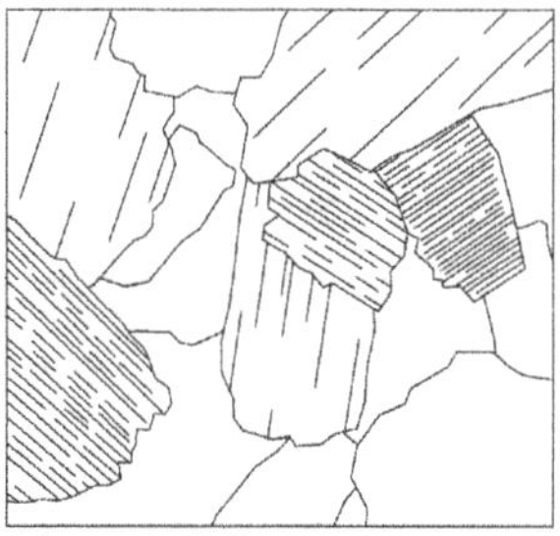
図２　火成岩のスケッチ

(2)　下線部⑤について，マグマのねばりけが小さいときの火山の特徴について説明した文として最も適切なものを，次の**ア**～**エ**の中から１つ選んで，その記号を書きなさい。

ア　傾斜が急で盛り上がった形の火山になり，冷え固まった溶岩は白っぽい。

イ　傾斜が急で盛り上がった形の火山になり，冷え固まった溶岩は黒っぽい。

ウ　傾斜がゆるやかな形の火山になり，冷え固まった溶岩は白っぽい。

エ　傾斜がゆるやかな形の火山になり，冷え固まった溶岩は黒っぽい。

〔問４〕　次の文は，和男さんが身近に使われている金属である「アルミニウム」，「鉄」，「銅」について調べ，まとめたものの一部である。下の(1)，(2)に答えなさい。

アルミニウム，鉄，銅は，それぞれ「Ａｌ」，「□」，「Ｃｕ」という元素記号で表される金属の元素です。これらの単体は，金属光沢がある，⑥熱を伝えやすい，電気を通しやすいといった性質があります。これらの金属は，調理器具や電気コードの導線などに使われています。

(1)　**図１**および文中の□に入る，鉄の元素記号を書きなさい。

(2)　下線部⑥について，**図３**のように熱いココアを金属製のスプーンで混ぜていると，スプーンの持ち手にもココアの熱が伝わり，あたたかくなってくる。このような熱の伝わり方を何というか，書きなさい。

図３　熱いココア

2 池や川にいる生物について，観察や調べ学習を行った。次の〔問1〕，〔問2〕に答えなさい。

〔問1〕 次の**観察**について，下の(1)～(3)に答えなさい。

観察「水中の生物の観察」

(i) 池や川などから，水といっしょにいろいろな生物を採集した。

(ii) ルーペを用いて採集した生物を観察した。採集した生物の中には，ルーペではよく見えない小さな生物もいた。

(iii) 小さな生物は，図1のように①プレパラートをつくり，②顕微鏡を用いて観察した。

(iv) 採集した生物は，オオカナダモ，ミジンコ，アメーバ，ミカヅキモであった。これらの生物について，特徴を記録し，スケッチした。また，これらの生物の共通点についてまとめた。

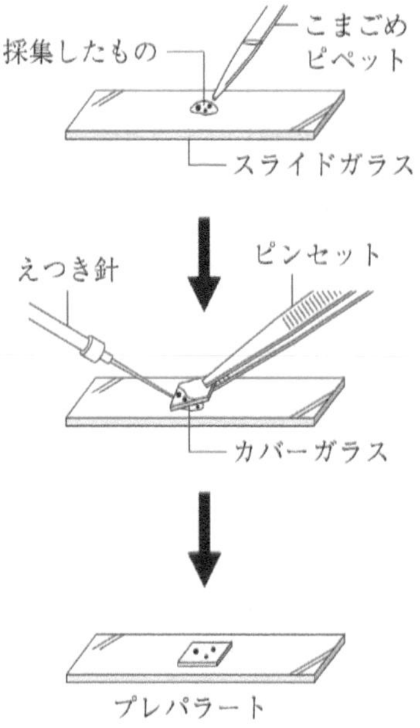

図1 プレパラートのつくり方

(1) 下線部①について，プレパラートをつくるとき，カバーガラスをはしからゆっくり下ろさなければならない。その理由を簡潔に書きなさい。

(2) 下線部②について，(iii)では，図2のような顕微鏡を使った。図2中の X ， Y にあてはまる2種類のレンズの名称をそれぞれ書きなさい。

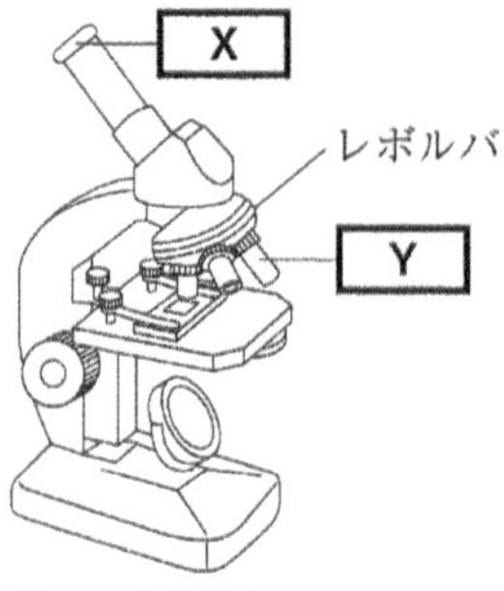

図2 顕微鏡

(3) (iv)について，採集した生物のうち，単細胞生物はどれか。次の**ア**～**エ**の中からすべて選んで，その記号を書きなさい。

ア オオカナダモ

イ ミジンコ

ウ アメーバ

エ ミカヅキモ

〔問2〕 次の文は，生殖について調べ，まとめたものの一部である。あとの(1)～(4)に答えなさい。

生物が自分（親）と同じ種類の新しい個体（子）をつくることを生殖という。生殖には，無性生殖と有性生殖の2種類がある。**図3**（次のページ）はゾウリムシによる無性生殖のようすを，**図4**（次のページ）はヒキガエルによる有性生殖のようすを示している。

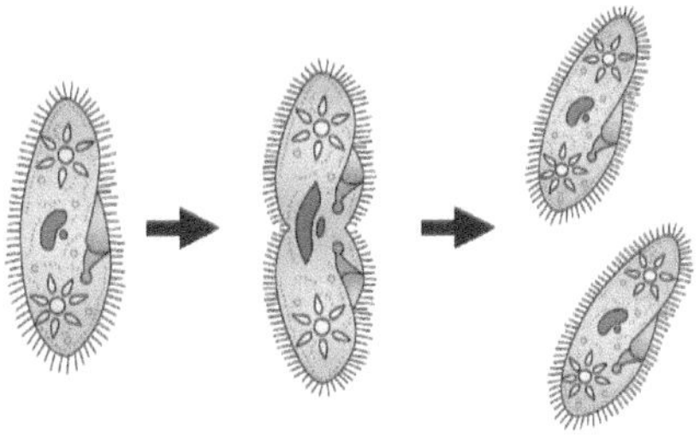

図3　ゾウリムシの無性生殖

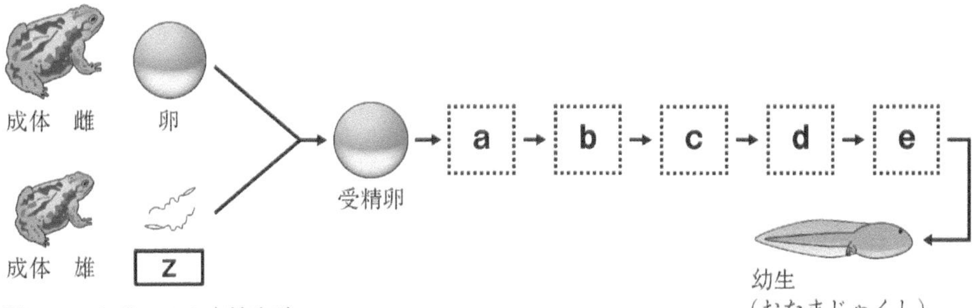

図4　ヒキガエルの有性生殖

(1)　**図3**のように，ゾウリムシの無性生殖では，体細胞分裂によって子がつくられ，子には親とまったく同じ形質が現れる。子には親とまったく同じ形質が現れる理由を簡潔に書きなさい。

(2)　**図4**中の［Z］にあてはまる，雄の体内でつくられる生殖のための特別な細胞を何というか，書きなさい。

(3)　次の**ア**～**オ**は，ヒキガエルの成長過程において，受精卵から幼生に成長するまでの胚《はい》のようすを表した図である。**図4**中の［a］～［e］にあてはまる図として最も適切なものを，**ア**～**オ**の中から1つずつ選んで，その記号を書きなさい。

ア　**イ**　**ウ**　**エ**　**オ**

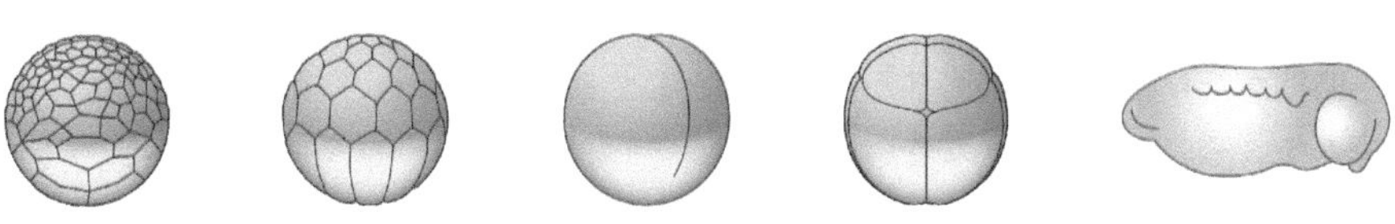

(4)　有性生殖において，受精卵から胚を経て成体になるまでの成長過程を何というか，書きなさい。

3　気象観測と日本の天気について，次の〔問1〕，〔問2〕に答えなさい。

〔問1〕　次の実験について，あとの(1)～(3)に答えなさい。

実験「簡易雨量計をつくり，雨量を調べる」

(i)　1.5Lの円筒形のペットボトルを用意し，**図1**①（次のページ）のように上側を切り離して逆さにし，下側とテープで貼り付けた。このとき，簡易雨量計の口の部分と，円柱形の部分の直径が同じになるようにした（**図1**②)。

(ii) 目盛りを書いたテープを，測定する範囲が円柱形の部分になるように，0㎜を少し高い位置にして貼り付けた（**図1**③)。

(iii) □

(iv) 雨が降っている日に屋外に設置し，1時間ごとに目盛りを読み，記録した。

(v) (iv)の結果を**表1**にまとめた。

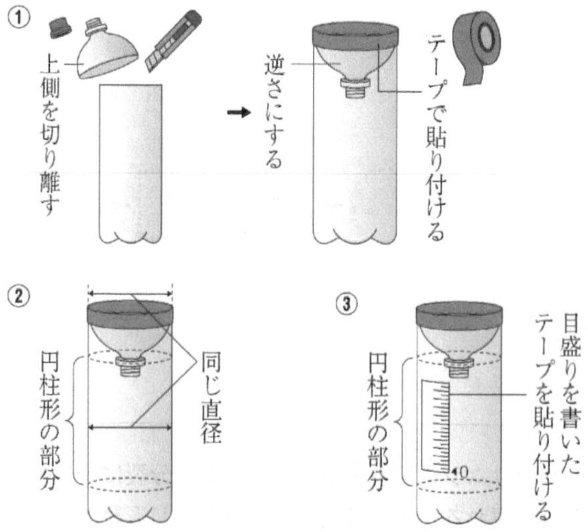

図1 簡易雨量計のつくり方

表1 実験結果

時刻〔時〕	9	10	11	12	13
雨量〔mm〕	0	5	20	30	35

(1) (iii)について，雨量を正確にはかるために行う準備として □ にあてはまる適切な内容を書きなさい。

(2) 1時間あたりの雨量が最も多かった時間として最も適切なものを，次の**ア**～**エ**の中から1つ選んで，その記号を書きなさい。

ア 9時～10時

イ 10時～11時

ウ 11時～12時

エ 12時～13時

(3) ある中学校の屋外プールは，長さ25m，幅13mの大きさである。ある1時間に雨量4㎜の雨が降ったとき，このプールの中の水の量は何m^3増えるか，書きなさい。ただし，プールから出ていく水やプールサイドから入ってくる水の量は考えないものとする。

〔問2〕 **図2**はある春の日の天気図，**図3**はある冬の日の天気図である。あとの(1)～(5)に答えなさい。

（図2，図3は次のページにあります。）

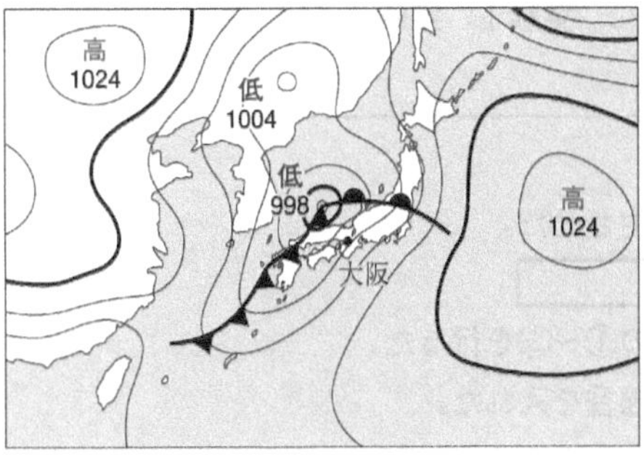

図2　４月14日21時の天気図

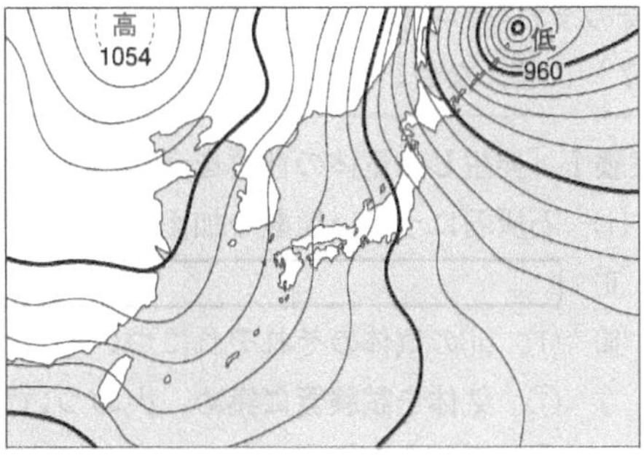

図3　12月29日21時の天気図

⑴　**図２**に見られる前線をともなう低気圧は，中緯度帯で発生したものである。このような低気圧を何というか，書きなさい。

⑵　次の文は，**図２**の時刻以降の風向と気温の変化について説明したものである。文中の①～③について，それぞれ**ア**，**イ**のうち適切なものを１つ選んで，その記号を書きなさい。

> 大阪では，**図２**の時刻から約６時間後に①｛**ア**　寒冷　**イ**　温暖｝前線が通過し，風向は②｛**ア**　北西　**イ**　南西｝に変わった。この前線が通過することで，気温は急に③｛**ア**　上がった　**イ**　下がった｝。

⑶　**図３**では，冬の天気で特徴的な高気圧が見られる。この高気圧が発達することで形成される気団を何というか，書きなさい。

⑷　**図４**は，**図３**の時刻における和歌山の気象を，天気図の記号で表したものである。このときの和歌山の風向・風力と天気をそれぞれ書きなさい。

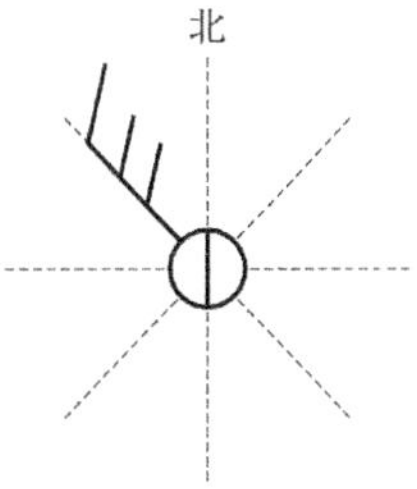

図4　和歌山の気象

⑸　**図５**は，大陸からふき出した大気が冬の季節風として日本列島を通過していくようすを模式的に表している。図中の⟷の区間を通過する間に，大気にふくまれる水蒸気の量は増えるか減るか，書きなさい。また，その理由を簡潔に書きなさい。

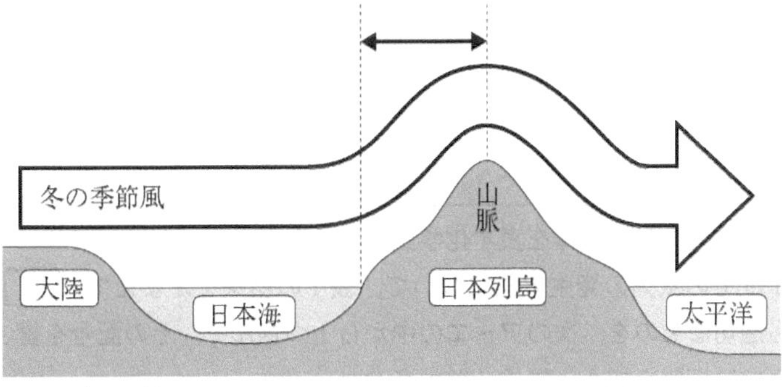

図5　冬の季節風

4 身のまわりの物質の性質について調べるために，**実験Ⅰ**，**実験Ⅱ**を行った。あとの〔**問1**〕～〔**問7**〕に答えなさい。

実験Ⅰ「発生した気体の性質を調べる実験」

(i) 石灰石にうすい塩酸を加え，気体を発生させた。

(ii) ［　　　　　　　　　　　　　　　　］

(iii) (i)，(ii)の気体のそれぞれについて，次の①～③を行った。

① 気体を試験管に集め，火のついた線香を入れた。

② 気体を石灰水に通した。

③ 水を半分程度入れたペットボトルに気体を加えて，ふたをしてよく振った。

(iv) (iii)の結果を**表1**にまとめた。

表1　実験結果

	(i)の気体	(ii)の気体
①線香のようす	火が消えた。	激しく燃えた。
②石灰水のようす	白くにごった。	変化しなかった。
③ペットボトルのようす	へこんだ。(**図1**)	変化しなかった。

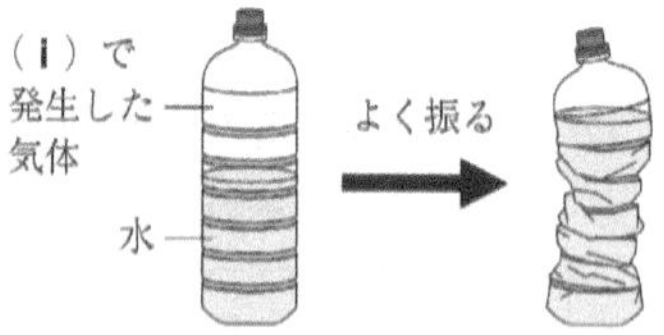

図1　ペットボトルのようす

実験Ⅱ「水にとけた物質をとり出す実験」

(i) 60℃の水200gを入れたビーカーを2つ用意し，一方にはミョウバンを，もう一方には塩化ナトリウムを40.0gずつ入れた（**図2**）。

(ii) それぞれの水溶液をガラス棒でかき混ぜると，固体はすべてとけた。

(iii) 2つのビーカーを室温で放置し，水溶液をゆっくりと冷ましたところ，一方のビーカーの中に固体が出てきた。

(iv) 水溶液の温度が下がらなくなったところで，固体が出てきたビーカーの水溶液をろ過し，固体とろ液に分けた。ろ紙に残った固体を乾燥させ，集めた。とり出した固体の質量は，11.8gであった（**図3**）。

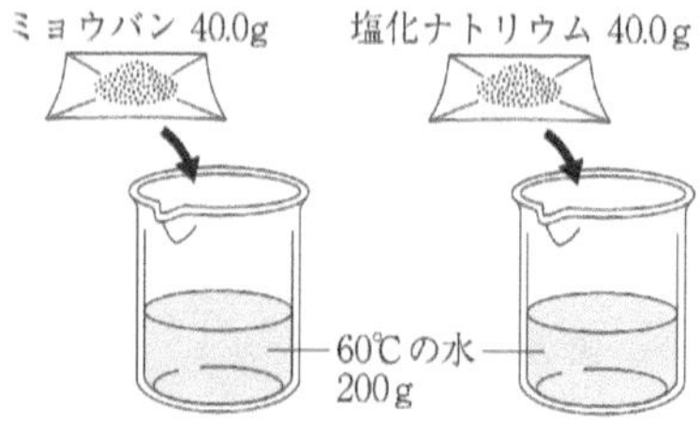

図2　水溶液をつくるようす

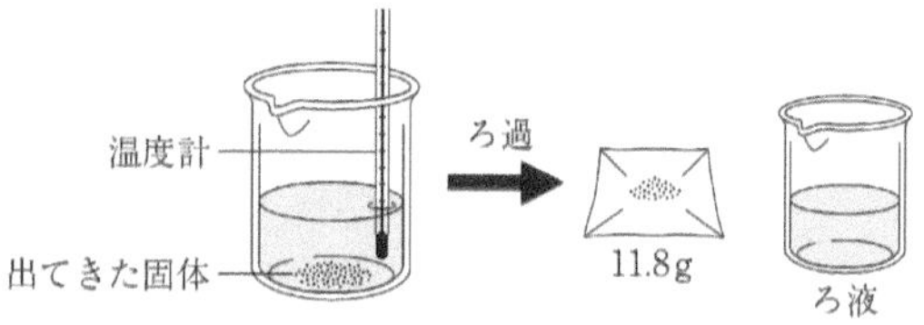

図3　ビーカー内のようすと，ろ過した後にとり出した固体とろ液のようす

〔**問1**〕 **実験Ⅰ**(i)で発生した気体を表す化学式を書きなさい。

〔**問2**〕 **実験Ⅰ**(ii)での気体の発生方法について，**表1**の結果をふまえて，［　　］にあてはまる内容として最も適切なものを，次の**ア**～**エ**の中から1つ選んで，その記号を書きなさい。

ア　亜鉛にうすい塩酸を加え，気体を発生させた。

イ　炭酸水素ナトリウムを加熱し，気体を発生させた。

ウ　二酸化マンガンにうすい過酸化水素水を加え，気体を発生させた。

　エ　塩化アンモニウムと水酸化カルシウムの混合物を加熱し，気体を発生させた。

〔問３〕　**実験Ⅰ**(ⅲ)③は，気体のどのような性質を調べるために行ったか，簡潔に書きなさい。

〔問４〕　**実験Ⅱ**(ⅱ)について，ミョウバンがすべてとけた水溶液のようすをモデルで表した図として最も適切なものを，次の**ア**～**エ**の中から１つ選んで，その記号を書きなさい。ただし，図中の●はミョウバンの粒子を表している。

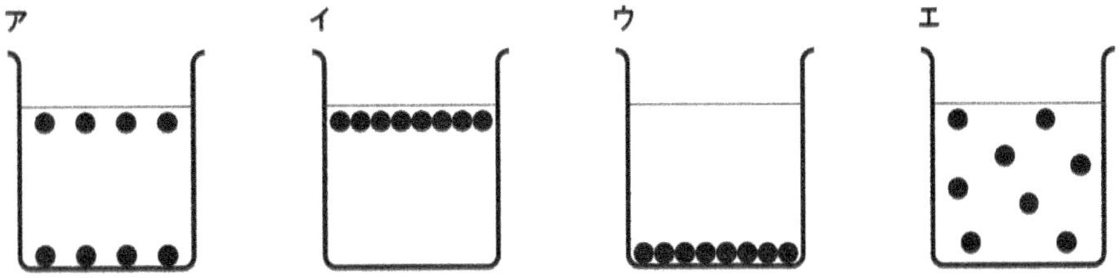

〔問５〕　**実験Ⅱ**(ⅰ)～(ⅲ)のように，物質を水などの溶媒にとかし，温度を下げて再び固体としてとり出す操作を何というか，書きなさい。

〔問６〕　**実験Ⅱ**(ⅲ)について，ミョウバンと塩化ナトリウムの溶解度曲線（**図４**）を参考にして，次の①，②に答えなさい。

①　出てきた固体はミョウバンと塩化ナトリウムのどちらであったか，書きなさい。

②　固体が出はじめるときの温度として最も適切なものを，次の**ア**～**エ**の中から１つ選んで，その記号を書きなさい。

ア　25℃　　**イ**　35℃

ウ　45℃　　**エ**　55℃

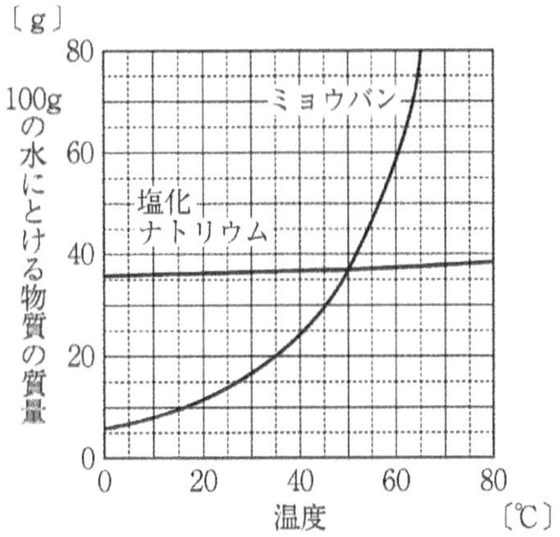

図４　溶解度曲線

〔問７〕　**実験Ⅱ**(ⅳ)について，固体をとり出した後の水溶液の質量パーセント濃度は何％か。小数第２位を四捨五入し，小数第１位まで書きなさい。ただし，ろ紙にしみこむ水溶液の質量は考えないものとする。

5　音や光の性質を調べるために，**実験Ⅰ**～**実験Ⅲ**を行った。次の〔**問１**〕～〔**問３**〕に答えなさい。

〔問１〕　次の**実験Ⅰ**について，あとの(1)～(3)に答えなさい。

実験Ⅰ　「音の高さと振動の関係を調べる実験」

(ⅰ)　モノコードの弦をはじいて，発生した音をマイクロホンでコンピュータに取り込んだ（**図１**）。

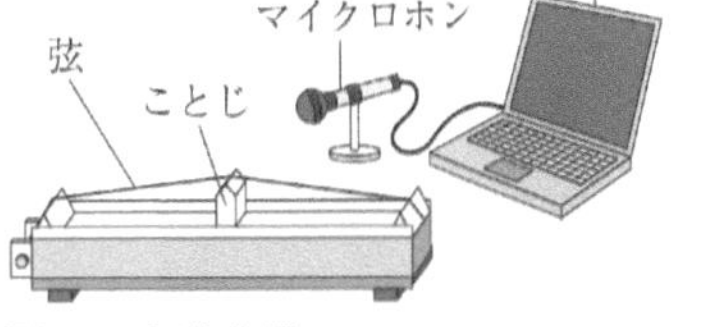

図１　実験装置

(ii)　コンピュータに表示させた音の波形を記録した（**図２**）。

(iii)　ことじを動かして，はじく弦の長さを短くした。(i)と同じ強さで弦をはじいたときの音の高さを聞いて確認し，音の波形を記録した。

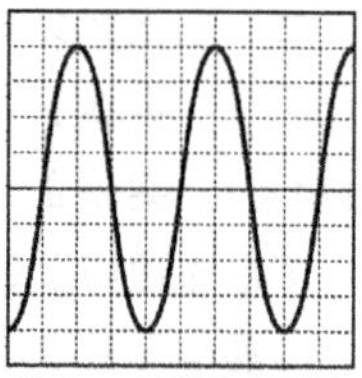

グラフの縦軸は振幅，横軸は時間を示す。

図２　音の波形

(1)　はじいたモノコードの弦のように，音を発生している物体を何というか，書きなさい。

(2)　**図２**について，音の振動数は何Hzか，書きなさい。ただし，グラフの横軸の１目盛りは0.001秒を表している。

(3)　(iii)で発生した音の高さは，(i)で発生した音の高さと比べてどのようになったか，書きなさい。また，(iii)で記録した音の波形として適切なものを，次の**ア**～**エ**の中から１つ選んで，その記号を書きなさい。ただし，目盛りの間隔は**図２**と同じである。

ア

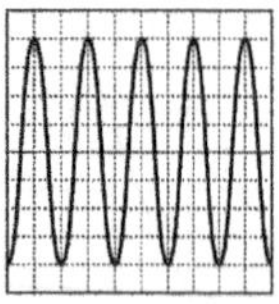

イ

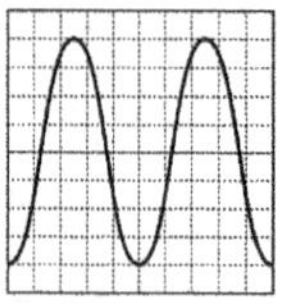

ウ

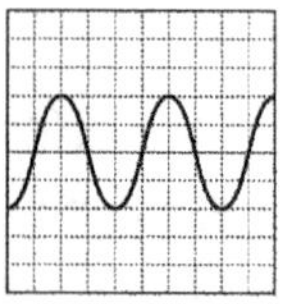

エ

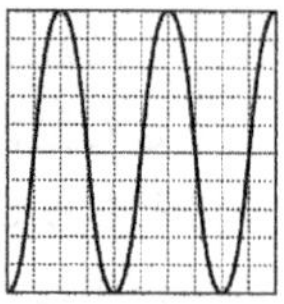

〔問２〕　次の**実験Ⅱ**について，下の(1)，(2)に答えなさい。

実験Ⅱ　「鏡ではね返る光の進み方を調べる実験」

(i)　**図３**のように，方眼紙の上に鏡を垂直に立てて置き，点**A**に鉛筆を立てて置いた。点**P**の位置から鏡を見たところ，鉛筆は鏡の中央に映って見えた。

(ii)　**図４**の点**ア**に鉛筆を移動させ，点**P**から鏡を見て，鉛筆が鏡に映って見えるか調べた。同様に，点**イ**～**カ**に鉛筆を移動させたときについても調べた。

(iii)　鏡を見る位置を点**Q**に変えて，(ii)と同様に，鉛筆を点**ア**～**カ**のどこに立てて置いたときに鏡に映って見えるか調べた。

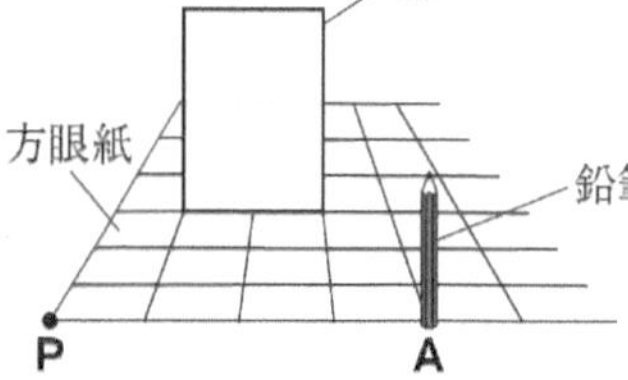

図３　鏡と鉛筆のようす

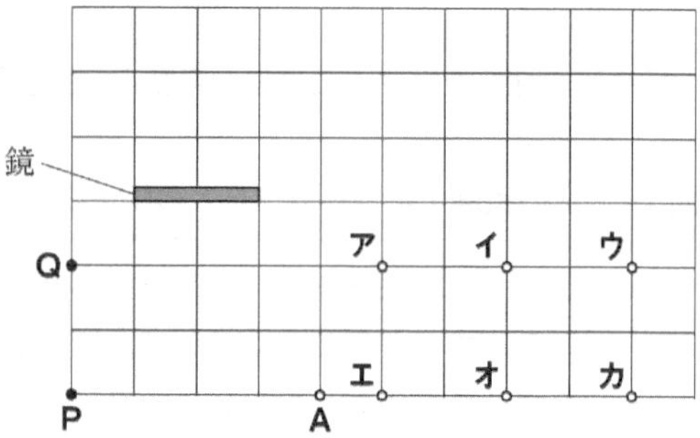

図４　鏡と鉛筆を真上から見たようす

(1)　(i)について，図5は，図3を真上から見たようすである。点Aに立てて置いた鉛筆からの光が鏡ではね返って点Pに届くまでの光の道すじを，解答欄の図にかき入れなさい。

(2)　(ii)，(iii)について，点Pからも点Qからも鉛筆が鏡に映って見えなかったのは，鉛筆をどこに立てて置いたときか。図4のア～カの中からすべて選んで，その記号を書きなさい。

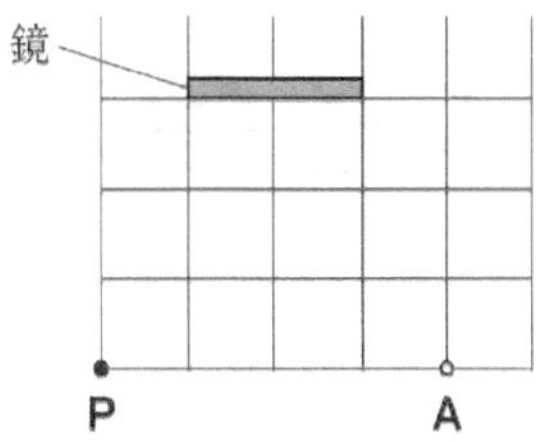

図5　鏡と鉛筆を真上から見たようす

〔問3〕　次の実験Ⅲについて，下の(1)，(2)に答えなさい。

実験Ⅲ　「空気とガラスの間での光の進み方を調べる実験」

(i)　光源装置と半円形ガラス，全円分度器を用意し，半円形ガラスを全円分度器の上に，中心が重なるように置いた。

(ii)　図6のように，入射光が中心（点O）に向かうようにしながら，入射角がしだいに大きくなるように光源装置を動かし，空気からガラスへ進む光の進み方を調べた。

(iii)　図7のように，入射光がガラスを通って中心（点O）に向かうようにしながら，入射角がしだいに大きくなるように光源装置を動かし，ガラスから空気へ進む光の進み方を調べた。

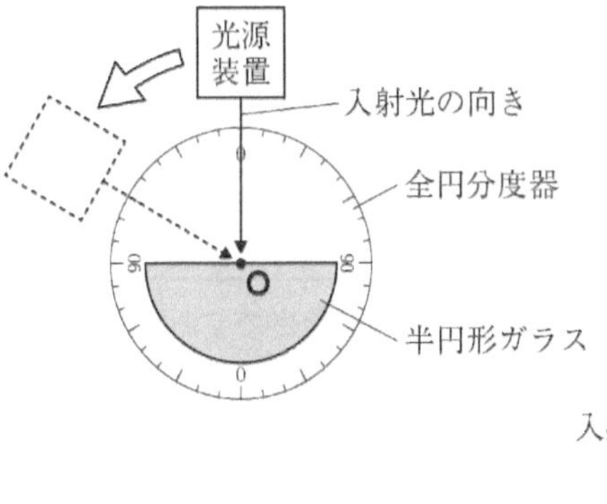

図6　空気からガラスへ進む光を調べる実験

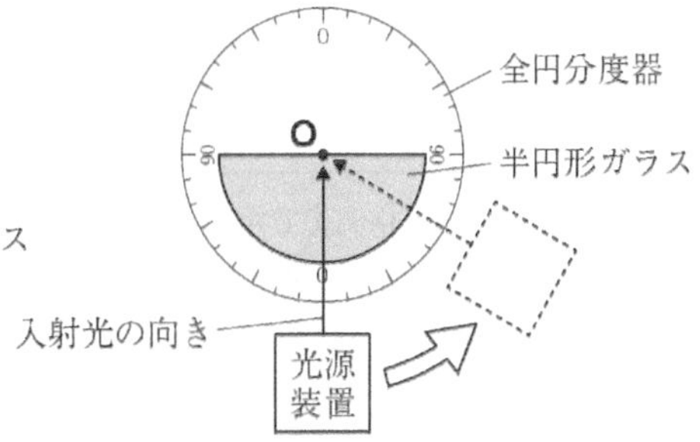

図7　ガラスから空気へ進む光を調べる実験

(1)　(ii)について，空気からガラスへ進むときの光の進み方を表した図として最も適切なものを，次のア～エの中から1つ選んで，その記号を書きなさい。

ア

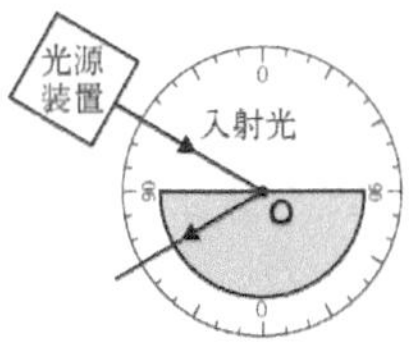

イ

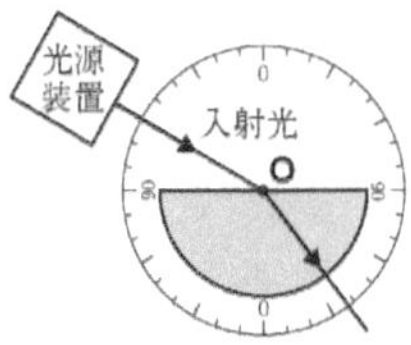

ウ

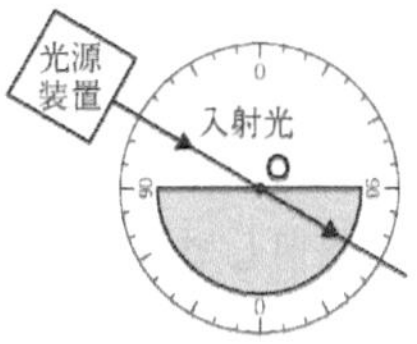

エ

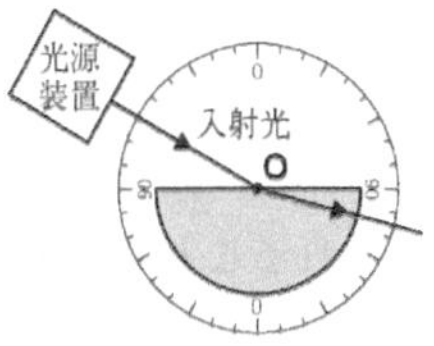

(2)　(iii)について，入射角を大きくしていくと，ある角度からはガラスから空気へ光が進まなくなり，すべての光がはね返るようになった。この現象を何というか，書きなさい。

＜社会＞　時間　50分　　満点　100点

1　ひかりさんは，社会科の授業で，「世界のさまざまな国々」について調べました。次の略地図は，ひかりさんが緯線と経線が直角に交わる地図に，面積の広い上位6か国の国名を書き込んだものです。略地図を見て，〔問1〕～〔問6〕に答えなさい。

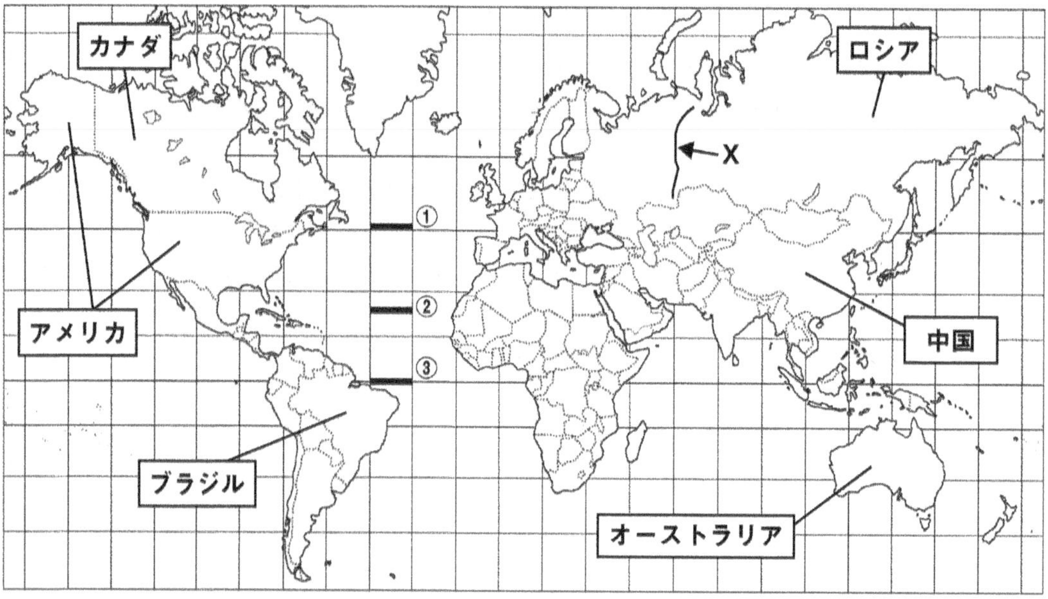

〔問1〕　略地図中の①～③で示した▬▬は，地図上では同じ長さです。実際の地球上での距離について適切に述べているものを，次のア～エの中から1つ選び，その記号を書きなさい。

ア　実際の地球上での距離は，①，②，③ともに等しい。

イ　実際の地球上での距離は，①が最も長い。

ウ　実際の地球上での距離は，②が最も長い。

エ　実際の地球上での距離は，③が最も長い。

〔問2〕　ロシアは，略地図中のXの山脈を挟んでヨーロッパ州からアジア州にまたがる，面積が世界最大の国です。Xの山脈を何といいますか，書きなさい。

〔問3〕　アメリカの都市であるサンフランシスコの南に位置する，情報通信技術（ＩＣＴ）関連の企業が集中する地域を何といいますか，書きなさい。

〔問4〕　中国は，1970年代末に一組の夫婦がもつことのできる子どもを一人に制限する一人っ子政策を始めました。しかし，2015年頃にその政策は見直されています。**表1**（次のページ）は，中国の年齢3区分別人口割合の推移を示したものです。一人っ子政策が見直された理由として考えられることを，表1に着目して，書きなさい。

表1　　（単位　%）

	1950年	1982年	2014年
年少人口（0～14歳）	34.8	33.6	16.4
生産年齢人口（15～64歳）	60.2	61.5	73.4
老年人口（65歳以上）	5.0	4.9	10.2

（「データブック　オブ・ザ・ワールド　2023年版」などから作成）

〔問5〕　ブラジルでは，さとうきびやとうもろこしなどの植物を原料とした燃料で走る自動車が普及しています。このような植物を原料とした燃料を何といいますか，書きなさい。

〔問6〕　表2は，ロシア，カナダ，アメリカ，中国，ブラジル，オーストラリアの6か国について，それぞれの国の人口，人口密度，国内総生産，輸出品目の輸出総額に占める割合の上位5品目を示したものです。オーストラリアにあたるものを，表2中の**ア**～**エ**の中から1つ選び，その記号を書きなさい。

表2　　（2021年）

	人口（千人）	人口密度（人/km²）	国内総生産（百万ドル）	輸出品目の輸出総額に占める割合の上位5品目（%）
中国	1,425,893	149	17,734,131	機械類（43.0），衣類（5.2），繊維品（4.3），金属製品（4.3），自動車（4.2）
ア	336,998	34	23,315,081	機械類（22.8），自動車（6.7），石油製品（5.2），医薬品（4.7），精密機械（4.2）
イ	214,326	25	1,608,981	鉄鉱石（15.9），大豆（13.7），原油（10.9），肉類（6.9），機械類（5.2）
ウ	145,103	8	1,778,782	原油（22.5），石油製品（14.6），鉄鋼（6.0），石炭（4.0），金（非貨幣用）（3.5）
カナダ	38,155	4	1,988,336	原油（16.3），機械類（9.2），自動車（8.7），金（非貨幣用）（3.1），木材（2.8）
エ	25,921	3	1,734,532	鉄鉱石（33.9），石炭（13.6），液化石油ガス（10.9），金（非貨幣用）（5.1），肉類（3.3）

（「世界国勢図会2023/24」から作成）

2　次の文は，のぞみさんが夏休みの自由研究で，「日本の空港の愛称」についてまとめたものの一部です。これを読み，〔問1〕～〔問4〕に答えなさい。

日本全国には，正式な名称に加えて，愛称をもつ空港があります。愛称の由来はさまざまで，ⓐ富山県の富山空港の愛称は「富山きときと空港」といいます。「きときと」とは富山の方言で「新鮮な」という意味で，富山の海の幸などの魅力を発信することを目的に，富山県は全国で初めて方言を空港の愛称に使用しました。同じように，方言を愛称に使用した空港には，沖縄県の「かりゆす多良間《たらま》空港」があります。

また，地域の文化や歴史を由来とする愛称をもつ空港もあります。ⓑ岡山県の「岡山桃太郎空港」は，昔話『桃太郎』が岡山の伝説をもとに生まれたという説にちなんでつけられており，徳島県の「徳島阿波《あわ》おどり空港」は徳島の伝統芸能である阿波おどりにちなんでいます。ⓒ高知県の「高知龍馬《りょうま》空港」は，幕末に活躍した坂本《さかもと》龍馬が高知県出身であることからつけられました。

これまで，空港の役割は，人やⓓ貨物を輸送する拠点だけだと思っていましたが，その愛称によって地域の特徴を広く人々に示すものでもあることを知りました。

〔問１〕　下線ⓐは，図１中のア～エの県に接しています。このうち，県名と県庁所在地名が異なる県を１つ選び，その記号を書きなさい。また，その県庁所在地名を書きなさい。

図１

〔問２〕　下線ⓑに関し，次の(1)，(2)に答えなさい。

(1)　岡山県は，本州四国連絡橋の１つである瀬戸大橋で四国と結ばれています。図２は，本州四国連絡橋の３つのルートを示したものです。図２中の X ～ Z にあてはまるルートを，次のア～ウの中から１つ選び，その記号を書きなさい。

ア　尾道《おのみち》・今治《いまばり》ルート
イ　神戸・鳴門《なると》ルート
ウ　児島《こじま》・坂出《さかいで》ルート

図２

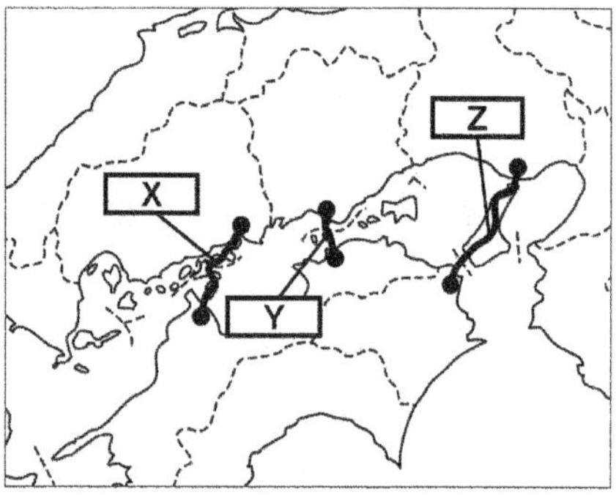

(2)　次のア～エは，岡山県の県庁所在地を含め，富山県，沖縄県，高知県のいずれかの県庁所在地の雨温図です。岡山県の県庁所在地にあたるものを１つ選び，その記号を書きなさい。

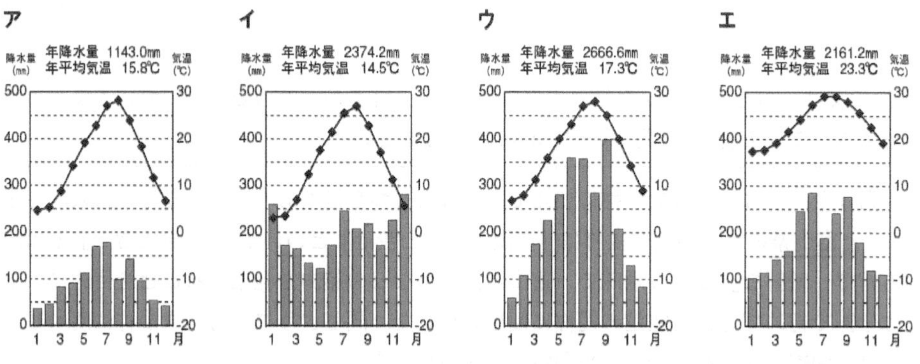

（気象庁ホームページから作成）

〔問３〕　下線ⓒに関し，次の⑴，⑵に答えなさい。

⑴　高知県の土佐《とさ》湾には，深さがおよそ200mまでの傾斜がゆるやかで平坦な地形が広がっています。この地形を何といいますか，書きなさい。

⑵　**図３**は，高知県高岡《たかおか》郡佐川《さかわ》町の一部を示した２万５千分の１の地形図です。**図３**から読み取れる内容として正しいものを，次の**ア**～**エ**の中から１つ選び，その記号を書きなさい。

ア　**A**－**B**間と**C**－**D**間では，**A**－**B**間の傾斜の方が急である。

イ　**E**の地点は，**F**の地点より標高が高い。

ウ　「**佐川駅**」の南東には，博物館がある。

エ　「**紫園**《むらさきえん》」周辺には，茶畑が多く見られる。

図３

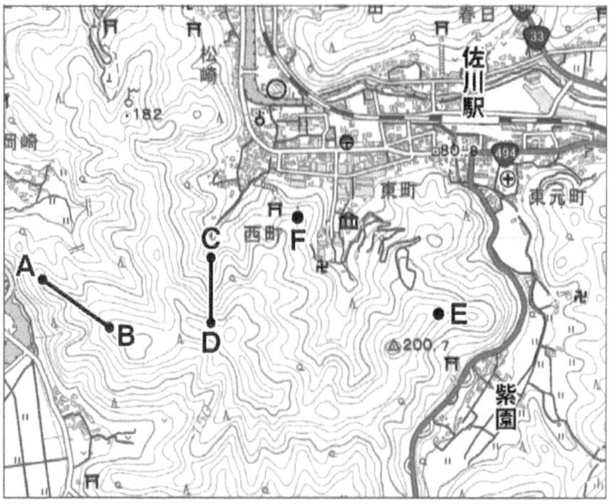

（国土地理院「電子地形図25000」（2023）を加工して作成）

〔問４〕　下線ⓓに関し，**表**は，日本の航空貨物および海上貨物の輸出入における総額に占める割合の上位３品目を示したものです。**表**を参考に，航空貨物は海上貨物に比べ，どのような特徴があるか，簡潔に書きなさい。

表

		輸出入における総額に占める割合の上位３品目		
		１位	２位	３位
日本の主な航空貨物	輸出	半導体等電子部品	科学光学機器※	金属および同製品
	輸入	医薬品	半導体等電子部品	事務用機器
日本の主な海上貨物	輸出	機械類	乗用自動車	電気製品
	輸入	原油	液化天然ガス	石炭

※カメラ・レンズ・計測機器など　　（「データブック　オブ・ザ・ワールド　2023年版」から作成）

3　次の**A**～**F**のカードは，まことさんの班が社会科の調べ学習で，「歴史の転換期」についてまとめたものの一部です。これらを読み，〔問１〕～〔問９〕に答えなさい。

A　古代文明のおこり

農耕と牧畜の普及によって人々の生活が安定すると，人口が増加し都市が誕生しました。こうした都市を中心に，アフリカではエジプト文明，アジアではメソポタミア文明・インダス文明・ⓐ中国文明，地中海沿岸ではⓑギリシャ・ローマの文明がおこり，発展していきました。

B　律令《りつりょう》国家の成立

中大兄《なかのおおえの》皇子らは，ⓒ蘇我《そが》氏をたおして政権をにぎったあと，公地公民《こうちこうみん》の方針を出すなど天皇に権力を集中させようとしました。その後，朝廷《ちょうてい》は律令の制定に取り組み，701年にⓓ大《たい》宝《ほう》律令を完成させ，律令国家が成立しました。

C　元《げん》の襲来と鎌倉幕府《かまくらばくふ》の衰退

フビライ＝ハンは日本を従えようとして使者を送りました。しかし，執権《しっけん》の北条時宗《ほうじょうときむね》がこれを無視したため，元の襲来を招きました。ⓔ幕府は苦戦しながらも，元を２度退けることに成功しましたが，恩賞《おんしょう》が不十分であったことなどから，御家人《ごけにん》の不満が高まり，鎌倉幕府は衰退しました。

D　室町《むろまち》幕府の衰退

ⓕ８代将軍足利義政《あしかがよしまさ》のあとつぎ問題がきっかけとなり，11年にわたる戦乱が起こりました。その後，戦乱は全国に広がり，各地の守護大名《しゅごだいみょう》などが領地の拡大のために戦ったり，下剋上《げこくじょう》の風潮が強まったりして，室町幕府は衰退しました。

E　江戸《えど》幕府の成立と社会の安定

徳川家康《とくがわいえやす》は，1603年に征夷大将軍《せいいたいしょうぐん》に任じられて江戸幕府を開きました。江戸幕府は，ⓖ各地の大名をきびしく統制することで支配を強め，戦乱のない社会を確立しました。およそ260年間，平和が続いたことにより，農業や商業が発達し，ⓗ三都が発展しました。

F　開国と江戸幕府の衰退

井伊直弼《いいなおすけ》が朝廷の許可を得ないまま日米修好通商《にちべいしゅうこうつうしょう》条約に調印したことなどに対して，一部の大名や志士《しし》たちは幕府を批判しました。井伊直弼は，批判した者たちをきびしく処罰したことをきっかけに暗殺され，ⓘ幕府の権威は大きく損なわれました。

〔問１〕　下線ⓐに関し，次のア～ウは，古代の中国でおこった国について述べたものです。これらの国を年代の古い順に並べ，その記号を書きなさい。

ア　この国では，亀の甲や牛や鹿の骨に刻まれた甲骨《こうこつ》文字が生まれ，占いなどに使われた。

イ　この国では，シルクロードと呼ばれる交易路が開かれたことにより，仏教などがもたらされた。

ウ　この国では，万里《ばんり》の長城《ちょうじょう》が築かれ，長さ・容積・重さの基準や貨幣が初めて統一された。

〔問２〕　下線ⓑに関し，地中海各地に成立した，アテネやスパルタのような都市国家のことを何といいますか，書きなさい。

〔問３〕　下線ⓒが政治を行った時期を中心に栄えた飛鳥《あすか》文化の特徴について，適切に述べているものを，次のア～エの中から１つ選び，その記号を書きなさい。

ア　遣唐使《けんとうし》を通じて中国の文化がもたらされ，その影響を強く受けた国際色豊かな文化を形成した。

イ　上方《かみがた》を中心に，経済力をつけた新興の町人《ちょうにん》を担い手とする文化を形成した。

ウ　仏教を中心とし，南北朝《なんぼくちょう》時代であった中国や西アジア，インドの影響を受けた文化を形成した。

エ　貴族の文化と武士の文化が混じりあった文化を形成した。

〔問４〕　下線ⓓに関し，この時期の律令国家について述べているものを，次のア～エの中から１つ選び，その記号を書きなさい。

ア　地方を多くの国に区分し，それぞれの国には都から国司《こくし》を派遣した。

イ　荘園《しょうえん》や公領《こうりょう》ごとに，現地を管理・支配する地頭《じとう》を置いた。

ウ　誰でも自由に商工業ができるよう，楽市令《らくいちれい》を定めた。

エ　才能や功績のある人物を役人に取り立てるため，冠位十二階《かんいじゅうにかい》を定めた。

〔問５〕　下線ⓔに関し，**資料１**は，幕府軍と元軍の戦いを描いたものです。幕府軍が苦戦した理由を，元軍の戦い方と武器に着目して，書きなさい。

資料１

〔問６〕　下線ⓕの戦乱を何といいますか，書きなさい。

〔問７〕　下線ⓖに関し，**資料２**は，江戸幕府が大名を統制するために出した法令の一部です。この法令を何といいますか，書きなさい。

資料２

一　学問と武芸にひたすら精を出すようにしなさい。

一　新しい城をつくってはいけない。石垣などがこわれたときは奉行所《ぶぎょうしょ》の指示を受けること。

一　大名は，幕府の許可なく結婚してはいけない。

（部分要約）

〔問８〕　下線ⓗに関し，**表**は，江戸時代の三都の特徴をまとめたものです。表中の①～③にあてはまる三都の都市名をそれぞれ書きなさい。

表

都市名	特徴
①	朝廷や大きな寺社があり，文化・芸能・学問の中心として栄え，西陣織《にしじんおり》などの手工業が盛んだった。
②	商業都市として発展し，「天下の台所」と呼ばれた。また，各地の大名は蔵屋敷《くらやしき》をおき，年貢米《ねんぐまい》や特産物を売りさばいた。
③	政治の中心で，「将軍のおひざもと」と呼ばれた。18世紀初めには人口が約100万人を数え，国内最大の消費地となった。

〔問９〕 下線ⓘに関し，井伊直弼の死後，幕府が権威を取り戻すために行った公武合体《こうぶがったい》の政策の内容について，簡潔に書きなさい。

4 しょうへいさんは，夏休みの課題で，「近代以降の国民のくらし」についてまとめた略年表を作成しました。次の略年表はその一部です。これを見て，〔問１〕～〔問４〕に答えなさい。

時期	できごと
1860年 1880年 1900年 1920年 1940年 1960年 ↕ X 1980年	ⓐ地租改正《ちそかいせい》に対して，農民が反対運動を各地で起こした ⓑ三国干渉《さんごくかんしょう》に反発した国民の間で，「臥薪嘗胆《がしんしょうたん》」の言葉が流行した ⓒ大正《たいしょう》デモクラシーの風潮の中，日本で最初のメーデーが行われた 兵器の生産のため，鍋や釜，鉄くずなどの金属類を供出させられた 日本人の平均寿命が，男女とも世界一になった

〔問１〕 下線ⓐが実施されたとき，土地の所有者には土地の権利証が発行されました。この権利証を何といいますか，書きなさい。

〔問２〕 下線ⓑで，ロシア・ドイツ・フランスが日本に求めたことを，簡潔に書きなさい。

〔問３〕 下線ⓒに関し，次の⑴，⑵に答えなさい。

⑴ 大正デモクラシーの時期に起こったできごとを，次の**ア**～**エ**の中から１つ選び，その記号を書きなさい。

ア 中江兆民《なかえちょうみん》らは，欧米の民主主義思想を紹介した。
イ 田中正造《たなかしょうぞう》は，銅山の操業停止や鉱毒被害民の救済を求めて活動した。
ウ 幸徳秋水《こうとくしゅうすい》らは，日本で最初の社会主義政党である社会民主党《しゃかいみんしゅとう》を結成した。
エ 吉野作造《よしのさくぞう》は，民本《みんぽん》主義をとなえ，政党内閣の確立と参政権の拡大を主張した。

⑵ 大正デモクラシーの風潮は，様々な社会運動に影響を与えました。西光万吉《さいこうまんきち》らを中心とした被差別部落の人々が，人間としての平等を求めて，1922年に結成した団体を何といいますか，書きなさい。

〔問４〕 略年表中の X の時期に起こったできごとを象徴する写真として適切なものを，次の**ア**～**エ**の中から１つ選び，その記号を書きなさい。

ア

闇市《やみいち》への買い出し

イ

大気汚染対策でマスクをする四日市《よっかいち》市の子どもたち

ウ

ラジオ放送の開始と普及

エ

日本国憲法公布の祝賀会

[5] 次の文は，社会科の授業で，「主要国首脳会議（サミット）」について学習した時の生徒と先生の会話の一部です。これを読み，〔問1〕～〔問6〕に答えなさい。

先生：去年，ⓐ広島市でサミットが開催されたことは知っていますか。
ゆい：はい。7か国の先進国の首脳が広島市に集まって，会議が開かれた様子をテレビで見ました。
りく：サミットでは，ⓑ世界経済やⓒ地球環境などの重要な課題について議論されるんですよね。
先生：よく知っていますね。サミットは，ⓓ国際連合の理念を尊重しつつ，ⓔ法の支配に基づく国際秩序を守り強化することをめざして，毎年開かれているんですよ。
ゆい：毎年開かれているということは，その時々の世界情勢に合わせて，扱われる議題が変わるということですか。
先生：その通りですね。今回は広島市で開かれたということもあり，核軍縮について議論が行われ，「核軍縮に関するＧ７首脳広島ビジョン」が発表されたんですよ。
りく：サミットでの話し合いが，これからのⓕ世界の安全と平和につながるといいですね。

〔問1〕 下線ⓐに関し，図1は，市町村などにおける首長と地方議会の関係を表したものです。図1中の[　　]にあてはまる首長の権限として適切なものを，下のア～エの中から1つ選び，その記号を書きなさい。

図1

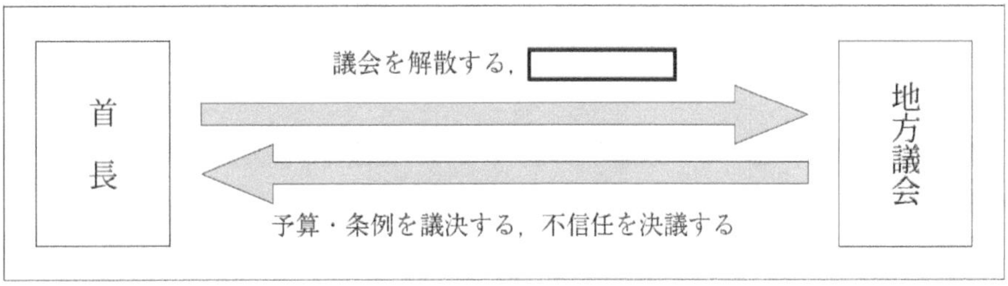

ア　教書を送付する
イ　議決を拒否・再議する
ウ　開示請求を行う
エ　弾劾裁判所を設置する

〔問2〕 下線ⓑに関し，次の**説明文**は，円安が日本経済に与える影響について述べたものです。説明文中の[A]，[B]にあてはまる語句の組み合わせとして正しいものを，下のア～エの中から1つ選び，その記号を書きなさい。

説明文

円安が進むと，主に商品を[A]する日本の企業にとっては国際競争で有利になります。また，海外旅行については，[B]への旅行者が増加すると考えられます。

ア　[A]－輸出　[B]－海外から日本　　イ　[A]－輸出　[B]－日本から海外
ウ　[A]－輸入　[B]－海外から日本　　エ　[A]－輸入　[B]－日本から海外

〔問３〕　下線ⓒに関し，地球環境問題に対応するため，2015年にパリ協定が採択されました。**資料**は，パリ協定の内容の一部をまとめたものです。資料中の □ にあてはまる内容を，「削減」という語を用いて，簡潔に書きなさい。

資料

①　産業革命前からの世界の気温上昇を，２℃を十分に下回る水準に抑えるとともに，1.5℃以内に抑える努力も続ける。
②　□ に取り組む。
③　５年ごとに実施状況を確認する。

〔問４〕　下線ⓓに関し，**図２**は，2022年における国連予算の分担率を示したものです。図２中の X ～ Z にあてはまる国名を，次の**ア**～**ウ**の中からそれぞれ１つ選び，その記号を書きなさい。

ア　アメリカ　　**イ**　中国　　**ウ**　日本

図２

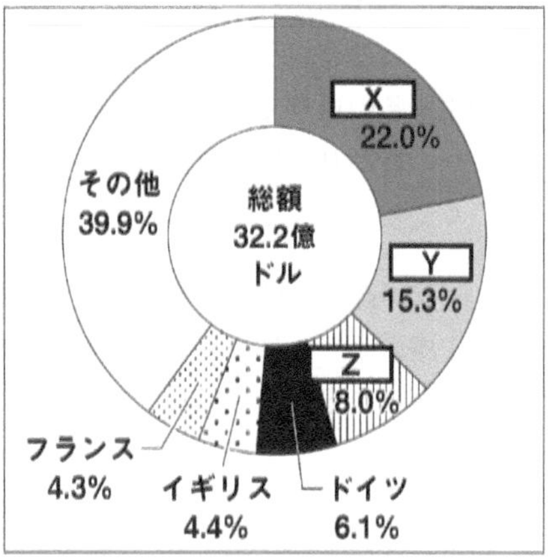

（「世界国勢図会2023/24」から作成）

〔問５〕　下線ⓔの考え方に基づき，人権を保障するため，憲法によって国家権力の濫用を防ぐという考え方を何といいますか，書きなさい。

〔問６〕　下線ⓕに関し，冷戦終結後，地域紛争の増加やグローバル化の進展を背景に，国際社会や国際協調のしくみの中で新たな**概念**が世界的に広まりました。この概念と**内容**の組み合わせとして適切なものを，下の**ア**～**エ**の中から１つ選び，その記号を書きなさい。

概念

Ⅰ　人間の安全保障
Ⅱ　平和主義

内容

Ⅲ　武力攻撃を受けた他国からの要請に基づき，その国の防衛のために武力を行使する権利
Ⅳ　一人一人の人間の生命や人権を大切にし，戦争や貧困などの脅威から守り，同時に，人々が自ら生きるための能力を強化するという考え方

ア　Ⅰ・Ⅲ　　**イ**　Ⅰ・Ⅳ　　**ウ**　Ⅱ・Ⅲ　　**エ**　Ⅱ・Ⅳ

6　ひろとさんのクラスでは，社会科の授業で，「平成の時代に日本で起こったできごと」について発表することになりました。次の資料は各班が作成した，テーマと副題の書かれた発表用スライドの１ページ目です。これらを読み，〔問１〕～〔問６〕に答えなさい。

＜１班＞

ⓐ消費税の導入
平成元年（1989年）
～社会保障を充実させるための税制改革～

＜２班＞

アイヌ文化振興法の成立
平成９年（1997年）
～ⓑアイヌ民族の伝統文化の尊重～

＜３班＞

平成初，ⓒ経済成長率がマイナスに
平成10年（1998年）
～停滞する日本経済～

＜４班＞

戦後初，日本の人口が前年を下回る
平成17年（2005年）
～ⓓ変化する人口構成と家族の形～

＜５班＞

裁判員制度が始まる
平成21年（2009年）
～国民に開かれたⓔ司法制度へ～

＜６班＞

ⓕ持続可能な開発目標（SDGs）の取り組みが日本でも始まる
平成27年（2015年）
～豊かで活力ある未来を創るために～

〔問１〕　下線ⓐは，同じ金額の商品の購入に対して，誰もが同じ金額を負担する税金です。そのため，消費税の課題として逆進性があります。消費税における逆進性について，次の語を用いて，簡潔に書きなさい。

所得　　割合

〔問２〕　下線ⓑに関し，次の文は，アイヌ民族に関連する法律の移り変わりについて書かれたものです。文中の □ にあてはまる適切な語を，書きなさい。

文

> 明治政府の政策により，アイヌ民族の暮らしや文化は否定されましたが，1997年にアイヌ民族としての誇りが尊重される社会を実現するため，アイヌ文化振興法が制定されました。さらに，2019年には □ 法が制定されたことにより，アイヌ民族は先住民族として法的に位置づけられました。

〔問３〕　下線ⓒに関し，不景気のときには物価が下がり続けるデフレーションが起こりやすくなります。図（次のページ）は，不景気のときのデフレーションのしくみについて表したものです。図中の X ～ Z にあてはまるものを，下のア～ウの中からそれぞれ１つ選び，その記号を書きなさい。

ア　家計の消費が減る　　イ　家計の所得が減る　　ウ　企業の利益が減る

図

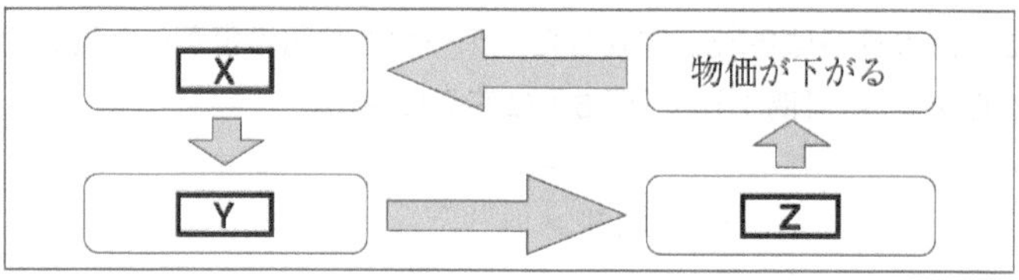

〔問４〕　下線ⓓに関し，**資料１**は，2000年と2020年における日本の１世帯あたりの平均構成人員と，全世帯に占める核家族世帯の割合を示しています。**文**は，日本の家族構成の変化について，４班の生徒が資料１をもとに作成したレポートの一部です。文中の □ にあてはまる内容として適切なものを，下の**ア**～**エ**の中から１つ選び，その記号を書きなさい。

資料１

	１世帯あたりの平均構成人員（人）	全世帯に占める核家族世帯の割合（％）
2000年	2.70	58.3
2020年	2.26	54.1

（「日本国勢図会2022/23」から作成）

文

2000年と2020年を比較すると，１世帯あたりの平均構成人員と全世帯に占める核家族世帯の割合がともに減少しています。これは □ だと考えられます。

ア　夫婦と子供のみの世帯の割合が増加したから
イ　祖父母と夫婦と子供で構成される世帯の割合が増加したから
ウ　単独（一人）世帯の割合が増加したから
エ　老年人口の割合が減少したから

〔問５〕　下線ⓔに関し，くじで選ばれた国民により構成され，検察官が事件を起訴しなかったことを適切かどうか判断する組織を何といいますか，書きなさい。

〔問６〕　下線ⓕに関し，**資料２**は，SDGsの達成に向けて政府が具体的政策をまとめた「SDGsアクションプラン2023」の一部です。資料２の取り組みと直接関係のあるSDGs（持続可能な開発目標）を，次のページの**ア**～**エ**の中からすべて選び，その記号を書きなさい。

資料２

（担当省庁）　農林水産省
（事 業 名）　有害化学物質・微生物リスク管理等総合対策事業
（事業概要）　国産食品の安全性を向上させ，消費者の健康への悪影響を未然に防止するため，食品等の有害化学物質・微生物の汚染実態調査や汚染防止・低減対策の策定・普及等を実施する。

ア

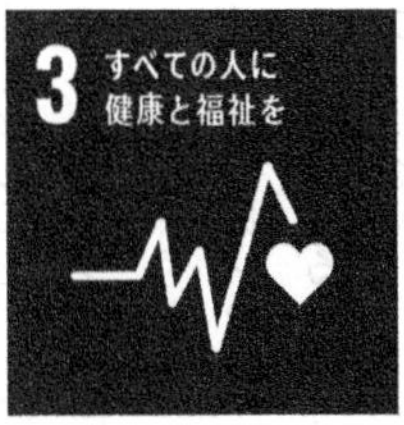
3
すべての人に
健康と福祉を

イ

7
エネルギーをみんなに
そしてクリーンに

ウ

12
つくる責任
つかう責任

エ

16
平和と公正を
すべての人に

く　とありますが、これはどのようなことを表していますか。最も適切なものを、次の**ア**～**エ**の中から選び、その記号を書きなさい。

ア　サイレンの音が静まることで、呼吸と波風の音だけが聞こえてくるということ。

イ　サイレンの音と呼吸の音が複雑に混じり合って、深みのある音に聞こえるということ。

ウ　サイレンの音が呼吸や波風の音に吸収されて、異なる響きになるということ。

エ　サイレンの音に集中することで、自分の呼吸の音さえも聞こえなくなるということ。

〔問5〕本文中、D重ねた手の人差し指を、ぴったりと額にそわせて、うつむきすぎてしまいそうになる頭を支えるように、時間を使っていた　とありますが、一代さんはどのような思いで祈っていたと思いますか。あなたの考えを六十字以内で書きなさい。（句読点やその他の符号も一字に数える。）

四　下の**写真**を見て、この写真の情景とあなたが感じたことや考えたことを書きなさい。ただし、あとの条件⑴～⑷にしたがうこと。

〔条件〕

⑴　原稿用紙の正しい使い方にしたがって書くこと。ただし、題名や自分の氏名は書かないこと。

⑵　二段落構成とし、八行以上、十行以内であること。

⑶　第一段落には、この写真を見たことがない人にも分かるように、写真の情景を書くこと。

⑷　第二段落には、この写真を見てあなたが感じたことや考えたことを、その理由とともに書くこと。

写真

（芸術新聞社編『Twitter発　写真が好きだ。』から）

は入ってこない方がいい。
　そのためのサイレンだ。まわりの音を鎮《しず》め、祈りに集中させる。
　祈っているわたしは、サイレンの音を書けなかった。聞こえているはずなのに、頭で言葉にできない。
　それは、本来ならありえない、無音という状況に近いのではないだろうか。
　一代さんを横目で見た。D重ねた手の人差し指を、ぴったりと額にそわせて、うつむきすぎてしまいそうになる頭を支えるように、時間を使っていた。

　サイレンは六十秒間、鳴り続け、止まった。
「それじゃあ、帰ろうか」
「あっちで、りゅうくんのリフティング見せてもらおう」
「やったー」
　さっきまでの無音が嘘《うそ》みたいに、またみんなが、初詣みたいな騒がしさのなかへ戻ってきた。一番ちいさな子どもが、おばあさんとおじいさんに片方ずつつかまり、ぶらんぶらんと宙に浮いている。
　一人の無音からみんなの有音に変わるこの瞬間を、かつおくんが写真に撮った。それは、わたしにとっての今回の旅を象徴する、いちばん好きな一枚になった。

　帰る前に、一代さんの話を聞いた。一代さんは、船の事故で旦那さんと三女のご主人が行方不明になり、長女が亡《な》くなったそうだ。それにくわえて、震災後のきびしい生活。同じ立場を自分に置き換えることができなかった。
「過去は変えられないから、いまを明るく生きるしかないよね」
「明るく生きるために、どうしているんですか」
「みんなが楽しめることだけを考えて、それで忙しくすること」
　一代さんは、迷いなく言いきった。
「旦那さんも喜んでくれるから」
　苦しみが入ってくるヒマもないくらい、楽しむことに忙しく生きる。それもまた、確かな祈りだ。騒音と静寂で、時間は流れていく。わたしもそうやって、数え切れないほどの夜を乗り越えてきたじゃないか。
　祈りたくなったとき、言葉にできなかった港町のサイレンを思う。

（岸田《きしだ》　奈美《なみ》　著『飽きっぽいから、愛っぽい』から……一部省略等がある。）

（注）・パフォーマー＝演技・演奏などの表現活動をする人。
・ツリーハウス＝樹木の上に作られた家。
・サウナワゴン＝サウナ設備を搭載した車。

〔問1〕本文中、Aしっくりとありますが、これに近い意味の語として最も適切なものを、次のア～エの中から選び、その記号を書きなさい。
ア　はっきり　イ　あっさり　ウ　ぴったり　エ　うんざり

〔問2〕本文中の□にあてはまる最も適切な語を、次のア～エの中から一つ選び、その記号を書きなさい。
ア　街　イ　海　ウ　時　エ　家

〔問3〕本文中、B身構えたとありますが、ここでの「身構え」るとはどうすることですか。「黙禱」という言葉を用いて、三十五字以内で書きなさい。「黙禱」は「黙とう」と書いてもよいこととする。
（句読点やその他の符号も一字に数える。）

〔問4〕本文中、C自分の呼吸の音すらも、サイレンに集約されてい

「そうだねえ。よっこいしょ」
「間に合うかなあ、ちょっと走ろっか」
「やだ、ちょっと、ころばないでよ」
　聞こえてきたのはくつろいだ会話の延長で、わたしは肩から拍子抜けしそうになった。二十人ほどがコートやマフラーをひっかけて、ポケットに手をつっこみ、隙あらば散ろうとする小さな子どもの手を引いて、ばらばらっと横にならび、「でかい鳥だ」「なんの鳥だろ」なんて言いながら、笑ったりもする。
　あれだ。この心地いい騒がしさは、初詣の風景っぽい。
　気仙沼の、青色と緑色を混ぜた濃い色の海をのぞむ、船着き場に着いた。ちゃぷ、ちゃぷ、と静かな波がすぐ足元まできている。でかい鳥と雲が浮かぶ空は美しかった。

　二時四十六分、きっかり。
　黙禱のサイレンが鳴った。
　すぐ頭上にあった、電柱のスピーカーから聞こえた気がしたけど、すぐに、向こう側の堤防からも、裏手の山の中からも、同じ音が重なっているとわかった。この街のどこにいても、同じ音が響いているのだ。
　あれだけ騒がしかったはずの声は、ぴたりと止《や》んだ。だれもが手をあわせ、まぶたを閉じる。
　サイレンは単調だった。強弱も、旋律もない。それを集中して聞いていると、わずかに鳴っていた波の音も、風の音も、あっという間に消えた。C自分の呼吸の音すらも、サイレンに集約されていく。
　たった一つの音だけに、これほど耳をゆだねたこともない。ゆだねるほどに、確信した。
　これはきっと、無音に一番近い。
　プワーンとか、ジリリリとか、ウーウーとか、どんな表現を使っても、あの音は書き表せない。
　どんなささいなことでも、自分の目で見て、耳で聞いて、手で触ったことなら、なんでも言葉にしてしまえる自信が、わたしにはあった。そういうふうに生きてきた。浅はかだった。そのわたしが、このサイレンだけは、一文字も似せられなかった。
　マイクで録音した音に、自動的に五十音をあてはめ、文字をモニターに映し出せる機械みたいなものがあったなら、あのサイレンは適切に表現されるだろう。
　人間のわたしが表現できないのは、単純に語彙力が足りないのか、それとも、文字にすることを拒むなにかがあるからか。前者だと心がくじけてしまいそうなので、一旦、後者を考えてみよう。
　あのサイレンは、聞くための音ではない。
　祈るための音だ。サイレンは祈れない。祈るのは、サイレンを聞いた、人間だ。
　祈りとはなんだろう。希望のためだけに、自分の時間を使うことじゃないか。
　愛《いと》しい人の死や、死んだ方がマシとすら思えるほどの苦しみは、耐えがたい。どんな格言も、どんな優しさも、心の拠《よ》り所にはなるが、苦しみを取り払うほどの力はない。
　苦しみを少しずつ、少しずつやわらげていく方法があるとするなら、それはやはり時間だけ。一年後の自分は今ほど絶望していないし、十年後の自分は今ほど泣き濡《ぬ》れてはいない。
　祈りは、時間を確実に使わせてくれる。時間は限りある命そのものだ。希望のために命をけずっている時は、祈り以外の、余計なすべて

エ　コミュニケーション能力の重要性

Ⅱ
ア　高度な言語能力　イ　やさしさの進化
ウ　能力や運による繁栄　エ　他者を認識する知能

〔問6〕本文中、D増える単位が自分の体を超えて広がっている　とありますが、これはどのようなことを述べていますか。文中の言葉を用いて、八十字以内で書きなさい。（句読点やその他の符号も一字に数える。）

三　次の文章を読んで、〔問1〕～〔問5〕に答えなさい。※印には（注）がある。

エッセイストの「わたし」は、写真家の「かつおくん」、サッカーボールを使う※パフォーマーの「りゅうくん」と一緒に、東日本大震災の追悼日の取材のため、宮城県気仙沼《けせんぬま》市を訪れた。

わたしたちはどこへ行っても街の人から大歓迎され、口にするものはなんでも美味《おい》しく、特に漁師さんがとってきたばかりの魚は絶品で、とどめの温泉は気持ちよすぎて意識が飛ぶかと思った。

「まあまあ、おかえり。さあ入って、座って、食べて」

お城のように立派な屋根を持つ民宿で、女将《おかみ》さんをしている一代《いちよ》さん。はじめて会ったのに「おかえり」なんて変だ。変なのに、Aしっくりきた。石油ストーブと人から発せられるあたたかさ、気持ちのいい大雑把さ、老いも若きも赤子も一緒にくつろぐ騒がしさ、テーブルに載り切らないほど運ばれてくるおやつ（おやつと言いながら、味噌《みそ》汁《しる》があった）。来たこともないのに、実家のような場所だ。一代さんの人柄が、そのまま［　］になっていた。

「一代さんって、すっごいパワフルですね」

「わたしはここへ集まってくれるみんなに、本当に助けてもらったからさ。いつも楽しいことばかり考えてるよ。みんなに喜んでもらいたくて」

震災でぐちゃぐちゃになった一代さんの家に、ボランティアの人たちが寝泊まりしたことがきっかけで、この民宿を作ったそうだ。

「裏に※ツリーハウスと※サウナワゴンを作ってもらったんだ。みんなで見てきてよ」

それからわたしたちは、おのおの遊んだり、寝転んだり、おやつを食べたり、かつおくんが撮った写真を眺めたりして、くつろいだ。三階建ての家ぜんたいがゲラゲラと笑っているみたいだ。

「あっ、もうすぐ黙祷《もくとう》はじまる」

だれかが言った。わたしはドキリとした。

それは美しくて愉快な気仙沼へ来て、ようやく実感した、震災を感じさせる言葉だった。

わたしは神戸の出身で、震災が残す悲しみは、幼いころからいろいろな方法で見聞きしてきた。どれだけいまが明るくなろうとも、悲しみは、悲しみとして確かに存在する。家や人を失った傷には、他人が優しく寄り添うことはできても、一ミリの誤差もなく共感することはできないと思う。

B身構えた。この愉快な気持ちを、外から来たわたしが引きずってはだめだ。

「じゃあ、そろそろ海の方へ行きますかあ」

のと同じように、他の人の命も大事になっていきます。D増える単位が自分の体を超えて広がっているといってもいいかもしれません。

　このような大規模な協力関係は人間ならではの特徴です。人間以外の生物が非血縁個体と協力することは、特殊なケースを除いてほとんどありません。なぜ人間のみでこのような特殊な能力が生まれたのかについてはいろいろな説があります。人間の持つ高度な言語能力や認知能力や寿命の長さが大事だったと言われています。また、それらの能力が生まれた背景には、狩猟採集生活の中で協力する必要性があったことや、子どもが成長するまでに時間がかかることから子育てに他の個体の協力が必要だったことなどが指摘されています。

　このような性質のどれが直接的な原因だったのかはわかりませんが、いずれにせよ、このような他の個体との協力を可能とする人間の性質は、元をたどれば少産少死の戦略によってもたらされたものです。命を大事にして長く生きるようになり、他個体と付き合うことが可能になったために協力することが有利になりました。

　しかも、人間には他者を認識する知能や、他者の気持ちを察することのできる共感能力も備わっています。結果として協力関係がどんどん発展していきました。私たち人間は地球上の他のどんな生物よりも協力的な、いわば「やさしい」生物です。このようなやさしさの進化は少産少死の戦略を極めてきた生物にとって必然だったように思えます。

（市橋《いちはし》　伯一《のりかず》　著『増えるものたちの進化生物学』から……一部省略等がある。）

（注）・少産少死の戦略　＝　増えるのは遅くても、その分死ににくくすることで、最終的にたくさん子孫を残すという戦略。

〔問1〕本文中の a 、 b にあてはまる最も適切な語の組み合わせを、次のア～エの中から選び、その記号を書きなさい。

ア　a　もし　　b　しかし
イ　a　もし　　b　ただし
ウ　a　たとえば　　b　もし
エ　a　まったく　　b　もし

〔問2〕本文中、A協調的な行動が有利に働く　とありますが、人間の場合、「協調的な行動」は何に「有利に働く」と筆者は考えていますか。１～５の段落の文中から適切な語句を六字でそのまま抜き出して書きなさい。

〔問3〕本文中、B現在の人間たちの協力の最たるものは「職業」です　とありますが、このようにいえるのはなぜですか。その理由を述べた次の文の □ にあてはまる表現を、文中から四十五字以内でそのまま抜き出し、最初と最後の五字をそれぞれ書きなさい。
（句読点やその他の符号も一字に数える。）

□ ができているから。

〔問4〕本文中、C社会が全く存在しない状況を考えてみましょう　とありますが、「社会が全く存在しない状況」を例として挙げた理由を、解答欄の書き出しに続く形で、「強調」という語句を用いて、五十字以内で書きなさい。（句読点やその他の符号も一字に数える。）

〔問5〕本文中の Ⅰ 、 Ⅱ には、あとに続く文章の「見出し」が入ります。「見出し」として最も適切なものを、次のア～エの中からそれぞれ選び、その記号を書きなさい。

Ⅰ

ア　人間社会の協力関係
イ　社会の歯車になる危険性
ウ　快適な生活を送るための技術

が、これは大きな協力関係です。皆が自分以外の誰かのために質の高い仕事をすることで、全員が安全で快適な生活を送ることができています。

　職業という協力関係の重要さは、誰かが仕事を辞めたらどうなるかを考えるとすぐにわかります。たとえば、衣服を作る仕事の人が全員辞めてしまったら、みんな自分の服は自分で作らないといけなくなります。きっと粗末な衣服しか作れないことでしょう。忙しい人は全く作れないかもしれません。着替えを用意しておくのも大変ですし、洗っているうちにぼろになるでしょうから、洗濯もあまりしなくなるでしょう。衣服は汚れ、感染症も広まりやすくなるかもしれません。現代人が安く品質の高い衣服を手に入れることができているのは、作ることに特化した人が専門に作ってくれるおかげです。

　そしてそれは一方的な関係ではありません。衣服を作る人も食料や住居は別の専門家に作ってもらっています。私たち人間は、現在、社会という大きな協力関係の網の目の中に組み込まれています。

　「社会の中に組み込まれる」ということは「社会の歯車になる」ということです。この言葉にはあまりいい印象はないかもしれません。自分の個性とかアイデンティティがおびやかされていると感じるかもしれません。しかしそれは誤解だと私は思います。むしろ社会の歯車になることでほとんどの人は個性を発揮して、みんなの役に立てるのだと思います。

　たとえば、C社会が全く存在しない状況を考えてみましょう。父親、母親、小さい子どもの3人家族だけで無人島で暮らしているような状況です。この場合、生きていくために必要な仕事はすべて3人だけで分担しないといけません。狩りをするのは、生物的に力の強い大人の男性である父親になるでしょう。植物や果物を採集したり、調理したりするのは、狩りに不向きな女性や子どもの仕事になるでしょう。たとえ、狩りなんて荒っぽいことが嫌いな男性や、採集よりも狩りの方が好きな女性だったとしても、餓《う》えないためには身体的に向いている方をやらざるをえません。狩りに失敗したり、食べ物を見つけることに失敗したりすれば、すぐに命の危機が訪れます。また、この世界では、勉強が得意とか、絵をかくのが得意とか、コミュニケーション能力が高いとか低いなどの個性が役に立つことはありません。なにより必要なのは、獲物をしとめたり、食料を確保する能力です。力や体力が何よりも重要です。強く丈夫で健康な人間だけが生き残る世界です。それ以外の個性には出番はありません。

　一方で私たちの社会は違います。力や体力が必要な職業もあれば、勉強や絵を描くことやコミュニケーション能力が必要な職業もあります。どれか1つの能力が優れていれば、十分に活躍の場が見つかります。少なくとも狩猟採集社会よりは、今の社会の方が自分に合った役割（歯車）が見つかる可能性が高いように思います。

Ⅱ

　こうした他人との協力からなる社会を形成するようになると、人間という生物が増える単位も変わってきます。人間以前の生き物は自分の力で自分だけを増やしていました。細菌も線虫もカエルも虫もサルも、増えることができるかどうかは自分の能力や運によって決まっていました。優れた能力を持っていれば生殖に成功し、子孫を作ることができますし、そうでなければ血統は途絶えてしまいます。

　ところが協力関係の網の目の中にいる人間は違います。自分が生き残って増えるためには他の人の能力も重要です。また自分の能力もほかの人が生き残って増えることに貢献しています。自分の命が大事な

・千里の目 ＝ 千里のかなたの眺望。
・窮めんと ＝ 見きわめようと。

(1) この【漢詩】の形式を何といいますか。次のア～エの中から一つ選び、その記号を書きなさい。
ア 五言絶句　イ 七言絶句
ウ 五言律詩　エ 七言律詩

(2) 【書き下し文】を参考にして、【漢詩】中の「欲シ窮メント千里ノ目ヲ」に返り点を付けなさい。

二

次の文章を読んで、〔問1〕～〔問6〕に答えなさい。※印には（注）がある。

人間における他の個体との付き合い方

1 現代の人間の場合は、初対面の人に威嚇や攻撃など敵対的な行動をすることはまずありません。小さな子どもどうしであればありえるかもしれませんが、普通の大人であれば、失礼のない程度に愛想よくするのではないでしょうか。

2 どのくらい愛想よくするかは、「その人とまた会うかどうか」も重要なポイントになっているように思います。[a]、近所に住んでいる人や、学校の同級生、あるいは会社の同僚など毎日のように顔を合わせる人であれば、敵対していてもいいことは何もありません。[b]敵対していたら、顔を合わせるたびに嫌な気分になってしまいますし、困ったときに助けてくれないかもしれません。多くの人は、頻繁に会う人たちとはできるだけ仲良くするように、少なくとも険悪な関係にならないように努力するのではないかと思います。

3 それでは近所の人ではなく、旅先でたまたま出会った人であればどうでしょうか。たとえ険悪な雰囲気になったとしても二度と会うことはありません。失礼のない程度の付き合いはするにしても、良好な関係を築く必要性は感じないのではないでしょうか。

4 このように、今後もつきあう可能性がある人とない人で態度を変えることは、いたって合理的です。この傾向は「進化ゲーム理論」という理論的な研究でも確かめられています。同じ個体と長く付き合えば付き合うほど、A協調的な行動が有利に働くことから、付き合いの長さが安定な協力関係を生み出すひとつの要因になることが分かっています。

5 そして付き合いの長さに大きく影響を与えるのは寿命の長さです。寿命の長い生物どうしは生涯でまた出会う可能性が高まります。人間は長生きで成長に時間のかかる生物です。これは※少産少死の戦略によるものです。その結果として同じ他人と長く付き合うことになり、敵対したり無視したりするよりも仲良くなって協力し合うほうがお互いの生存に有利になっています。こうして人間の場合は、血縁関係にない個体との協力関係が発展してきたと考えられています。

[I]

B現在の人間たちの協力の最たるものは「職業」です。多くの人は職を持っていて、特定の仕事をするだけで生きていけるようになっています。私の場合であれば大学教員ですので、大学で講義をしたり、研究をしているだけで給料をもらって、衣食住を賄うことができます。私が身に着けている衣服も毎日食べている食料も、住んでいる家も、自分で作ったものではありません。作ろうと思っても質の高いものは作ることができません。その代わりに他のもっと技術のある人間が仕事として作ってくれたものを買っています。

現代人には当たり前すぎて普段はあまり意識しないかもしれません

＜国語＞

時間　五〇分　満点　一〇〇点

一　次の〔問1〕～〔問4〕に答えなさい。

〔問1〕 次の①～⑧の文の――を付した、カタカナは漢字に直して書き、漢字は読みがなをひらがなで書きなさい。

① 実力をヤシナう。　② 教室のごみをヒロう。
③ 事件をホウドウする。　④ 店のカンバンを出す。
⑤ 初日の出を拝む。　⑥ わが身を顧みる。
⑦ 凡庸な作品。　⑧ 山の輪郭を描く。

〔問2〕 次の□で囲まれたA～Dの漢字について、楷書で書いた場合、同じ総画数になる組み合わせを、あとのア～カの中から一つ選び、その記号を書きなさい。

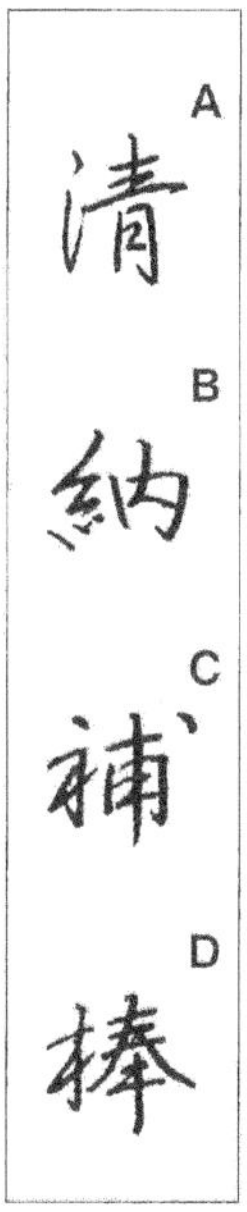

ア　AとB　　イ　AとC　　ウ　AとD
エ　BとC　　オ　BとD　　カ　CとD

〔問3〕 次の会話は、朝日中学校二年生の中田さんが、職場体験の事前打ち合わせについて、電話で問い合わせている場面の一部です。会話文中の いますか を尊敬語を用いて適切な表現に書き直しなさい。

中田「私は、朝日中学校二年生の中田と申します。このたびは職場体験をお受けいただき、ありがとうございます。本日は、事前打ち合わせの件で、お電話をいたしました。ご担当の林さんはいますか。」
林　「はい。私が担当の林です。」
中田「お忙しいところ恐れ入ります。事前の打ち合わせのため、来月三日、火曜日の午後一時に伺いたいと考えているのですが、ご都合はいかがでしょうか。」
林　「いいですよ。お待ちしております。」
中田「ありがとうございます。ではよろしくお願いいたします。」

〔問4〕 次の【漢詩】と、その【書き下し文】を読んで、あとの⑴、⑵に答えなさい。

※印には（注）がある。

【漢詩】

登ル二鸛鵲楼一ニ　　王之渙

白日依リテレ山ニ尽キ
黄河入リテレ海ニ流ル
欲シ窮メントヲ千里ノ目ヲ
更ニ上ル一層ノ楼

【書き下し文】

※鸛鵲楼《かんじゃくろう》に登る　　王之渙《おうしかん》

※白日山に依《よ》りて尽き
黄河《こうが》海に入りて流る
※千里の目を※窮《きは》めんと欲《ほっ》し
更に上る一層の楼

（『唐詩三百首』から）

（注）・鸛鵲楼　＝　中国にある塔の名前。
・白日　＝　太陽。

MEMO

大切なことはメモしておこうネ！

T.G

2024年度

解　答　と　解　説

《2024年度の配点は解答用紙集に掲載してあります。》

＜数学解答＞

1　［問1］　(1)　3　　(2)　$-\frac{10}{3}$　　(3)　$8a-3b$　　(4)　$4\sqrt{7}$　　(5)　$20a+9$

［問2］　$x=-2\pm\sqrt{13}$　　［問3］　$n=14$　　［問4］　$y=-\frac{6}{x}$　　［問5］　(1)　5(個)

(2)　ア　180(度)　　イ　(直線)GJ[GD，JD]　　［問6］　$\angle x=22$(度)

2　［問1］　ア　　［問2］　一般道路18km，高速道路112km(求める過程は解説参照)

［問3］　ウ　　［問4］　$\frac{2}{5}$　　［問5］　(1)　(例)$2+3+10=15$　　(2)　解説参照

3　［問1］　$0\leqq y\leqq 8$　　［問2］　$y=-\frac{2}{3}x+\frac{4}{3}$　　［問3］　AB：BD＝3：1

［問4］　$\left(\frac{3}{2},\ -\frac{9}{8}\right)$，$\left(-\frac{3}{2},\ -\frac{9}{8}\right)$

4　［問1］　BH＝$\sqrt{29}$(cm)　　［問2］　$\angle x=110$(度)　　［問3］　(1)　$\frac{3}{8}$(cm^2)

(2)　解説参照

＜数学解説＞

1　(数・式の計算，平方根，式の展開，二次方程式，比例関数，図形の移動，角度)

［問1］　(1)　**異符号の2数の和の符号は絶対値の大きい方の符号で，絶対値は2数の絶対値の大きい方から小さい方をひいた差**だから，$-4+7=(-4)+(+7)=+(7-4)=3$

(2)　**四則をふくむ式の計算の順序は，乗法・除法→加法・減法**となる。$6+\frac{7}{9}\times(-12)=6-\frac{7}{9}\times12=6-\frac{7\times12}{9}=6-\frac{28}{3}=\frac{18}{3}-\frac{28}{3}=-\frac{10}{3}$

(3)　**分配法則**を使って，$-2(a-b)+5(2a-b)=(-2)\times a+(-2)\times(-b)+5\times2a+5\times(-b)=-2a+2b+10a-5b=-2a+10a+2b-5b=8a-3b$

(4)　$\sqrt{28}-\sqrt{7}+\sqrt{63}=\sqrt{2^2\times7}-\sqrt{7}+\sqrt{3^2\times7}=2\sqrt{7}-\sqrt{7}+3\sqrt{7}=(2-1+3)\sqrt{7}=4\sqrt{7}$

(5)　**乗法公式$(x+a)^2=x^2+2ax+a^2$，$(x+a)(x+b)=x^2+(a+b)x+ab$**より，$(a+5)^2-(a-8)(a-2)=(a^2+2\times5\times a+5^2)-[a^2+\{(-8)+(-2)\}a+(-8)\times(-2)]=(a^2+10a+25)-(a^2-10a+16)=a^2+10a+25-a^2+10a-16=a^2-a^2+10a+10a+25-16=20a+9$

［問2］　$(x+2)^2=13$より，$x+2$は13の**平方根**だから，$x+2=\pm\sqrt{13}$　よって，$x=-2\pm\sqrt{13}$

［問3］　$\sqrt{126n}$の値が**自然数**となるためには，根号の中が(自然数)^{2}の形になればいい。$\sqrt{126n}=\sqrt{3^2\times2\times7\times n}$より，このような自然数$n$は$2\times7\times$(自然数)^{2}と表され，このうちで最も小さい数は$2\times7\times1^2=14$である。

［問4］　**yはxに反比例する**から，xとyの関係は$y=\frac{a}{x}$と表せる。$x=2$のとき$y=-3$だから，$-3=\frac{a}{2}$　$a=-3\times2=-6$　よって，このときのxとyの関係は$y=-\frac{6}{x}$と表せる。

［問5］　(1)　△ADIと合同な三角形のうち，**平行移動**だけで△ADIの位置に移るものは△ADI以外に，△DEJ，△EBF，△IJH，△JFG，△HGCの5個ある。

(2)　(方法1)△DEJを点Jを中心に180°**回転移動**させると，点Dが点Gに，点Eが点Hに移り，△DEJは△GHJの位置に移る。　(方法2)△DEJを△JFGの位置に移るように平行移動し，さらに直線GJを**対称の軸**として**対称移動**させると，点Fが点Hに移り，△JFGは△GHJの位置に移る。

〔問6〕　弧ABに対する**中心角と円周角の関係**から，∠AOB＝2∠ACB＝2∠x　OA//CBより，**平行線の錯角は等しい**から，∠OAC＝∠ACB＝∠x　**対頂角は等しい**から，∠ADO＝∠BDC＝114°　△ADOの内角の和は180°だから，∠AOD＋∠OAD＋∠ADO＝180°より，2∠x＋∠x＋114°＝180°　3∠x＝66°　∠x＝22°

2　(関数とグラフ，動点，連立方程式の応用，資料の散らばり・代表値，確率，規則性，文字を使った式)

〔問1〕　xとyの関係は，0≦x≦4(点Pが辺AB上にある)のとき，$y=\frac{1}{2}\times AD\times AP=\frac{1}{2}\times 5\times x=\frac{5}{2}x$　また，4≦x≦9(点Pが辺BC上にある)のとき，$y=\frac{1}{2}\times AD\times AB=\frac{1}{2}\times 5\times 4=10$　よって，xとyの関係を表したグラフとして適切なものは，0≦x≦4のとき，原点を通る直線で，4≦x≦9のとき，x軸に平行な直線であるアである。

〔問2〕　(求める過程)　(例)一般道路を$x$km，高速道路を$y$km走ったとすると，$\begin{cases} x+y=130 \\ \frac{x}{30}+\frac{y}{80}=2 \end{cases}$　これを解いて，$x=18$，$y=112$　よって，一般道路18km，高速道路112km

〔問3〕　問題の図より，**最小値**は0回，**最大値**は6回である。また，**四分位数**とは，全てのデータを小さい順に並べて4つに等しく分けたときの3つの区切りの値を表し，小さい方から**第1四分位数**，**第2四分位数**，**第3四分位数**というから，第1四分位数は回数の少ない方から4番目と5番目の**平均値**$\frac{1+2}{2}$＝1.5(回)，第2四分位数は回数の少ない方から9番目の3回，第3四分位数は回数の多い方から4番目と5番目の平均値$\frac{4+4}{2}$＝4(回)である。よって，懸垂の回数の記録を箱ひげ図で表したものとして適切なものはウである。

〔問4〕　箱Aの中から1枚のカードの取り出し方は，1，2，3，4，5の5通り。そのそれぞれの取り出し方に対して，箱Bの中から1枚のカードの取り出し方が，「$6+a$」，「$6-a$」，「$6\times a$」の3通りずつあるから，全てのカードの取り出し方は5×3＝15(通り)。このうち，箱Aから取り出したカードにかかれた数をaとし，箱Bから取り出したカードにかかれた計算をするとき，その結果が**奇数**になるのは，(箱Aから取り出したカード，箱Bから取り出したカード)＝(1，「$6+a$」)，(1，「$6-a$」)，(3，「$6+a$」)，(3，「$6-a$」)，(5，「$6+a$」)，(5，「$6-a$」)の6通り。よって，求める確率は$\frac{6}{15}=\frac{2}{5}$

〔問5〕　(1)　3つの数のうち，最も小さい数が**偶数**のとき，3つの数の和は$2n+(2n+1)+(2n+8)=6n+9=2(3n+4)+1$と奇数になり，偶数(2の倍数)にはならない。

(2)　(理由)　(例)3つの数は，n，$n+1$，$n+8$と表されるから，3つの数の和は，$n+(n+1)+(n+8)=3n+9=3(n+3)$となり，$n+3$は整数だから，$3(n+3)$は3の倍数である。よって，3つの数の和はいつでも3の倍数になる。

3　(図形と関数・グラフ)

〔問1〕　xの**変域**に0が含まれているから，yの最小値は0。$x=-2$のとき，$y=2\times(-2)^2=8$　$x=1$のとき，$y=2\times 1^2=2$　よって，yの最大値は8　yの変域は，0≦y≦8である。

〔問2〕 C(2, 0)より，直線BCの傾きは$\frac{0-2}{2-(-1)}=-\frac{2}{3}$だから，直線BCの式を$y=-\frac{2}{3}x+b$とおいて点Cの座標を代入すると，$0=-\frac{2}{3}\times 2+b$　$b=\frac{4}{3}$　よって，$y=-\frac{2}{3}x+\frac{4}{3}$

〔問3〕 直線ABの傾きは$\frac{8-2}{2-(-1)}=2$だから，直線ABの式を$y=2x+c$とおいて点Bの座標を代入すると，$2=2\times(-1)+c$　$c=4$　よって，$y=2x+4$　これに$y=0$を代入して，$0=2x+4$　$x=-2$　これより，D(−2, 0)　点Bを通り，y軸に平行な直線とx軸との交点をSとすると，S(−1, 0)　AC//BSだから，**平行線と線分の比についての定理**より，AB：BD＝CS：SD＝{2−(−1)}：{(−1)−(−2)}＝3：1である。

〔問4〕 〔問3〕より，直線ABの式は$y=2x+4$だから，直線ABとy軸との交点をTとすると，T(0, 4)　これより，△OAB＝△OAT＋△OBT＝$\frac{1}{2}$×OT×(点Aとy軸との距離)＋$\frac{1}{2}$×OT×(点Bとy軸との距離)＝$\frac{1}{2}\times4\times2+\frac{1}{2}\times4\times1=6$　また，△OPE＝$\frac{1}{2}$×OE×(点Pとy軸との距離)＝$\frac{1}{2}$×4×(点Pとy軸との距離)＝2×(点Pとy軸との距離)　△OPEの面積が△OABの面積の$\frac{1}{2}$倍の$6\times\frac{1}{2}=3$となるとき，2×(点Pとy軸との距離)＝3　(点Pとy軸との距離)＝$\frac{3}{2}$　よって，問題の条件を満足する点Pのx座標は$\frac{3}{2}$と$-\frac{3}{2}$の2つあり，それぞれのy座標は$y=-\frac{1}{2}\times\left(\frac{3}{2}\right)^2=-\frac{9}{8}$と$y=-\frac{1}{2}\times\left(-\frac{3}{2}\right)^2=-\frac{9}{8}$だから，点Pの座標は$\left(\frac{3}{2},\ -\frac{9}{8}\right)$，$\left(-\frac{3}{2},\ -\frac{9}{8}\right)$である。

4 (平面図形，線分の長さ，角度，面積，図形の証明)

〔問1〕 △BGHに**三平方の定理**を用いて，BH＝$\sqrt{BG^2+GH^2}=\sqrt{(BC+FG)^2+GH^2}=\sqrt{(3+2)^2+2^2}=\sqrt{29}$

〔問2〕 回転させる前の正方形EFGHの頂点GをG′とする。∠ECD＝∠ECG−∠DCG＝∠ECG−(∠DCG′−∠GCG′)＝90°−(90°−70°)＝70°　これより，辺ADとEHの交点をPとすると，四角形PECDの内角の和は360°だから，∠x＝360°−∠PEC−∠ECD−∠CDP＝360°−90°−70°−90°＝110°

〔問3〕 (1) △DCGに三平方の定理を用いて，DG＝$\sqrt{CD^2-FG^2}=\sqrt{5^2-3^2}=4$(cm)　DH＝DG−GH＝4−3＝1(cm)　IH//FGより，平行線と線分の比についての定理を用いると，IH：FG＝DH：DG＝1：4　IH＝$\frac{1}{4}$FG＝$\frac{1}{4}\times3=\frac{3}{4}$(cm)　以上より，△DIH＝$\frac{1}{2}$×IH×DH＝$\frac{1}{2}\times\frac{3}{4}\times1=\frac{3}{8}$(cm²)である。

(2) (証明) (例)△BCEと△DCGで，仮定より，BC＝DC…①　CE＝CG…②　また，∠BCE＝90°−∠ECD，∠DCG＝90°−∠ECDより，∠BCE＝∠DCG…③　①，②，③より2組の辺とその間の角がそれぞれ等しいから，△BCE≡△DCG　よって，∠BEC＝∠DGC　また，∠DGC＝90°だから，∠BEC＝90°…④　∠CEH＝90°だから，④より，∠BEC＋∠CEH＝90°＋90°＝180°　したがって，3点B，E，Hは一直線上に並ぶ。

＜英語解答＞

1 〔問1〕 No. 1　B　　No. 2　C　　No. 3　D　　〔問2〕 No. 1　D　　No. 2　A
〔問3〕 No. 1　B　　No. 2　C　　No. 3　D　　No. 4　B　　No. 5　D

2 〔問1〕 (1)　イ　　(2)　エ　　〔問2〕 (1)　エ　　(2)　A　イ　　B　ア　　C　ウ

〔問3〕 (1) (例)Where will you go?　(2) ア

3 〔問1〕 ウ→ア→イ→エ　〔問2〕 エ　〔問3〕 (例)フェアトレード商品を買うことで，開発途上国の人々の生活が守られるということ。　〔問4〕 (例)(1) She has been preparing for it for two weeks.　(2) He often buys tea.　〔問5〕 イ

4 (例)(I will join Event 2)I think the event at night is very exciting. I often cook local vegetables with my mother and brother, but watching stars is new to me.

5 〔問1〕 A イ　B ア　C エ　〔問2〕 (例)タイでは数分の遅れは問題ないが，日本の人々はとても時間に正確だということ。　〔問3〕 (例)(1) They use English and Japanese.　(2) Because he was interested in playing rugby in Japan.
〔問4〕 ウ　〔問5〕 ウ，オ

＜英語解説＞

1 (リスニング)

放送台本の和訳は，53ページに掲載。

2 (長文読解問題・エッセイ：語句補充・選択，グラフを用いた問題，自由・条件英作文，文の挿入)

(全訳)　和歌山県は外国人観光客の間で人気があるということを知っていますか？　この前の夏，私は京都に観光に行きました，そしてそこで何人か外国の友だちをつくりました。中国人の友だちであるジンは，私に和歌山県にある有名な場所について質問しました。彼女が私に聞いたのは，彼女は家族で和歌山県に行く予定だったからでした。私はその質問にうまく答えることができませんでした。

家に帰ってから，私は京都での経験を父に話しました。彼は言いました，「和歌山県には見物する場所はたくさんあるよ。例えば，いくつか有名な世界遺産があるのだよ。だから，毎年さまざまな地域からたくさんの外国の人たちが和歌山を訪れているよ。」私はそれを聞いて驚きました，なぜなら和歌山県は外国人旅行者の間でそれほど人気はないと思っていたからです。

私は和歌山県を訪れる外国の人たちについてもっと知りたいと思いました，そこでインターネットを使っていくつかの興味深い資料を見つけました。この資料から，私は2つのグラフを作りました。①グラフ1は和歌山県を訪れた外国人旅行者の数を示しています。2013年から2019年まで，その数はほぼ毎年増加しました。しかし，2017年にはその数は減少しました。②グラフ2は2019年に観光客がどこから来たのかを示しています。アジアからの旅行者の割合が最も高かったです。私は，ヨーロッパよりも北アメリカからの方がより多く和歌山県に来ただろうと思っていました。しかしそれは正しくありませんでした。観光客の9％はこれら3つの地域から来た人たちではありませんでした。

これらのグラフを作ることで，私はさまざまな地域から多くの人たちが和歌山県に来ているということが分かりました。もっと多くの外国の人たちに和歌山県を訪れて欲しいです。だから，私は和歌山県にある有名な場所について勉強し，それらを多くの外国の人たちに紹介したいと思っています。

〔問1〕 (1) ジンは悠真に質問をした，なぜなら(イ　彼女は和歌山県に行く計画があったからだ)。　第1段落最後から2文目に注目。　(2) 悠真は驚いたのは，(エ　和歌山県を訪れる外国の人たちはあまり多くないとおもっていたからだ)。　第2段落最後の一文に注目。

〔問2〕 全訳参照。 (1) 第3段落4文目，5文目に注目。外国人観光客の数がほぼ毎年増加し，2017年に減少していることを表しているグラフはエ。 increase ＝増える (2) 第3段落7文目から最後までに注目。アジアからの観光客が最も多く，悠真の予想に反して北アメリカよりもヨーロッパからの観光客の方が多い。そしてその他の地域からの観光客が9%であった。

〔問3〕 (問題文訳) 悠真：聞いてくれてありがとうございました。何か質問はありますか？／サム：はい，和歌山県の有名な場所についてどのように勉強するつもりですか？／悠真：それらの場所に行ってみます。／サム：それはいい考えですね！ ①どこに行くつもりですか？／悠真：高野山に行きます。／サム：いいですね。どのようにしてたくさんの外国の人たちに和歌山県の有名な場所を紹介しますか？／悠真：②インターネットを使ってそれらの場所の写真をたくさん見せるつもりです。／サム：いいですね。きっとたくさんの外国の人たちが和歌山県に興味を持ってくれると思いますよ。 (1) 空所①直後の悠真の発言に注目。「高野山に行きます」と言っているので，サムは「どこに行くつもりですか？」と聞いていると考えるのが自然。 (2) サムは，どのようにして多くの外国の人たちに和歌山県の有名な場所を紹介するかを聞いており，悠真の②の発言に対して賛同している。選択肢の中でその方法として適当なのはア。

3 (会話文問題：絵を用いた問題，語句補充・選択，語句の解釈・指示語，英問英答，内容真偽)

(全訳) ジャック：こんにちは，マリコ。何をしているの？

真利子 ：ハイ，ジャック。明日の発表の準備をしているところよ。

ジャック：発表のテーマは何だい？

真利子 ：SDG's(持続可能な開発目標)についてなのよ。私はその発表のために2週間準備をしているの。発表の1枚目のスライドを見て。

ジャック：6人の人たちが示されているものだね？

真利子 ：そうよ。その絵はSDG'sのうちの一つを表しているの。私は開発途上国の人たちの支援に興味があるの。

ジャック：それは素晴らしいね。

真利子 ：これが次のスライドなの。私はその問題を解決するためにフェアトレードが重要だと思うの。ところで，あなたはそれについて何か知っている？

ジャック：もちろんだよ。僕はフェアトレードの製品が好きだよ。フェアトレードについて，たくさんの日本の人たちが知っているの？

真利子 ：次のスライドを見て。実は，“フェアトレード”という言葉を知っている日本の若い人たちがたくさんいるのよ。それが分かって驚いたわ。フェアトレードについてもっと多くの人たちに知ってもらいたいと思うのよ。

ジャック：4枚目のスライドは何を意味しているの？

真利子 ：これらの3つのものは世界で多く生産されているフェアトレードの生産物なの。

ジャック：なるほど。僕はよく紅茶を買うよ。マリコ，君はどう？

真利子 ：私は時々フェアトレードのチョコレートを買うわ。

ジャック：フェアトレードの生産物を買うことで，開発途上国の人々のくらしが守られるんだね。

真利子 ：その通りよ。

ジャック：発表がうまくいくといいね。

真利子 ：ありがとう。

〔問1〕 全訳参照。ウ 真利子の2番目の発言に注目。→ ア 真利子の4番目の発言に注目。→ イ 真利子の5番目の発言に注目。→ エ ジャックと真利子のそれぞれ6番目の発言に注目。

〔問2〕　全訳参照。真利子の7番目の発言に注目。ジャックの質問に答えているので，ジャックは「君はどう？」と尋ねたと考えるのが自然。　How about ～?＝(会話の中で)～はどうですか？

〔問3〕　全訳参照。ジャックの8番目の発言に注目。ここでの That は直前の内容を指す。

〔問4〕　(問題文・解答例訳)(1)　真利子はどのくらいの期間発表の準備をしていますか？／彼女はそのために2週間準備をしています。　真利子の2番目の発言参照。　**have been ～ ing ＝(ある過去の時点から今までずっと)～している(現在完了進行形)**　(2)　ジャックはよく何のフェアトレードの生産物を買いますか？／彼はよく紅茶を買います。　ジャックの7番目の発言参照。

〔問5〕　全訳参照。　ア　真利子はフェアトレードの生産物を買ったことがない。　イ　真利子はもっとたくさんの人たちがフェアトレードについて知るようになればいいと思っている。(○)　真利子の5番目の発言に注目。　ウ　ジャックはフェアトレードについて全く知らない。　エ　ジャックは明日真利子と一緒にフェアトレードについて話すことになっている。

4　(自由・条件英作文)

(表)　来月のイベント情報(10月)

	イベント名	日にち	時間
イベント1	地元の野菜の調理を楽しむ	20日(日曜日)	10：00～12：00
イベント2	夜空のきれいな星鑑賞を楽しむ	25日(金曜日)	18：30～20：00

(解答例訳)　(私はイベント2に参加します)夜のイベントはとてもワクワクすると思います。私はよく母と兄(弟)と地元の野菜を料理しますが，星を見ることは私にとって初めてのことです。

5　(長文読解問題・エッセイ：文の挿入，日本語で答える問題，英問英答，語句の並べ換え，語句の解釈・指示語，内容真偽)

(全訳)　今日は，私の親友の一人，ナエンについてお話ししたいと思います。彼女はタイに住んでいます。2年程前に，彼女は日本語を勉強するために日本に来て，私の家に6ヶ月間滞在しました。私たちの家族は彼女と共にとても素敵な時を過ごしました。A彼女は本当の家族の一員のようでした。今でも私たちは時々英語と日本語の両方を使ってオンラインで話しています。

ナエンが私の家に来て以来，私は外国の文化に興味をもっています。そしてそれぞれの文化にはたくさんの違いがあることを知りました。B例えば，日本とタイでは時間に対する正確さについて大きな違いがあります。ナエンが私の家に滞在している間，私たちにはある家族のルールがありました。私たちは夕方7時になる前に帰宅しなければなりませんでした。しかしナエンはよく数分遅れて帰宅しました。そして彼女は「遅れてごめんなさい」と決して言いませんでした。ある日，私は彼女に聞きました，「どうしてよく遅れて帰宅するの？」　彼女は答えました，「私の国では数分の遅れは問題ないの」。彼女はこうも言いました，「ごめんなさい。私がルールを破っているとは思っていなかったの。日本の人たちがとても時間に正確だということを知らなかったのよ」。もし時間の正確さについてのこの文化的な違いを知らなかったら，私は彼女はよくルールを破る人だと思っていたでしょう。

現在，日本に住む外国人の数は過去10年間で約2,000,000人から3,000,000人に増加しました。将来その数はもっと増えるでしょう。つまり，私たちには外国の人たちと一緒に暮らし，働くより多くの機会があるだろうということです。そして彼らの多くは私たちとは異なる文化をもっています。

私は自分自身に問いかけました，「文化的多様性のある社会で，私たちはどのようにすればうまく暮らすことができるだろう」。

私は，有名なラグビー選手であるリーチマイケルがCこの問いについて大切なことを教えてくれていると思います。彼は日本でラグビーをすることに関心をもち，20年前にニュージーランドから日本に来ました。現在彼はラグビー男子日本代表メンバーです。そのチームの多くのメンバーが外国から来ています。彼らはさまざまな文化をもっています。彼はこう言っています，「我々のチームには，異なる文化をもったたくさんの選手がいて，我々は一つのチームになるためにお互いに尊重しあっています。そうやってお互いに異なる意見(思想)や考え方を学んできました。このことがチームを強くしてきたのです。私は，日本はこれから外国の人たちとともに日本の未来をつくっていく必要があると思います。我々のチームはそのための良い模範になり得ます」。

ナエンとリーチから，私はたくさんのことを学びました。まず，私たちは文化間の違いを知る必要があります。その違いを理解しなければ，私たちは互いに誤解をしてしまいます。次に，私たちはそれぞれの文化とその違いを尊重することも必要です。そうすることで，さまざまな意見(思想)や考え方を学ぶことができるのです。私は，このことがきっと私たちの社会をよりよくする力になると思っています。

〔問1〕　全訳参照。　A　第1段落の内容に注目。ナエンは沙希の家に滞在していたのでイが適当。ここでのlike は「～のような」の意味。　B　B直後の内容に注目。文化の違いについての具体的なエピソードが述べられているのでアが適当。For example ＝例えば　Like this ＝このように　At first ＝はじめに　Second ＝第2に　C　第3段落最後の一文で沙希が抱いている問いについて第4段落で考えているのでエが適当。

〔問2〕　全訳参照。第2段落最後から3文目・4文目に注目。タイと日本の時間についての考え方の違いによるエピソードが述べられている。

〔問3〕　(1)　沙希とナエンはオンラインで話すときに何の言語を使っていますか？／彼女たちは英語と日本語を使っています。　第1段落最後の一文参照。　(2)　なぜリーチマイケルは日本に来たのですか？／なぜなら彼は日本でラグビーをすることに関心をもったからです。　第4段落2文目参照。

〔問4〕　全訳参照。第4段落内のリーチマイケルの言葉に注目。ウの「リーチマイケルは，彼のチームの文化的多様性は試合に勝利するための強みだと思っている。それは，チームの選手たちがさまざまな意見や考え方を理解することができるからだ」が適当。

〔問5〕　全訳参照。　ア　ナエンは日本に来て沙希の家に1年間滞在した。　イ　沙希はタイに行った時から日本の文化に興味をもっている。　ウ　日本では，将来外国の人たちとともに働くより多くの機会があるだろう。(○)　第3段落参照。　エ　ナエンはいつも夕方7時前に帰宅していた，なぜなら彼女は家族のルールを理解していたからだ。　オ　沙希は，文化間の違いを知ることと尊重することはどちらも重要だと考えている。(○)　第5段落参照。

2024年度英語　リスニングテスト

〔放送台本〕

これから英語の学力検査を行います。1番はリスニング問題で，〔問1〕，〔問2〕，〔問3〕の3つがあります。放送を聞きながら，メモをとってもかまいません。

〔問1〕は，対話の内容に合った絵を選ぶ問題です。はじめに，No. 1からNo. 3の絵を見なさい。これから，No. 1からNo. 3の順に，それぞれ対話を1回放送します。No. 1からNo. 3の対話の内容に最も合う絵を，AからDの中から1つずつ選び，その記号を書きなさい。放送は一度しか流れません。注意して聞いてください。それでは始めます。

No.1　A: Excuse me, where is the post office?
B: Go straight and turn right at the second corner. You will find a restaurant on your left. The post office is next to the restaurant.

No.2　A: May I help you?
B: Yes. I want a T-shirt.
A: How about this one with a car on it?
B: Well, I really like cats. I will buy that one with a cat.

No.3　A: When is the cleaning activity?
B: Look. It is Sunday afternoon.
A: Do we need to bring anything?
B: Yes, you need a towel.

〔英文の訳〕

No.1　A：すみません，郵便局はどこですか？
B：まっすぐ行って2番目の角を右に曲がってください。左側にレストランがあります。郵便局はレストランの隣です。

No.2　A：お伺いしましょうか？
B：はい。Tシャツが欲しいのです。
A：車の柄のこちらの商品はいかがですか？
B：そうですね，私は猫が大好きなのです。猫の柄のものを買います。

No.3　A：清掃活動はいつですか？
B：見てください。日曜日の午後です。
A：何か持ってくる必要がありますか？
B：はい，タオルが必要です。

〔放送台本〕

〔問2〕は，英文を聞いて，答える問題です。まず，No. 1，No. 2の問題を読みなさい。これから，No. 1，No. 2の順に，それぞれ質問と英文を放送します。質問に対する答えとして最も適切なものを，AからDの中から1つずつ選び，その記号を書きなさい。英文は2回放送します。それでは始めます。

No. 1　中学生の里美が，英語の授業で部活動についてスピーチをします。スピーチの内容に合うものはどれですか。

I am going to tell you about my club activity. I like playing sports, so, I'm in the tennis club now. I want to be a good tennis player in the future. I have been playing tennis since I was twelve years old. I am not so good at playing tennis, but I like playing it. My father tells me that it is important to continue practicing every day. Practicing is very hard, but I will do my best.

No. 2　あなたは，留学生のメグに，彼女が週末に訪れる自然公園での過ごし方について話しています。その内容に合うものはどれですか。

I think you will have a good time in the nature park. There, you can watch many animals and birds. They are very cute, but you can't touch them because they are not safe. You can enjoy local food and beautiful nature. You can also take pictures there.

〔英文の訳〕

No. 1　私は部活動についてお話しします。私はスポーツをするのが好きなので，今テニス部に入っています。私は将来テニスの選手になりたいです。私は12歳のころからテニスをしています。私はテニスがあまり上手ではありませんが，テニスをするのが好きです。私の父は私に，毎日練習を続けることが大切だと教えてくれました。練習はとても大変ですが，全力を尽くします。

答え：D　里美は優れたテニスの選手になりたいです。

No.2　自然公園では素敵な時間を過ごせると思います。そこでは，たくさんの動物と鳥を見ることができます。動物や鳥たちはとてもかわいいですが，安全ではないので触れることはできません。地元の食べ物と美しい自然を楽しむことができます。そこでは写真を撮ることもできます。

答え：A　メグは公園で動物に触ることはできません。

〔放送台本〕

〔問3〕は，英語のスピーチを聞いて，答える問題です。まず，〔問3〕の問題を読みなさい。これから，高校生の健太が英語の授業で行ったスピーチと，その内容について5つの質問を2回放送します。No. 1からNo. 5の英文が質問の答えとなるように，空欄に入る最も適切なものを，AからDの中から1つずつ選び，その記号を書きなさい。それでは始めます。

I am going to talk about my experience in America. Last summer, I visited my aunt's friend, John in America. My aunt was an English teacher at a high school in Japan and she sometimes taught English with John.

Now, he is a math teacher at a high school in America. I stayed with his family and we went to movie theaters and museums together. I was surprised to see many new things there.

When I was staying in America, I met a girl. Her name was Sally. She was one of John's students. She was very interested in Japanese culture. She studied Japanese by watching Japanese anime. She told me that she wanted to visit Japan and learn how to wear kimono. So she asked me many questions about Japanese culture. But I couldn't understand her English well. I felt that my English was not good enough.

Since I came back to Japan, I have been studying English harder to communicate with foreign people. I would like to improve my English more.

Question No. 1 : When did Kenta go to America?
Question No. 2 : Who is John?
Question No. 3 : How did Sally study Japanese?
Question No. 4 : Why did Sally ask Kenta many questions?
Question No. 5 : What does Kenta want to do?

〔英文の訳〕

これからアメリカでの経験についてお話します。この前の夏，僕はおばの友人，アメリカにいるジョンの家に行きました。僕のおばは過去に日本の高校で英語の教師をしていて，時々ジョンと一緒に英語を教えていたのです。

現在，彼はアメリカの高校の数学の教師です。僕は彼の家族のところに泊まり，一緒に映画館や博物館に行きました。そこでたくさんのはじめてのものを見て驚きました。

アメリカに滞在している時，僕は一人の少女に出会いました。彼女の名前はサリーといいました。彼女はジョンの生徒のうちの一人でした。彼女は日本の文化にとても興味をもっていました。彼女は日本のアニメを見て日本語を勉強しました。彼女は僕に，日本に行って着物の着方を覚えたいと言いました。そして彼女は僕に日本の文化についてたくさんの質問をしました。でも僕は彼女の英語をうまく理解することができませんでした。僕は自分の英語力は十分ではないと感じました。

日本に帰ってきてから，僕は外国の人たちとコミュニケーションをとるために英語を勉強しています。僕は英語力をもっと上げたいと思っています。

質問No.1　健太はいつアメリカに行きましたか？
答え　B　彼はこの前の夏にアメリカに行きました。
質問No.2　ジョンとは誰ですか？
答え　C　彼はアメリカの数学の教師です。
質問No.3　サリーはどのようにして日本語を勉強しましたか？
答え　D　彼女は日本のアニメを見て日本語を勉強しました。
質問No.4　なぜサリーは健太にたくさんの質問をしたのですか？
答え　B　なぜなら彼女は日本の文化にとても興味があったからです。
質問No.5　健太は何をしたいと思っていますか？
答え　D　彼は英語力をもっと上げたいと思っています。

＜理科解答＞

1 〔問1〕(1) ヘモグロビン　(2) 動脈血　〔問2〕(1) $Na \rightarrow Na^{+} + e^{-}$　(2) 電離　〔問3〕(1) 等粒状組織　(2) エ　〔問4〕(1) Fe　(2) 熱伝導[伝導]

2 〔問1〕(1) (例)空気の泡が入らないようにするため。　(2) X 接眼(レンズ)　Y 対物(レンズ)　(3) ウ，エ　〔問2〕(1) (例)親から同じ遺伝子をそのまま受けつぐため。　(2) 精子　(3) a ウ　b エ　c イ　d ア　e オ　(4) 発生

3 〔問1〕(1) (例)0mmの目盛りまで水を入れた。　(2) イ　(3) 1.3(m^3)　〔問2〕(1) 温帯低気圧　(2) ① ア　② ア　③ イ　(3) シベリア(気団)　(4) 風向 北西　風力 3　天気 晴れ　(5) (水蒸気の量) 減る　(理由) (例)雪を降らせて水蒸気を失うため。

4 〔問1〕 CO_2　〔問2〕 ウ　〔問3〕 (例)水へのとけやすさ。　〔問4〕 エ　〔問5〕 再結晶　〔問6〕 ① ミョウバン　② イ　〔問7〕 12.4(%)

5 〔問1〕(1) 音源[発音体]　(2) 250(Hz)　(3) 音の高さ (例)高くなった。　波形 ア　〔問2〕(1) 右図　(2) イ，ウ　〔問3〕(1) イ　(2) 全反射

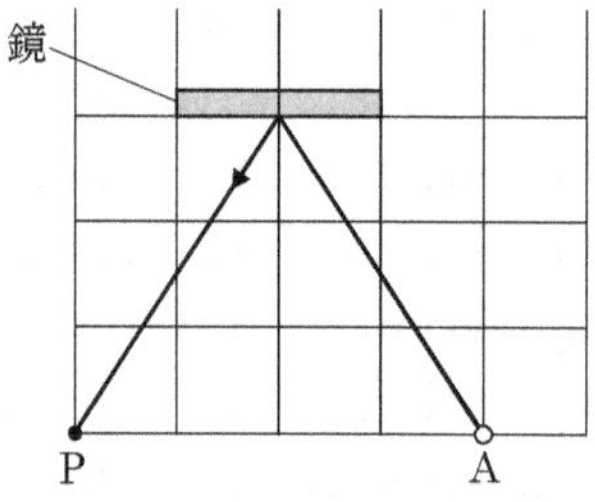

＜理科解説＞

1 (総合問題)

〔問1〕(1) 赤血球にふくまれ，酸素と結びついたりはなしたりするはたらきをする物質を，ヘ

モグロビンという。　(2)　二酸化炭素を多くふくむ静脈血に対し，酸素を多くふくむ血液を，動脈血という。

〔問2〕 (1)　ナトリウム原子は，電子を1個放出することで，ナトリウムイオンとなる。　(2)　物質が水にとけイオンに分かれることを，電離という。

〔問3〕 (1)　肉眼で見ることができるような大きな鉱物の結晶がきっちりと組み合わさってできたつくりを，等粒状組織という。　(2)　マグマのねばりけが小さいマグマは有色鉱物を多くふくむため，固形の火山噴出物の色は黒っぽいものが多くなる。

〔問4〕 (1)　鉄の元素記号は，「Fe」である。　(2)　熱が，温度の高いところから温度の低いところへ伝わることを，熱伝導という。

2 (顕微鏡，生物のふえ方)

〔問1〕 (1)　スライドガラスとカバーガラスの間に空気が入ると，顕微鏡での観察がしづらくなる。　(2)　Xは接眼レンズ，Yは対物レンズである。　(3)　アメーバ，ミカヅキモは，1つの細胞ですべての生命活動を行う単細胞生物である。

〔問2〕 (1)　無性生殖では，**親の遺伝子がそのまま子に受けつがれる**ため，親と子の形質はまったく同じものとなる。　(2)　雄がつくる生殖細胞は，精子である。　(3)　細胞分裂を繰り返すことで，しだいに細胞数が増えていき，オのような形になる。　(4)　受精卵が細胞分裂を始めてから成体になるまでの成長過程を，発生という。

3 (気象)

〔問1〕 (1)　雨量の測定を開始するには，0mmの位置まで水をあらかじめ入れておく必要がある。　(2)　1時間あたりの雨量は，9～10時が5mm，10～11時が15mm，11～12時が10mm，12～13時が5mmである。　(3)　4mm＝0.004mより，増えた水の体積は，25×13×0.004＝1.3(m^3)

〔問2〕 (1)　中緯度帯で発生した前線をともなう低気圧を，温帯低気圧という。　(2)　図2の大阪は，**寒冷前線**通過前である。この後寒冷前線が通過することによって**気温は急に下がり，風向は南寄りから北寄りに変化**する。　(3)　日本の冬は，大陸上にできるシベリア気団(高気圧)の影響を受ける。　(4)　⦶は，晴れを表す天気記号である。風向は，矢が立っている方位で表すため，北西である。　(5)　冬の季節風が山脈に当たって上昇するときに，大量の雲ができる。これによって日本海側には雪が降りやすくなる。雲をつくり雪を降らせることで，空気中にふくまれる水蒸気量は減少する。

4 (身のまわりの物質の性質)

〔問1〕 石灰水とうすい塩酸を混ぜると，二酸化炭素が発生する。二酸化炭素は，炭素原子1個と酸素原子2個が結びついて分子をつくっている。

〔問2〕 (ii)の気体は，火のついた線香を入れたところ激しく燃えたことから酸素である。酸素は，二酸化マンガンと過酸化水素水を混ぜることで発生する。

〔問3〕 水へのとけやすさを調べている。気体が水にとけると，ペットボトル内の気体の体積が減少するため，ペットボトルはへこむ。

〔問4〕 水溶液中の溶質は，液体中に均一に広がっている。

〔問5〕 固体を液体にとかした溶液から，固体を結晶として再びとり出すことを，**再結晶**という。

〔問6〕 ①・②　この水溶液は，100gの水に20.0gずつとかした水溶液と同じ濃度である。塩化ナトリウムの場合，水の温度が0℃以上ならば，100gの水に塩化ナトリウム20.0gはすべてとかすことができるため，水溶液の温度を下げても結晶は生じない。ミョウバンは，水温が約35℃になると20.0gとかしたミョウバンが飽和する。よって，約35℃以下にすることで結晶が生じる。

〔問7〕 40.0gとかしたうちの11.8gが固体となって出てくるので，200gの水にとけているミョウバンは，40.0－11.8＝28.2〔g〕 **質量パーセント濃度〔%〕＝**$\dfrac{\text{溶質の質量〔g〕}}{\text{溶液の質量〔g〕}}$×100より，
$\dfrac{28.2\text{〔g〕}}{200+28.2\text{〔g〕}}\times 100 = 12.35\cdots \rightarrow 12.4(\%)$

5 **(音の性質，光の性質)**

〔問1〕 (1) 音を発生する物体は振動している。この物体を音源または発音体という。 (2) 振動数は，**1秒間に振動する回数**を表す。よって，図2の音は，1回振動するのに0.001〔s〕×4＝0.004〔s〕かかっているので，振動数は1÷0.004〔s〕＝250〔Hz〕

〔問2〕 (1) 点Aに立てた鉛筆を点Pから鏡を通して見えるとき，点Aから出た光は鏡で反射して点Pに届いているが，このとき，**入射角＝反射角**となっている。 (2) ア～カの像を図中にかきこむ。点Pまたは点Qから各像を直線で結んだとき，直線が鏡を通過しない場合は鏡を通して像は見えない。点Pから見たときは，ア，イ，ウ，オ，カの像が見えない。点Qから見たときは，イとウの像が見えない。よって，点P，Qのどちらからも見えないのは，イとウに鉛筆を置いたときである。

〔問3〕 (1) 空気からガラスへ光が進むとき，**入射角＞屈折角**となるように進む。 (2) 光がガラス中から空気中へ向かって進むとき，入射角がある角度よりも大きくなると，屈折光が生じず，反射光だけになる。この現象を全反射という。

<社会解答>

1 〔問1〕 エ 〔問2〕 ウラル(山脈) 〔問3〕 シリコンバレー 〔問4〕 (例)年少人口割合が減少し，老年人口割合が増加する，少子高齢化が進んだから。 〔問5〕 バイオ燃料 〔問6〕 エ

2 〔問1〕 (県) ア (県庁所在地名) 金沢(市) 〔問2〕 (1) X ア Y ウ Z イ (2) ア 〔問3〕 (1) 大陸棚 (2) イ 〔問4〕 (例)航空貨物は，海上貨物に比べて，軽くて高価な品目を扱っている。

3 〔問1〕 ア→ウ→イ 〔問2〕 ポリス 〔問3〕 ウ 〔問4〕 ア 〔問5〕 (例)元軍が集団戦法をとり，火薬を使った武器を使用したから。 〔問6〕 応仁の乱 〔問7〕 武家諸法度 〔問8〕 ① 京都 ② 大阪[大坂] ③ 江戸 〔問9〕 (例)天皇の妹を将軍の夫人にむかえた。

4 〔問1〕 地券 〔問2〕 (例)遼東半島を清に返還すること。 〔問3〕 (1) エ (2) 全国水平社[水平社] 〔問4〕 イ

5 〔問1〕 イ 〔問2〕 ア 〔問3〕 (例)すべての国が温室効果ガスを削減すること
〔問4〕 X ア Y イ Z ウ 〔問5〕 立憲主義 〔問6〕 イ

6 〔問1〕 (例)所得が少ない人ほど所得に占める税の負担の割合が高くなること。
〔問2〕 アイヌ施策推進(法)[アイヌ民族支援(法)] 〔問3〕 X ウ Y イ Z ア
〔問4〕 ウ 〔問5〕 検察審査会 〔問6〕 ア・ウ

＜社会解説＞

1　(地理的分野―世界―地形・気候，人口・都市，産業，交通・貿易)

〔問1〕　メルカトル図法で描かれた地図上では，赤道から離れるほど実際より東西に引き伸ばされて描かれる。略地図中の③**が赤道上に引かれている**ことから判断する。

〔問2〕　ウラル山脈以西がヨーロッパ州，以東がアジア州。

〔問3〕　シリコンバレーは，アメリカの北緯37度以南に広がる**サンベルト**の一角に位置する。

〔問4〕　急激に少子高齢化が進んだ中国は，今後数十年かけて総人口が減少していくと見られている。

〔問5〕　バイオエタノール，バイオマス燃料も正答とする。

〔問6〕　オーストラリアは日本の約20倍の面積をもつが人口は日本の約5分の1程度で，**人口密度が低い**。また，**鉄鉱石**や**石炭**の産出や輸出がさかん。アがアメリカ，イがブラジル，ウがロシア。

2　(地理的分野―日本―地形図の見方，日本の国土・地形・気候，交通・通信)

〔問1〕　アが石川県，イが岐阜県，ウが長野県，エが新潟県。

〔問2〕　(1)　Xがしまなみ海道，Yが**瀬戸大橋**，Zの北側が**明石海峡大橋**，南側が大鳴門橋。　(2)　岡山市は年間降水量が少ない**瀬戸内気候区**に属する。イが富山市，ウが高知市，エが沖縄県那覇市の雨温図。

〔問3〕　(1)　水深が浅い大陸棚に流れ込む海水は栄養が豊富で，生息する魚の種類が豊富なため好漁場となることが多い。　(2)　Eの地点が180m，Fの地点が130mを示す等高線上にそれぞれ位置する。　ア　A―B間の方が等高線の間隔が広いので，傾斜は緩やか。　ウ　博物館は佐川駅の南西。　エ　紫園周辺に多く見られるのは田。

〔問4〕　海上貨物は大型機械や鉱産資源など，重くてかさばる品目が多いことが読み取れる。

3　(歴史的分野―日本史―時代別―古墳時代から平安時代，鎌倉・室町時代，安土桃山・江戸時代，日本史―テーマ別―政治・法律，文化・宗教・教育，外交，世界史―政治・社会・経済史)

〔問1〕　アが**殷**，イが**漢**，ウが**秦**の頃のようす。

〔問2〕　ギリシャの衰退後には，もとは都市国家であったローマが地中海一帯に勢力を拡大し，**ローマ帝国**が成立した。

〔問3〕　支配者がみずからの権威の象徴としてつくられる対象が古墳から寺院に変化していったことで，飛鳥時代には法隆寺などの仏教寺院の建立が相次いだ。アが奈良時代の天平文化，イが江戸時代の元禄文化，エが室町文化の特徴。

〔問4〕　下線ⓓの直前に701年とあるので8世紀のようすと考え，律令国家完成のため天皇を中心とする中央集権化を進めたことから判断する。イが12世紀，ウが16世紀，エが7世紀のようす。

〔問5〕　資料1の左側に元軍，右側に馬に乗った御家人が描かれている。また，中央部には爆発した火器が描かれている。

〔問6〕　下線部中の**足利義政**などから判断する。

〔問7〕　武家諸法度は将軍の代替わりごとに発布され，3代将軍**徳川家光**は**参勤交代**の制度を追加した。

〔問8〕　①は「朝廷」「西陣織」，②は「**天下の台所**」「**蔵屋敷**」，③は「将軍のおひざもと」などから判断する。

〔問9〕　安政の大獄で尊王攘夷派の人々を厳しく取り締まったことにより反発を受けた江戸幕府は，朝廷を利用することで権威の回復をはかろうとしたが失敗した。

4　(歴史的分野―日本史―時代別―明治時代から現代，日本史―テーマ別―政治・法律，経済・社会・技術，外交)

〔問1〕　地租改正で，地券に記された**地価の3%**を地租として**現金**で納めさせるよう税制を改めた。

〔問2〕　日清戦争に勝利し，下関条約を結んだ日本は**遼東半島**を獲得したが，三国干渉によって返還を要求された。対抗する力がなかった日本は要求を受け入れたが，ロシアへの不満が高まった。

〔問3〕　(1)　ア～ウは明治時代のできごと。　(2)　問題文中の「被差別部落」などから判断する。

〔問4〕　Xの時期は**高度経済成長**期が含まれ，この頃に四大公害病訴訟が始まった。イは**四日市ぜんそく**がおこった三重県のようす。ア・エが1940年代後半，ウが1920年代後半のようす。

5　(公民的分野―憲法・基本的人権，地方自治，経済一般，公害・環境問題，国際社会との関わり)

〔問1〕　首長は地方議会の議決に対して**再議権**(拒否権)をもつ。

〔問2〕　円安が進むと，**日本製品が海外で安くなる**ことから判断する。

〔問3〕　京都議定書では温室効果ガスの排出削減目標を定められたのが**先進国**に限定されたのに対して，パリ協定では対象が**すべての国**になったことをふまえて記述する。

〔問4〕　国連分担金の金額は，国民所得が世界経済に占める割合などに応じて国連総会で決定される。

〔問5〕　立憲主義は，どのような権力者，支配者も法に従わなければならない**法の支配**というヨーロッパで生まれた概念に基づいた考え方。

〔問6〕　日本国憲法における平和主義は，戦争の放棄や戦力の不保持，交戦権の否認などをさす。Ⅲは**集団的自衛権**の内容。

6　(公民的分野―憲法・基本的人権，国の政治の仕組み・裁判，経済一般，財政・消費生活，時事問題)

〔問1〕　消費税をはじめとする間接税全般に逆進性が存在するため，直接税では**累進課税**制度を採用している。

〔問2〕　1899年制定の北海道旧土人保護法が差別的な内容であったためアイヌ文化振興法が制定されたが，文化振興に特化した内容で先住民族であるとの明記がなかった。

〔問3〕　物価が下がり企業の売り上げが減少すると，倒産やリストラが増える，労働者の賃金が下がるなどして人々の生活が苦しくなり，経済活動が停滞する。

〔問4〕　核家族世帯よりも構成人員が少ない世帯の割合が増加したと判断する。**核家族**とは，夫婦のみ，もしくは，夫婦またはひとり親とその未婚の子供の世帯をさす。

〔問5〕　検察審査会での審査の結果，不起訴不当または起訴相当の議決があった場合，検察官はこの議決を参考にして事件を再検討する。

〔問6〕　資料2中の「消費者の健康への悪影響を未然に防止」などから，アの「健康」，ウの「つくる責任」に着目する。

<国語解答>

一　〔問1〕　①　養(う)　②　拾(う)　③　報道　④　看板　⑤　おが(む)　⑥　かえり(みる)　⑦　ぼんよう　⑧　りんかく　〔問2〕　カ　〔問3〕　(例)いら

っしゃいますか[おいでになりますか]　〔問4〕（1）ア　（2）欲ス㆑窮メント㆓千里ノ目ヲ㆒

二　〔問1〕ウ　〔問2〕お互いの生存　〔問3〕皆が自分以～を送ること

〔問4〕（例）(社会が全く存在しない状況を例として挙げることによって，)社会が存在する方が，個性を発揮して，活躍できる場が見つかる可能性が高いということを強調するため。

〔問5〕Ⅰ　ア　Ⅱ　イ　〔問6〕（例）自分の能力や運で自分だけの子孫を増やすのではなく，自分や他の人の能力を生かし合い，お互いの命を大事にしながら協力し，社会全体で子孫を増やしていくということ。

三　〔問1〕ウ　〔問2〕エ　〔問3〕（例）愉快な気持ちから落ち着いた気持ちに切り替えて，黙禱に備えること。　〔問4〕エ　〔問5〕（例）亡くなった人を思いつつも，過去は変えられないから，みんなが楽しむことを考えて，いまを明るく生きていこうと祈っていた。

四　（例）　グラウンドに引かれた白線に沿って，制服姿の少女がクラウンチングスタートの姿勢をとっている。指先と爪先がクローズアップされ，少女の顔を見ることはできない。

　おそらく少女は，まっすぐと前を見つめているのだと思う。白線はスタートラインだ。そこから走り出そうとしている様子は，これから新しい何かが始まる予感を表していると思うからだ。少女は，その何かに向かってまっすぐ突き進もうとしているはずだ。

<国語解説>

一　（知識問題，漢文・漢詩－漢字の読み書き，筆順・画数・部首，敬語・その他，表現技法・形式，書写）

〔問1〕①　音読みは「**ヨウ**」で，熟語は「栄養」などがある。　②　音読みは「**シュウ**」で，熟語は「拾得」などがある。　③　「報道」は，知らせ告げること。　④　「看」の一画目は左払い。　⑤　音読みは「**ハイ**」で，熟語は「拝観」などがある。　⑥　音読みは「**コ**」で，熟語は「顧問」などがある。　⑦　「凡庸」は，平凡という意味。　⑧　「輪郭」は，ふちどりのこと。

〔問2〕A「清」は十一画，B「納」は十画，C「補」は十二画，D「棒」は十二画。

〔問3〕「いる」の尊敬語「いらっしゃる」などを使う。

〔問4〕（1）一句が五文字，全体で四句という構成の漢詩は**五言絶句**。律詩は八句からなる。

（2）「千里目窮欲」の順に読めるように，「目」に一点を，「窮」に二点を，「欲」に**レ点**を打つ。漢文で，一字返って読むときは**レ点**を打ち，二字以上返って読むときは**一・二点**を使う。

二　（論説文－大意・要旨，内容吟味，文脈把握，接続語の問題）

〔問1〕「どのくらい愛想よくするか」ということにおいて「『その人とまた会うかどうか』も重要」であるということを説明するための例として，「近所に住んでいる人や，学校の同級生，あるいは会社の同僚」と顔を合わせる場合を挙げているのだから，aには「たとえば」が入る。bは，直後に「敵対していたら」と，仮定する表現が続いているので，「もし」が入る。

〔問2〕[5]段落で，「協力し合うほうがお互いの生存に有利になって」いると述べられている。

〔問3〕現在の人間が「特定の仕事をするだけで生きていける」のは，仕事で得た給料で，「他のもっと技術のある人間が仕事として作ってくれたものを買って」衣食住に必要なものを賄えるからである。そのことは，続く段落で「皆が自分以外の誰かのために質の高い仕事をすることで，全員が安全で快適な生活を送ること」ができるとまとめられている。

〔問4〕「社会が全く存在しない状況」とは，「個性が役に立つこと」がない状況である。あえてこのような状況を想定することで，人間は「社会の中に組み込まれる」状況のほうが「個性を発揮して，みんなの役に立てる」ということを強く伝えようとしているのである。

〔問5〕　Ⅰ　「現在の人間たちの協力」について述べている。　Ⅱ　人間が子孫を増やすには「他の人の能力も重要」であるため，「協力関係がどんどん発展し」たということが「やさしさの進化」だと表現されている。

〔問6〕　人間以前の生き物は「増えることができるかどうかは自分の能力や運によって決まって」いたので，「増える単位が自分の体」にとどまっていることになる。しかし，人間は「自分が生き残って増えるためには他の人の能力も重要」で，「自分の能力もほかの人が生き残って増えることに貢献してい」るという協力関係の中にいる。そのような関係の中で子孫を増やしているので，「自分の体を超えて広がっている」と表現できるのである。

三　(随筆－情景・心情，内容吟味，脱文・脱語補充，語句の意味)

〔問1〕「しっくり」は，何かと何かが調和している様子をいうので，「ぴったり」とほぼ同じである。

〔問2〕「はじめて会ったのに『おかえり』」と言われたり，「実家のような場所」だと感じたりしているのだから，一代さんの人柄が「家」そのものに感じられたのだとわかる。

〔問3〕　黙禱がはじまるにあたり，「愉快な気持ちを，外から来たわたしが引きずってはだめだ」と「身構えた」のである。「身構える」とは，これから起こることなどに対して準備をすることなので，愉快な気持ちから黙禱をするにふさわしい気持ちに切り替えて備えようとしたということである。

〔問4〕「わたし」は，サイレンを「集中して聞いている」うちに，波の音や風の音が消えていくと感じている。さらに「自分の呼吸の音すらも」消えると感じるほどに，サイレンの音に集中しているのである。

〔問5〕　後の「わたし」と一代さんの会話に注目する。一代さんは，「過去は変えられないから，いまを明るく生きるしかない」ので，「みんなが楽しめることだけを考えて，それで忙しくすること」によって，亡くなった「旦那さんも喜んでくれる」のだと話している。それを聞いた「わたし」は，そのようにすることも「確かな祈りだ」と感じていることを捉える。

四　(作文(自由・課題))

まずは条件にあるように，写真に写っている情報を言葉に表すこと。そして，その写真から感じることを自由に述べる。理由もあわせて書くことを忘れないようにする。

和歌山県公立高等学校

2023年度

入　試　問　題

2023年度

●くわしい解説……45ページ

＜数学＞

時間　50分　　満点　100点

1　あとの〔問1〕～〔問6〕に答えなさい。

〔問1〕　次の(1)～(5)を計算しなさい。

(1)　$2-6$

(2)　$\frac{8}{5}+\frac{7}{15}\times(-3)$

(3)　$3(2a+b)-(a+5b)$

(4)　$\frac{9}{\sqrt{3}}-\sqrt{75}$

(5)　$a(a+2)+(a+1)(a-3)$

〔問2〕　次の式を因数分解しなさい。

$x^2-12x+36$

〔問3〕　絶対値が4以下の整数はいくつあるか，求めなさい。

〔問4〕　次の表は，ある学年の生徒の通学時間を調査し，その結果を度数分布表にまとめたものである。表中の ア ， イ にあてはまる数をそれぞれ求めなさい。

通学時間（分）	度数（人）	相対度数	累積度数（人）
以上　　未満			
0 ～ 10	24	*	*
10 ～ 20	56	*	*
20 ～ 30	64	0.32	イ
30 ～ 40	40	0.20	*
40 ～ 50	16	ア	*
計	200	1.00	

*は，あてはまる数を省略したことを表している。

〔問5〕　yはxの2乗に比例し，$x=3$のとき，$y=-18$である。

このとき，yをxの式で表しなさい。

〔問6〕 右の図のように，円Oの周上に4点A，B，C，Dがある。∠BDC＝39°，$\overset{\frown}{\mathrm{BC}}=3\overset{\frown}{\mathrm{AB}}$のとき，∠$x$の大きさを求めなさい。

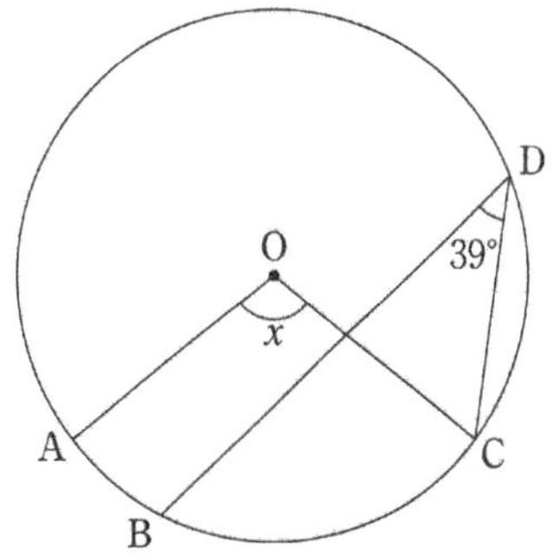

2 あとの〔問1〕～〔問5〕に答えなさい。

〔問1〕 **図1**の展開図をもとにして，**図2**のように正四角錐《すい》P をつくった。

次の(1)，(2)に答えなさい。

(1) **図2**において，点Aと重なる点を**図1**のE，F，G，Hの中から1つ選び，その記号をかきなさい。

(2) 正四角錐 P の辺OA上にOI：IA＝1：2となる点Iをとる。

図3のように，点Iを通り，底面ABCDに平行な平面で分けられた2つの立体をそれぞれ Q，R とする。

このとき，Q と R の体積の比を求め，最も簡単な整数の比で表しなさい。

図1

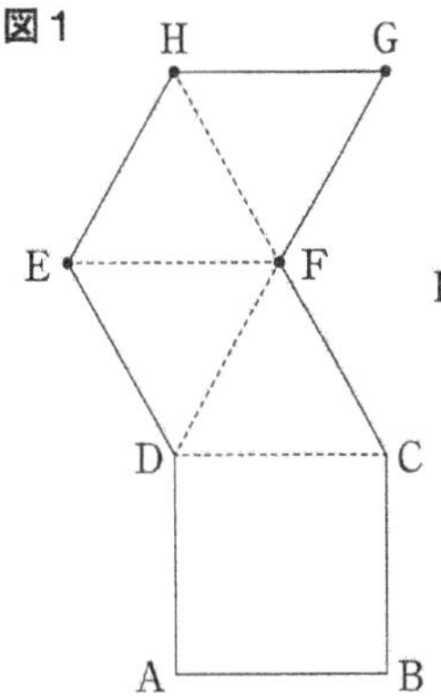

図2

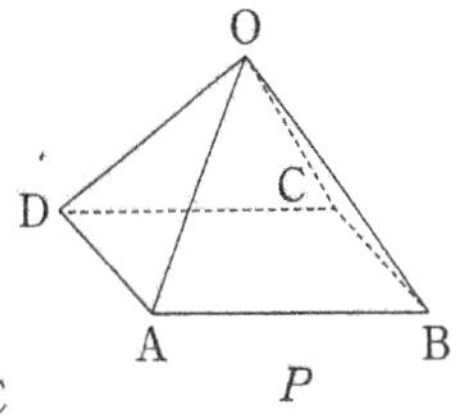

図3

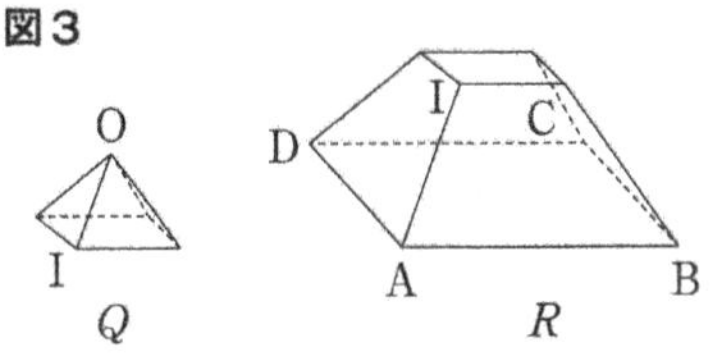

〔問2〕 1辺の長さが7㎝の正方形である緑，赤，青の3種類の色紙がある。

この色紙を，図のように左から緑，赤，青の順に繰り返して右に2㎝ずつずらして並べていく。

表（次のページ）は，この規則に従って並べたときの色紙の枚数，一番右の色紙の色，横の長さについてまとめたものである。

このとき，あとの(1)，(2)に答えなさい。

図

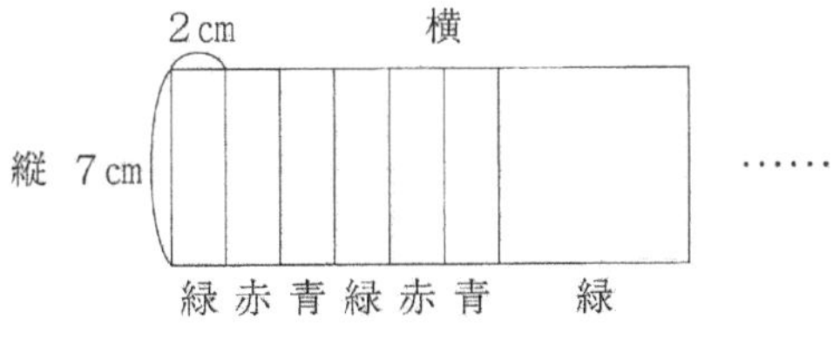

表

色紙の枚数（枚）	1	2	3	4	5	6	7	…	13	…
一番右の色紙の色	緑	赤	青	緑	赤	青	緑	…	□	…
横の長さ（cm）	7	9	11	*	*	*	*	…	*	…

*は，あてはまる数を省略したことを表している。

(1) 表中の □ にあてはまる色をかきなさい。

(2) 色紙を n 枚並べたときの横の長さを n の式で表しなさい。

〔問3〕 2つのさいころを同時に投げるとき，出る目の数の積が12の約数になる確率を求めなさい。

ただし，さいころの1から6までのどの目が出ることも同様に確からしいものとする。

〔問4〕 右の表は，ある洋菓子店でドーナツとカップケーキをそれぞれ1個つくるときの小麦粉の分量を表したものである。

材料／メニュー	小麦粉
ドーナツ	25g
カップケーキ	15g

この分量にしたがって，小麦粉400gを余らせることなく使用して，ドーナツとカップケーキをあわせて18個つくった。

このとき，つくったドーナツとカップケーキはそれぞれ何個か，求めなさい。

ただし，答えを求める過程がわかるようにかきなさい。

〔問5〕 次の箱ひげ図は，太郎さんを含む15人のハンドボール投げの記録を表したものである。

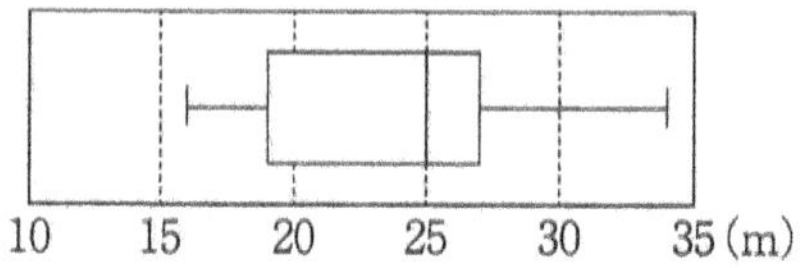

また，次の文は太郎さんと先生の会話の一部である。

> 太郎：先生，15人のハンドボール投げの記録の平均値は何mですか。わたしの記録は24.0mでした。
> 先生：平均値は23.9mです。
> 太郎：そうすると，わたしの記録は平均値より大きいから，15人の記録の中で上位8番以内に入りますね。

下線部の太郎さんの言った内容は正しくありません。その理由をかきなさい。

3 図１のように，関数 $y=\frac{1}{2}x+3$ …① のグラフ上に点A（2，4）があり，x 軸上に点Pがある。

次の〔問１〕～〔問４〕に答えなさい。

〔問１〕 関数 $y=\frac{1}{2}x+3$ について，x の増加量が４のとき，y の増加量を求めなさい。

〔問２〕 Pの x 座標が６のとき，直線APの式を求めなさい。

図１

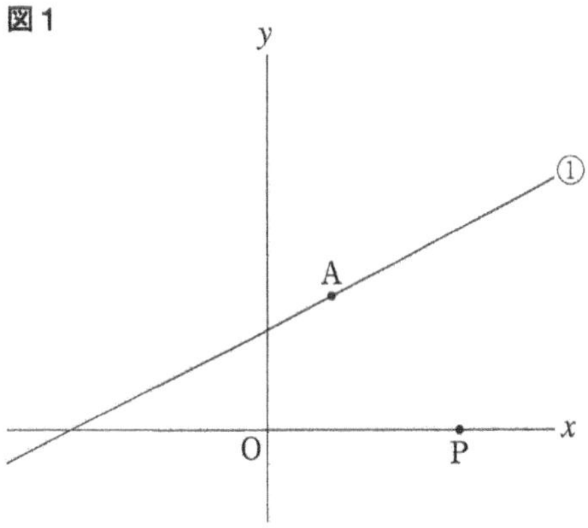

〔問３〕 図２のように，∠APO＝30°のとき，Pの x 座標を求めなさい。

図２

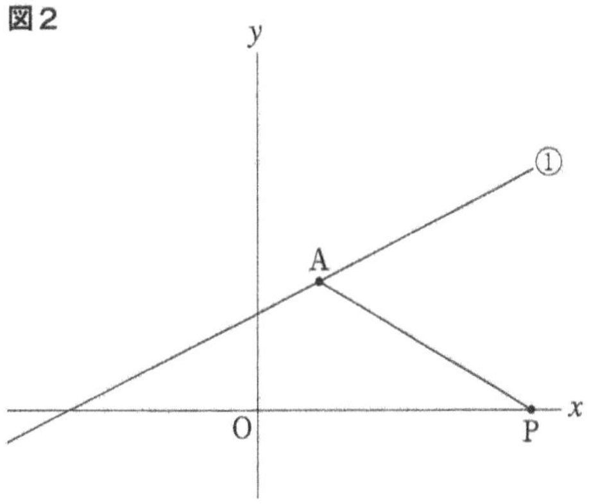

〔問４〕 図３のように，①のグラフと y 軸との交点をＢとする。

また，y 軸上に点Qをとり，△ABPと△ABQの面積が等しくなるようにする。

Pの x 座標が４のとき，Qの座標をすべて求めなさい。

図３

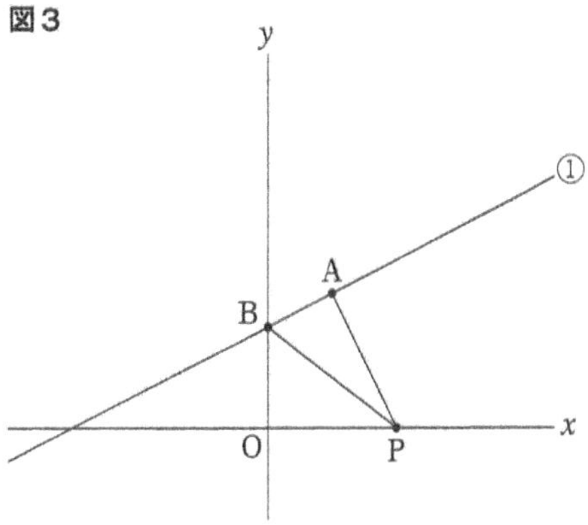

4 平行四辺形ABCDの辺BC上に点Ｅがある。

ただし，辺BCの長さは辺ABの長さより長いものとする。

あとの〔問１〕～〔問４〕に答えなさい。

〔問１〕 図１のように，AB＝AE，∠BCD＝118°のとき，∠BAEの大きさを求めなさい。

図１

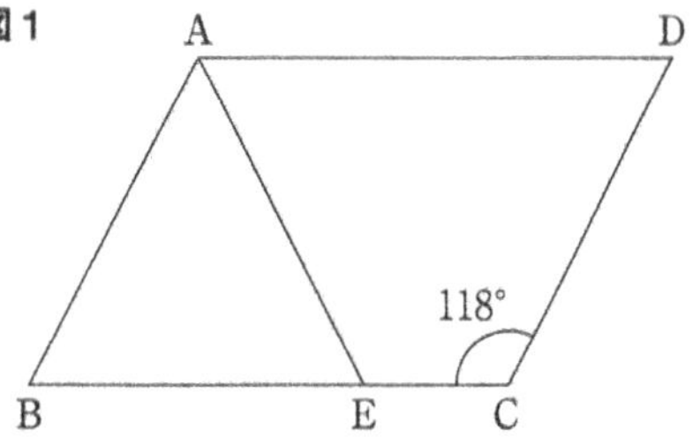

〔問２〕 図２のように，BC＝５㎝，AE＝３㎝，∠AEB＝90°のとき，線分DEの長さを求めなさい。

図２

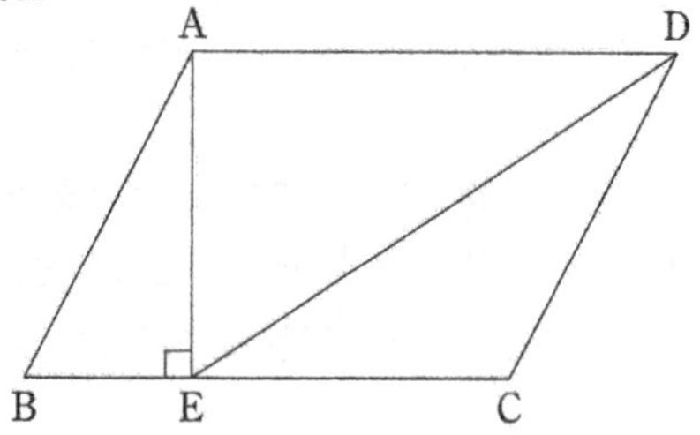

〔問３〕 図３のように，平行四辺形ABCDの対角線の交点をOとし，直線EOと辺ADの交点をFとする。

このとき，四角形BEDFは平行四辺形であることを証明しなさい。

図３

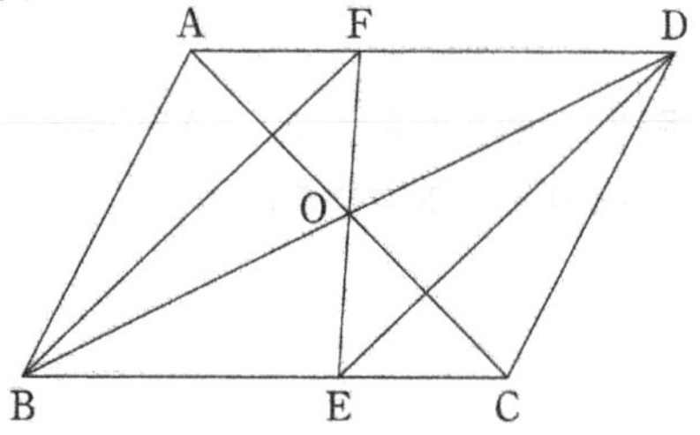

〔問４〕 図４のように，AB＝４㎝，BE＝３㎝，EC＝２㎝のとき，辺BAの延長上にAG＝２㎝となるように点Gをとる。

また，GEとADの交点をHとする。

このとき，台形ABEHの面積は，平行四辺形ABCDの面積の何倍になるか，求めなさい。

図４

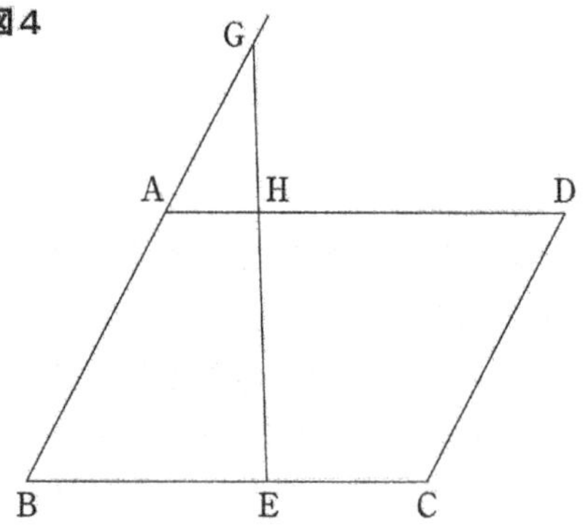

＜英語＞　時間　50分　満点　100点

1　放送をよく聞いて，あとの〔問１〕～〔問３〕に答えなさい。

〔問１〕 No.１～No.３の順に，それぞれ対話を１回放送します。No.１～No.３の対話の内容に最も合う絵を，A～Dの中から１つずつ選び，その記号を書きなさい。

No.1

A

B

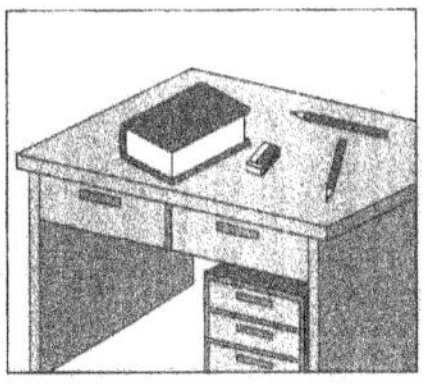

C

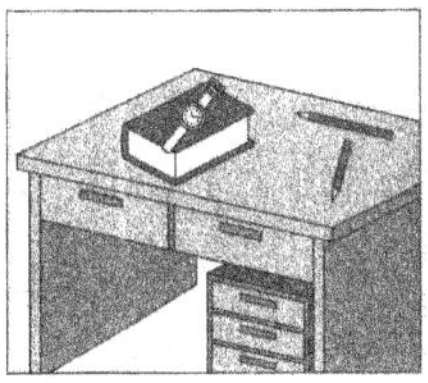

D

No.2

A

B

C

D

No.3

A

B

C

D

〔問２〕 No.１，No.２の順に，それぞれ質問と英文を放送します。質問に対する答えとして最も適切なものを，A～Dの中から１つずつ選び，その記号を書きなさい。

No.１　中学生の和也 (Kazuya) が，英語の授業で自分の趣味についてスピーチをします。スピーチの内容に合うものはどれですか。

A　Kazuya has been interested in English songs since he was seven years old.

B　Kazuya bought a CD of English songs when he was five years old.

C　Kazuya enjoyed listening to English songs last week.

D　Kazuya wants to sing English songs in his class next week.

No.２　カナダでホームステイ中のあなたが，観光案内所で博物館への移動手段をたずねたところ，4つの方法が提示されました。次のページの２つの**条件**を満たす移動手段はどれですか。

条件

◇ 20分以内で博物館に到着すること
◇ 料金が8ドル以内であること

A Bike　B Train　C Bus　D Taxi

〔問3〕 高校生の健（Ken）が英語の時間に行ったスピーチと，その内容について5つの質問を2回放送します。No.1～No.5の英文が質問の答えとなるように，[　] に入る最も適切なものを，A～Dの中から1つずつ選び，その記号を書きなさい。

No.1 She started it about [　].
A ten years ago　B twelve years ago
C fourteen years ago　D forty years ago

No.2 He was surprised because [　] his grandmother's shop.
A so many customers came to
B so many foreign people came to
C there were only a few kinds of cakes in
D there were so many kinds of cakes in

No.3 She was [　].
A Ken's mother
B Ken's teacher
C a customer at Ken's grandmother's shop
D a clerk at Ken's grandmother's shop

No.4 He usually goes to her shop [　].
A in the morning　B after school
C on weekends　D on his birthday

No.5 He wants to [　].
A meet Meg and her son again
B start his own shop in the future
C buy a birthday cake for his grandmother
D make his grandmother's shop more popular

2 次の英文は，高校生の武志（Takeshi）が，英語の授業で行った，惑星についてのスピーチの原稿です。これを読み，〔問1〕～〔問3〕に答えなさい。

Today, I'd like to talk about some planets in space. I love planets. Last year, my father gave me a book about planets with beautiful pictures. It was great. The book made me happy. Since then, I've been interested in planets.

When I talked with our science teacher, Ms. Suzuki, she said, "There are many planets in space. And they have their own features. Do you know Venus? Venus is a beautiful planet which is smaller than the Earth." I knew the names of some planets, but I didn't know much about them. So I wanted to know about planets more.

Last weekend, I researched the four planets which are close to the Sun. They are Mercury, Venus, Earth and Mars. I got data about them from books and websites. I wanted to share the data, so I made charts. Please look at these charts. Chart 1 shows the order of the four planets from the Sun. Chart 2 shows the order of their size. From these charts, we can see that Mercury is the closest to the Sun and it is the smallest of the four. From the Sun, Mars is farther than the Earth.

Of these four planets, I thought that the largest planet was Mars because it's the farthest from the Sun. But I was not right. Mars is the second smallest planet of the four. I learned new things from making these charts. I love to learn about planets because there are many things I don't know. In the future, I'll continue to learn about them.

図

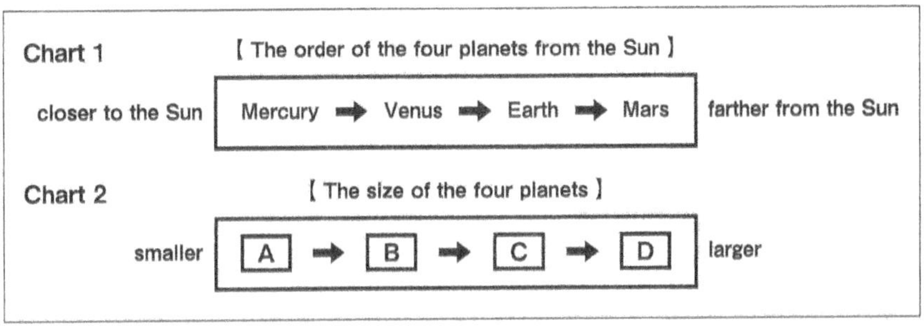

（注） space　宇宙　　feature　特徴　　Venus　金星　　research　調べる　　close to ～　～に近い
Sun　太陽　　Mercury　水星　　Mars　火星　　chart　図　　order　順番　　size　大きさ
farther ＜ far の比較級　　farthest ＜ far の最上級

〔問１〕 本文の内容に合うように，次の(1)，(2)の（　）にあてはまる最も適切なものを，それぞれア～エの中から１つ選び，その記号を書きなさい。

(1) Takeshi is interested in planets because (　　　).

ア the book his father gave him was great
イ his science teacher gave him a book about them
ウ there are many planets in space
エ he learned about planets in space in his science class

(2) Takeshi (　　　).

ア thought that the largest planet in space was Venus
イ thought that there are only four planets in space
ウ loves planets and wants to learn about planets in the future
エ loves planets because he knows everything about them

〔問２〕 文中の下線部 Chart 2 について，本文の内容に合うように，図の A ～ D にあてはまるものを，次のア～エの中から１つずつ選び，その記号を書きなさい。

ア Mercury　　イ Venus　　ウ Earth　　エ Mars

〔問３〕 武志は，スピーチの後，ALT（外国語指導助手）のジェシー（Jessy）と話をしました。次の対話文は，そのやりとりの一部です。これを読み，あとの⑴，⑵に答えなさい。

Jessy :	Your speech about planets was interesting.
Takeshi :	Oh, really? Thank you.
Jessy :	From listening to your speech, I know you really like to learn about planets. So, [①]
Takeshi :	Well, actually, it's one of my future dreams.
Jessy :	Wow! That's exciting. You can do it! I hope you can visit some planets such as Mars in the future.
Takeshi :	I hope so.
Jessy :	[②] if you could go to Mars tomorrow?
Takeshi :	If I could go there tomorrow, I would look at the Earth from it.
Jessy :	Sounds good!

⑴ 対話の流れに合うように，文中の [①] にあてはまる最も適切なものを，次のア～エの中から１つ選び，その記号を書きなさい。

ア I want to tell you about my dream for the future.
イ I want you to tell me about your dream for the future.
ウ I want to become a space scientist in the future.
エ I want you to become a space scientist in the future.

⑵ 対話の流れに合うように，文中の [②] にふさわしい英語を書きなさい。ただし，語数は４語以上とし，符号（．，？！など）は語数に含まないものとする。

[3] 次の英文は，高校生の彩（Aya）と留学生のケリー（Kelly）の対話と，ある海外の大学が日本の高校生に提供するOnline Study Programについての案内です。これらを読み，〔問１〕～〔問５〕に答えなさい。

Kelly : Hello, Aya.

Aya : Hello, Kelly. Look at this paper. This is about the Online Study Program I have joined.

Kelly : Interesting! I guess you chose Sports because you love basketball.

Aya : Well, no. I had some big events for basketball club on Sundays in November. So I didn't choose Sports.

Kelly : I see.

Aya : I have already finished Science and Language. Tomorrow, I'll have the last class of [A].

Kelly : Oh, how is the Online Study Program?

Aya : At first, it was difficult for me to speak English. So I practiced speaking English very hard after the class every day. Now I'm happy because I can speak English better than before.

Kelly : Oh, that's great! Which theme is the most interesting for you?

Aya : Actually, it's Children.

Kelly : Tell me more about it.

Aya : In the world, there are many children who can't study at school. I was surprised to learn that. I have also learned there are some activities to support those children. I want to know more about the activities and join them. I'll do my best in the tomorrow's class.

Kelly : That's great!

案内

Online Study Program

Do you want to study in English ?　You can choose three themes.
You must speak only English in the classes.

Themes	Contents	Schedule
Science	Living on Other Planets	Every Sunday in May
Health	Natural Environment and Our Health	Every Saturday in June
Sports	Sports in the World	Every Sunday in [B]
Language	Language Learning	Every Sunday in December
Children	Activities to Support Children	Every Saturday in February
Music	Power of Music	Every Sunday in March

・You need a computer.
・You are going to have classes at home.

（注） Online Study Program　オンラインスタディプログラム（インターネットを利用してオンラインで学ぶ学習講座）　chose　＜choose の過去形　theme　テーマ　schedule　スケジュール

〔問１〕 対話の流れに合うように，文中の [A] にあてはまる適切なものを，次のア～エの中から１つ選び，その記号を書きなさい。

ア Health　イ Sports　ウ Children　エ Music

〔問２〕 案内の [B] にふさわしい英語を書きなさい。

〔問３〕 次の(1)，(2)の質問の答えを，それぞれ英語で書きなさい。

(1) Why is Aya happy?

(2) What product do high school students need for the Online Study Program?

〔問４〕 下線部 that の内容を，日本語で具体的に書きなさい。

〔問５〕 対話の内容に合う最も適切なものを，次のア～エの中から１つ選び，その記号を書きなさい。

ア Aya wants to join some activities to support children.

イ Aya wants to have some big events for basketball club with Kelly.

ウ Aya has already finished all the classes of the Online Study Program.

エ Aya has joined some activities to support children before.

4 あなたは，英語の授業で，「中学生の時の思い出」について話すことになりました。次の□に，30語以上の英語を書き，授業で話す原稿を完成させなさい。ただし，符号（．，？！など）は語数に含まないものとする。

Hello.　I'll talk about one of my memories in my junior high school days.
（　　　　　　　　　　　　　）
Thank you.

（注）　memories < memory（思い出）の複数形

5 次の英文は，高校生の奈菜（Nana）が，英語の授業で行ったスピーチの原稿です。これを読み，〔問１〕～〔問６〕に答えなさい。

Today, I'd like to talk about my dream. But before telling you what my dream is, [A] There are seven members in my family. The oldest member of the seven is my great-grandfather. He is now 98 years old. When he was young, he was in the battlefields overseas for two years during World War Ⅱ. A few months ago, my great-grandfather and I were watching TV news about wars in foreign countries. Then he told me about his own sad experiences in World War Ⅱ. He also told me, "Wars make many people sad. Please try to imagine their feelings. It's something everyone can do."

ⓐ After talking with my great-grandfather, (learn, began, about, to, I) wars in the world. I visited many websites for world peace. I also read many newspaper articles about wars. I was surprised to learn there are so many people feeling sad because of wars. And I have realized I should think about wars more. [B]

I've also learned there are many kinds of online activities to support world peace. Even high school students can join some of them. Actually, I joined an online international forum for peace last week. Many foreign high school students joined it. We talked about peace and shared our ideas. After the forum, I told my great-grandfather about ⓑ my good experience in the forum. He looked very happy.

ⓒ Now my friends, my dream is to (peaceful, the world, make, more). Some of you may think it's very difficult for high school students to do something for world peace. But that's not true. After the forum, I received many e-mails from the high school students who joined the forum. In the e-mails, some of the students say they have groups for peace in their schools. The members of the group work together to take actions for peace, such as making messages and songs. Some groups have peace events at their school festivals. It's cool! Even high school students can do many things for world peace.

Joining the forum was just the first action to reach my dream. And my next action is to make a group for peace in our school. ⓓ These actions may be small, but I believe even a small action can make the world better if many people try. Why don't we work together?

（注） great-grandfather　祖父母の父　　battlefield　戦場　　World War Ⅱ　第二次世界大戦
online　オンラインで行われる　　forum　フォーラム，討論会

〔問1〕 本文の流れに合うように，文中の A ， B にあてはまる最も適切なものを，それぞれア～エの中から1つずつ選び，その記号を書きなさい。

A

ア let me ask you about a member of your family.
イ let me ask you about your dream.
ウ let me tell you about a member of my family.
エ let me tell you about my dream.

B

ア This is an interesting message from the TV news.
イ This is an important message from my great-grandfather.
ウ This is an international experience in our daily lives.
エ This is a sad experience in World War Ⅱ.

〔問2〕 下線部ⓐ，ⓒについて，それぞれ本文の流れに合うように（　）の中の語句を並べかえ，英文を完成させなさい。

〔問3〕 下線部ⓑ my good experience の内容を，日本語で具体的に書きなさい。

〔問4〕 次の(1)，(2)の質問の答えを，それぞれ英語で書きなさい。

(1) How many members are there in Nana's family?
(2) What do some groups of the students do at their school festivals?

〔問5〕 次のア～エの英文を，奈菜のスピーチの流れに合うように並べかえると，どのような順序になりますか。その記号を順に書きなさい。

ア She joined an online international forum for peace.
イ She received e-mails about peace actions from high school students.
ウ She was surprised to learn so many people were feeling sad because of wars.
エ She watched TV news about wars with her great-grandfather.

〔問6〕 下線部ⓓ These actions の内容を，日本語で具体的に書きなさい。

＜理科＞

時間　50分　　満点　100点

1　和美さんたちは，「世界の科学者」というテーマで調べ学習に取り組んだ。あとの〔問１〕～〔問３〕に答えなさい。

〔問１〕　次の文は，和美さんがフランスの科学者である「ラボアジエ」について調べ，まとめたものの一部である。下の(1)，(2)に答えなさい。

> フランスの科学者であるラボアジエは，化学変化の前後で，その反応に関係している物質全体の質量は変わらないということを発見し，「［X］の法則」と名づけました。また，物質の燃焼とは，空気中の①酸素が物質に結びつくことであると示しました。

(1)　文中の［X］にあてはまる適切な語を書きなさい。

(2)　下線部①について，酸素は単体である。単体として適切なものを，次の**ア**～**エ**の中から１つ選んで，その記号を書きなさい。

ア　海水　　**イ**　銅　　**ウ**　二酸化炭素　　**エ**　硫化鉄

〔問２〕　次の文は，紀夫さんがイギリスの科学者である「フック」について調べ，まとめたものの一部である。下の(1)～(4)に答えなさい。

> イギリスの科学者であるフックは，自作の顕微鏡でコルクの一部を観察したところ，中が空洞になっている多数の小さな部屋のようなものを発見し，これを「②細胞」と名づけました。また，さまざまな植物や昆虫，③ヒトの皮膚など数多くのものを観察し，これらの記録を「ミクログラフィア」という本にまとめました。
>
> さらに，④ばねについても研究し，ばねののびは，ばねを引く⑤力の大きさに比例するということを発見しました。

(1)　下線部②について，植物の細胞と動物の細胞に共通するつくりを，次の**ア**～**エ**の中からすべて選んで，その記号を書きなさい。

ア　核　　**イ**　細胞壁　　**ウ**　細胞膜　　**エ**　葉緑体

(2)　下線部③のように，多細胞生物のからだにおいて，形やはたらきが同じ細胞が集まったものを何というか，書きなさい。

(3)　下線部④について，**図１**は，ばねにつるしたおもりが静止したときのようすを表したものである。このとき，重力（地球がおもりを引く力）とばねがおもりを引く力はつり合っている。**図１**の［Y］にあてはまる，力によって変形したばねがもとにもどろうとして生じる力を何というか，書きなさい。

(4)　下線部⑤について，力の大きさは「N」という単位で表される。この単位のよみをカタカナで書きなさい。

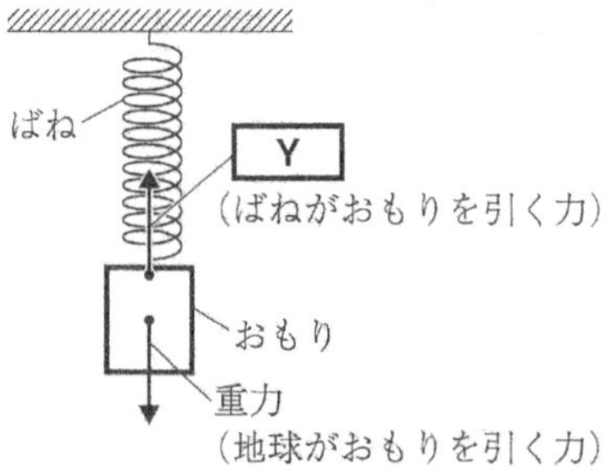

図１　ばねにつるしたおもりが静止したときのようす

〔問3〕 次の文は，美紀さんがドイツの科学者である「ウェゲナー」について調べ，まとめたものの一部である。下の(1)，(2)に答えなさい。

> ドイツの科学者であるウェゲナーは，アフリカ大陸と南アメリカ大陸について，それぞれの⑥堆積岩の中から同じような⑦化石が見つかることや，海岸線の形がよく似ていることなどから，大陸移動説を提唱しました。これは，地震や火山活動が，地球の表面をおおっている複数のプレートが動くことで生じるという，現在の考え方に通じるところがあります。

(1) 下線部⑥について，次の**表1**は，生物の遺骸が集まってできた2種類の堆積岩の性質について調べ，まとめたものである。［Z］にあてはまる岩石の名称を書きなさい。

表1 堆積岩の性質

	主な成分	くぎでひっかいた結果	塩酸を加えた結果
石灰岩	炭酸カルシウム	傷がつく	泡を出してとける
［Z］	二酸化ケイ素	傷がつかない	反応しない

(2) 下線部⑦について，**図2**の化石の名称を，次の**ア**～**エ**の中から1つ選んで，その記号を書きなさい。

ア アンモナイト　**イ** サンヨウチュウ
ウ ビカリア　**エ** フズリナ

図2 化石

2 和也さんたちのクラスでは，理科の授業でエンドウの花を観察した。あとの〔問1〕，〔問2〕に答えなさい。

〔問1〕 和也さんは，次の**観察**を行った。下の(1)～(4)に答えなさい。

観察「エンドウの花のつくり」

(i) エンドウの花（**図1**）を用意し，花全体を①ルーペを使って観察した。

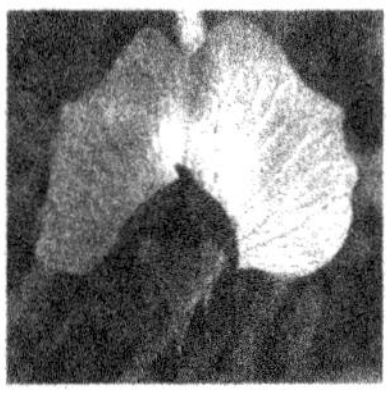

図1 エンドウの花

(ii) 花の各部分をピンセットではずし，特徴を確認して，スケッチした（**図2**）。

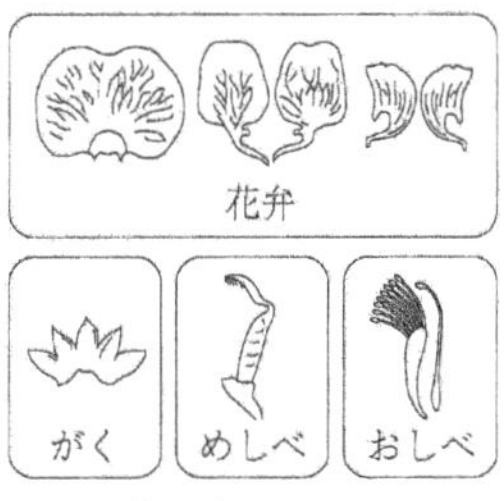

図2 花の各部分のスケッチ

(iii) めしべの子房をカッターナイフで縦に切り，断面を観察した（図３）。

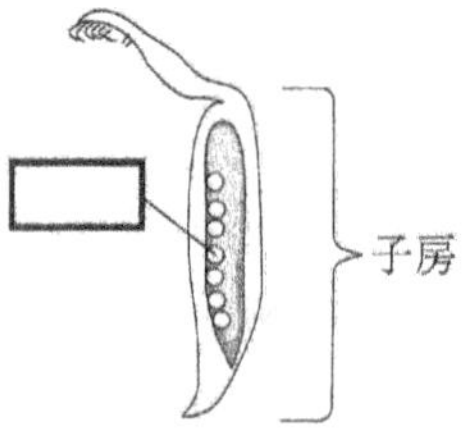

図３ 子房を縦に切っためしべの断面

(1) 下線部①について，手に持ったエンドウの花を観察するときのルーペの使い方として最も適切なものを，次の**ア**～**エ**の中から１つ選んで，その記号を書きなさい。

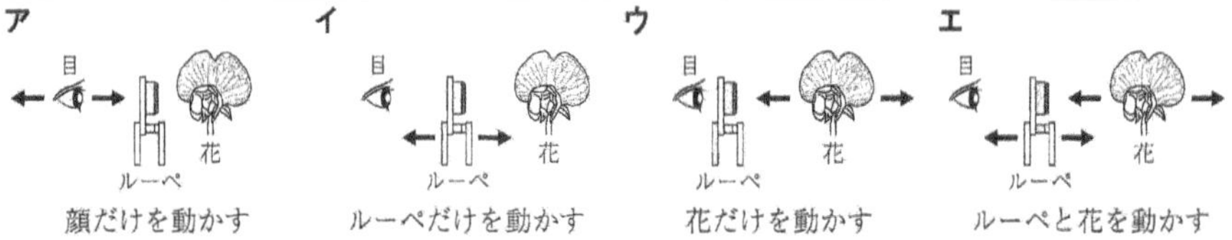

(2) 図２について，花の各部分は，中心にあるめしべから外側に向かってどのような順番でついていたか。花弁，がく，めしべ，おしべを順に並べて，その名称を書きなさい。ただし，めしべをはじまりとする。

(3) 図２の花弁について，エンドウのように，花弁が１枚ずつ分かれている植物のなかまを何というか，書きなさい。

(4) 図３の □ にあてはまる，子房の中にあって受粉すると種子になる部分の名称を書きなさい。

〔問２〕 次の文は，美和さんが，エンドウの花の観察の後，さらにエンドウの遺伝について調べ，まとめたものの一部である。次のページの(1)～(4)に答えなさい。

エンドウの種子の形には，「丸」と「しわ」の２つの形質がある。図４のように，丸い種子をつくる純系のエンドウ（親**X**）としわのある種子をつくる純系のエンドウ（親**Y**）をかけ合わせると，②子はすべて丸い種子（子**Z**）になることがわかっている。種子にある細胞には，対になる染色体があり，それぞれの染色体には種子の形を決める遺伝子が存在する。

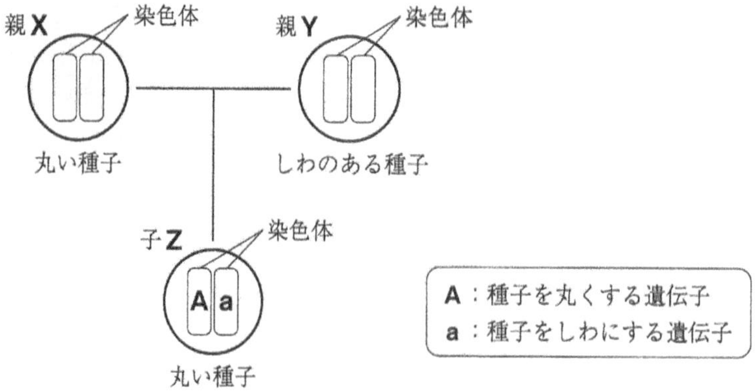

図４ エンドウの種子の形の遺伝

(1)　図4の親Xと親Yの染色体にある，種子の形を決める遺伝子の組み合わせは，それぞれどのようになるか。Aとaを用いて，解答欄の図にかき入れなさい。

(2)　下線部②について，対立形質をもつ純系どうしをかけ合わせたとき，子に現れる形質を何というか，書きなさい。

(3)　図4の子Zの種子を育て，自家受粉させたところ，種子が全部で1000個得られた。このとき得られたしわのある種子のおよその数として最も適切なものを，次のア～オの中から1つ選んで，その記号を書きなさい。

ア　0個　　イ　250個　　ウ　500個　　エ　750個　　オ　1000個

(4)　遺伝の規則性には，分離の法則が関係している。分離の法則とはどのような法則か，「減数分裂によって，」という言葉に続けて簡潔に書きなさい。

3　次の文は，和夫さんが「空のようす」について調べ，まとめたものの一部である。あとの〔問1〕～〔問7〕に答えなさい。

> 2022年（令和4年）6月24日の午前4時頃に空を見ると，①太陽はまだのぼっておらず，細く光る②月と，その近くにいくつかの明るい星が見えました。
>
> 図1は，インターネットで調べた，この時刻の日本の空を模式的に表したものです。このとき，地球を除く太陽系のすべての③惑星と月が空に並んでいました。この日の太陽と地球，④金星の位置関係をさらに詳しく調べると，図2のようになっていたことがわかりました。
>
> 惑星という名称は「星座の中を惑う星」が由来であり，毎日同じ時刻，同じ場所で惑星を観測すると，惑星は複雑に動いて見えます。それは，公転周期がそれぞれ異なることで，⑤惑星と地球の位置関係が日々変化しているからです。

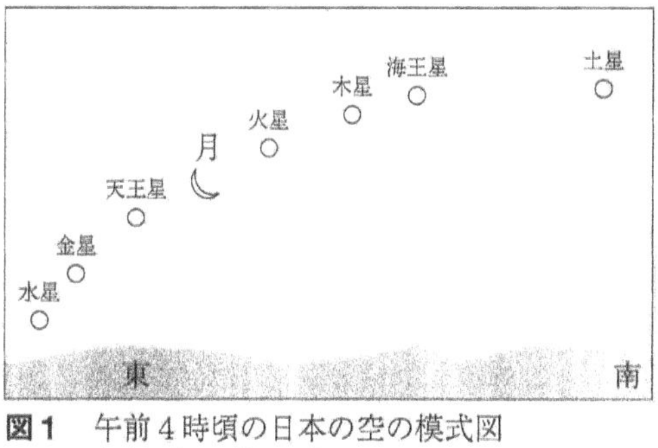

図1　午前4時頃の日本の空の模式図
(2022年6月24日)

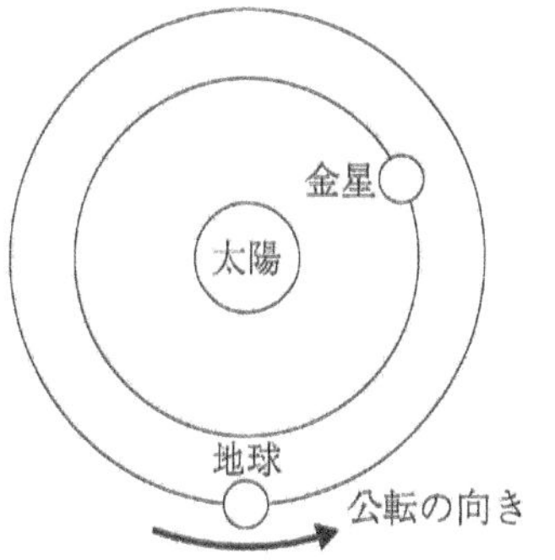

図2　太陽と地球，金星の位置関係
(2022年6月24日)

〔問1〕　下線部①について，太陽のように，自ら光や熱を出してかがやいている天体を何というか，書きなさい。

〔問2〕　下線部②について，次の文は，月食について説明したものである。［X］にあてはまる適切な内容を書きなさい。ただし，「影」という語を用いること。

> 月食は，月が［　X　］現象である。

〔問3〕 下線部②について，図1の時刻のあと観測を続けると，月はどの向きに動くか。動く向きを→で表したとき，最も適切なものを，次のア～エの中から1つ選んで，その記号を書きなさい。

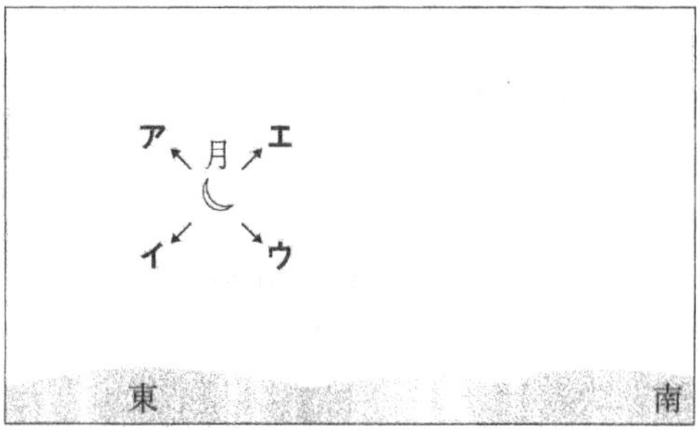

〔問4〕 下線部③について，太陽系の惑星のうち，地球からは明け方か夕方に近い時間帯にしか観測できないものをすべて書きなさい。

〔問5〕 下線部③について，次の文は，太陽系の惑星を比べたときに，地球に見られる特徴を述べたものである。 Y にあてはまる適切な内容を書きなさい。

> 地球は，酸素を含む大気におおわれていることや，適度な表面温度によって表面に Y があることなど，生命が存在できる条件が備わっている。また，活発な地殻変動や火山活動によって，地表は変化し続けている。

〔問6〕 下線部④について，図2の位置関係のときに地球から見える金星の形を表した図として最も適切なものを，次のア～オの中から1つ選んで，その記号を書きなさい。ただし，黒く示した部分は太陽の光があたっていない部分を表している。

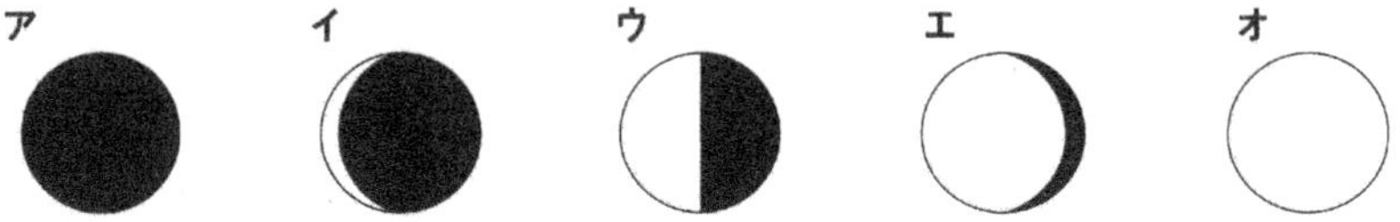

〔問7〕 下線部⑤について，地球から見える惑星が図1のように並んでいることから，図2に火星の位置をかき加えるとどのようになるか。最も適切なものを，あとのア～エの中から1つ選んで，その記号を書きなさい。

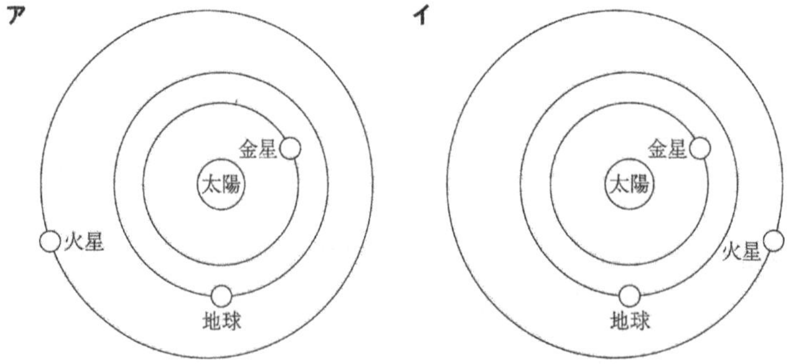

ウ

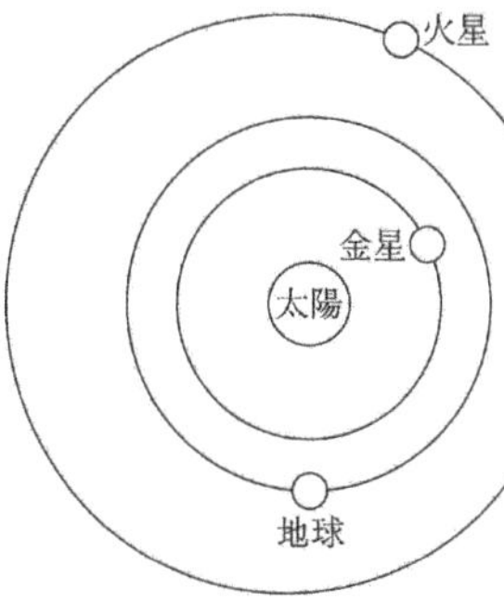

エ

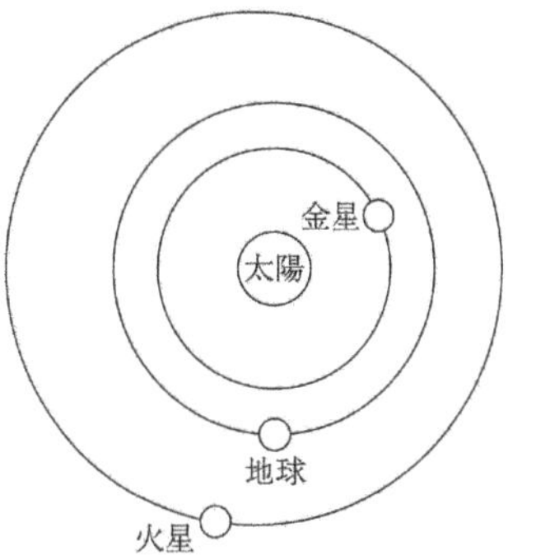

4 水溶液に関する**実験Ⅰ**，**実験Ⅱ**を行った。あとの〔**問1**〕～〔**問6**〕に答えなさい。

実験Ⅰ 「水溶液を特定する実験」

(i) うすいアンモニア水，うすい塩酸，塩化ナトリウム水溶液，砂糖水のいずれかの水溶液が入ったビーカーが１つずつあり，それぞれに**A**，**B**，**C**，**D**のラベルを貼った。

(ii) **図1**のように，**A**の水溶液を，こまごめピペットを使って，スライドガラスに１滴のせて，試験管に少量入れた。スライドガラスにのせた水溶液はドライヤーで乾燥させ，試験管の水溶液にはフェノールフタレイン溶液を数滴加えて，それぞれのようすを観察した。

(iii) **B**，**C**，**D**の水溶液についても，それぞれ(ii)と同じ操作を行った。

(iv) (ii)，(iii)の結果を**表1**にまとめた。

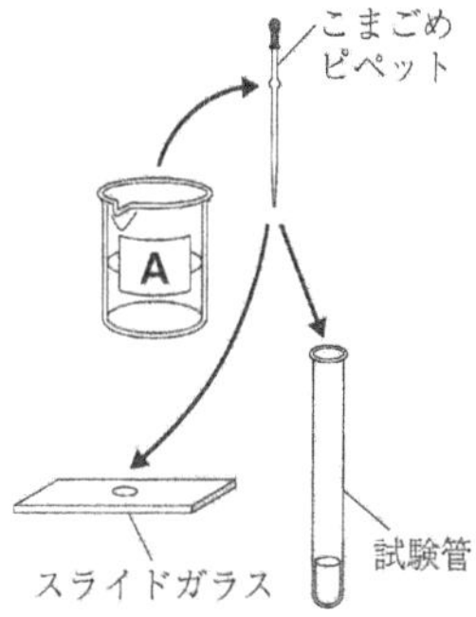

図1　実験のようす

表1　実験結果

	Aの水溶液	**B**の水溶液	**C**の水溶液	**D**の水溶液
水溶液を乾燥させた後のようす	何も残らなかった。	白い物体が残った。	白い物体が残った。	何も残らなかった。
フェノールフタレイン溶液による変化	変化しなかった。	変化しなかった。	変化しなかった。	赤色に変化した。

実験Ⅱ 「水溶液を混合し，性質を調べる実験」

(i) うすい水酸化バリウム水溶液を20cm^3入れたビーカーを用意し，緑色のBTB溶液を数滴加え，ビーカー内の水溶液を観察した。

(ii) **図2**のような実験装置を使って，ビーカー内の水溶液に電流が流れるかを調べた。

(iii) **図3**のように，(ii)のビーカーにうすい硫酸を2cm^3加え，ガラス棒を使ってよくかき混ぜ，ビーカー内の水溶液を観察した。また，電流が流れるかを調べた。

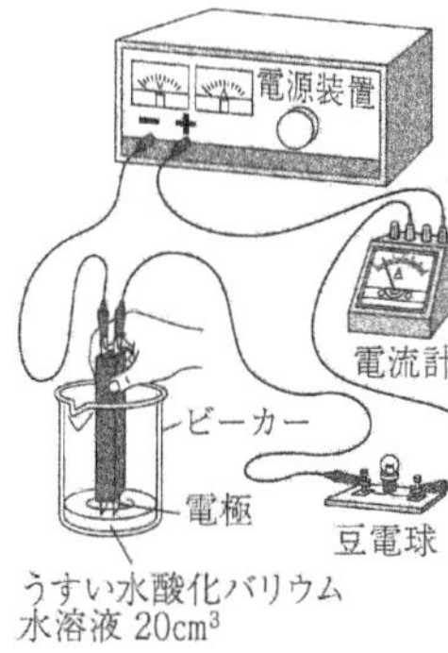

図2　実験装置

(iv) (iii)の操作を，加えたうすい硫酸が合計20cm³になるまで繰り返した。実験結果を**表2**にまとめた。

(v) うすい硫酸を加える過程において，白い沈殿物が生じたので，(iv)でうすい硫酸を20cm³加えたときのビーカーの中身をろ過した。

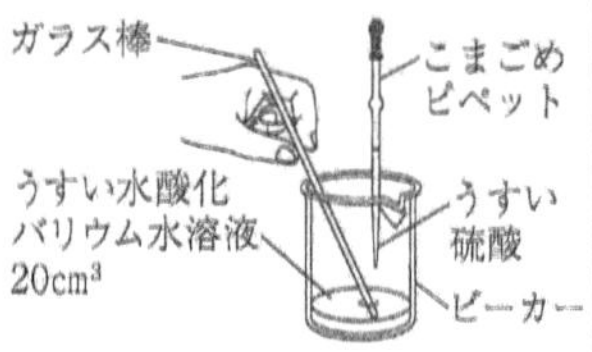

図3 水溶液を混ぜるようす

表2 実験結果

加えたうすい硫酸の体積〔cm³〕	0	2	4	6	8	10	12	14	16	18	20
ビーカー内の水溶液の色	青	青	青	青	青	青	青	青	緑	黄	黄
電流のようす	○	○	○	○	○	○	○	○	×	○	○

電流のようすは，電流が流れたときを○，流れなかったときを×で表している。

〔問1〕 **実験Ⅰ**の下線部について，こまごめピペットの正しい使い方を示したものを，次の**ア**～**エ**の中から１つ選んで，その記号を書きなさい。

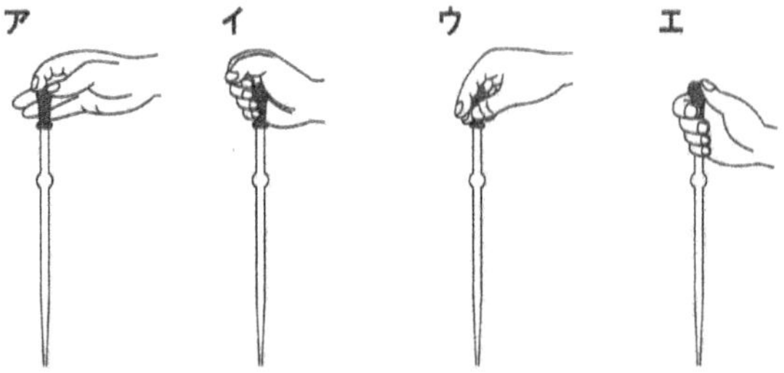

〔問2〕 次の文は，**実験Ⅰ**の実験結果から考えられることをまとめたものの一部である。下の(1)，(2)に答えなさい。

水溶液を乾燥させた後のようすから，A，Dの水溶液はうすいアンモニア水，うすい塩酸のいずれかであると特定できた。残りのB，Cの水溶液を特定するために，スライドガラスに残った白い物体を顕微鏡で観察した。**図4**は，そのときのBの水溶液を乾燥させて残ったもののスケッチである。

図4 Bの水溶液を乾燥させて残ったもののスケッチ

(1) A，Dの水溶液にとけていたものに共通する特徴は何か。**表1**の結果をふまえて，書きなさい。

(2) A～Dの水溶液の組み合わせとして最も適切なものを，次の**ア**～**エ**の中から１つ選んで，その記号を書きなさい。

	Aの水溶液	Bの水溶液	Cの水溶液	Dの水溶液
ア	うすい塩酸	塩化ナトリウム水溶液	砂糖水	うすいアンモニア水
イ	うすい塩酸	砂糖水	塩化ナトリウム水溶液	うすいアンモニア水
ウ	うすいアンモニア水	塩化ナトリウム水溶液	砂糖水	うすい塩酸
エ	うすいアンモニア水	砂糖水	塩化ナトリウム水溶液	うすい塩酸

〔問 3〕 実験Ⅱの表 2 より，うすい硫酸を10cm^{3}加えたときのビーカー内の水溶液の性質として最も適切なものを，次のア～ウの中から 1 つ選んで，その記号を書きなさい。

ア 酸性　**イ** 中性　**ウ** アルカリ性

〔問 4〕 実験Ⅱの表 2 について，うすい硫酸を16cm^{3}加えたときに電流が流れなかったのはなぜか，その理由を簡潔に書きなさい。ただし「**イオン**」という語を用いること。

〔問 5〕 実験Ⅱについて，次の化学反応式はこの実験の化学変化を表したものである。［X］，［Y］にあてはまる化学式をそれぞれ書きなさい。

$H_2SO_4 + Ba(OH)_2$ → ［X］ ＋ 2［Y］

〔問 6〕 実験Ⅱ(v)について，ろ紙に残った白い沈殿物を乾燥させ，質量を測定すると，0.8 g であった。

うすい硫酸を10cm^{3}加えた時点では，ビーカー内に白い沈殿物は何 g あったと考えられるか，書きなさい。

［5］ 電流に関する**実験Ⅰ**，電力に関する**実験Ⅱ**を行った。あとの〔問 1〕，〔問 2〕に答えなさい。ただし，導線や端子，スイッチの抵抗はなく，電熱線で発生した熱はすべて水の温度上昇に使われたものとする。

〔問 1〕 次の**実験Ⅰ**について，あとの(1)～(4)に答えなさい。

実験Ⅰ「回路に流れる電流について調べる実験」

(i) 電気抵抗が 5 Ωの抵抗器を 4 つ用意し，導線やスイッチなどを使って電源装置とつなぎ，**図 1** のような回路**A**，**図 2** のような回路**B**をそれぞれつくった。

(ii) 回路**A**のスイッチを入れ，電源装置の電圧を変化させながら，**a** 点を流れる電流の大きさと**a b** 間に加わる電圧の大きさを測定し，結果を表にまとめた（**表 1**）。

(iii) 回路**B**のスイッチを入れ，電源装置の電圧を6.0 V にして，回路の各点における電流の大きさと各区間に加わる電圧の大きさを測定した。

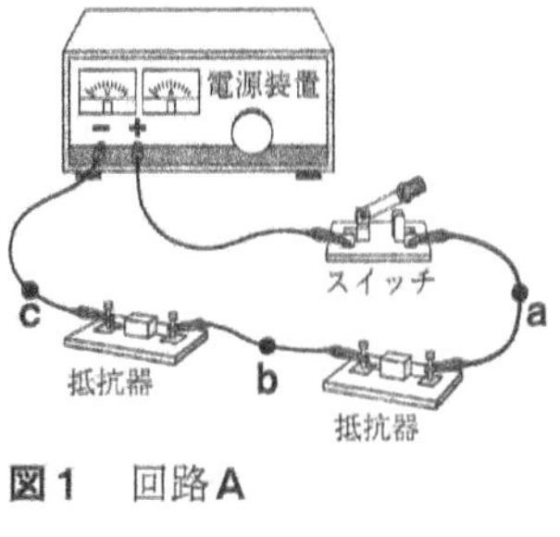

図 1 回路**A**

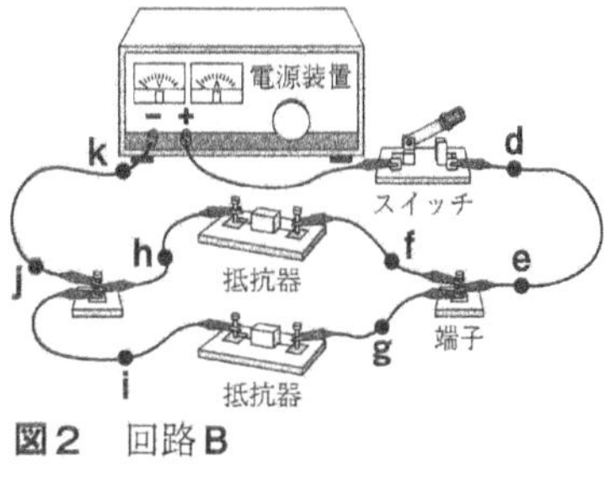

図 2 回路**B**

表 1 実験結果

電流〔A〕	0	0.2	0.4	0.6
電圧〔V〕	0	1.0	2.0	3.0

(1) (ii)について，**表 1** から，抵抗器に流れる電流の大きさは，加わる電圧の大きさに比例することがわかる。この関係を何の法則というか，書きなさい。

(2) 回路Aについて，電源装置の電圧を8.0Vにすると，c点を流れる電流の大きさは何Aになるか，書きなさい。

(3) (iii)について，図3は，回路Bを表そうとした回路図の一部である。解答欄の回路図を，電気用図記号を用いて完成させなさい。ただし，スイッチが開いた状態でかくこと。

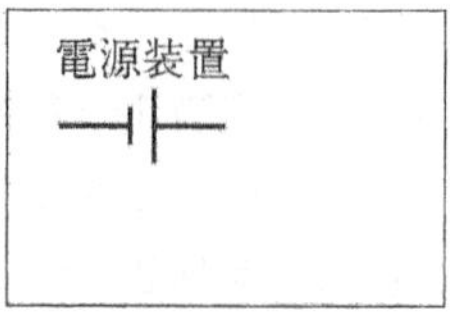

図3 回路図の一部

(4) 回路Bについて述べた文として適切なものを，次のア～エの中から1つ選んで，その記号を書きなさい。

ア ej間の電圧の大きさは，fh間の電圧の大きさとgi間の電圧の大きさの合計に等しい。

イ de間，fh間，gi間，jk間の電圧の大きさは，すべて等しい。

ウ e点を流れる電流の大きさは，h点を流れる電流の大きさとi点を流れる電流の大きさの合計に等しい。

エ 回路を流れる電流は，f→h→i→g→fと循環している。

〔問2〕 次の実験Ⅱについて，あとの(1)～(3)に答えなさい。

実験Ⅱ 「電熱線の発熱と電力の関係を調べる実験」

(i) 「6V，3W」の電熱線xを水100cm³が入ったポリエチレンのビーカーに入れ，電源装置，電圧計，電流計などを使って図4のような実験装置をつくった。また，この電熱線xに6Vの電圧を加えたときの電流を測定し，電力が3Wになることを確認した。

(ii) ポリエチレンのビーカー内の水の温度を室温と同じにしてから，電熱線xに6Vの電圧を加え，ガラス棒でときどきかき混ぜながら，1分ごとに5分間，水温を測定して水の温度上昇を求めた。

(iii) (ii)の結果を表にまとめた（表2）。

(iv) 図5のように，「6V，3W」の電熱線2つを並列つなぎにしたものを用意し，電熱線xとかえて，(ii)と同じ操作を行った。

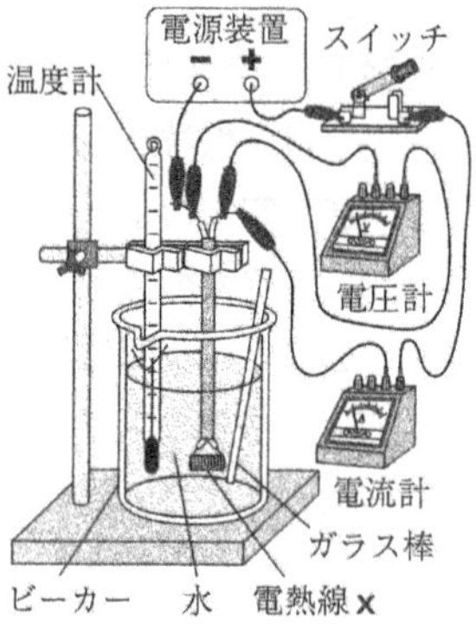

図4 実験装置

表2 (ii)の実験結果

時間〔分〕	0	1	2	3	4	5
水の温度上昇〔℃〕	0	0.4	0.8	1.2	1.6	2.0

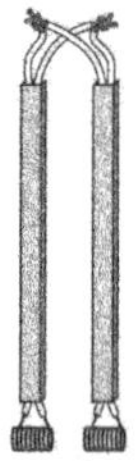

図5 電熱線2つを並列つなぎにしたもの

(1) (ii)について，電熱線xに6Vの電圧を加えたときに流れる電流の大きさは何Aか，書きなさい。

(2) (ii)について，電熱線xに6Vの電圧を加え，5分間電流を流したときの発熱量は何Jか，書きなさい。

(3)　**図6**は，(ii)の結果をグラフに表したものである。**図6**に(iv)の結果をかき加えた図として最も適切なものを，次の**ア**～**エ**の中から1つ選んで，その記号を書きなさい。

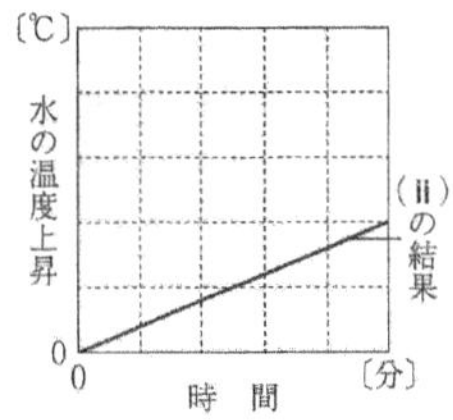

図6　水の温度上昇と時間の関係

ア

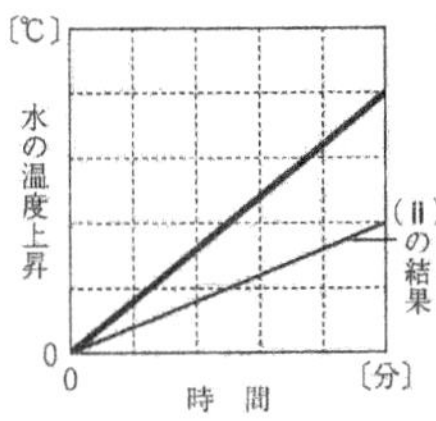

イ

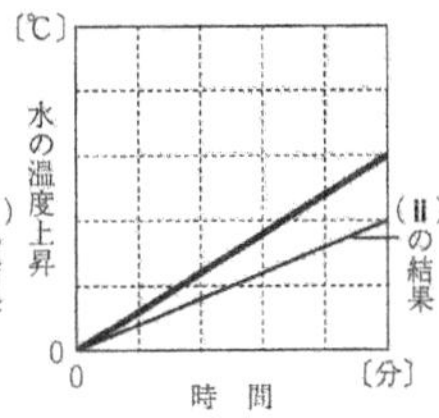

ウ

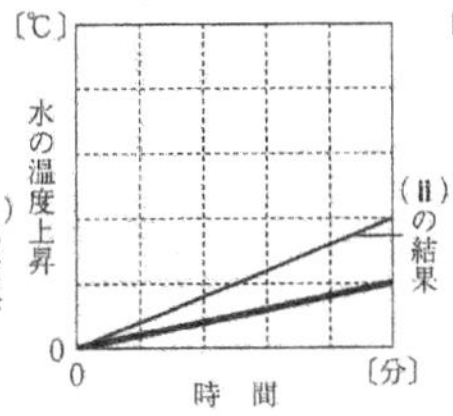

エ

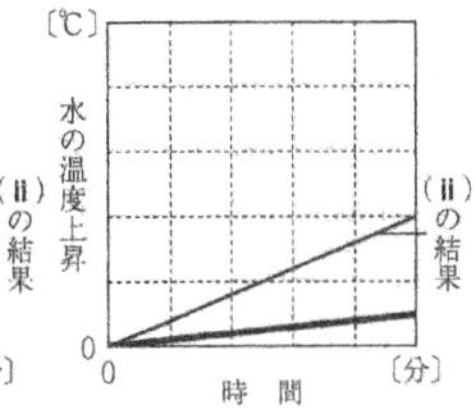

＜社会＞

時間　50分　　満点　100点

1　次の文は，みさきさんが自由研究で，「赤道が通る国」について調べ，レポートにまとめたものの一部です。これを読み，下の略地図を見て，〔問1〕～〔問5〕に答えなさい。

> 赤道を本初子午線から西にたどっていくと，最初にⓐ南アメリカ州北部を通ります。赤道が通る国は，ブラジル，コロンビア，エクアドルです。ブラジルは，コーヒー豆の生産と輸出が世界1位であり，コロンビアは，南アメリカ州の中でも人種・民族構成において混血の割合が高い国です。エクアドルには，固有の動植物が多く生息しているガラパゴス諸島があります。
> 次に赤道は，オセアニア州とⓑアジア州の島々を通ります。アジア州のインドネシアは，世界4位のⓒ人口をもつ，約13,500の島々からなる国です。
> さらに西に進むと，赤道はⓓアフリカ州の中央付近を通り，本初子午線に戻ります。赤道が通る国は，アフリカ大陸で最も長い海岸線をもつソマリア，アフリカ州最大の湖であるビクトリア湖に面するケニアやウガンダなどです。

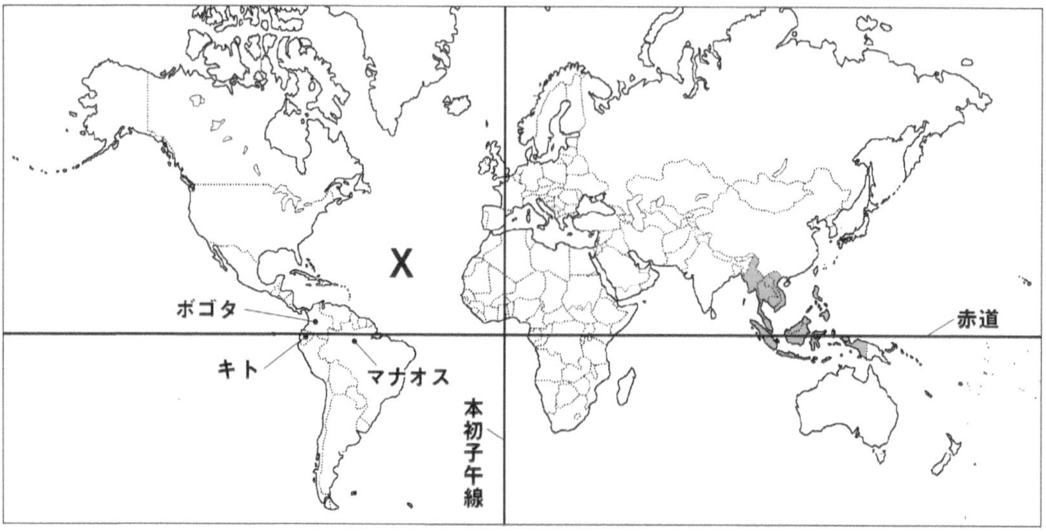

〔問1〕　略地図中のXで示された大洋を何といいますか，書きなさい。

〔問2〕　下線ⓐに関し，次の⑴，⑵に答えなさい。

⑴　次のページの図1は，略地図中のマナオスとボゴタの月別平均気温を表しています。ボゴタがマナオスに比べ，1年を通して常に気温が低い主な理由を，簡潔に書きなさい。

⑵　略地図中のキトは，日本と14時間の時差があります。キトの時刻の基準となる経線の経度を，次のア～エの中から1つ選び，その記号を書きなさい。ただし，日本の時刻は，東経135度を基準とします。

ア　西経15度　　イ　西経45度　　ウ　西経75度　　エ　西経105度

図1

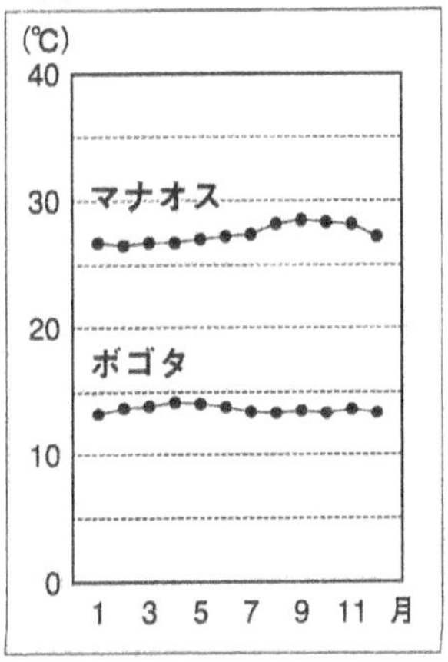

（気象庁ホームページから作成）

図2

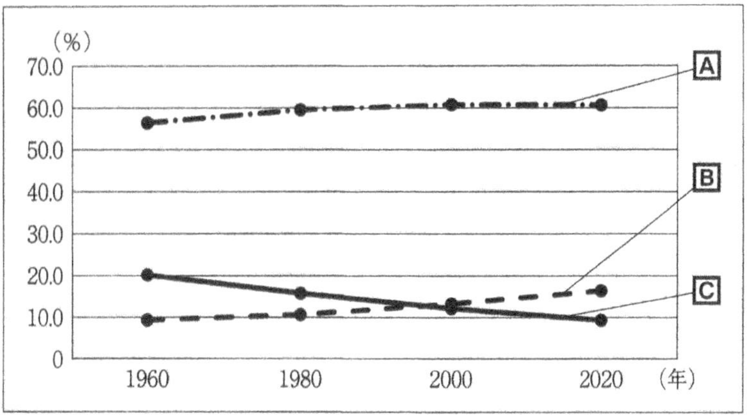

（「世界国勢図会2022/23」から作成）

〔問3〕 下線ⓑに関し，1967年に結成され，2022年において略地図中の  で示された国々が加盟している組織を何といいますか，書きなさい。

〔問4〕 下線ⓒに関し，上の図2は，主な地域の世界の人口に対する割合の推移を表したものです。図2中の A ～ C にあてはまる地域を，下のア～ウの中からそれぞれ1つ選び，その記号を書きなさい。

ア　アジア　　イ　ヨーロッパ　　ウ　アフリカ

〔問5〕 下線ⓓの多くの国々でみられる，特定の鉱産資源や商品作物の輸出にたよって成り立つ経済を何といいますか，書きなさい。

2　ゆうたさんたちのクラスでは，社会科の課題学習で，日本の諸地域から1つを取り上げ，テーマを設定して調べ，発表することになりました。次の2つの文は，それぞれの発表原稿の一部です。これらを読み，〔問1〕～〔問6〕に答えなさい。

〈ゆうたさん〉

ⓐ関東地方の自然

関東地方には，日本で最も広い流域面積をもつ　X　が流れる関東平野があります。関東平野は，日本で最も広いⓑ平野で，関東山地や越後《えちご》山脈などに囲まれています。冬には，これらをこえてくる，　Y　北西からの季節風がふきます。熊谷《くまがや》や館林《たてばやし》などの内陸部では，夏に極めて高い気温が観測されることがあります。また近年は，狭い地域に突然短時間の大雨をもたらすゲリラ豪雨とよばれる局地的大雨が関東地方のいたるところで起こっています。

〈あやのさん〉

九州地方の産業

九州地方のⓒ農業は，南北のちがいが目立ちます。平野が広がる九州北部は，稲作が中心で，九州南部は，ⓓ火山の噴出物によってできたシラス台地が広がり，畑作や畜産が盛んです。工業では，明治時代以降，製鉄業やⓔ化学工業など様々な工業が発展しました。現在では，交通網の発達により，九州各地に多くのＩＣ（集積回路）工場や自動車関連工場が進出するなど，機械工業が盛んとなっています。

〔問１〕　文中の X にあてはまる河川と，Y にあてはまる語の組み合わせとして正しいものを，次のア～エの中から１つ選び，その記号を書きなさい。

ア　X － 利根川《とねがわ》　　Y － 湿った
イ　X － 利根川　　Y － 乾燥した
ウ　X － 信濃川《しなのがわ》　　Y － 湿った
エ　X － 信濃川　　Y － 乾燥した

〔問２〕　下線ⓐに関し，図１は，関東１都６県について，それぞれの昼夜間人口比率※を表したものです。図１中の A ～ C にあてはまる都県名を，下のア～ウの中からそれぞれ１つ選び，その記号を書きなさい。

図１

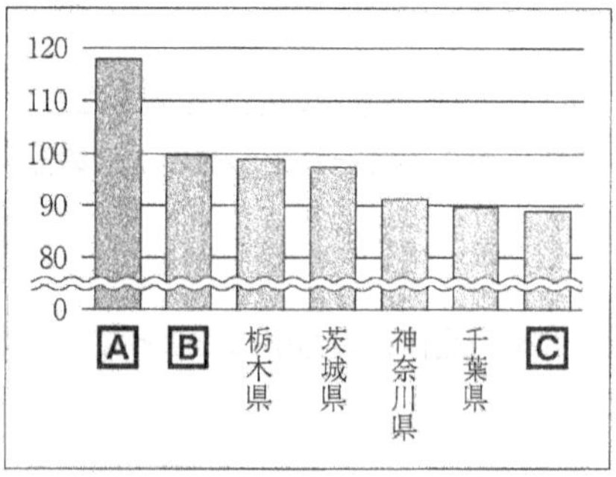

（「データでみる県勢2022年版」から作成）

※昼夜間人口比率とは，夜間の人口100人あたりの昼間の人口の割合のことである。
（昼夜間人口比率＝昼間の人口÷夜間の人口×100）

ア　群馬県　　イ　埼玉県　　ウ　東京都

〔問３〕　下線ⓑに関し，図２は，河口付近の地形を模式的に表したものです。図２中の Z で示された，川の流れによって運ばれた土砂が，積み重なってできた地形を何といいますか，書きなさい。

図２

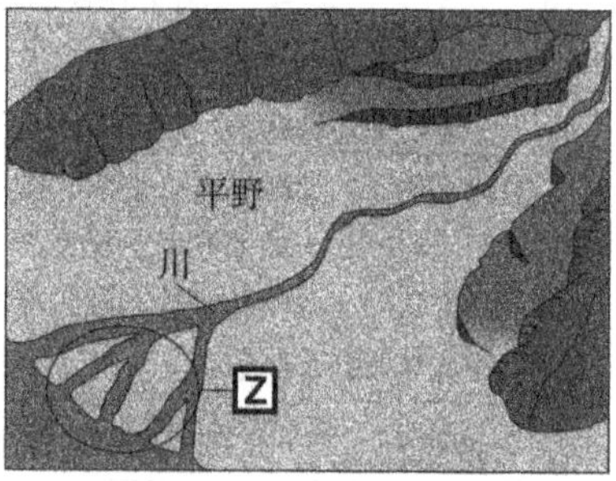

〔問４〕　下線ⓒに関し，表１は，九州地方，関東地方，東北地方，北海道地方について，それぞれの地方の米，野菜，果実，畜産の農業産出額を表したものです。九州地方にあたるものを，表１中のア～エの中から１つ選び，その記号を書きなさい。

表１　　（単位　億円）

	米	野菜	果実	畜産
ア	1,254	1,951	71	7,350
イ	2,713	5,826	536	5,121
ウ	4,876	2,345	2,147	4,358
エ	1,611	4,358	1,303	8,774

（「データでみる県勢2022年版」から作成）

〔問５〕　下線ⓓの爆発や噴火による陥没などによってできた大きなくぼ地を何といいますか，書きなさい。

〔問６〕　下線ⓔに関し，**図３**は，石油化学コンビナートの分布を，**表２**は，日本の原油の生産量と輸入量を表したものです。石油化学コンビナートが立地している場所の特徴を，**図３**から読み取り，書きなさい。また，その特徴がみられる理由として考えられることを，**表２**に着目して，簡潔に書きなさい。

図３

（「日本国勢図会2022/23」から作成）

表２　（単位　千kL）

原油の生産量	490
原油の輸入量	144,663

（「日本国勢図会2022/23」から作成）

3　次のＡ～Ｅのカードは，令子さんの班が社会科の調べ学習で，それぞれの時代の特徴あるできごとについてまとめ，年代の古い順に並べたものです。これらを読み，〔問１〕～〔問８〕に答えなさい。

Ａ　ⓐ聖武《しょうむ》天皇の政治

聖武天皇は，仏教の力によって国を守ろうと考え，都に東大寺《とうだいじ》を建てるとともに，大仏をつくらせ，国ごとに国分寺《こくぶんじ》・国分尼寺《こくぶんにじ》を建てました。さらに，農地を増やすため，墾田永年私財法《こんでんえいねんしざい(の)ほう》を出して開墾を奨励しました。この法では，新しく開墾した土地の私有が認められ，子孫に私有地として引き継ぐことができるとされました。

Ｂ　院政《いんせい》の始まり

後三条《ごさんじょう》天皇のあとをついだ［　　　　］は，幼少の皇子《おうじ》に位をゆずり，上皇《じょうこう》となったのちも，政治の実権を握り続けました。上皇は，天皇と異なり，摂政《せっしょう》や関白《かんぱく》をおさえて自由な立場で政治を行うことができました。上皇が力をもつと，多くの荘園《しょうえん》が上皇に寄進されました。上皇やその住まいである御所《ごしょ》のことを「院」とよんだので，この政治を院政といいます。

C　元寇《げんこう》後の御家人《ごけにん》の不満と生活苦

幕府《ばくふ》は，ⓑフビライ＝ハンによる２度の襲来（元寇）の危機を乗り切りました。元寇により御家人は，多くの費用を使ったにも関わらず，恩賞を十分与えられませんでした。さらに，領地の分割相続などがあり，御家人の生活が苦しくなりました。幕府は，ⓒ御家人を救うため，対策を行いましたが，効果は一時的でした。

D　検地《けんち》と刀狩《かたながり》

豊臣秀吉《とよとみひでよし》は，年貢《ねんぐ》を確実に集めるために，役人を全国に派遣して，検地を行い，村ごとに検地帳を作成しました。これをⓓ太閤《たいこう》検地といいます。また，武力による一揆《いっき》を防ぐため，刀狩を行って，百姓から刀・弓・やり・鉄砲などの武器を取り上げました。これらの政策によって，兵農分離《へいのうぶんり》を進めました。

E　田沼意次《たぬまおきつぐ》の政治

老中《ろうじゅう》田沼意次は，商工業者が株仲間《かぶなかま》をつくることを奨励し，これに特権を与える代わりに一定の税を取りました。しかし，役人へのわいろなどが横行するようになると，政治への批判が高まり，さらに全国的にききんや打ちこわしなどが続くと，意次は老中を辞めさせられました。その後，ⓔ松平定信《まつだいらさだのぶ》やⓕ水野忠邦《みずのただくに》は，意次とは異なる方法で改革を進めましたが，うまくいきませんでした。

〔問１〕　文中の□にあてはまる天皇はだれですか，書きなさい。

〔問２〕　下線ⓐに関し，次の⑴，⑵に答えなさい。

⑴　**資料１**は，聖武天皇が使用していた品などが納められた歴史的建造物です。この建造物を何といいますか，書きなさい。

資料１

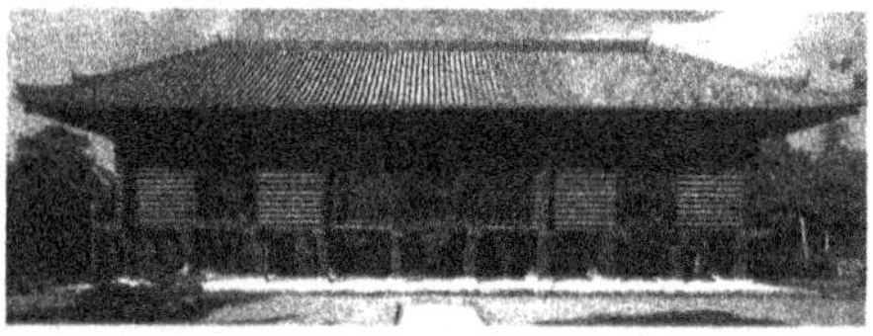

⑵　奈良時代の仏教に関するできごととして適切なものを，次の**ア**～**エ**の中から１つ選び，その記号を書きなさい。

ア　鑑真《がんじん》は，何度も遭難し，失明しながらも来日して，仏教の発展に貢献した。

イ　法隆寺《ほうりゅうじ》の金堂《こんどう》や釈迦三尊像《しゃかさんぞんぞう》などが，主に渡来人《とらいじん》の子孫によってつくられた。

ウ　浄土真宗《じょうどしんしゅう》（一向宗《いっこうしゅう》）の信仰で結びついた武士と農民が，各地で一向一揆を起こした。

エ　法然《ほうねん》は，「南無阿弥陀仏《なむあみだぶつ》と念仏を唱えよ」と説いて，浄土宗《じょうどしゅう》を開いた。

〔問３〕　下線ⓑが行ったこととして適切なものを，次の**ア**～**エ**の中から１つ選び，その記号を書きなさい。

ア　勘合《かんごう》という証明書を日本の船に与えて貿易を行った。

イ　都を大都《だいと》に移し，国号を定めて，中国を支配した。

ウ　イギリスが持ち込んだインド産アヘンの輸入を禁止した。

エ　新羅《シルラ》《しらぎ》と結んで，百済《ペクチェ》《くだら》と高句麗《コグリョ》《こうくり》を滅ぼした。

〔問４〕　下線ⓒに関し，次のページの**資料２**は，幕府が出した法令の一部です。この法令を何といいますか，書きなさい。

資料２

自分の所領（領地）を質に入れたり売買してしまったりしたために，御家人が困窮することになっている。それゆえ，御家人の土地売買や質入れは，以後，これを禁止する。以前に売却した土地については，本来の持ち主に返却せよ。（部分要約）

〔問５〕　下線ⓓには，どのような特徴がありますか，次の２つの語を用いて，簡潔に書きなさい。

ものさし　　ます

〔問６〕　下線ⓔが行った政策として適切なものを，次のア～エの中から１つ選び，その記号を書きなさい。

ア　朝廷の許可を得ないまま日米修好通商条約《にちべいしゅうこうつうしょうじょうやく》を結び，５港を開港した。

イ　異国船打払令《いこくせんうちはらいれい》をやめ，来航した外国船に必要な燃料や水などを与えた。

ウ　これまでの法を整理し，裁判の基準となる公事方御定書《くじかたおさだめがき》を定めた。

エ　出版物を厳しく統制するとともに，武士に朱子学《しゅしがく》を学ばせた。

〔問７〕　下線ⓕは，株仲間についてどのような政策を行いましたか，ねらいも含めて簡潔に書きなさい。

〔問８〕　資料３のカードを，Ａ～Ｅのカードに追加することにしました。年代の古い順に並ぶようにするには，資料３のカードをどの位置におくことが適切ですか，下のア～エの中から１つ選び，その記号を書きなさい。

資料３

琉球《りゅうきゅう》王国の成立

琉球では，北山《ほくざん》，中山《ちゅうざん》，南山《なんざん》の三つの勢力が並び立っていましたが，中山の王となった尚《しょう》氏（尚巴志《はし》）が，北山，南山の勢力を滅ぼし，沖縄島を統一して琉球王国を築き，首里《しゅり》を都としました。琉球は，明《みん》・日本・朝鮮《ちょうせん》，さらには東南アジア各地に進出し，産物をやりとりする中継《なかつぎ》貿易で栄えました。

ア　ＡとＢの間　　イ　ＢとＣの間　　ウ　ＣとＤの間　　エ　ＤとＥの間

4　次のＡ～Ｄのカードは，純子さんが社会科の授業で，日本の歴史に大きな影響を与えたできごとについてまとめたものの一部です。これらを読み，〔問１〕～〔問５〕に答えなさい。

Ａ　大日本帝国《だいにっぽんていこく》憲法の発布

ⓐ国会開設を約束した政府は，伊藤博文《いとうひろぶみ》を中心として憲法の草案づくりを進め，1889年２月11日，大日本帝国憲法を発布しました。このことにより，日本はアジアで最初の近代的立憲制国家となりました。

Ｂ　日英同盟《にちえいどうめい》の締結

日本とイギリスは，義和団《ぎわだん》事件の後も満州《まんしゅう》に大軍をとどめるロシアに脅威を感じ，日英同盟を結びました。日本政府はロシアとの戦争を回避するため，交渉を続けましたが，両者の対立は大きく，ⓑ日露《にちろ》戦争が始まりました。

Ｃ　第一次世界大戦の長期化

第一次世界大戦は人々の予想をこえて長引き，国家の総力をあげた総力戦となりました。戦場となったヨーロッパ諸国に代わり，ⓒアメリカがⓓ世界経済の中心となり，日本もかつてない好景気をむかえました。

Ｄ　連合国軍《れんごうこくぐん》による占領

第二次世界大戦が終結すると，日本はアメリカを中心とする連合国軍によって占領されました。連合国軍総司令部《そうしれいぶ》（ＧＨＱ）は日本軍を解散させ，日本政府に対して教育の自由化やⓔ経済の民主化を求めました。

〔問1〕　下線ⓐに関し，次の**ア**～**ウ**は，国会の開設を求める自由民権運動《じゆうみんけんうんどう》の中で起こったできごとについて述べたものです。これらのできごとを年代の古い順に並べ，その記号を書きなさい。

ア　各地の自由民権運動の代表が大阪に集まり，国会期成同盟《こっかいきせいどうめい》を結成した。

イ　国会を早期に開設することを主張していた大隈重信《おおくましげのぶ》が政府から追い出された。

ウ　板垣退助《いたがきたいすけ》らが民撰議院設立《みんせんぎいんせつりつ》（の）建白書《けんぱくしょ》を政府に提出した。

〔問2〕　下線ⓑに関し，**資料**は，戦時下においてよまれた詩の一部です。この詩をよんだ人物はだれですか，書きなさい。

資料

ああ　弟よ　君を泣く　君死にたまふ《(う)》ことなかれ
末に生まれし君なれば　親のなさけはまさりしも
親は刃《やいば》をにぎらせて　人を殺せと教へ《(え)》しや
人を殺して死ねよとて　二十四までを育てしや

〔問3〕　下線ⓒのよびかけで開催されたワシントン会議について述べているものを，次の**ア**～**エ**の中から１つ選び，その記号を書きなさい。

ア　この会議において四《し》か国《こく》条約が結ばれ，日英同盟は廃止された。

イ　この会議において清《しん》は日本に２億両《テール》の賠償金を支払うことが決められた。

ウ　この会議において要求が拒絶された中国では五《ご》・四《し》運動とよばれる運動が起こった。

エ　この会議において結ばれた軍縮条約への批判から，浜口雄幸《はまぐちおさち》首相がおそわれた。

〔問4〕　下線ⓓに関し，次の**説明文**は，アメリカから始まった世界恐慌《せかいきょうこう》について述べたものです。説明文中の [X] にあてはまる国名を書きなさい。また， [X] が，このころ行っていた政策を，下の**ア**～**エ**の中から１つ選び，その記号を書きなさい。

説明文

ニューヨークで株価が大暴落したことにより，アメリカで恐慌が起こりました。アメリカは資金を多くの国に貸していたため，その影響は世界中に広まり，世界恐慌となりました。しかし，独自の政策をとっていた [X] は恐慌の影響を受けませんでした。

ア　ニューディール政策により大規模な公共投資などが行われた。

イ　植民地との貿易を拡大する一方，他国の商品に対する関税を高くした。

ウ　重工業の増強と農業の集団化を強行し，計画経済を進めた。

エ　新たに建国された満州国へ農民などを集団移住させた。

〔問5〕　下線ⓔに関し，日本政府が行った農地改革の内容を，次の２つの語を用いて，簡潔に書きなさい。

地主　　小作人

5 次の文は，ひろしさんが自由研究で，「成年年齢の引き下げと私たちの生活」について調べ，レポートにまとめたものの一部です。これを読み，〔問1〕～〔問6〕に答えなさい。

〈テーマ〉
「成年年齢の引き下げと私たちの生活」

〈テーマ設定の理由〉
2022年4月1日からⓐ成年年齢が18歳になったことを知り，どのような経緯で引き下げられたのか，また，私たちの生活に，どのような影響を与えるのかについて，興味をもちました。

〈調べてわかったこと〉
○　引き下げられた経緯
日本では1876年以来，成年年齢を20歳と定めていました。しかし，近年，18，19歳の人たちに，私たちの生活に関わる重要な事項の判断に参加してもらうための政策が進められました。また，世界的にも成年年齢を18歳とすることが主流となっています。このような状況の中で，民法でも18歳以上を大人として扱うことが適当ではないかという意見が強くなり，成年年齢が18歳に引き下げられました。

これまでの主な政策	
2014年	ⓑ憲法を改正する際に行われる国民投票の投票権を得る年齢が18歳に引き下げられる。
2015年	ⓒ国会議員などを選ぶためのⓓ選挙権を得る年齢が18歳に引き下げられる。

成年年齢を18歳とする主な国
アメリカ，イギリス，イタリア，オーストラリア，スペイン，ドイツ，フランスなど

○　私たちの生活への影響
18，19歳の人たちの自己決定権が尊重され，社会参加がうながされます。また，親の同意がなくても，自分の意思でⓔ契約を結べるようになります。しかし，18，19歳の人たちにとって，親の同意を得ずに契約した場合に取り消すことのできる未成年者取消権がなくなるため，ⓕ消費者被害にあわないよう，これまで以上に注意が必要になります。

〔問1〕　下線ⓐに関し，2022年4月1日から対象となる年齢が20歳以上から18歳以上に引き下げられた制度の1つで，18歳以上の選ばれた国民が裁判官とともに刑事裁判を行う制度を何といいますか，書きなさい。

〔問2〕　下線ⓑに関し，次の**説明文**は，憲法改正の手続きについて述べたものです。説明文中の X ， Y にあてはまる語の組み合わせとして正しいものを，次のページの**ア**～**エ**の中から1つ選び，その記号を書きなさい。

説明文

日本国憲法の改正には，まず衆議院と参議院それぞれの総議員の X の賛成で国会が憲法改正案を国民に発議します。次に，国民投票が行われ，有効投票の Y の賛成で，憲法は改正されることになります。

ア X − 過半数　　Y − 3分の2以上
イ X − 過半数　　Y − 過半数
ウ X − 3分の2以上　　Y − 3分の2以上
エ X − 3分の2以上　　Y − 過半数

〔問3〕 下線ⓒに関し，図は，2021年に実施された衆議院議員総選挙における2つの小選挙区の有権者数を表したものです。この図から読み取れる，小選挙区制の課題の1つを，次の2つの語を用いて，簡潔に書きなさい。

有権者　　一票

図

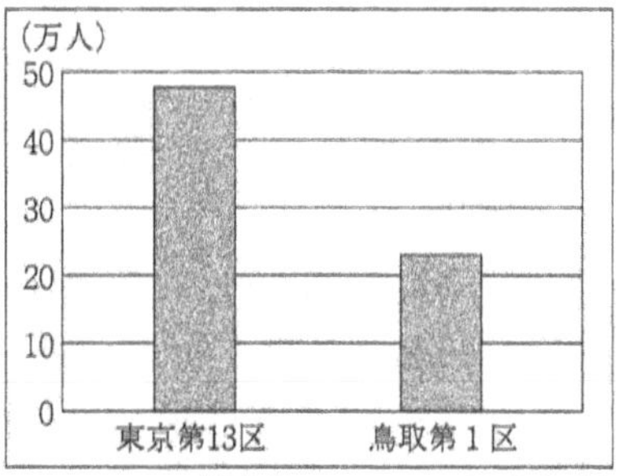

(総務省ホームページより作成)

〔問4〕 下線ⓓに関し，表は，地方公共団体の選挙権と被選挙権について表したものです。表中の A ， B にあてはまる数値を書きなさい。

表

	選挙権	被選挙権
都道府県知事	18歳以上	A 歳以上
市（区）町村長		B 歳以上
都道府県・市（区）町村議会の議員		

〔問5〕 下線ⓔに関し，資料は，商品購入の流れを表したものです。契約が成立する時点を，資料中のア～エの中から1つ選び，その記号を書きなさい。

資料

〔問6〕 下線ⓕに関し，欠陥品で消費者が被害を受けたとき，損害賠償の責任を企業や生産者に負わせることを定めた法律を何といいますか，書きなさい。

6 次の文は，けいこさんが社会科の授業で，「人口減少･少子高齢化によって生じる課題」をテーマにして，レポートにまとめたものの一部です。これらを読み，〔問1〕～〔問5〕に答えなさい。

労働力の不足

少子化によって，働く世代の人口が徐々に減少しています。働く機会は，性別・年齢・障がいの有無などを問わず，広く提供されることが重要です。国や企業は，様々な人々が働きやすいⓐ労働環境を整備する必要があります。

地方の過疎化

大都市への人口流出が多い地方では，人口減少によって，より一層活力が失われつつあります。人口減少が著しいⓑ地方公共団体は，地域でのⓒ経済活動を支援したり，都市の人々に地方への移住をすすめたりといった，地域が活性化する取り組みを考えていく必要があります。

財政の悪化

高齢化によるⓓ社会保障の費用の増加が主な原因で，国の財政が圧迫され，国の借金である□の発行の増加にもつながっています。社会保障制度を将来にわたって持続可能なものとするため，社会保障の充実と国民の負担とのバランスを考えていく必要があります。

〔問1〕　文中の□にあてはまる語を書きなさい。

〔問2〕　下線ⓐに関し，使用者（経営者）に対して労働条件の改善などを交渉するために，労働者が結成する組織を何といいますか，書きなさい。

〔問3〕　下線ⓑに関し，次の**説明文**は，地方自治の特徴について述べたものです。説明文中の［X］にあてはまる語句を書きなさい。

説明文

地方自治は，よりよい社会を形成するために，住民自身が地域の運営に直接参加する場面が多く，また，地域のことを合意で決めていく経験が積めるので，「［X］」とよばれている。

〔問4〕　下線ⓒに関し，一般に銀行は家計などからお金を預かり，企業などに貸し出しています。その際，銀行はどのように利益をあげていますか，簡潔に書きなさい。

〔問5〕　下線ⓓに関し，次の(1)，(2)に答えなさい。

(1)　日本の社会保障制度の基本的な柱の1つで，高齢者や障がいのある人，子どもなど社会的に弱い立場になりやすい人々に対して，生活の保障や支援のサービスを行う制度を何といいますか，次の**ア**～**エ**の中から1つ選び，その記号を書きなさい。

ア　社会福祉　　**イ**　公衆衛生　　**ウ**　社会保険　　**エ**　公的扶助

(2)　次の**文**は，これからの社会保障に対する考え方の1つを述べたものです。**図**は，政府のあり方と課税方法について表したものです。この文で示された考え方が含まれる部分を，図中の**ア**～**エ**の中から1つ選び，その記号を書きなさい。

文

政府が，社会保障を充実させるために，消費税の税率を上げることで税収を増やし，財源を確保すべきだ，という考え方。

図

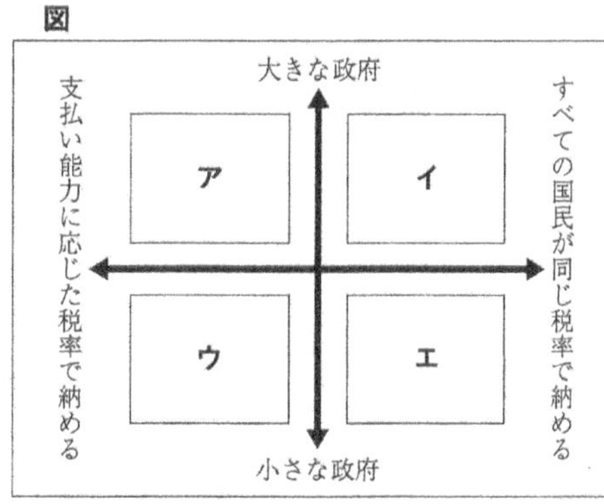

【Ⅱ】

読書は『□』

□に入る漢字の候補

海、知、旅、友、光

【問6】本文中、F胸がトンと飛び跳ねたとありますが、このときの涼万の心情の説明として最も適切なものを、次のア～エの中から選び、その記号を書きなさい。

ア　早紀のために一生懸命に歌い続けていたので、歌い終わったらきっと感謝してもらえると思っていたのに、お礼の言葉をはっきりと言ってもらえず傷ついた。

イ　早紀と互いに引き合うように歌い続けられたのは、自分の気持ちが伝わったと確信できたからであり、声をかけられたことで両思いであると分かって胸が躍った。

ウ　早紀のために一生懸命歌っていたが、目が合っているような感覚は自分の気のせいだと思おうとしていたので、早紀から反応があったことに、驚くとともに心が弾んだ。

エ　早紀の合唱への向き合い方が気にかかり、助けるつもりで自分も必死に歌ったが、曲が終わって話しかけられた瞬間、途中で音を外したことを思い出し、恥ずかしくなった。

四

ある中学校の図書委員会では、本の貸出数が減っていることから、全校生徒を対象に読書に関する意識調査を行いました。

【Ⅰ】は、意識調査の結果の一部です。

この結果をもとに、本が読みたくなるようなキャッチコピーを作ることにしました。

【Ⅱ】は、キャッチコピーを検討するために図書委員会が作成した資料です。□に入れる漢字の候補が五つ示されています。

あなたなら、【Ⅱ】の□に、どの漢字を入れてキャッチコピーを作りますか。「海」「知」「旅」「友」「光」の中から一つ選び、そのキャッチコピーにした理由を、【Ⅰ】から読み取った情報を用いて書きなさい。

ただし、次の条件(1)～(3)にしたがうこと。

［条件］

(1)　解答欄の□に、あなたが選んだ漢字一字を入れ、この文に続く形で書き始めること。

(2)　原稿用紙の正しい使い方にしたがって書くこと。

(3)　書き出しの部分を含めて、八行以上、十行以内であること。

【Ⅰ】

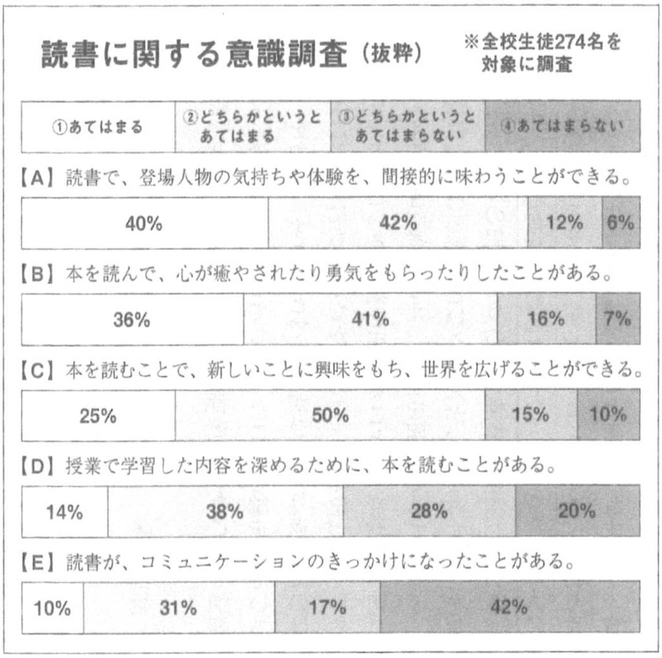
読書に関する意識調査（抜粋）
※全校生徒274名を対象に調査
①あてはまる
②どちらかというとあてはまる
③どちらかというとあてはまらない
④あてはまらない
【A】読書で、登場人物の気持ちや体験を、間接的に味わうことができる。
40%
42%
12%
6%
【B】本を読んで、心が癒やされたり勇気をもらったりしたことがある。
36%
41%
16%
7%
【C】本を読むことで、新しいことに興味をもち、世界を広げることができる。
25%
50%
15%
10%
【D】授業で学習した内容を深めるために、本を読むことがある。
14%
38%
28%
20%
【E】読書が、コミュニケーションのきっかけになったことがある。
10%
31%
17%
42%

（あ・り・が・と）

F胸がトンと飛び跳ねた。

（佐藤《さとう》 いつ子《こ》 著『ソノリティ はじまりのうた』から……一部省略等がある。）

（注）・岳＝涼万と仲のよいクラスメイト。
・イレギュラーして＝不規則に変化して。
・晴美＝いつもリーダーシップを取るクラスメイト。
・ティンカーベル＝物語に登場する妖精《ようせい》。

〔問1〕 本文中、A背筋がぴりっと伸びた とありますが、この表現には涼万のどのような気持ちが表れていますか。最も適切なものを、次のア～エの中から選び、その記号を書きなさい。

ア 気分がほぐれ、脱力している。
イ 身が引き締まり、緊張している。
ウ 不安のあまり、虚勢を張っている。
エ 恐怖を感じ、身体が硬くなっている。

〔問2〕 本文中、B今までとはうってかわってぎこちない姿になった とありますが、早紀の指揮がぎこちなくなったのはなぜですか。文中の言葉を用いて、三十字以内で書きなさい。（句読点やその他の符号も一字に数える。）

〔問3〕 本文中のCメロディーラインを逸脱した「な」は、派手にイレギュラーしてあさっての方向にバウンドし、続く「がら」を蹴飛ばしていった に使われている表現技法を何といいますか。次の①～④の中から選び、その記号を書きなさい。また、この表現技法を使うことで、この一文にどのような効果を与えていますか。その説明として最も適切なものを、あとのア～エの中から選び、その記号を書きなさい。

【表現技法】
① 直喩 ② 体言止め ③ 擬人法 ④ 倒置

【効果】
ア 「逸脱」という言葉で、涼万が音を外したことを強調し、他の生徒の集中力をそらしてしまったことを暗示している。
イ 「な」を主体にすることで、声がひっくり返ったのは、涼万の意思ではどうにもならなかったことを印象づけている。
ウ 「バウンド」という言葉を用いることで、音が思い切り跳ね回るような印象を読者に与え、場面を明るくしている。
エ 「蹴飛ばしていった」という文末が、音を外すことを気にせずに歌った、涼万の思い切りのよい性格を強調している。

〔問4〕 本文中、D音心は何くわぬ顔をして、いったん最大にひねったボリュームのつまみを、調整してもとに戻した とありますが、ここから音心がどのような人物であると考えられますか。音心の人物像の説明として最も適切なものを、次のア～エの中から選び、その記号を書きなさい。

ア 周りの目を気にして、遠慮がちな態度を取る人物。
イ 突飛な行動で周囲を楽しませる、個性的な人物。
ウ いつも一生懸命で、一心不乱に努力する人物。
エ 平然とした態度で、大胆な行動をする人物。

〔問5〕 本文中、Eとても新鮮な感覚だった とありますが、涼万が「新鮮な感覚」になったのはなぜですか。涼万の気持ちの変化を踏まえて、八十字以内で書きなさい。（句読点やその他の符号も一字に数える。）

「感じな――――・がら」

　涼万の額からボッと火が出た。高音の「な」の音が完全にひっくり返り、素っ頓狂な声が飛び出したのだ。Cメロディーラインを逸脱した「な」は、派手に※イレギュラーしてあさっての方向にバウンドし、続く「がら」を蹴飛ばしていった。

　となりの男子がついに吹き出した。もう混声のフレーズにメロディーはうつっているのに、それが伝染したみたいに、前の男子も涼万を振り返って笑った。女子は笑いをこらえながら歌っている。

　昨日の咳に続き、またやらかしてしまった……。

　うなだれかけたときだった。突然、大音量の伴奏で窓ガラスがびりっと震えた。みんな同時に肩を縮めて、号令がかかったみたいに音心の方を見た。

　D音心は何くわぬ顔をして、いったん最大にひねったボリュームのつまみを、調整してもとに戻した。

　音心のおかげで、涼万のひっくり返った声で乱れた空気が、リセットされた。指揮者の早紀は、何があっても止めることなく、懸命に指揮棒を振り続けている。

　※晴美《はるみ》がまた歌い出すと、女子も引っ張られるように歌い出す。涼万も恥ずかしさをこらえて歌に加わる。すると他の男子もつられて、真面目に声を出し始めた。

　井川、サンキュ。

　長い前髪に隠されて表情の分からない音心に、涼万は心の中で手を合わせて、失敗しないよう慎重に、でも一生懸命歌い続けた。

　早紀の目が輝きだした。初めて合唱らしい合唱になってきた。ひとつひとつの声が重なって、一本の帯のような流れになる。ソプラノ、アルト、男声のそれぞれが、自分のメロディーに忠実に、でも別のパートを感じながら歌っていた。それがうまく調和し、互いに互いの良さを引き出した。

　早紀の指揮棒は※ティンカーベルの魔法の杖《つえ》みたいだ。そこから放たれる不思議な力で、三十数人のハーモニーを誘導する。

　音楽を聴くのは楽しいが、自分たちがつくる音楽、みんなで合わせて歌う音楽も楽しいことを発見した。Eとても新鮮な感覚だった。

　指揮者の早紀と互いに引き合うように歌い続けた。涼万は早紀とずっと目が合っているような感覚になった。でも、そんなわけはない。早紀は全体を見ているはずだ。

　ラストの繰り返しのフレーズに入った。

――新しい本当のわたし、
**　未来へと歌は響きわたる**

　曲の始めに出てきたときと同じフレーズとは思えないくらい、音量も伸びもある。早紀が曲を締めるために両腕を掲げてぴたっと止めた。

　曲が終わったとたん、満足のため息のような声がもれた。

「今のすっごく良かったよね。いいじゃん、うちのクラス」

　頬を紅潮させた晴美が興奮してまくしたてている。クラス中が弾んだ空気に包まれた。涼万は両手を組んで伸びをしたが、まだやっぱり早紀と目が合っているような錯覚が続いていた。

　んなわけないし。

　目をそらそうとした瞬間、早紀の口もとが動いた。

げると、早紀が指揮棒を頭上に掲げている。涼万は少し遅れて、足を肩幅に開いた。

合唱が始まる。A背筋がぴりっと伸びた。

どうか今日は咳《せき》が出ませんように。俺のせいで合唱がめちゃくちゃになりませんように。

涼万はゆっくりとつばを飲み込んだ。喉は落ち着いている。

早紀が音心の方を向いて指揮棒で合図をすると、音心はCDプレイヤーのボタンを押した。前奏が始まる。CDから流れる伴奏は、音心の生伴奏とは全然違う。楽譜通りに正しく弾かれているのだろうが、伴奏にだって臨場感や迫力に差がずいぶんあることを、昨日の音心の演奏で実感した。

早紀が正面に向き直って、前奏のあいだ抑え気味に指揮をする。そして歌い出しの合図で、指揮棒を大きく右に振り出した。

——はじめはひとり孤独だった
ふとした出会いに希望が生まれ
……

早紀の上体はなめらかに優雅に揺れる。指揮棒は弧を描くように宙を舞う。

涼万は歌うのも忘れて、その姿に一瞬で吸い込まれた。不思議なことに、涼万の頭の中では、みんなの歌声の代わりに、昨日こっそり聴いた早紀の歌声が流れていた。

やがて、早紀の指揮棒からなめらかさが消えた。男声パートが始まったのだ。

——迷いながら躓《つまず》きながら
歩いてきた

※岳《がく》やあと何人かは合唱の練習に来ていなかったが、ここにいる十数人の声とは思えぬ、ぼそぼそとした辛気くさい歌声が、床に這《は》うように広がった。何とか歌ってもらおうと、早紀は必死に指揮棒を振った。でも必死になればなるほど、B今まではうってかわってぎこちない姿になった。涼万は我に返った。

歌わなきゃ。

水野のために、歌わなきゃ。

そのために、俺、来たんだ。

——どうしようもない

迷っているうちに、メロディーに置き去りにされる。

歌うぞ。さ、早く！

すっと息を吸い込んだ。吐く息とともに、これ以上は出せないというくらいの大きな声を出した。肺の息をすっからかんに出して、全てを歌声に注ぐ。

「苛立《いらだ》ちを！」

自分でもびっくりするくらいの大音量だった。涼万以外の男子生徒十数人を合わせた歌声よりも、涼万ひとりの声の方が圧倒的に大きかった。周りの男子があれっというふうに反応した。涼万は構わず続けた。

きなさい。

ア　[2]は、[1]の具体的な例を一つ挙げて、内容を否定している。

イ　[3]は、[2]と異なる種類の例を示し、内容を付け加えている。

ウ　[4]は、[3]と類似する例を挙げ、移り変わりを説明している。

エ　[5]は、[1]から[4]の内容を踏まえ、新しい視点を示している。

〔問3〕　本文中の［　　］には品詞名が入ります。次の①～④の中から最も適切なものを選び、その記号を書きなさい。また、その品詞が用いられている文を、あとのア～エの中から選び、その記号を書きなさい。

【品詞名】　①　形容動詞　　②　副詞　　③　連体詞
　　　　　④　感動詞

【　文　】　ア　きれいに花が咲く。　　イ　さあ行こうと誘う。
　　　　　ウ　ゆっくり道を歩く。　　エ　この問題は難しい。

〔問4〕　本文中、B成熟した言語表現とありますが、筆者がオノマトペを「成熟した」と考えるのはなぜですか。三十五字以内で書きなさい。（句読点やその他の符号も一字に数える。）

〔問5〕　本文中のCこれが指す内容を、文中の言葉を用いて二十五字以内で書きなさい。（句読点やその他の符号も一字に数える。）

〔問6〕　ある中学校の生徒たちが、授業でこの文章を読み、印象に残ったところについて話し合いました。本文の構成や内容に合う発言として適切なものを、次のア～エの中から二つ選び、その記号を書きなさい。

ア　日常生活における様々な場面を取り上げることで、オノマトペがあらゆる世代の人々の生活に入り込んだ身近なものだと再認識しました。

イ　日本語と同じ構造をもっている他国の言語を比較対象とすることで、日本語にオノマトペが多い理由が客観的に示されていると考えました。

ウ　文章のはじめに具体的なエピソードをもってくることで、読者をひきつけ、オノマトペについて考えるきっかけを提示していると思いました。

エ　育児の場面におけるコミュニケーションの例を挙げることで、オノマトペが未発達な言語であるという筆者の主張が強調されていると感じました。

三

次の文章を読んで、〔問1〕～〔問6〕に答えなさい。

※印には（注）がある。

中学校一年生の山東《さんとう》涼万《りょうま》のクラスでは、合唱コンクールに向け、指揮者の水野《みずの》早紀《さき》と伴奏者の井川《いがわ》音心《そうる》を中心に練習を行っているが、なかなかまとまらない。涼万も、困っている早紀の様子が気にはなるものの、こういった行事に積極的ではなかった。

ある日、涼万は練習中にひどくせき込み、練習の雰囲気を壊してしまったことで、ますます練習から気持ちが離れそうになっていた。しかし、放課後、早紀が音楽室で一人歌いながら指揮の練習をしているところを目撃し、翌朝の練習に参加しようと思い直す。

なんかみんな、熱いな。

俺がもっている熱の温度と、違うんだ。

行事なんかで一生懸命真面目にやるって、なんか格好良くない気がして。なんかダサいような、なんかこっぱずかしいような、実際めんどくさかったりもして。

考えごとをしていたら、となりの男子がサッと足を開いた。顔を上むしろ、オノマトペを研究する言語学者たちが指摘しているように、それぞれの言語ごとのオノマトペの構造の違いに目を向ける方が適当かもしれない。たとえば、英語のようにオノマトペが主に動詞であるような言語（"The cat ※meowed" など）よりも、日本語のようにオノマトペが主に［　　］であるような言語（「猫がニャーと鳴いた」など）の方がオノマトペに富む、といった可能性が考えられる。

この点に※鑑《かんが》みると、オノマトペは言葉未満の幼稚な代物であるという、しばしば見受けられる捉え方にも疑問符がつく。雨が降る様子だけでも「しとしと」、「ぽつぽつ」、「ぱらぱら」、「ざあざあ」といった繊細な使い分けがときに要求されるということはむしろ、オノマトペが幼稚どころかB成熟した言語表現であることを示しているように思われる。

とはいえ、他方で、育児の過程でオノマトペが実際に重宝され、多用されるということも確かである。たとえば、「ブーブーが来たね」、「ワンワンだよ」、「これをチョキチョキやって」、「これをピカピカにして」といった表現は、小さな子どもとのコミュニケーションにおいて不可欠なものだ。一～二歳児向けの絵本『もこ　もこもこ』や『じゃあじゃあびりびり』は、オノマトペだけで成り立っているが、絵との相乗効果もあって、子どもの「食いつき」が抜群によい名作だ。

また、子どもがまだ比喩を使いこなせないとき、たとえば「痛い、痛い！」と叫んでいる子の体に具体的に何が起こっているのかを探るために、私たちはしばしばオノマトペに頼って聞き出そうとする。ズキズキするのか、キリキリするのか、ジンジンくるのか、それとも、グーーーッときているのか、等々。

そしてCこれは、子どもだけの話ではない。たとえば昨年私は、生まれてはじめての※尿路結石の痛みに襲われた。はじめてだから、何が何やら分からない。とにかく猛烈に苦しく、痛い。気の利《き》いた比喩など一切思いつかない。医師に対して、「ここが、ズーンときて、ガンガンして……」と伝えるほかなかった。実際、患者の発するオノマトペは、医療現場において診断の一助として重視される要素のひとつだという。

オノマトペは、いわば言語以前の生理的な感覚と密接に結びつきながら、同時に、固有の文化的背景をもった紛れもない言葉の一種として、子どもから大人まで、全世代の生活に広く深く根を張っている。そしてときに、コミュニケーションのある種の切り札、生命線として、他に代えがたい役割を果たすこともあるのだ。

（古田《ふるた》　徹也《てつや》　著『いつもの言葉を哲学する』から……　一部省略等がある。）

（注）・ガチャガチャ＝硬貨を入れレバーを回すとおもちゃなどが入ったカプセルが出てくる装置。
・広辞苑＝市販されている国語辞典の一つ。
・バイアスのかかった＝偏った。
・meowed ＝ meow（ニャーと鳴く）の過去形。
・鑑みると＝照らして考えると。
・尿路結石＝尿が通る道に石のようなかたまりが生じる病気。

〔問1〕　本文中、A彼女は、「噛むの？」と尋ねたとありますが、彼女がなぜこのように尋ねたと筆者は考えていますか。その理由を述べた次の文の［　　］にあてはまる表現を、文中から四十字以内でそのまま抜き出し、最初と最後の五字をそれぞれ書きなさい。（句読点やその他の符号も一字に数える。）

彼女は、［　　　　］から。

〔問2〕　本文中の［1］～［5］の段落について、段落の関係の説明として最も適切なものを、次のページのア～エの中から選び、その記号を書に近い意味の故事成語として最も適切なものを、次のア～エの中から選び、その記号を書きなさい。

ア 漁夫の利　イ 推敲《すいこう》　ウ 他山の石　エ 蛇足

二 次の文章を読んで、〔問1〕～〔問6〕に答えなさい。

※印には（注）がある。

ひどく暑い夏の日曜日。ずっと家に籠もっているのもなんだから、娘と散歩に出た。アスファルトからの陽《ひ》の照り返しもきつく、道中で娘はたくさん汗をかいた。家に戻り、彼女に冷たい麦茶の入ったコップを渡して、「がぶがぶいっちゃって」と促すと、A彼女は、「噛《か》むの？」と尋ねた。

確かに言われてみれば、「がぶがぶ」というのは噛む様子も表す言葉だ。むしろ、飲み物を勢いよく飲む様子をなぜ「がぶがぶ」と表現するのか、また、そのことをなぜ自分はこれまで不自然に感じなかったのか、急に疑問に思えてきた。少なくとも娘は、「がぶがぶ」と言われて、それを麦茶を飲む行為と結びつけることができなかったのだ。

1 「さらさら」、「かさかさ」、「わんわん」、「ごくごく」といった擬音語や、「いらいら」、「ふらふら」、「まったり」、「にやり」といった擬態語の総称を、一般にオノマトペと言うが、その種類は実にさまざまだ。

2 たとえば「どんぶらこ」のように、大きな桃が川を流れる様子のみを事実上表すオノマトペもあるし、「はるばる」や「ほのぼの」などのように、オノマトペに分類すべきかどうか微妙なものもある。また、およそ一九七〇年代から日本の街中で見られるようになった「※ガチャガチャ」（あるいは「ガチャポン」等々）は、まさにこの装置を操作するときの音や効果を表している。

3 さらに、時代とともにこれまでとは異なる意味をもち始めるものもある。たとえば「さくさく」は従来、「菓子・果物・野菜などの噛みごこちや切れ方が小気味よいさま」※（広辞苑《こうじえん》第七版）を主に指す言葉だった。「さくさくした歯ごたえ」、「さくさくのパイ」といった用法である。それがいつの頃からか、「さくさく片づける」とか「さくさく進む」という風に、「物事が気持よく進行するさま」（同書）という意味をもつようにもなった。

4 他方で、「レンジでチンする」という表現は、もはや「チン」という音を発する電子レンジが希少となった現在でも、時代を超えて生き続けている。「レシチン」という短縮形の表現も広く行き渡っているほどだ。

5 ともあれ、私たちは日々、無数のオノマトペに取り囲まれ、それらを縦横に駆使しながら生活している。日中は「きびきび」動きなさいとか、「しゃきっ」としなさいなどと怒られ、「くよくよ」したり、「もやもや」したり、「うじうじ」したりするけれども、夜、帰宅して、好きな番組で「げらげら」笑い、「もふもふ」した飼い猫に癒やされ、やがて「すやすや」眠る、といった具合である。

日本語はこのようにオノマトペが多用される言語として知られているが、同様に（あるいは日本語以上に）オノマトペが豊富な言語は世界各国に存在する。英語やドイツ語などのヨーロッパ言語の一部はオノマトペが比較的少ない、ということもあってか、オノマトペは未開・未発達の地域の言語に多いという説も根強い。しかし、それこそ日本語（および、朝鮮・韓国語などの諸語）のオノマトペの多さを考えれば、これは多分に※バイアスのかかった見方だと言えるだろう。

そうとしている。

ウ　話し合いの途中で、発言しやすくなるように、指名して意見を求めている。

エ　提案された意見ごとに、効果と実現性を検討し、次の話題に進めている。

〔問3〕　田中さんは、職場体験に行った事業所にお礼の手紙を書き、封筒に入れて送ることにしました。次の文章は手紙の下書きです。これを読んで、あとの(1)～(3)に答えなさい。

拝啓　晩秋の候　皆様がたにはお元気でお過ごしのことと思います。

さて、先日の職場体験では、いろいろと教えていただきありがとうございました。A体験の中で最も印象に残っていることは、仕事に取り組まれるときの皆様は真剣な表情が印象的です。その熱心なお姿に接したことで、働くことについて深く考えるようになりました。

今回の職場体験で学んだことをレポートにまとめましたので、そのコピーを同封しています。どうぞB見てください。

これから寒さの厳しい季節となります。風邪などひかれませんように、お体を大切になさってください。

敬具

令和四年十一月四日

あさひ中学校　田中幸子

C和歌山書店　御中

(1)　文中、A体験の中で最も印象に残っていることは、仕事に取り組まれるときの皆様は真剣な表情が印象的です　とありますが、この一文には表現上の誤りがあります。適切な表現になるように、次の a 、 b にあてはまる言葉を書き、文を完成させなさい。

体験の中で最も印象に残っていることは、仕事に取り組まれるときの皆様 a 真剣な表情 b 。

(2)　文中のB見てください　を適切な敬語表現に書き直しなさい。

(3)　田中さんは、封筒の表書きを行書で書くことにしました。次の　は、文中のC和歌山書店　御中　を、その宛名として書いたものの一部です。ⓐ、ⓑの部分の特徴の組み合わせとして最も適切なものを、次のア～エの中から選び、その記号を書きなさい。

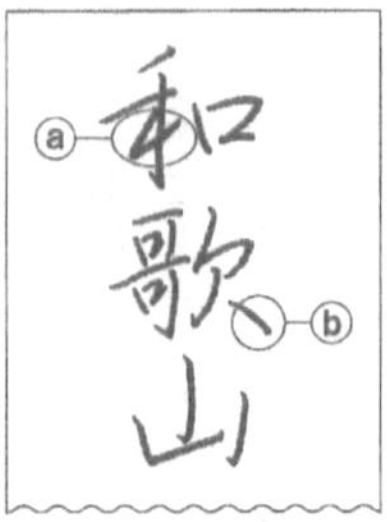

ア　ⓐ　筆順の変化　　ⓑ　点画の連続
イ　ⓐ　点画の省略　　ⓑ　点画の変化
ウ　ⓐ　点画の変化　　ⓑ　筆順の変化
エ　ⓐ　点画の連続　　ⓑ　点画の省略

〔問4〕　次の文章は、『論語』の一節を書き下し文にしたものです。これを読んで、あとの(1)、(2)に答えなさい。

子《先生》曰《いは》く、三人行けば《同じ道を行けば》、必ず我が師有り。A其《そ》の善なる者を擇《えら》び《選んで》て之《これ》に從《したが》ひ、B其の不善なる者にして之を改む。（『論語』から）

(1)　文中、A其の善なる者を擇びて　とありますが、この書き下し文の読み方になるように、「擇ビテ其ノ善ナル者ヲ」に返り点を付けなさい。

(2)　文中、B其の不善なる者にして之を改む　とありますが、これ

＜国語＞

時間　五〇分　満点　一〇〇点

一　次の〔問1〕～〔問4〕に答えなさい。

〔問1〕　次の①～⑧の文の――を付した、カタカナは漢字に直して書き、漢字は読みがなをひらがなで書きなさい。

① マフラーをアむ。
② 文化がサカえる。
③ センモン学校に進学する。
④ 道をオウフクする。
⑤ 使者を遣わす。
⑥ 工夫を凝らす。
⑦ 世界平和を祈念する。
⑧ 悠久の歴史。

〔問2〕　次の会話は、山田さんのクラスでの話し合いの一部です。これを読んで、あとの(1)、(2)に答えなさい。

司会：今から、卒業する先輩に向けた『贈る言葉』について話し合いたいと思います。まず『贈る言葉』のテーマから考えていきます。山田さんから意見をお願いします。

山田：私は、「感謝」をテーマにするのがよいと思いました。先輩方は、学校生活の多くの場面で私たちを助けてくれたからです。

司会：ありがとうございます。では、次に小林さんはどうですか。

小林：私も、山田さんと同じ意見です。体育祭のときにバトンパスのコツを教えてくれたり、□したので「感謝の気持ち」を伝えたいと思いました。

司会：なるほど。「感謝」という提案がありましたが、石川さんはいかがですか。

石川：卒業後は、楽しいことだけでなく苦しいこともあると思うので、私は、「応援の気持ち」をテーマにするのがよいと考えます。

司会：その他の意見はありませんか。（全体を見渡す）他に意見はないようですね。では、今、二つの意見が出ていますが、これらの意見について皆さんはどう考えますか。

木村：はい。どちらのテーマもよいと思うので、二つの意見を合わせた言葉にしてはどうでしょうか。

司会：他の皆さん、どうですか。

一同：（うなずく）

司会：それでは、そのテーマで『贈る言葉』を考えていきましょう。

(1)　会話文中の□には、小林さんの言葉が入ります。話の内容に合う発言として最も適切なものを、次の**ア**～**エ**の中から選び、その記号を書きなさい。

ア　テスト勉強で悩んでいるときに助けてくれたり
イ　音楽祭の歌声が大人っぽくてかっこよかったり
ウ　生徒会活動の内容を全校集会の中で発表したり
エ　校外学習では学年全員で楽しそうにしていたり

(2)　この話し合いでの司会の進め方を説明したものとして、最も適切なものを、あとの**ア**～**エ**の中から選び、その記号を書きなさい。

ア　話題がずれそうになったところで、意見を整理し、テーマの見直しをしている。
イ　あいまいな意見については、何度も質問をし、説明を引き出

MEMO

大切なことはメモしておこうネ！

2023年度

解 答 と 解 説

《2023年度の配点は解答用紙集に掲載してあります。》

＜数学解答＞

1 〔問1〕 (1) -4　(2) $\dfrac{1}{5}$　(3) $5a-2b$　(4) $-2\sqrt{3}$　(5) $2a^2-3$
〔問2〕 $(x-6)^2$　〔問3〕 9(個)　〔問4〕 (ア) 0.08　(イ) 144
〔問5〕 $y=-2x^2$　〔問6〕 $\angle x=104$(度)

2 〔問1〕 (1) E　(2) Qの体積：Rの体積＝1：26　〔問2〕 (1) 緑(色)
(2) $2n+5$(cm)　〔問3〕 $\dfrac{4}{9}$　〔問4〕 ドーナツ13個，カップケーキ5個(求める過程は解説参照)　〔問5〕 解説参照

3 〔問1〕 2　〔問2〕 $y=-x+6$　〔問3〕 $2+4\sqrt{3}$　〔問4〕 (0, -2)，(0, 8)

4 〔問1〕 $\angle$BAE＝56(度)　〔問2〕 DE＝$\sqrt{34}$(cm)　〔問3〕 解説参照
〔問4〕 $\dfrac{2}{5}$(倍)

＜数学解説＞

1 (数・式の計算，平方根，式の展開，因数分解，絶対値，資料の散らばり・代表値，関数$y=ax^2$，角度)

〔問1〕 (1) 異符号の2数の和の符号は絶対値の大きい方の符号で，絶対値は2数の絶対値の大きい方から小さい方をひいた差だから，$2-6=(+2)+(-6)=-(6-2)=-4$

(2) 四則をふくむ式の計算の順序は，乗法・除法→加法・減法となる。$\dfrac{8}{5}+\dfrac{7}{15}\times(-3)=\dfrac{8}{5}+\left(-\dfrac{7}{5}\right)=\dfrac{8}{5}-\dfrac{7}{5}=\dfrac{8-7}{5}=\dfrac{1}{5}$

(3) 分配法則を使って，$3(2a+b)=3\times 2a+3\times b=6a+3b$だから，$3(2a+b)-(a+5b)=6a+3b-a-5b=6a-a+3b-5b=5a-2b$

(4) $\dfrac{9}{\sqrt{3}}=\dfrac{9\times\sqrt{3}}{\sqrt{3}\times\sqrt{3}}=\dfrac{9\sqrt{3}}{3}=3\sqrt{3}$，$\sqrt{75}=\sqrt{3\times 5^2}=5\sqrt{3}$だから，$\dfrac{9}{\sqrt{3}}-\sqrt{75}=3\sqrt{3}-5\sqrt{3}=(3-5)\sqrt{3}=-2\sqrt{3}$

(5) 分配法則と乗法公式$(x+a)(x+b)=x^2+(a+b)x+ab$を使って，$a(a+2)+(a+1)(a-3)=a(a+2)+(a+1)\{a+(-3)\}=a\times a+a\times 2+a^2+\{1+(-3)\}a+1\times(-3)=a^2+2a+a^2-2a-3=a^2+a^2+2a-2a-3=2a^2-3$

〔問2〕 乗法公式$(a-b)^2=a^2-2ab+b^2$より，$x^2-12x+36=x^2-2\times x\times 6+6^2=(x-6)^2$

〔問3〕 数直線上で，ある数に対応する点と原点との距離を，その数の絶対値という。これより，絶対値が4以下の整数とは，原点との距離が4以下の整数であり，小さい方から-4，-3，-2，-1，0，1，2，3，4の9個ある。

〔問4〕 相対度数＝$\dfrac{\text{各階級の度数}}{\text{度数の合計}}$　度数の合計は200，40分以上50分未満の階級の度数は16だから，ア＝$\dfrac{16}{200}$＝0.08　累積度数とは，一番小さい階級から，ある階級までの度数の合計だから，イ＝$24+56+64=144$

〔問5〕 **yはxの2乗に比例する**から，$y=ax^2$と表せる。$x=3$のとき$y=-18$だから，$-18=a\times3^2=9a$　$a=-2$　よって，$y=-2x^2$

〔問6〕 弧BCに対する**中心角と円周角の関係**から，$\angle\mathrm{BOC}=2\angle\mathrm{BDC}=2\times39^\circ=78^\circ$　**中心角の大きさは弧の長さに比例する**から，$\angle x=\angle\mathrm{BOC}\times\dfrac{\overset{\frown}{\mathrm{AC}}}{\overset{\frown}{\mathrm{BC}}}=\angle\mathrm{BOC}\times\dfrac{\overset{\frown}{\mathrm{AB}}+\overset{\frown}{\mathrm{BC}}}{\overset{\frown}{\mathrm{BC}}}=78^\circ\times\dfrac{1+3}{3}=104^\circ$

2　(展開図と見取図，体積比，規則性，文字を使った式，確率，連立方程式の応用，資料の散らばり・代表値)

〔問1〕 (1)　問題図1の点E，F，G，Hは，それぞれ問題図2の頂点O，A，B，C，Dに右図のように重なる。

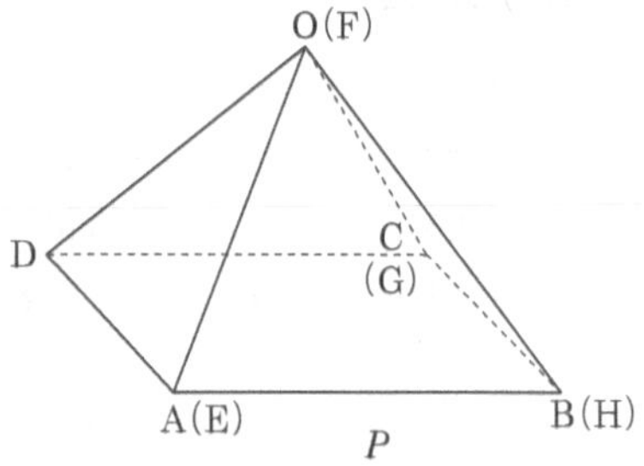

(2)　**角錐や円錐などの錐体を底面に平行な平面で切断すると，切断によってできた錐体と，もとの錐体は相似になる**から，$Q\backsim P$であり，相似比はOI：OA＝OI：(OI＋IA)＝1：(1＋2)＝1：3　**相似な立体では，体積比は相似比の3乗に等しい**から，Qの体積：Pの体積＝$1^3：3^3$＝1：27　よって，Qの体積：Rの体積＝Qの体積：(Pの体積－Qの体積)＝1：(27－1)＝1：26

〔問2〕 (1)　一番右の色紙の色は，色紙の枚数を3で割ったときの余りが1のとき緑，2のとき赤，0のとき青だから，13÷3＝4余り1より，□＝緑である。

(2)　最初，色紙を1枚並べたときの横の長さは7cmで，並べる枚数を1枚増やすごとに，横の長さは2cmずつ長くなるから，色紙を2枚並べたときの横の長さは7＋2×(2－1)＝9(cm)，3枚並べたときの横の長さは7＋2×(3－1)＝11(cm)　この規則性から，色紙をn枚並べたときの横の長さは7＋2×(n－1)＝2n＋5(cm)である。

〔問3〕 2つのさいころを同時に投げるとき，全ての目の出方は6×6＝36(通り)。このうち，出る目の数の積が12の約数，即ち，1，2，3，4，6，12のいずれかになるのは，2つのさいころの出た目の数を(a，b)としたとき，(a，b)＝(1，1)，(1，2)，(1，3)，(1，4)，(1，6)，(2，1)，(2，2)，(2，3)，(2，6)，(3，1)，(3，2)，(3，4)，(4，1)，(4，3)，(6，1)，(6，2)の16通り。よって，求める確率は$\dfrac{16}{36}=\dfrac{4}{9}$

〔問4〕 (求める過程)　(例)ドーナツをx個，カップケーキをy個つくったとすると，

$\begin{cases}x+y=18\\25x+15y=400\end{cases}$　これを解いて，$x=13$，$y=5$　よって，ドーナツ13個，カップケーキ5個

〔問5〕 (理由)　(例)15人の記録の**中央値**は大きいほうから8番目の生徒の記録である。また，**箱ひげ図**より中央値は25mである。よって，太郎さんの記録は中央値より小さいから上位8番以内に入ることはない。

3　(図形と関数・グラフ)

〔問1〕 **一次関数$y=ax+b$では，変化の割合は一定で，aに等しい**から，**(変化の割合)＝$\dfrac{y\text{の増加量}}{x\text{の増加量}}$**＝$a$より，**($y$の増加量)＝$a$×($x$の増加量)**が成り立つ。よって，関数$y=\dfrac{1}{2}x+3$について，$x$の増加量が4のとき，$y$の増加量は$\dfrac{1}{2}\times4=2$である。

〔問2〕 2点A(2，4)，P(6，0)を通る直線の式は，傾きが$\dfrac{0-4}{6-2}=-1$なので，$y=-x+b$とおいて点Pの座標を代入すると，$0=-6+b$　$b=6$　よって，直線APの式は$y=-x+6$

〔問3〕 点Aからx軸へ垂線AHを引くと，∠APO＝30°より，△APHは**30°，60°，90°の直角三角形**

で，3辺の比は2：1：$\sqrt{3}$　よって，PH＝$\sqrt{3}$ AH＝$4\sqrt{3}$　点Pのx座標はOH＋PH＝$2+4\sqrt{3}$である。

〔問4〕 ①のグラフ$y=\frac{1}{2}x+3$の切片が3より，B(0, 3)　点P(4, 0)を通り，①のグラフと平行な直線をℓとし，直線ℓとy軸との交点をQ_1とすると，**平行線と面積の関係**より，△ABP＝△ABQ_1が成り立ち，点Q_1は問題の条件を満足する。直線ℓの式を$y=\frac{1}{2}x+c$とおいて点Pの座標を代入すると，$0=\frac{1}{2}\times4+c$　$c=-2$　よって，直線ℓの式は$y=\frac{1}{2}x-2$だから，$Q_1(0,\ -2)$　また，y軸上の点Bより上に，BQ_1＝BQ_2となる点Q_2をとると，△ABQ_1＝△ABQ_2が成り立ち，点Q_2は問題の条件を満足する。点Q_2のy座標は，(点Bのy座標)＋BQ_1＝$3+\{3-(-2)\}=8$だから，$Q_2(0,\ 8)$　以上より，△ABP＝△ABQとなる点Qの座標は(0, −2)，(0, 8)の2つである。

4　**(角度，線分の長さ，図形の証明，面積比)**

〔問1〕 AB//DCで，**平行線の同位角は等しい**から，∠ABE＝(∠BCDの外角)＝180°−118°＝62°　△ABEがAB＝AEの二等辺三角形であることと，△ABEの内角の和は180°であることから，∠BAE＝180°−2∠ABE＝180°−2×62°＝56°

〔問2〕 AD//BCで，**平行線の錯角は等しい**から，∠DAE＝∠AEB＝90°　△ADEに**三平方の定理**を用いて，DE＝$\sqrt{AD^2+AE^2}=\sqrt{BC^2+AE^2}=\sqrt{5^2+3^2}=\sqrt{34}$(cm)

〔問3〕 (証明) (例)△OBEと△ODFで，Oは平行四辺形の対角線の交点だから，OB＝OD…①　BE//FDから，錯角は等しいので，∠OBE＝∠ODF…②　また，**対頂角は等しい**ので，∠BOE＝∠DOF…③　①，②，③から，1組の辺とその両端の角がそれぞれ等しいので，△OBE≡△ODF　よって，OE＝OF…④　①，④から，四角形BEDFの対角線がそれぞれの中点で交わるので，四角形BEDFは平行四辺形である。

〔問4〕 平行四辺形ABCDの底辺をBCとしたときの高さを$h$cmとすると，(平行四辺形ABCDの面積)＝BC×h＝(BE＋EC)×h＝(3＋2)×h＝$5h$(cm^2)　AH//BEより，**平行線と線分の比についての定理**を用いると，AH：BE＝GA：GB＝GA：(GA＋AB)＝2：(2＋4)＝1：3　AH＝$\frac{1}{3}$BE＝$\frac{1}{3}\times3=1$(cm)　(台形ABEHの面積)＝$\frac{1}{2}$×(AH＋BE)×h＝$\frac{1}{2}\times(1+3)\times h=2h$(cm^2)　以上より，台形ABEHの面積は，平行四辺形ABCDの面積の$2h\div5h=\frac{2}{5}$(倍)である。

＜英語解答＞

1　〔問1〕 No. 1　D　No. 2　A　No. 3　C　〔問2〕 No. 1　C　No. 2　B
〔問3〕 No. 1　D　No. 2　A　No. 3　C　No. 4　B　No. 5　D

2　〔問1〕 (1)　ア　(2)　ウ　〔問2〕 A　ア　B　エ　C　イ　D　ウ
〔問3〕 (1)　エ　(2)　(例)What would you do

3　〔問1〕 ウ　〔問2〕 November　〔問3〕 (例)(1)　Because she can speak English better than before.　(2)　They need a computer.
〔問4〕 (例)世界には，学校で勉強できない子どもが多くいること。　〔問5〕 ア

4　(例) I liked our English classes in junior high school. I enjoyed speaking English in many activities and games. I was very happy because our teacher often gave me some good advice.

5 〔問1〕 A ウ　B イ　〔問2〕 ⓐ I began to learn about　ⓒ make the world more peaceful　〔問3〕 (例)多くの外国の高校生たちと平和について話し合い，お互いの考えを共有したこと。　〔問4〕 (例)(1) There are seven members in her family.　(2) They have peace events at their school festivals.
〔問5〕 エ→ウ→ア→イ　〔問6〕 (例)フォーラムに参加したり，平和のためのグループを作ったりすること。

＜英語解説＞

1 (リスニング)

放送台本の和訳は，51ページに掲載。

2 (長文読解問題・エッセイ：語句補充・選択，図を用いた問題，文の挿入，自由・条件英作文)

(全訳) 今日は，宇宙の惑星についてお話ししたいと思います。僕は惑星が大好きです。去年，私の父が美しい写真が載っている惑星についての本を僕にくれました。それはすばらしかったです。その本は僕を幸せな気持ちにしてくれました。その時から，僕は惑星に興味をもっています。

僕は化学の先生であるスズキ先生と話をした時，彼女は言いました，「宇宙にはたくさんの惑星があります。そしてそれらは独自の特徴をもっています。金星は知っていますか？　金星は地球より小さい美しい惑星です。」僕はいくつかの惑星の名前は知っていましたが，それらについて詳しくは知りませんでした。そこで僕は惑星についてもっと知りたいと思いました。

先週末，僕は太陽に近い4つの惑星について調べました。それらは水星，金星，地球，そして火星です。僕は本とウェブサイトでそれらについてのデータを手に入れました。僕はそのデータを共有したいと思い，図を作りました。これらの図を見てください。図1は4つの惑星の太陽からの順番を示しています。図2はそれらの大きさの順番を示しています。これらの図から，水星が太陽に一番近く，それは4つの惑星の中で最も小さいということが分かります。太陽から，火星は地球よりも離れています。

これらの4つの惑星の中で，僕は最も大きな惑星は火星だと思っていました,なぜならそれは太陽から最も離れているからです。しかしそれは正しくありませんでした。火星は4つの惑星の中で2番目に小さいのです。僕はこれらの図を作ることによって新しいことを学びました。僕は惑星について学ぶことが大好きです，なぜなら知らないことがたくさんあるからです。将来，僕はそれらについて学び続けるつもりです。

図

図1 【4つの惑星の太陽からの順番】
太陽により近い　水星→金星→地球→火星　太陽からより遠い

図2 【4つの惑星の大きさ】
より小さい　A→B→C→D　より大きい

〔問1〕 (1) 武志は惑星に興味をもっている，なぜなら(ア 彼の父が彼にくれた本が素晴らしかったからだ)。第1段落の内容に注目。　(2) 武志は(ウ 惑星が大好きで将来惑星について学びたいと思っている)。第1段落2文目，及び第4段落最後の文に注目。

〔問2〕 全訳参照。　A 水星　第3段落最後から2文目参照。　B 火星　第4段落3文目参照。　C 金星　第2段落スズキ先生の発話を参照。　D 地球　第2段落スズキ先生の発話を参照。

〔問3〕（問題文訳）　ジェシー：惑星についてのあなたのスピーチは興味深かったです。／武志：わあ，本当ですか？　ありがとうございます。／ジェシー：あなたのスピーチを聞くことから，あなたが惑星について学ぶことがとても好きだということがわかりますよ。だから①私はあなたに将来宇宙科学者になってほしいと思います。／武志：ええ，実は，それが僕の将来の夢のうちのひとつなのです。／ジェシー：まあ！　それはワクワクします。あなたならできますよ！　将来火星などの惑星に行けるといいですね。／武志：そう願っています。／ジェシー：もし明日火星に行けるとしたら，②何がしたいですか？／武志：もし明日そこへ行けたら，そこから地球を見てみたいです。／ジェシー：それはいいですね！　(1)　空所①直後の武志の発言に注目。「それが僕の将来の夢のうちのひとつなのです」と言っている。　(2)　問題文訳参照。　**「もし(今)〜ならば，…だろうに」は<If ＋主語＋過去形〜，主語＋助動詞の過去形＋動詞の原形…>の形で表現できる。現在の事実とは違うこと，起こりえないことを表す。(仮定法過去)**　直後の武志の発言がヒントになる。

3　(会話文問題：語句補充・選択，英問英答，語句の解釈・指示語，内容真偽)

（全訳）ケリー：こんにちは，アヤ。

彩　　：こんにちは，ケリー。この紙を見て。これは私が参加しているオンラインスタディプログラムについてのものよ。

ケリー：おもしろいわね！　あなたはバスケットボールが大好きだからスポーツを選んだんじゃないかと思うわ。

彩　　：うーん，違うわ。11月の日曜日にバスケットボール部の大きな行事があったの。だから私はスポーツを選ばなかったのよ。

ケリー：そうなのね。

彩　　：私は科学と言語はもう受け終わったわ。明日は，A子どもの最後の授業を受けるつもりなの。

ケリー：まあ，オンラインスタディプログラムはどう？

彩　　：はじめは，英語を話すのが難しかったわ。だから毎日授業後に一生懸命英語を話す練習をしたの。今では前よりも上手に英語を話すことができて嬉しいわ。

ケリー：まあ，それはすごいわ！　あなたにとっていちばん興味があるテーマはどれ？

彩　　：実は，子ども(の授業)なの。

ケリー：それについてもっと教えて。

彩　　：世界には，学校で勉強することができない子どもたちがたくさんいるの。私はそれを知って驚いたわ。そのような子どもたちを支援する活動があることも学んだのよ。私はその活動についてもっとよく知ってそれに参加したいと思っているの。明日の授業では頑張るつもりよ。

ケリー：それはすばらしいわ！

オンラインスタディプログラム

あなたは英語で勉強したいですか？　3つのテーマを選ぶことができます。

授業では英語だけを話さなければいけません。

テーマ	内容	スケジュール
科学	他の惑星に住むということ	5月の毎週日曜日
健康	自然環境と私たちの健康	6月の毎週土曜日

スポーツ	世界のスポーツ	B11月の毎週日曜日
言語	言語学習	12月の毎週日曜日
子ども	子どもたちを支援する活動	2月の毎週土曜日
音楽	音楽のちから	3月の毎週日曜日

・コンピューターが必要です。
・自宅で授業を受けることになります。

〔問1〕 全訳参照。彩の6番目の発言に注目。子どもについての授業を明日受けると言っている。

〔問2〕 全訳参照。彩の2番目の発言に注目。11月にはバスケットボール部の行事があったのでスポーツの授業は選択しなかったと言っている。

〔問3〕（問題文・解答例訳） (1) なぜ彩は嬉しいのですか？／なぜなら彼女は以前よりも上手に英語を話すことができるからです。 彩の4番目の発言参照。 (2) 高校生はオンラインスタディプログラムのために何が必要ですか？／彼らはコンピューターが必要です。 案内の紙の注意書きを参照。product ＝製品

〔問4〕 全訳参照。that の具体的な内容は，彩の6番目発言1文目の内容を指す。

〔問5〕 全訳参照。 ア 彩は子どもたちを支援する活動に参加したいと思っている。(○) 彩の6番目の発言3・4文目参照。 イ 彩はケリーとバスケットボール部の大きなイベントをやりたいと思っている。 ウ 彩はオンラインスタディプログラムのすべての授業をすでに終えている。 エ 彩は以前に子どもたちを支援する活動に参加したことがある。

4 (自由・条件英作文)

(解答例訳) (こんにちは。私は中学校生活の思い出についてお話しします。)私は中学校の英語の授業が好きでした。たくさんの活動やゲームの中で楽しんで英語を話しました。私たちの英語の先生がたびたび良いアドバイスをくださったのでとても嬉しかったです。(ありがとうございました。)

5 (長文読解問題・エッセイ：文の挿入，語句の並べ換え，語句の解釈・指示語，英問英答，日本語で答える問題，文の並べ換え)

(全訳) 今日は，私の夢についてお話したいと思います。でも，私の夢が何かをお話する前に，A私の家族についてお話させてください。私の家族は7人です。7人の中でいちばん年長の家族は私の祖父母の父(曾祖父)です。彼は今98歳です。彼は若い頃，第二次世界大戦の間，2年間外国の戦場にいました。数か月前，曾祖父と私は外国の戦争についてのテレビニュースを見ていました。すると彼は私に第二次世界大戦での彼自身の悲しい経験を教えてくれました。彼はまた私にこう言いました，「戦争はたくさんの人々に悲しい思いをさせるのだよ。彼らの気持ちを想像してみてほしい。それはみんなにできることだよ。」

ⓐ曾祖父と話をした後，私は世界の戦争について学び始めました。私は世界平和に関するたくさんのウェブサイトを訪問しました。また，戦争についての多くの新聞記事も読みました。戦争のせいで悲しい思いをしているとても多くの人たちがいることを知り驚きました。そして戦争についてもっと考えるべきだということに気づきました。Bこれは私の曽祖父からの大切なメッセージです。

また，世界の平和を支援するためのオンラインで行われるたくさんの種類の活動があることも知りました。そのうちのいくつかは高校生でも参加することができます。実際，私は先週平和のため

のオンライン国際フォーラムに参加しました。たくさんの外国の高校生がそれに参加しました。私たちは平和について話し合い，考えを共有しました。フォーラムの後，私は曾祖父にそのフォーラムでしたⓑ良い経験について話しました。彼はとても嬉しそうでした。

ⓒ皆さん，今，私の夢は世界をもっと平和にすることです。世界平和のために高校生が何かをするのはとても難しいと考える人もいるかもしれません。でもそうではありません。フォーラムの後，私はそのフォーラムに参加した高校生からたくさんのメールを受け取りました。メールの中で，高校に平和のためのグループがあると言っている生徒たちがいました。そのグループのメンバーは，メッセージや歌を作るといった平和のための活動を起こすために共に活動しています。学園祭で平和のイベントを行うグループもあります。かっこいいです！高校生でも世界平和のためにたくさんのことができるのです。

フォーラムに参加したことは私の夢に到達するための最初の行動にすぎません。私の次の行動は私たちの学校に平和のためのグループを作ることです。ⓓそれらの行動は小さいかもしれませんが，たくさんの人たちがやってみれば，小さな行動が世界をより良くすると信じています。一緒に活動しませんか？

〔問1〕　全訳参照。　A　[A]直後の内容に注目。奈菜の家族，曾祖父について話をしている。
B　[B]直前の内容，及び第1段落最後の一文，奈菜の曽祖父の言葉に注目。

〔問2〕　ⓐ　(After talking with my grand-grandfather,)I began to learn about (wars in the world.)　begin to ～＝～し始める　ⓒ　(Now my friends, my dream is to)make the world more peaceful(.)　**<make A B>**＝AをBにする

〔問3〕　全訳参照。　第3段落の下線部ⓑ直前までの内容に注目。奈菜がオンラインで行われるフォーラムに参加したことが書かれている。

〔問4〕　全訳参照。（1）　奈菜の家族は何人ですか？／彼女は7人家族です。　第1段落3文目参照。（2）　生徒たちのいくつかのグループは学園祭で何をしますか？／彼らは学園祭で平和についてのイベントを行います。　第4段落最後から3文目参照。

〔問5〕（選択肢訳・正解順）　エ　彼女は曾祖父と一緒に戦争についてのテレビニュースを見た　第1段落7文目　→ウ　彼女は，戦争のせいでとてもたくさんの人たちが悲しい思いをしていることを知り驚いた。　第2段落4文目　→ア　彼女はオンラインで行われる平和についての国際的なフォーラムに参加した。　第3段落3文目　→イ　彼女は高校生から平和活動についてメールを受け取った。第4段落4文目

〔問6〕　全訳参照。　第5段落1・2文目に注目。

2023年度英語　リスニングテスト

〔放送台本〕

これから英語の学力検査を行います。[1]番はリスニング問題で，〔問1〕，〔問2〕，〔問3〕の3つがあります。放送を聞きながら，メモをとってもかまいません。

〔問1〕は，対話の内容に合った絵を選ぶ問題です。はじめに，No. 1から No. 3の絵を見なさい。これから，No. 1から No. 3の順に，それぞれ対話を1回放送します。No. 1から No. 3の対話の内容に最も合う絵を，AからDの中から1つずつ選び，その記号を書きなさい。放送は一度しか流れません。注意して聞いてください。それでは始めます。

No. 1　男の子：Mom, I'm looking for my watch.
　　　母親：　It's by the dictionary on your desk.
No.2　女の子：Are you free on July fifth ?
　　　男の子：Yes.
　　　女の子：Look. On that day, the bookstore will have this event.
　　　男の子：That's nice. Let's go together.
No.3　店員：　Hello. Can I help you?
　　　女の子：Yes. I want a hamburger and two hot dogs.
　　　店員：　Sure. Do you want anything to drink?
　　　女の子：No, thank you.

これで，〔問1〕を終わります。

〔英文の訳〕

No. 1　男の子：ママ，時計を探しているの。
　　　母親　：あなたの机の上の辞書のそばにあるわよ。
No. 2　女の子：7月5日は空いている？
　　　男の子：うん。
　　　女の子：見て。その日に，本屋さんがこのイベントをやるのよ。
　　　男の子：いいね。一緒に行こう。
No. 3　店員　：こんにちは。お伺いいたしましょうか？
　　　女の子：はい。ハンバーガーを1つとホットドッグを2つください。
　　　店員　：かしこまりました。何かお飲み物はいかがでしょうか？
　　　女の子：いいえ，結構です。

〔放送台本〕

〔問2〕は，英文を聞いて，答える問題です。まず，No. 1，No. 2の問題を読みなさい。これから，No. 1，No. 2の順に，それぞれ質問と英文を放送します。質問に対する答えとして最も適切なものを，AからDの中から1つずつ選び，その記号を書きなさい。英文は2回放送します。それでは始めます。

No. 1　中学生の和也が，英語の授業で自分の趣味についてスピーチをします。スピーチの内容に合うものはどれですか。

I like listening to music. I've been interested in Japanese pop music since I was seven years old. Last week, my father gave me a CD and I listened to it. It was my first CD of English songs. It was fun to listen to the songs. I was very happy because I could understand some of the words in the songs. I want to listen to other English songs, too.

No.2　カナダでホームステイ中のあなたが，観光案内所で博物館への移動手段をたずねたところ，4つの方法が提示されました。次の2つの条件を満たす移動手段はどれですか。

If you pay ten dollars, you can use a bike until tomorrow. And you can get to the museum in twenty minutes. Trains are faster than bikes. And you need to pay four dollars. If you take a bus, you can get there in twenty-five minutes. And you need to pay three dollars. If you take a taxi, you can get there in ten minutes. But you have to pay more than twelve dollars.

これで，〔問2〕を終わります。

〔英文の訳〕

No. 1　僕は音楽を聴くことが好きです。7歳のころから日本のポップミュージックに興味をもっています。先週，父が私にCDをくれたので聴きました。それは私にとって初めての英語の歌のCDでした。その歌を聴くのは楽しかったです。歌の中のいくつかの単語を理解することができてとても嬉しかったです。他の英語の歌も聴きたいです。

答え：C　和也は先週英語の歌を聴いて楽しみました。

No. 2　10ドルを支払えば，明日まで自転車を使うことができます。そうすれば美術館へ20分以内で行くことができます。電車は自転車よりも速いです。そして，4ドル払う必要があります。バスに乗る場合は，そこへ25分以内で行くことができます。3ドル払う必要があります。タクシーに乗るなら，10分以内でそこへ行くことができます。でもそれには12ドル以上支払う必要があります。

答え：B　電車

〔放送台本〕

〔問3〕は，英語のスピーチを聞いて，答える問題です。まず，〔問3〕の問題を読みなさい。これから，高校生の健が英語の時間に行ったスピーチと，その内容について5つの質問を2回放送します。No.1からNo. 5の英文が質問の答えとなるように，空欄に入る最も適切なものを，AからDの中から1つずつ選び，その記号を書きなさい。それでは始めます。

Today, I will talk about my grandmother's cake shop. She started the shop about forty years ago. It is small and old. She works alone in the shop, so she can't make many kinds of cakes. But her cakes are delicious and I wanted to learn how to make them. So, I helped her in her shop last summer. I was surprised because so many customers came to the shop.

One day, I met a woman. Her name was Meg. She came to the shop to buy her son's birthday cake. She told me that she bought a birthday cake for him in my grandmother's shop every year. I was glad to hear that everyone in her family likes my grandmother's cakes.

Now, I usually go to her shop after school. When I see the happy faces of my grandmother and her customers, I also feel happy. I love her shop. I want to make the shop more popular.

Question No. 1: When did Ken's grandmother start her shop?

Question No. 2: Why was Ken surprised last summer?

Question No. 3: Who was Meg?

Question No. 4: When does Ken usually go to his grandmother's shop?

Question No. 5: What does Ken want to do?

〔英文の訳〕

今日は，僕の祖母のケーキ店についてお話します。彼女は約40年前にその店を始めました。それは小さくて古いです。彼女はその店で1人で働いているので，たくさんの種類のケーキは作ることができません。でも彼女のケーキは美味しいので，僕は作り方を学びたいと思っていました。そこで，この前の夏，僕は彼女の店で手伝いをしました。店にとてもたくさんの人たちが来たので驚きました。

ある日，1人の女性に会いました。彼女の名前はメグでした。彼女は彼女の息子の誕生日ケーキを買いに店に来ました。彼女は僕に，毎年彼のために誕生日ケーキを祖母の店で買っていると言いました。僕は，彼女の家族がみんな祖母のケーキが好きだということを聞いて嬉しかったです。

今では，僕は放課後たいてい彼女の店に行きます。祖母とお客さんの幸せそうな顔を見ると，僕も嬉しく感じます。僕は彼女の店が大好きです。僕は店をもっと人気店にしたいと思っています。

質問No. 1　健の祖母はいつ店を始めましたか？
答え　　　D　彼女は店を約40年前に始めました。
質問No. 2　この前の夏，健はなぜ驚いたのですか？
答え　　　A　彼が驚いたのは，とてもたくさんのお客さんが祖母の店に来たからです。
質問No. 3　メグとは誰ですか？
答え　　　C　彼女は健の祖母の店のお客さんです。
質問No. 4　健は普段いつ祖母の店に行きますか？
答え　　　B　彼はたいてい放課後に彼女の店に行きます。
質問No. 5　健は何をしたいと思っていますか？
答え　　　D　彼は祖母の店をもっと人気店にしたいと思っています。

<理科解答>

1　〔問1〕（1）質量保存(の法則)　（2）イ　〔問2〕（1）ア，ウ　（2）組織
（3）弾性の力[弾性力]　（4）ニュートン
〔問3〕（1）チャート　（2）ア

2　〔問1〕（1）ウ　（2）(めしべ)→おしべ→花弁→がく
（3）離弁花類　（4）胚珠　〔問2〕（1）右図1
（2）顕性(形質)[優性(形質)]　（3）イ
（4）(減数分裂によって,)(例)対になっている遺伝子が分かれて別々の生殖細胞に入るという法則。

図1

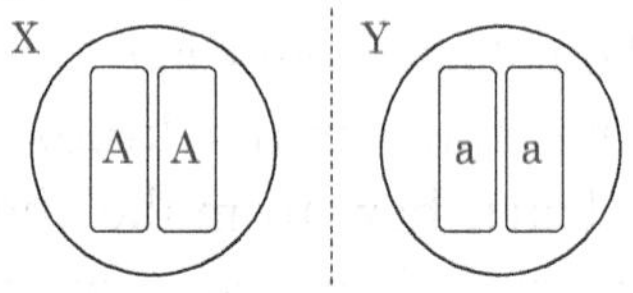

3　〔問1〕恒星　〔問2〕(例)地球の影に入る　〔問3〕エ　〔問4〕水星，金星
〔問5〕液体の水[水]　〔問6〕エ　〔問7〕イ

4　〔問1〕エ　〔問2〕（1）(例)気体であること。　（2）ア
〔問3〕ウ　〔問4〕イオンが(ほとんど)存在しないから。
〔問5〕X…$BaSO_4$　Y…H_2O　〔問6〕0.5(g)

5　〔問1〕（1）オーム(の法則)　（2）0.8(A)　（3）右図2
（4）ウ　〔問2〕（1）0.5(A)　（2）900(J)　（3）ア

図2

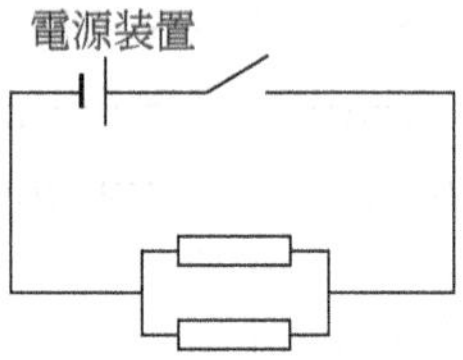

<理科解説>

1　(総合問題)

〔問1〕（1）**質量保存の法則**とは，化学変化の前後で，物質全体の質量は変化しないことを表している。（2）海水は混合物，二酸化炭素と硫化鉄は化合物である。

〔問2〕（1）細胞壁，葉緑体は，植物の細胞に特有のつくりである。（2）同じ種類の細胞が集まったものを組織といい，からだの各器官は，さまざまな組織が集まってつくられる。（3）変形した物体がもとにもどろうとするときに生じる力を，弾性の力という。（4）Nは力の大きさの単位で，ニュートンと読む。

〔問3〕（1）生物の遺骸によってできる岩石には，石灰岩とチャートがある。このうち，チャー

トの主成分は二酸化ケイ素であり，非常にかたく，うすい塩酸をかけてもとけない。　(2)　アンモナイトは，中生代を代表する示準化石である。

2　(花のつくり，遺伝)

〔問1〕　(1)　ルーペは目に近づけて持つ。手に持ったものをルーペで観察するときは，手に持ったものを動かして見やすい位置を探す。　(2)　めしべのまわりにおしべがあり，おしべをとり囲むように花弁がある。がくは，花弁の外側に，花を支えるようについている。　(3)　双子葉類のうち，花弁が1枚ずつ離れてついている花をさかせる植物のなかまを離弁花類という。　(4)　受粉後種子になるつくりを**胚珠**といい，被子植物では子房の中に見られる。

〔問2〕　(1)　純系の個体は，同じ遺伝子を対でもっている。よって，丸い種子をつくる純系の親XはAAの組み合わせで遺伝子をもち，しわのある種子をつくる純系の親Yは，aaの組み合わせで遺伝子をもつ。　(2)　対立形質の純系をかけ合わせたとき，子には顕性形質が現れる。

(3)　子Zの種子が持つ遺伝子の組み合わせはAaなので，この自家受粉によって得られる個体の遺伝子の組み合わせとその割合は，**AA：Aa：aa＝1：2：1**となる。よって，1000個のうち，しわのある種子の遺伝子の組み合わせ(aa)をもつものは，$1000〔個〕\times\frac{1}{1+2+1}=250〔個〕$

(4)　分離の法則とは，生殖細胞がつくられるとき，もとの細胞の中にある一対の遺伝子が分かれて，別々の生殖細胞に入っていくことを表している。

3　(天体)

〔問1〕　自ら光り輝く天体を，恒星という。

〔問2〕　**太陽－地球－月**の順に一直線上に並ぶと，月は地球の影に入って観察することができなくなる。この現象を月食という。

〔問3〕　月の動きは太陽の動きに似ており，東からのぼって南の高いところを通り，西に沈む。

〔問4〕　明け方か夕方だけ観察できる(真夜中に見ることができない)惑星は，**地球の公転軌道よりも内側を公転**している天体である。よって，水星と金星である。

〔問5〕　地球の表面の約70％が水におおわれていると言われている。

〔問6〕　金星は，地球から離れるほど丸く見えるようになる。満月のような形に見える金星は，地球から見て太陽の向こうにあるため，観察できない。

〔問7〕　図1では地球から見て，火星が金星よりも高い位置に見えることに着目する。ア，エでは火星は明け方に見えない。ウは金星よりも低い位置に火星が見える。

4　(水溶液，イオン)

〔問1〕　こまごめピペットを持つときは，ピペットを握りこみ，ゴム球を親指とその他の指で押さえるようにして持つ。

〔問2〕　(1)　水溶液を乾燥させたときに何も残らないのは，水溶液の溶質が気体だからである。

(2)　Dは，フェノールフタレイン溶液が赤色に変化するので，アルカリ性のアンモニア水，よってAはうすい塩酸，Bは結晶のようすから塩化ナトリウム水溶液，残りのCが砂糖水である。

〔問3〕　BTB溶液が青色を示していることから，アルカリ性である。

〔問4〕・〔問5〕　この変化は，硫酸＋水酸化バリウム→硫酸バリウム＋水($H_2SO_4+Ba(OH)_2 \rightarrow BaSO_4+2H_2O$)の反応となる。この反応で生じる塩の硫酸バリウムは水に溶けにくい物質であることから，硫酸を$16cm^3$加えたとき，水溶液は中性となり，イオンは存在していない。よって，電流が流れない。

〔問6〕 完全に中和したのは硫酸を16cm^3加えたときで，このときに生じる沈殿物(硫酸バリウム)の質量が最大となる。よって，硫酸を20cm^3加えたときと16cm^3加えたときでは沈殿物の質量は等しい。このことから，硫酸を10cm^3加えたときに生じる沈殿物の質量をxgとすると，16：0.8＝10：x，x＝0.5〔g〕

5 (電流とそのはたらき)

〔問1〕 (1) 電流と電圧が比例する関係を，オームの法則という。 (2) 5Ωの抵抗が2つ直列につないであることから，この回路の全抵抗は，5＋5＝10〔Ω〕である。よって，c点に流れる電流は，8〔V〕÷10〔Ω〕＝0.8〔A〕 (3) 2つの抵抗器の並列回路を作図する。 (4) 並列回路なので，回路全体を流れる電流の大きさは，各抵抗を流れる電流の和に等しい。

〔問2〕 (1) **電力〔W〕＝電流〔A〕×電圧〔V〕**より，6Vの電圧を加えたときに3Wの電力を消費する電熱線xに流れる電流は，3〔W〕÷6〔V〕＝0.5〔A〕 (2) **発熱量〔J〕＝電力〔W〕×時間〔s〕**より，3〔W〕×(60×5)〔s〕＝900〔J〕 (3) 2本の電熱線は並列つなぎになっていることから，同じはたらきをする電熱線が2本に増えるので(ii)のときの結果の2倍の温度上昇となる。

＜社会解答＞

1 問1 大西洋 問2 (1) (例)ボゴタはマナオスより標高が高いところに位置するから。 (2) ウ 問3 東南アジア諸国連合[ASEAN] 問4 A ア B ウ C イ 問5 モノカルチャー経済

2 問1 イ 問2 A ウ B ア C イ 問3 三角州[デルタ] 問4 エ 問5 カルデラ 問6 (特徴) (例)臨海部に立地している。 (理由) (例)原油の輸入に便利だから。

3 問1 白河(天皇) 問2 (1) 正倉院[正倉院正倉] (2) ア 問3 イ 問4 永仁の徳政令[徳政令] 問5 (例)ものさしやますの基準を統一したこと。 問6 エ 問7 (例)物価の上昇をおさえるため，営業を独占していた株仲間を解散させた。 問8 ウ

4 問1 ウ→ア→イ 問2 与謝野晶子 問3 ア 問4 (国名) ソビエト社会主義共和国連邦[ソ連，ソビエト] (政策) ウ 問5 (例)政府が地主から農地を買い上げ，小作人に安く売りわたした。

5 問1 裁判員制度 問2 エ 問3 (例)選挙区によって有権者の数に差があるので，一票の格差が生じること。 問4 A 30 B 25 問5 イ 問6 製造物責任法[PL法]

6 問1 国債[公債] 問2 労働組合 問3 民主主義の学校 問4 (例)銀行は，家計などに支払う利子よりも，企業などから受け取る利子を高くすることで利益をあげている。 問5 (1) ア (2) イ

＜社会解説＞

1 (地理的分野—世界—人々のくらし・宗教，地形・気候，人口・都市)

問1 大西洋は，三大洋のうち2番目に大きな大洋。

問2 (1) ボゴタが位置する南アメリカ大陸西部には**アンデス山脈**が位置するため，標高が高く

なる。　(2)　経度差**15度**で1時間の時差が生じるため，14時間の時差が生じるには15×14＝210(度)の経度差が必要になる。キトは本初子午線より西に位置するため，西経(210－135)度となる。

問3　**ASEAN**は，東南アジア10か国が政治・経済面で協力し合うために結成された。

問4　世界の人口に対する割合が最も高い[A]がアジア，人口爆発による人口増加がみられるアフリカが[B]，残った[C]がヨーロッパと判断する。

問5　アフリカ州ではケニアの**茶**，コートジボワールやガーナの**カカオ豆**などの商品作物の栽培がさかん。

[2]　(地理的分野―日本―日本の国土・地形・気候，人口・都市，農林水産業，工業)

問1　北西からの季節風は**日本海側**の地域に積雪をもたらすため，関東山地などを越えた太平洋側の地域では乾燥した風となる。

問2　他県からの通勤・通学で昼間人口が多くなる[A]が東京都。東京都に隣接し，昼間人口が少なくなる[C]が埼玉県，残った[B]が群馬県と判断する。

問3　問題文中の「河口付近」から判断する。**扇状地**は，川が山地から平地へ出るところに土砂が堆積してできる。

問4　**畜産**の産出額が最も大きいことから判断する。鹿児島県・宮崎県は畜産がさかん。アが北海道地方，イが関東地方，ウが東北地方。

問5　熊本県の**阿蘇山**は，世界最大級の**カルデラ**をもつ。

問6　図3中の石油化学コンビナート所在地は，全て海沿いに位置することが読み取れる。表2から，原油のほとんどを輸入に頼っていることが読み取れる。

[3]　(歴史的分野―日本史―時代別―古墳時代から平安時代，鎌倉・室町時代，安土桃山・江戸時代，日本史―テーマ別―政治・法律，文化・宗教・教育，外交)

問1　Bのカードのタイトル「**院政の始まり**」などから判断する。

問2　(1)　正倉院には，**シルクロード**を通じて伝わった西方の宝物も納められている。**聖武天皇**の頃の文化を，**天平文化**という。　(2)　唐から来日した**鑑真**によって唐招提寺が建てられた。イが飛鳥時代，ウが戦国時代，エが鎌倉時代のできごと。

問3　大都は，**フビライ・ハン**が国号を定めた元の首都。

問4　鎌倉幕府は元寇後，困窮した御家人を救うために**徳政令**を出したが，かえって混乱を招いて幕府の滅亡を早める結果となった。

問5　**豊臣秀吉**は，全国のますやものさしを統一することで，決まった量の年貢を確実に集めようとした。

問6　**松平定信**は**寛政の改革**を行った。アは井伊直弼，イは水野忠邦，ウは徳川吉宗が行った政策。

問7　**水野忠邦**は**天保の改革**のなかで，江戸・大阪周辺を幕領にしようとしたが，失敗した。なお，株仲間の結成を奨励したのは**田沼意次**。

問8　琉球王国の成立は室町幕府3代将軍**足利義満**の頃。Cのカードが鎌倉時代，Dが安土桃山時代のできごと。

[4]　(歴史的分野―日本史―時代別―明治時代から現代，日本史―テーマ別―政治・法律，世界史―政治・社会・経済史)

問1　アが1880年，イが1881年，ウが1874年のできごと。

問2　資料は，与謝野晶子が日露戦争に反対した『**君死にたまふことなかれ**』。

問3　**ワシントン会議**では各国の主力艦の保有が制限されたり，中国の主権を尊重し領土を保護するための条約が結ばれるなどした。イが日清戦争の講和会議，ウが第一次世界大戦の講和会議，エがロンドン海軍軍縮会議の内容。

問4　ソ連では社会主義政策のもとで工業化と農業の集団化が進められ，**五か年計画**によって国内生産を増強していたため，世界恐慌の影響を受けなかった。アはアメリカ，イはイギリス・フランス，エは日本が行っていた政策。

問5　**農地改革**は，小作農を減らして**自作農**を増やす目的で実施された。

5　**(公民的分野―憲法・基本的人権，国の政治の仕組み・裁判，民主主義，地方自治，経済一般)**

問1　裁判員制度は，**地方裁判所**で行われる**刑事裁判**の第一審のみに適用され，裁判員は裁判官とともに有罪か無罪かだけでなく，量刑の判断も行う。

問2　説明文は，日本国憲法第96条の内容。

問3　有権者数が少ない選挙区に比べて，有権者数が多い選挙区における一票の価値が低くなるため，図の選挙区を比較したときの一票の価値は，鳥取第1区よりも東京第13区の方が低くなる。

問4　選挙で投票できる権利を選挙権，選挙に立候補できる権利を被選挙権という。

問5　売り手と買い手の意思が合致した時点で売買契約が成立する。

問6　**製造物責任法**では，生産者側の過失の有無にかかわらず責任を負うことを定めている。

6　**(公民的分野―国の政治の仕組み・裁判，地方自治，国民生活・社会保障，経済一般，財政・消費生活)**

問1　文中の「国の借金」などから判断する。

問2　**労働組合**の結成は，憲法第28条で保障されている。

問3　イギリス人**ブライス**の言葉。

問4　銀行などの金融機関の多くは私企業に分類されるので，支払う利子よりも受け取る利子を高くすることで利潤をあげている。

問5　(1)　社会保険制度は，憲法第**25**条(**生存権**)を保障するためのしくみ。　(2)　「**大きな政府**」は，税収を上げ財源を確保することで社会保障や公共サービスを手厚くする考え。

<国語解答>

一　〔問1〕　①　編(む)　②　栄(える)　③　専門　④　往復　⑤　つか(わす)　⑥　こ(らす)　⑦　きねん　⑧　ゆうきゅう　〔問2〕　(1)　ア　(2)　ウ

〔問3〕　(1)　a　の　b　です　(2)　(例)ご覧ください　(3)　イ

〔問4〕　(1)　擇《ビテ》二其《ノ》善《ナル》者《ヲ》一　(2)　ウ

二　〔問1〕　「がぶがぶ～きなかった　〔問2〕　イ　〔問3〕　品詞名　②　文　ウ

〔問4〕　(例)一つの様子に対しても様々な表現があり，繊細な使い分けができるから。

〔問5〕　(例)比喩を使いこなせないときにオノマトペに頼ること。　〔問6〕　ア，ウ

三　〔問1〕　イ　〔問2〕　(例)男声パートの人に何とか歌ってもらおうと必死になっているから。

〔問3〕　表現技法　③　効果　イ　〔問4〕　エ　〔問5〕　(例)行事で一生懸命真面目に

やるのは格好良くない気がしていたが，合唱の練習で一生懸命歌い続けたことで，みんなで合わせて歌うことの楽しさを発見することができたから。　〔問6〕 ウ

四 (例)　私なら，「読書は『友』」というキャッチコピーにする。【Ⅰ】の【A】から【C】は，いずれも①・②の回答が七割以上である。読書は，登場人物の気持ちを味わうことができる。そのため，私はその人物を友人のように感じることがある。そして，その人物から励まされたり，知らなかったことを教えられたりすることも多い。このようなことは，実際の友人からも経験させられる。だから，読書は『友』だと言いたい。

<国語解説>

一 **(知識問題，漢文・漢詩，会話－脱文・脱語補充，漢字の読み書き，文と文節，ことわざ・慣用句，敬語・その他，書写)**

〔問1〕 ①　音読みは「**ヘン**」で，熟語は「編集」などがある。　②　音読みは「**エイ**」で，熟語は「栄光」などがある。　③　「門」を「問」にしない。　④　「往復」は，行くことと帰ること。　⑤　音読みは「**ケン**」で，熟語は「派遣」などがある。　⑥　音読みは「**ギョウ**」で，熟語は「凝視」などがある。　⑦　「祈念」は，願いがかなうように祈ること。　⑧　「悠久」は，果てしなく長いこと。

〔問2〕 (1)　「感謝の気持ち」を伝えたいと思う理由にあたる内容を選ぶ。　(2)　「山田さんから意見をお願いします」「次に小林さんはどうですか」「石川さんはいかがですか」などと，一人一人指名しながら進めている。

〔問3〕 (1)　「最も印象に残っていることは」という主部に対応するような述部にする必要があるので，「皆様の真剣な表情です」とする。　(2)　「見る」の動作主は手紙の受け取り手なので，**尊敬語**を使う。　(3)　ⓐの部分は楷書だと二画で書く。ⓑの部分は楷書では払いになる。

〔問4〕 (1)　「其善者擇」の順に読めるように，「者」に一点を，「擇」に二点を打つ。漢文で，一字返って読むときは**レ点**を打つが，二字以上返って読むときは**一・二点**を使う。　(2)　「他山の石」は，他人の誤った言動が自分のためになるという意味。

二 **(論説文－大意・要旨，内容吟味，文脈把握，段落・文章構成，指示語の問題，品詞・用法)**

〔問1〕 筆者は，「飲み物を勢いよく飲む様子」として「がぶがぶ」と言ったが，娘は「噛む様子」を表す言葉として捉えた。つまり，「がぶがぶ」と言われて，それを麦茶を飲む行為と結びつけることができなかった」のである。

〔問2〕 オノマトペの種類がさまざまであることについて，2段落では，ある一つの様子のみを表すものや，オノマトペに分類すべきか微妙なものがあると述べている。そして，3段落では，「時代とともにこれまでとは異なる意味をもち始めるもの」を挙げている。オノマトペについて，二つの段落で異なる例を挙げているという関係である。

〔問3〕 ここでは，「猫がニャーと鳴いた」の「ニャーと」という単語について述べている。「ニャーと」は活用がなく，「鳴く」という動詞を修飾しているので，**副詞**のような働きをしている。アは活用があり，性質や状態を表している。言い切りが「だ」となるので形容動詞。イは活用がなく，独立語になるため感動詞(感嘆詞)。ウは活用がなく，「歩く」という動詞を修飾しているので，副詞。エは活用がなく，連体修飾語になるため連体詞。

〔問4〕 「雨が降る様子だけでも～繊細な使い分けがときに要求されるということ」が，オノマトペが「成熟した言語表現」だといえる理由である。「雨が降る」という一つの様子に対し，さま

ざまなオノマトペで表現できるので，「幼稚どころか成熟した」ものなのである。

〔問5〕　直前の内容を指す。前の段落では，「まだ比喩を使いこなせない」子どもに対し，痛みがどのようなものかを探るために「オノマトペに頼って聞き出そうとする」ことが述べられている。子どもだけに限ったことではないということに注意してまとめる。

〔問6〕　さまざまなオノマトペを挙げ，どのような状況で使われるかを具体的に示し，「子どもから大人まで，全世代の生活に広く深く根を張っている」とまとめているので，アは正解。冒頭で，筆者と娘との具体的なエピソードを挙げ，オノマトペについて詳しく説明するという流れになっているので，ウも適切である。

三　(小説－情景・心情，内容吟味，表現技法)

〔問1〕「背筋が伸びる」は，身が引き締まる様子を表す。

〔問2〕　男声パートが始まったときに「早紀の指揮棒からなめらかさが消え」ている。そのため，「何とか歌ってもらおう」と「必死に指揮棒を振った」のである。

〔問3〕「な」が，「あさっての方向にバウンドし」，「『がら』を蹴飛ばしていった」という表現は，人ではないものを人に見立ててたとえる**擬人法**である。「な」に焦点をあてて表現することで，涼万の出した声だけれども，涼万の意志とは関係なしにひっくり返ったような印象になっている。

〔問4〕「涼万のひっくり返った声で乱れた空気」をリセットするためとはいえ，突然CDプレイヤーの音量を最大まで上げるのは，大胆な行動と捉えられる。

〔問5〕　涼万は，最初は「行事なんかで一生懸命真面目にやるって，なんか格好良くない」と思っていた。しかし，早紀が一人で練習をしているのを知り，自分も真剣に取り組もうとした結果，「自分たちがつくる音楽，みんなで合わせて歌う音楽も楽しい」という発見をし，新鮮な感覚になったのである。

〔問6〕「涼万は早紀とずっと目が合っているような感覚」でいたが，「そんなわけはない」とも思っていた。しかし，早紀が口もとだけで自分にお礼をしてくれたことで，目が合っていたのは錯覚ではなかったとわかってうれしくなったのと同時に，早紀のそのような反応に驚いたのだろうと推測できる。

四　(作文(自由・課題))

意識調査の結果を参考に，ふさわしいと思える漢字を選ぶ。どの漢字を選んでも誤りではない。選んだ理由をしっかりまとめることが重要である。自分の経験などを交えて書いてもよい。

和歌山県公立高等学校

2022年度

入　試　問　題

●くわしい解説……41ページ

<数学>　時間　50分　満点　100点

[1]　次の〔問1〕～〔問6〕に答えなさい。

〔問1〕　次の(1)～(5)を計算しなさい。

(1)　$-9+4$

(2)　$\frac{10}{3}+2\div\left(-\frac{3}{4}\right)$

(3)　$(3a+5b)+2(2a-b)$

(4)　$\sqrt{48}-\sqrt{3}+\sqrt{12}$

(5)　$(a+3)^2-(a+4)(a-4)$

〔問2〕　次の二次方程式を解きなさい。

$x^2+5x-14=0$

〔問3〕　$\sqrt{\frac{20}{n}}$の値が自然数となるような自然数nを，すべて求めなさい。

〔問4〕　yはxに反比例し，$x=5$のとき，$y=4$である。
$x=-10$のとき，yの値を求めなさい。

〔問5〕　下の図のように，円Oの周上に5点A，B，C，D，Eがあり，線分AD，CEはともに円Oの中心を通る。

$\angle$CED$=35^\circ$のとき，$\angle x$の大きさを求めなさい。

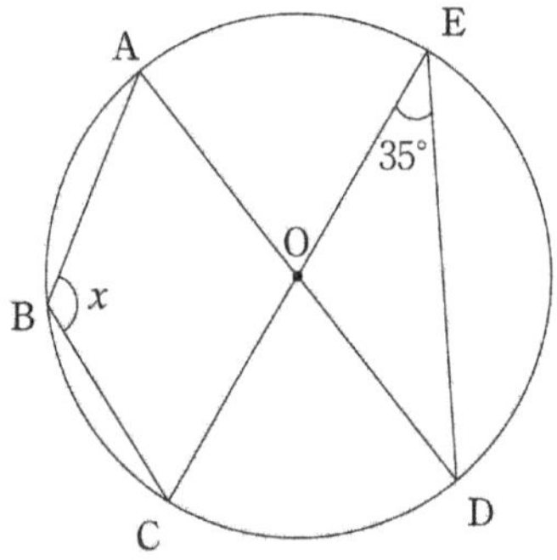

〔問６〕 右の図のおうぎ形OABは，半径４cm，中心角90°である。

このおうぎ形OABを，AOを通る直線ℓを軸として１回転させてできる立体の体積を求めなさい。

ただし，円周率はπとする。

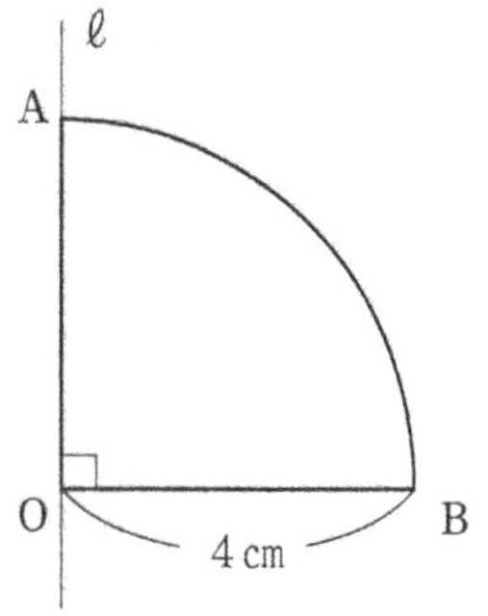

2　次の〔問１〕～〔問４〕に答えなさい。

〔問１〕 Aさん，Bさん，Cさん，Dさんの４人がリレーの走る順番を，次の**方法**で決める。

方法

① 同じ大きさの玉を４つ用意する。それぞれの玉に，1，2，3，4 の数字を１つずつかき，１つの箱に入れる。

② Aさん，Bさん，Cさん，Dさんの順に，箱の中の玉を１つずつ取り出していく。ただし，取り出した玉はもとにもどさないものとする。

③ 取り出した玉にかかれた数字を走る順番とする。例えば，２の数字がかかれた玉を取り出した場合は，第二走者となる。

このとき，第一走者がAさんで，第四走者がDさんとなる確率を求めなさい。

ただし，どの玉の取り出し方も，同様に確からしいものとする。

〔問２〕 **図**のように，５色のリングを左から青，黄，黒，緑，赤の順に繰り返し並べていく。

下の**表**は，並べたときのリングの順番と色についてまとめたものである。

このとき，下の(1)，(2)に答えなさい。

図

表

順番(番目)	1	2	3	4	5	6	7	8	9	10	11	12	13	14	…	27	…
色	青	黄	黒	緑	赤	青	黄	黒	緑	赤	青	黄	黒	緑	…	□	…

(1) **表**中の□にあてはまる27番目の色をかきなさい。

(2) 124番目までに，黒色のリングは何個あるか，求めなさい。

〔問３〕　あるスーパーマーケットでは，唐揚げ弁当とエビフライ弁当を，それぞれ20個ずつ販売している。

エビフライ弁当１個の定価は，唐揚げ弁当１個の定価より50円高い。

エビフライ弁当は，すべて売り切れたが，唐揚げ弁当が売れ残りそうだったので，唐揚げ弁当10個を定価の５割引にしたところ，２種類の弁当をすべて売り切ることができた。その結果，２種類の弁当の売り上げの合計は，15000円となった。

このとき，唐揚げ弁当１個とエビフライ弁当１個の定価はそれぞれいくらか，求めなさい。

ただし，答えを求める過程がわかるようにかきなさい。

なお，消費税は考えないものとする。

〔問４〕　和夫さんと紀子さんの通う中学校の３年生の生徒数は，Ａ組35人，Ｂ組35人，Ｃ組34人である。

図書委員の和夫さんと紀子さんは，３年生のすべての生徒について，図書室で１学期に借りた本の冊数の記録を取り，その記録をヒストグラムや箱ひげ図に表すことにした。

次の**図**は，３年生の生徒が１学期に借りた本の冊数の記録を，クラスごとに箱ひげ図に表したものである。

下の(1)～(3)に答えなさい。

図

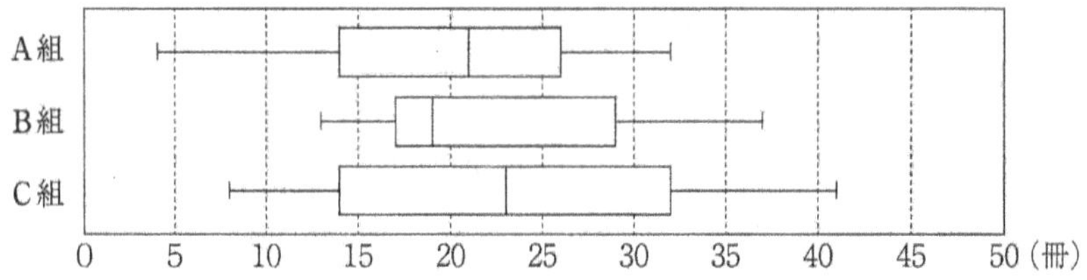

(1)　和夫さんは，**図**から読みとれることとして，次のように考えた。

和夫さんの考え

(Ⅰ)　四分位範囲が最も大きいのはＡ組である。
(Ⅱ)　借りた本の冊数が20冊以下である人数が最も多いのはＢ組である。
(Ⅲ)　どの組にも，借りた本の冊数が30冊以上35冊以下の生徒が必ずいる。

図から読みとれることとして，**和夫さんの考え**(Ⅰ)～(Ⅲ)はそれぞれ正しいといえますか。次の**ア**～**ウ**の中から最も適切なものを１つずつ選び，その記号をかきなさい。

ア　正しい
イ　正しくない
ウ　この資料からはわからない

(2)　Ｃ組の記録をヒストグラムに表したものとして最も適切なものを，次のページの**ア**～**エ**の中から１つ選び，その記号をかきなさい。

ア
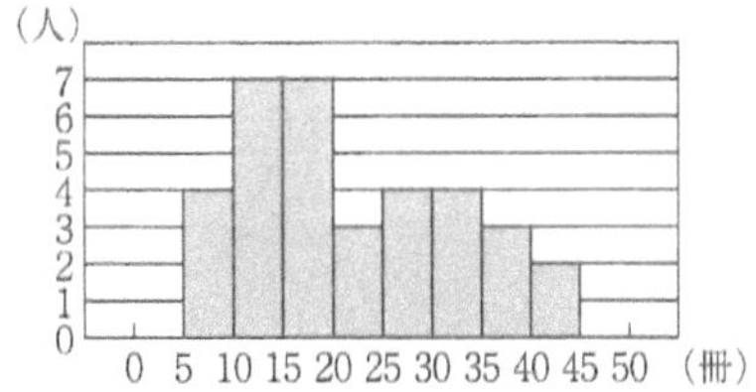

イ
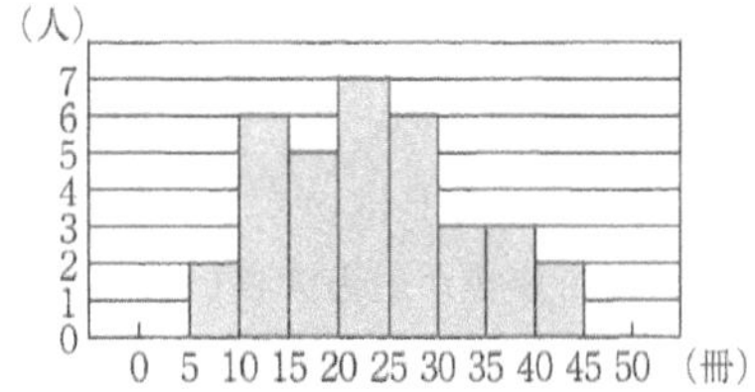

ウ
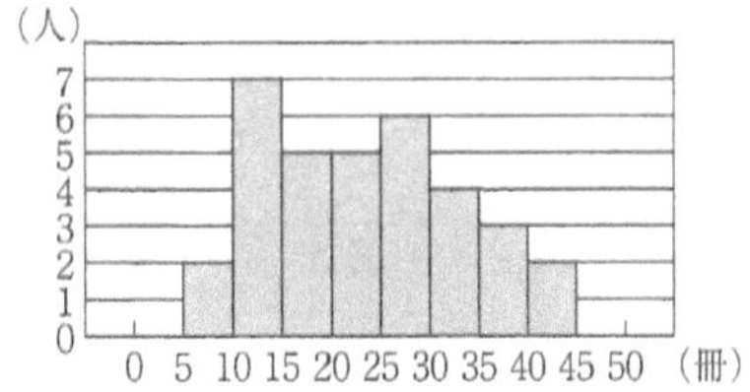

エ
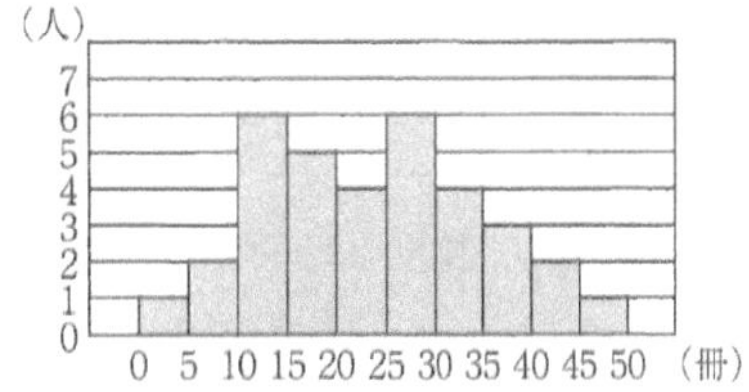

(3)　和夫さんと紀子さんは，「この中学校の生徒は，どんな本が好きか」ということを調べるために，アンケート調査をすることにした。次の文は，調査についての２人の会話の一部である。

紀子：１年生から３年生までの全校生徒300人にアンケート調査をするのは人数が多くてたいへんだから，標本調査をしましょう。
和夫：３年生の生徒だけにアンケート調査をして，その結果をまとめよう。
紀子：<u>その標本の取り出し方は適切ではないよ。</u>

下線部について，紀子さんが適切ではないといった理由を，簡潔にかきなさい。

3　図１のように，関数 $y=\frac{1}{4}x^2$…①　のグラフ上に点Ａ（－２，１）がある。また，点Ｐは，①のグラフ上の点である。

あとの〔問１〕～〔問４〕に答えなさい。

図１

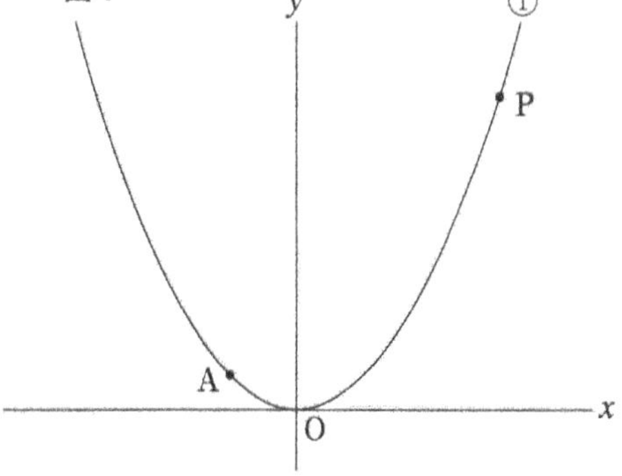

〔問１〕　関数 $y=\frac{1}{4}x^2$ について，x の値が－２から０まで増加するときの変化の割合を求めなさい。

〔問２〕　次の文中の(ア)，(イ)にあてはまる数を求めなさい。

関数 $y=\frac{1}{4}x^2$ について，x の変域が $-2 \leqq x \leqq$ (ア)のとき，y の変域は(イ) $\leqq y \leqq 9$ である。

〔問３〕 図２のように，x 軸上に点Ｂをとる。
　Ｐの x 座標が -4 のとき，△OPBが二等辺三角形となるようなＢはいくつかある。
　そのうち，x 座標が最も大きいＢの座標と，x 座標が最も小さいＢの座標を，それぞれ求めなさい。

図２

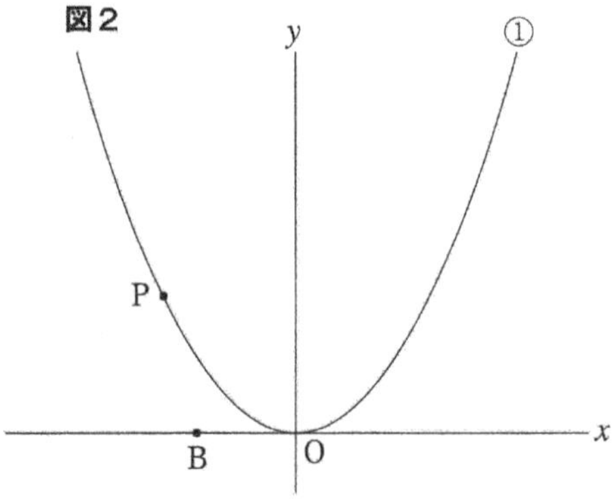

〔問４〕 図３のように，①のグラフ上に点Ｃ（４，４）があり，直線PCと y 軸との交点をＤとする。
　△OPDと△ODCの面積比が３：２であるとき，Ａを通り，四角形OAPCの面積を２等分する直線の式を求めなさい。

図３

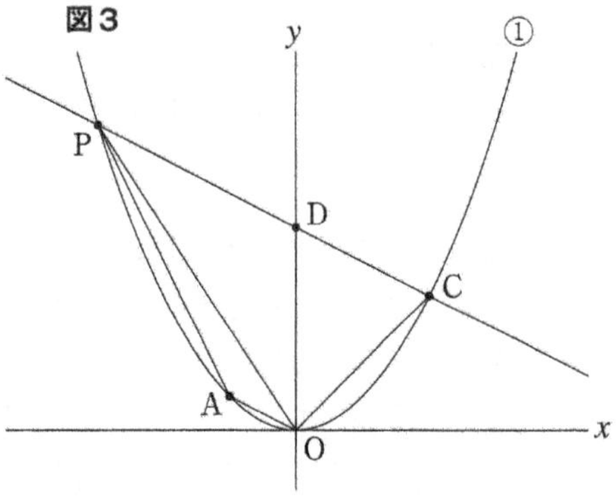

4　１辺が６㎝の正方形ABCDの辺BC上に点Ｐ，辺CD上に点Ｑがある。
　あとの〔問１〕～〔問３〕に答えなさい。

〔問１〕 図１のように，∠APB＝60°，∠AQD＝70°のとき，次の⑴，⑵に答えなさい。
　⑴　∠PAQの大きさを求めなさい。

　⑵　△ABPの面積を求めなさい。

図１

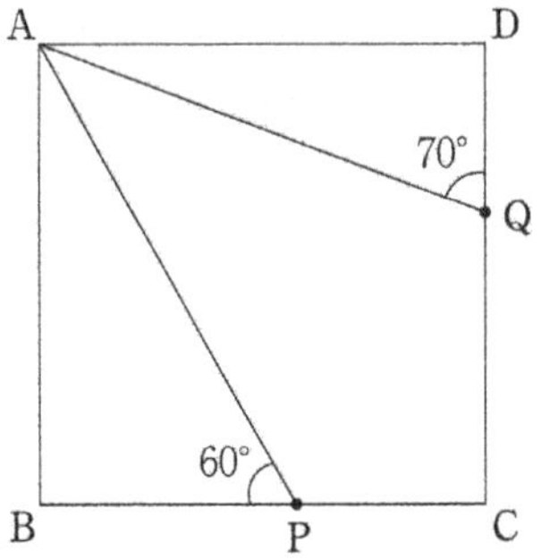

〔問２〕 図２のように，BP＝CQのとき，BQとAPとの交点をＥとする。
　このとき，∠AEB＝90°であることを証明しなさい。

図２

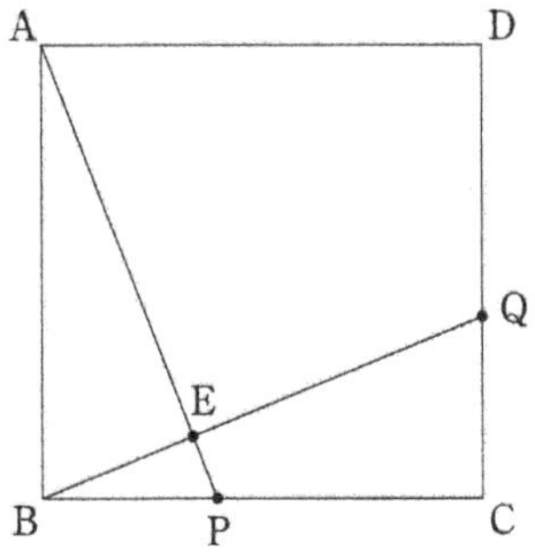

〔問３〕 図３のように，BP＝PC，∠BAP＝∠CPQとする。

このとき，３点A，P，Qを通る円の半径を求めなさい。

図３

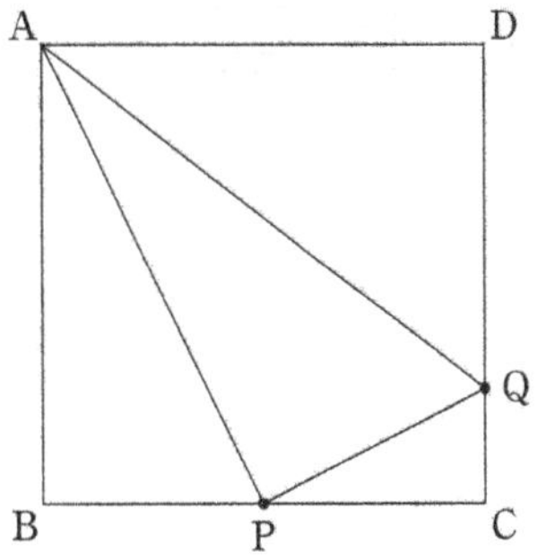

＜英語＞

時間 50分 満点 100点

1 放送をよく聞いて，次の〔問１〕～〔問３〕に答えなさい。

〔問１〕 No. 1 ～ No. 3 の順に，それぞれ対話を１回放送します。No. 1 ～ No. 3 の対話の内容に最も合う絵を，A～Dの中から１つずつ選び，その記号を書きなさい。

No. 1

A

B

C

D

No. 2

A

B

C

D

No. 3

A

B

C

D

〔問２〕 No. 1，No. 2 の順に，それぞれ質問と英文を放送します。質問に対する答えとして最も適切なものを，A～Dの中から１つずつ選び，その記号を書きなさい。

No. 1 英語の授業を担当する田中（Tanaka）先生が，授業の最初に英語で自己紹介をします。自己紹介の内容に合うものはどれですか。

A Ms. Tanaka has been teaching English at the school for ten years.

B Ms. Tanaka doesn't live in Wakayama City.

C　Ms. Tanaka plays the guitar almost every day.

D　Ms. Tanaka hasn't traveled overseas.

No. 2　日本を訪れる予定の友人ケビンに，メモの項目についてたずねたところ，ケビンは留守番電話に回答をメッセージとして残していました。留守番電話の英語のメッセージを聞いた後，ケビンにもう一度たずねることとして最も適切なものはどれですか。

メモ

◇　日本への到着日
◇　日本での滞在日数
◇　日本で行きたい場所
◇　日本で食べたいもの

A　When will you come to Japan?

B　How long will you stay in Japan?

C　Where do you want to go in Japan?

D　What do you want to eat in Japan?

〔問３〕　中学生の香織（Kaori）が英語の時間に行ったスピーチと，その内容について５つの質問を２回放送します。No. 1～No. 5の英文が質問の答えとなるように，[　　] に入る最も適切なものを，A～Dの中から１つずつ選び，その記号を書きなさい。

No. 1　She has been doing judo [　　　].

A　for one year　　　　B　for five years

C　for nine years　　　　D　for fourteen years

No. 2　He was [　　　].

A　a junior high school teacher　　　　B　a student in the judo school

C　Kaori's judo teacher　　　　D　Kaori's brother

No. 3　She met him [　　　].

A　when she joined a judo tournament

B　when she talked with her judo teacher

C　when she went to India

D　when she practiced judo in her school

No. 4　She was surprised because she heard [　　　] in India.

A　there were many music teachers

B　there were many judo teachers

C　there weren't many music teachers

D　there weren't many judo teachers

No. 5　She wants [　　　].

A　to teach music in elementary schools

B　to teach judo in foreign countries

C　to go to India to meet Mr. Sato

D　to go to judo schools in Japan

2 次の英文は，高校生の由衣（Yui）が，販売実習について，英語の授業で行ったスピーチの原稿です。これを読み，〔問１〕～〔問４〕に答えなさい。

In our school, we can study agriculture. I'm in the agriculture course. I learn how to grow good vegetables, flowers, and fruits. I grow them with my classmates. At school, we sometimes make processed products like juice.

In June, we started to sell vegetables, flowers, fruits, and processed products. Every Friday, we sold them at the station near our school. When we sold them, I recorded the sales there. I was happy when many people came to the station to buy our products. I sometimes asked them how they liked our products.

At the end of each month, I made a pie chart to check the percentage of all sales in the month. Today, I'll show you the pie charts of June and July. In those months, we sold vegetables the most. In June, the percentage of processed products was higher than fruits and flowers. However, in July, processed products weren't so popular. Compared to June, the percentage of fruits became higher and the percentage of flowers was the same.

It has been a great experience for me to make and sell products. At the station, people tell me what they think about our products. And the pie charts show me the popular products in different seasons. I'm glad I have some useful information now.

Well, here is the thing which I want to tell you the most. I want to improve our products by making use of the things I learned.

円グラフ

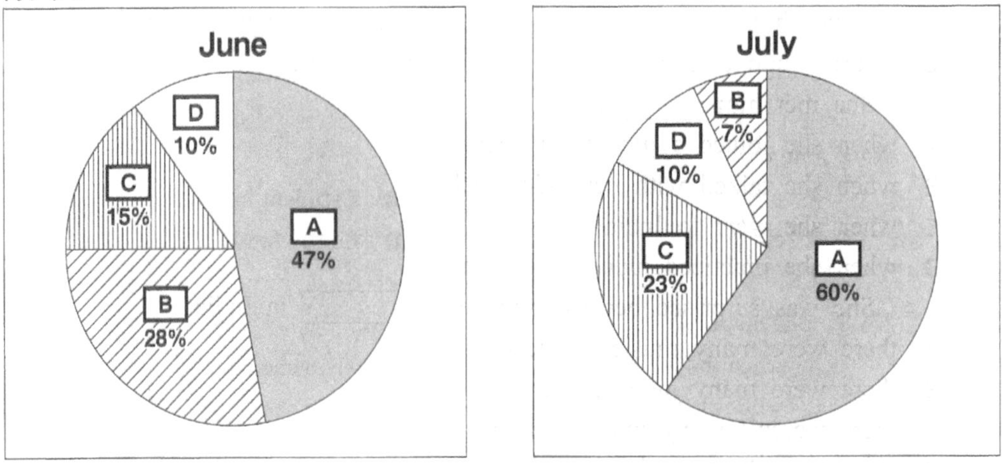

（注） agriculture 農業　course 学科　grow 育てる　processed product 加工製品
sold < sell の過去形　record 記録する　sales 売上げ　end 終わり
pie chart 円グラフ　percentage 割合　compared to ～ ～と比較すると
make use of ～ ～を生かす

〔問１〕 本文の内容に合うように，次の（　）にあてはまる最も適切なものを，ア～エの中から

1つ選び，その記号を書きなさい。

Yui (　　　).

ア sold the products in her school

イ made juice at the station

ウ wanted to teach agriculture at school

エ recorded the sales at the station

〔問2〕 文中の下線部the pie chartsについて，本文の内容に合うように，円グラフの A ～ D にあてはまる最も適切なものを，次のア～エの中から1つずつ選び，その記号を書きなさい。

ア vegetables

イ flowers

ウ fruits

エ processed products

〔問3〕 由衣が，スピーチを通して一番伝えたいことはどのようなことですか。最も適切なものを，次のア～エの中から1つ選び，その記号を書きなさい。

ア Yui wants to make better products.

イ Yui wants to show her pie charts.

ウ Yui wants to record the sales.

エ Yui wants to think about more products.

〔問4〕 由衣は，スピーチの後，ALT（外国語指導助手）のトム（Tom）と話をしました。次の対話文は，そのやりとりの一部です。これを読み，あとの(1)，(2)に答えなさい。

Tom :	That was a wonderful speech. It's a good idea to sell products at the station.
Yui :	Yes. People look happy when they buy our products. So I become happy.
Tom :	Good. I want to buy some fruits next Friday.
Yui :	Please come to the station. I want more people to come.
Tom :	Well, what can you do about that?
Yui :	I think I can 　　　　.
Tom :	That's a good idea. If you do it, more people will come to the station.

(1) 対話の流れに合うように，文中の 　　 にふさわしい英語を書きなさい。ただし，語数は2語以上とし，符号（．，？！など）は語数に含まないものとする。

(2) 対話の内容に合う最も適切なものを，次のア～エの中から1つ選び，その記号を書きなさい。

ア Yui could buy some fruits on Sunday.

イ Yui wants people to enjoy the products.

ウ Tom was sad to hear Yui's speech.

エ Tom has a question about fruits.

3　次の英文は，高校生の正人（Masato）とALT（外国語指導助手）のサラ（Sara）の対話です。これを読み，〔問1〕～〔問4〕に答えなさい。

Masato : Hi, Sara. How are you?

Sara : Good! I hear you joined an international event yesterday. 〔　　　　〕?

Masato : It was exciting. Ten foreign students from five countries came to Wakayama to talk about global problems with Japanese students.

Sara : Great! [　A　]

Masato : The topic was climate change. We had some ideas to solve the problem. It was a good experience.

Sara : You speak English well. So I don't think it's difficult for you to work with foreign students.

Masato : Well, I like speaking English. But I had a problem last year.

Sara : What problem did you have?

Masato : In an English class, I talked with students from Australia on the Internet. We talked about global warming. But it didn't go smoothly because I didn't get any information about their country before the class. It was my mistake. Japanese culture and Australian culture aren't the same.

Sara : I see. When you work with foreign students, it's important [　B　].

Masato : I agree. For yesterday's event, I did some research on the five countries which joined the event. I could talk with the foreign students well because I got some information in advance. We knew our differences and respected them. So we had some good ideas.

Sara : Good!

Masato : I think there are important things which we can learn from our mistakes.

Sara : I think <u>so</u>, too.

（注）global　地球上の　　climate change　気候変動　　global warming　地球温暖化
go smoothly　順調に進む　　mistake　失敗　　Australian　オーストラリアの
do some research on ～　～の情報を集める　　in advance　前もって
knew < know の過去形　　difference　違い　　respect　尊重する

〔問1〕　対話の流れに合うように，文中の〔　〕にふさわしい英語を書きなさい。ただし，語数は3語以上とし，符号（．，？！など）は語数に含まないものとする。

〔問2〕　対話の流れに合うように，文中の [A] ， [B] にあてはまる最も適切なものを，それぞれア～エの中から1つずつ選び，その記号を書きなさい。

[A]

ア　What did you talk about?
イ　What did you do to help the students?
ウ　What did you hear about the students?
エ　What did you learn about the five countries?

B

ア　to speak perfect English

イ　to join the wonderful event

ウ　to know each country has its own culture

エ　to learn everything about Australian students

〔問３〕 下線部 so の内容を，日本語で具体的に書きなさい。

〔問４〕 対話の内容に合う最も適切なものを，次のア～エの中から１つ選び，その記号を書きなさい。

ア　Masato went to Australia to talk about climate change.

イ　Masato talked with students from ten countries in the event.

ウ　Masato did some research on global warming after the event.

エ　Masato learned about the five countries before the event he joined.

4　あなたは，英語の授業で，ALT（外国語指導助手）にあなたが住んでいる町のお気に入りの場所を紹介することになりました。次の □ に，お気に入りの場所を１つ挙げ，理由や説明を含めて，30語以上の英語で書きなさい。ただし，符号（．，？！など）は語数に含まないものとする。

Hello. I'll talk about my favorite place, today.

□

Thank you.

5　次の英文は，高校生の和紀（Kazuki）が，英語の授業で行ったスピーチの原稿です。これを読み，〔問１〕～〔問６〕に答えなさい。

In April, I saw a poster at school. The poster said, "We need staff members for the school festival." I wanted to make a wonderful memory in my school life, so I decided to become a staff member. I was excited because there was a chance to play an important role in the school festival.

After becoming a staff member, I talked with one of the other members, Shiho, about the school festival. I said, "This year, the main theme of the school festival is 'Smile'. How about collecting pictures of smiles and making a photomosaic of a big smile?" Shiho said, "It's a nice plan. Let's suggest it to the other members."

In May, I told my plan to the other members. They liked it. I was very happy. We decided to collect 5,000 pictures.

In June, we started to collect pictures. I told my classmates about the project. One of them said, "It's a great project. [A]" Sometimes they brought pictures of their brothers, sisters, or parents. At the end of June, however, we had only 500 pictures. One of the staff members said, "ⓐIt's difficult to collect 5,000 pictures and finish making the photomosaic." I was sad to hear that.

ⓑI talked with Shiho (about, collect, a way, more pictures, to). She said, "We should introduce our project on the Internet. How about creating a website? We may get pictures from more people."

At the beginning of July, I created a website and introduced the project. Creating the website was very hard because I did it for the first time. A few days later, many pictures arrived. I was very surprised. ⓒI also (some messages, by, received, local people, written) and graduates. A message from a man who lives in our city said, "Here is my picture. It may not be easy to collect 5,000 pictures, but I'm sure you can achieve your goal if you keep trying." A woman who lives in Tokyo wrote a message to us. It said, "I found your website on the Internet. I'm a graduate of your school. [B]"

We finally collected 5,000 pictures. I was very happy. Because of the cooperation of many people, we could finish making the big photomosaic.

On the day of the school festival in September, the photomosaic was exhibited at school. Many people enjoyed it. I was very glad to make many people happy.

Well, here is the most important thing I learned from my experience. If we think about what we can do and keep trying, we can achieve our goals.

（注） chance 機会　play an important role 重要な役割を果たす　theme テーマ
smile 笑顔　photomosaic モザイク写真（複数の写真をつなぎ合わせて１枚の作品としたもの）
suggest 提案する　project 企画　end 終わり　introduce 紹介する
graduate 卒業生　achieve 達成する　goal 目標　cooperation 協力
exhibit 展示する

〔問１〕 本文の流れに合うように，文中の [A] ，[B] にあてはまる最も適切なものを，それぞれア～エの中から１つずつ選び，その記号を書きなさい。

[A]

ア I will join the school festival and buy a picture.
イ I will take my picture and bring it to you.
ウ I will tell my friends how to collect pictures at the school festival.
エ I will help my friends send pictures to Tokyo.

[B]

ア I'm glad to receive your picture at the school festival.
イ I'm glad to start collecting 5,000 pictures.
ウ I'm glad to suggest the project to your team.
エ I'm glad to support your project by sending my picture.

〔問２〕 下線部ⓐItの内容を，日本語で具体的に書きなさい。

〔問3〕 下線部ⓑ，ⓒについて，それぞれ本文の流れに合うように（　）の中の語句を並べかえ，英文を完成させなさい。

〔問4〕 次の⑴，⑵の質問の答えを，それぞれ英語で書きなさい。

⑴ What did Kazuki decide to become to make a wonderful memory?

⑵ When was the school festival ?

〔問5〕 次のア～エの英文を，本文の流れに合うように並べかえると，どのような順序になりますか。その記号を順に書きなさい。

ア Kazuki and the other members decided to collect 5,000 pictures.

イ Kazuki and the other members finished making the big photomosaic.

ウ Kazuki created a website to introduce the project.

エ Kazuki read a message from a woman living in Tokyo.

〔問6〕 和紀が，自身の経験を通じて学んだ最も大切なことはどのようなことですか。日本語で書きなさい。

＜理科＞

時間　50分　　満点　100点

1　和美さんたちのクラスでは，理科の授業で，グループごとにテーマを設定して調べ学習に取り組んだ。次の〔問１〕，〔問２〕に答えなさい。

〔問１〕　次の文は，和美さんが「光」について調べ，まとめたものの一部である。あとの(1)～(4)に答えなさい。

> 太陽や蛍光灯，燃えている①ろうそくのように，自ら光を発する物体を光源という。光源から出た光は四方八方に広がりながら，直進する。しかし，太陽の光によるブラインドの影（図１）を見ると光が平行に進んでいるように見える。これは光源である太陽が［　X　］ためである。
>
> 月やりんご，教科書のように，自ら光を出さない物体が見えるのは，光源から出た光が，物体の表面で［　Y　］し，その一部が私たちの②目に届くからである。③真っ暗で光がないところでは，そこに物体があったとしても目で見て確認することはできない。
>
> 
>
> **図１**　太陽の光による ブラインドの影

(1)　文中の［　X　］，［　Y　］にあてはまる語句の組み合わせとして最も適切なものを，次のア～エの中から１つ選んで，その記号を書きなさい。

	X	Y
ア	球体である	屈折
イ	球体である	反射
ウ	はるか遠くにある	屈折
エ	はるか遠くにある	反射

(2)　下線部①について，ろうそくから出た光のうち，焦点を通って凸レンズに入った光の進み方を模式的に表した図として最も適切なものを，次のア～エの中から１つ選んで，その記号を書きなさい。

ア

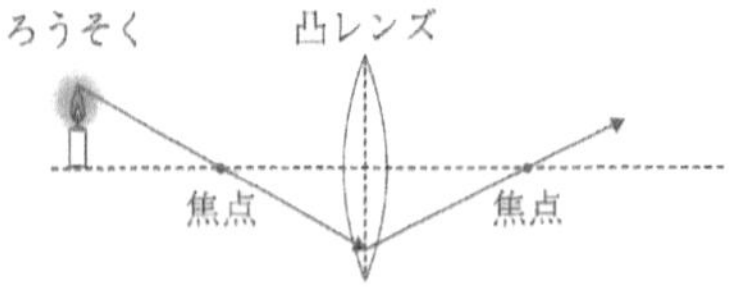

イ

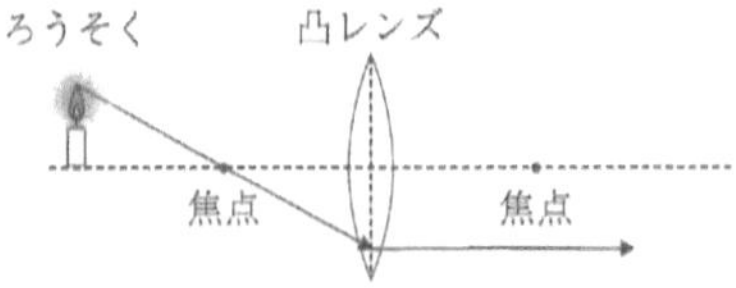

ウ

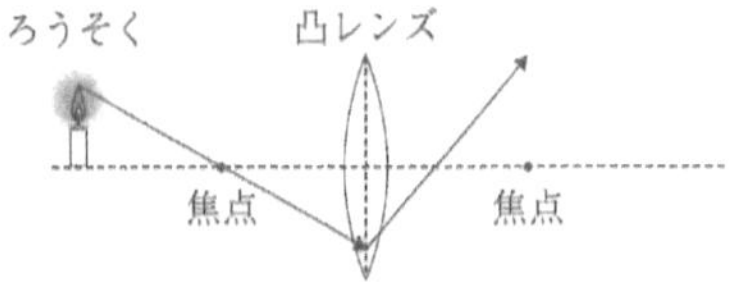

エ

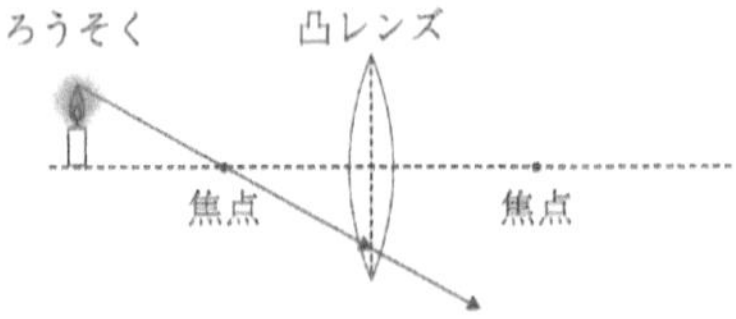

(3)　下線部②について，図２（次のページ）はヒトの右目の横断面を模式的に表したものである。図２中のAは，物体から届いた光が像を結ぶ部分である。この部分を何というか，書きなさい。

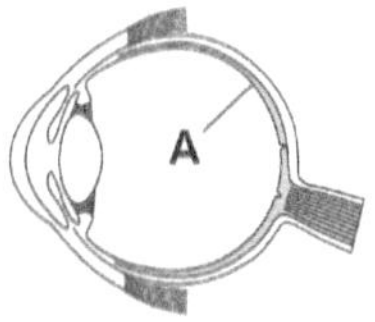

図２　ヒトの右目の横断面の模式図

(4)　下線部③について，暗いところから急に明るいところに移動すると，無意識に瞳の大きさが変化する。このとき，瞳の大きさは「**大きくなる**」か，「**小さくなる**」か，どちらかを書きなさい。また，瞳の大きさの変化のように，無意識に起こる反応を述べた文として最も適切なものを，次の**ア**～**ウ**の中から１つ選んで，その記号を書きなさい。

ア　熱いものに触れたとき，思わず手を引っ込めた。

イ　短距離走でピストルがなったので，素早くスタートを切った。

ウ　目覚まし時計がなったとき，とっさに音を止めた。

〔問２〕　次の文は，紀夫さんが「太陽系の天体と銀河系」について調べ，まとめたものの一部である。下の(1)～(4)に答えなさい。

> 太陽は，自ら光や熱を出して輝く恒星で，主に水素や④ヘリウムでできている。一方，金星は，太陽の光を受けることで輝いている惑星である。金星の大気の主な成分は［Z］であり，その温室効果もあって金星の表面は約460℃と高温になっている。
>
> 太陽だけでなく，⑤オリオン座（**図３**）のような星座を形づくる星々も，その多くが恒星である。太陽系の外側には，約2000億個の恒星が銀河系とよばれる集団を形成している（**図４**）。太陽系は銀河系の一員であり，夜空に見られる天の川はこの銀河系を内側から見た姿である。
>
> 地上から見たとき，天球上で隣り合っているように見える星々も，その間の実際の距離は非常に大きい値である。そのため，天体間の距離を表すときには⑥光年という単位が用いられる。

図３　オリオン座

図４　銀河系の想像図と太陽系の位置

(1)　文中の［Z］にあてはまる適切な物質の名称を書きなさい。

(2)　下線部④について，陽子，中性子，電子それぞれ２つずつからできているヘリウム原子の構造を模式的に表した図として最も適切なものを，次のページの**ア**～**エ**の中から１つ選んで，その記号を書きなさい。

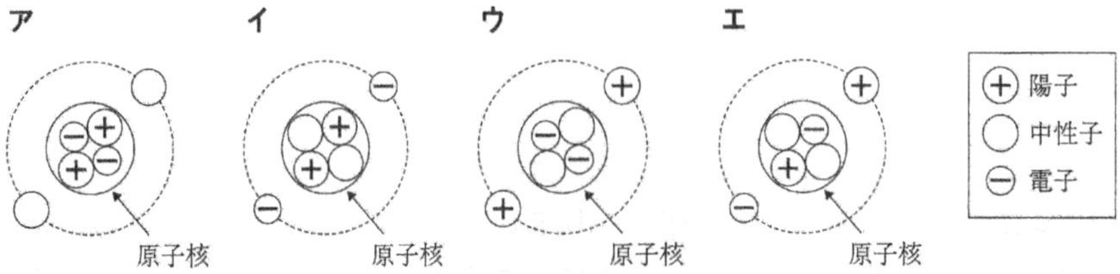

(3) 下線部⑤について，日本でオリオン座が真夜中に南の空に見える時期として最も適切なものを，次の**ア**～**エ**の中から１つ選んで，その記号を書きなさい。

ア　春分のころ　　**イ**　夏至のころ　　**ウ**　秋分のころ　　**エ**　冬至のころ

(4) 下線部⑥について，１光年とはどのような距離か。「光が」という言葉に続けて簡潔に書きなさい。

2 和也さんたちのクラスでは，理科の授業で，グループごとにテーマを設定して調べ学習や実験を行った。次の〔問１〕，〔問２〕に答えなさい。

〔問１〕 次の文は，和也さんが「生物どうしのつながりと体のつくり」について調べ，まとめたものの一部である。下の(1)～(4)に答えなさい。

> ある地域に生息する動物や植物などのすべての生物と，それらをとり巻く環境をひとつのまとまりとしてとらえたものを [X] という。その中では，多様な生物がそれぞれたがいにかかわり合っている。
>
> 植物は，光合成によって自ら①有機物をつくり出すため，生産者とよばれる。これに対して，②他の生物を食べることで有機物を得る生物は消費者とよばれる。このほか，生物のふんや遺骸などの有機物を無機物に分解する菌類や細菌類などは分解者とよばれる。
>
> これらの生物のうち，消費者である肉食動物や草食動物はそれぞれの生活に合った特徴のある体のつくりをしている。例えば，ライオンとシマウマでは，目のつき方の違いにより視野と立体的に見える範囲が異なっている。また，③歯の特徴や腸の長さなどにも違いがみられる。

(1) 文中の [X] にあてはまる適切な語を書きなさい。

(2) 下線部①について，有機物に分類される物質として適切なものを，次の**ア**～**エ**の中からすべて選んで，その記号を書きなさい。

ア　酸素　　**イ**　タンパク質　　**ウ**　デンプン　　**エ**　水

(3) 下線部②について，生物どうしは食べる・食べられるという関係でつながっている。このような生物どうしのひとつながりを何というか，書きなさい。

(4) 下線部③について，ライオンの歯の特徴と腸の長さを，シマウマと比較したときの組み合わせとして最も適切なものを，次のページの**ア**～**エ**の中から１つ選んで，その記号を書きなさい。ただし，比較するライオンとシマウマはどちらも成体（親）とする。

	歯の特徴	腸の長さ
ア	門歯が発達している	長い
イ	門歯が発達している	短い
ウ	犬歯が発達している	長い
エ	犬歯が発達している	短い

〔問2〕 次の文は，美紀さんが「消化」について学習したことをもとに実験を行い，レポートにまとめたものの一部である。あとの(1)～(4)に答えなさい。

【学んだこと】

動物は，食物からエネルギーのもととなる炭水化物や脂肪などの栄養分をとっているが，これらの栄養分はそのままでは吸収できない。胆汁以外の消化液には［ Y ］が含まれ，消化に関する重要なはたらきをしている。

【課題】 消化液の1つであるだ液にはどのようなはたらきがあるのだろうか。

【方法】

(i) 試験管Aと試験管Bにデンプン溶液とだ液，試験管Cと試験管Dにデンプン溶液と水を入れてよく振って混ぜた後，約40℃の湯の中に5～10分間入れた（図1）。

(ii) 試験管A，Cそれぞれにヨウ素溶液を2，3滴加え，色の変化を観察した。

(iii) 試験管B，Dそれぞれにベネジクト溶液を少量加え，④沸騰石を入れて加熱し，色の変化を観察した。

(iv) (ii)，(iii)の溶液の色の変化を表1にまとめた。

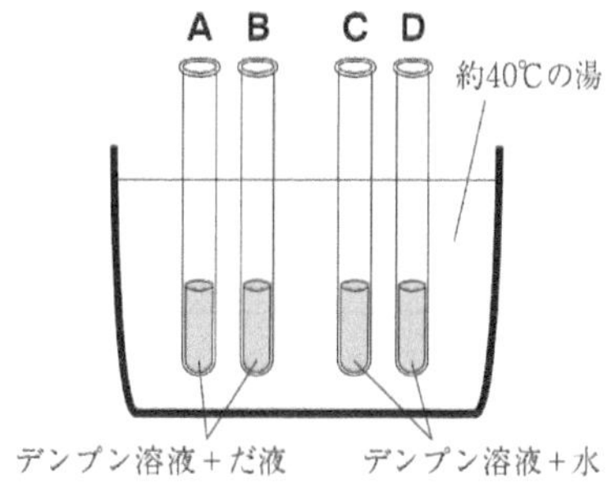

図1　実験のようす

【結果】

表1　溶液の色の変化

	ヨウ素溶液を加える		ベネジクト溶液を加えて加熱する	
試験管	**A**（デンプン溶液＋だ液）	**C**（デンプン溶液＋水）	**B**（デンプン溶液＋だ液）	**D**（デンプン溶液＋水）
溶液の色の変化	変化しなかった	青紫色に変化した	［ Z ］に変化した	変化しなかった

【わかったこと】

ヨウ素溶液を加えたときの試験管Aと試験管Cの結果から，だ液によって，［ a ］ことがわかる。

ベネジクト溶液を加えて加熱したときの試験管Bと試験管Dの結果から，だ液によって，［ b ］ことがわかる。

(1) 文中の［ Y ］にあてはまる適切な語を書きなさい。

(2) 下線部④について，沸騰石を入れる理由を簡潔に書きなさい。

(3)　表1中の Z にあてはまる色として最も適切なものを，次のア～エの中から1つ選んで，その記号を書きなさい。

ア　黄色　　イ　赤褐色　　ウ　白色　　エ　緑色

(4)　【わかったこと】の a ， b にあてはまる適切な内容を，それぞれ簡潔に書きなさい。

3　次の文は，和夫さんが「大地の変化」について調べ，まとめたものの一部である。あとの〔問1〕～〔問8〕に答えなさい。

①地震は，プレートの運動によって，プレート境界が急に動いたり，プレート内部で断層ができたり，②過去にできた断層が再び動いたりすることで起こる。地震のゆれを地震計で記録すると，③はじめに小刻みなゆれ（初期微動）が記録され，その後に大きなゆれ（主要動）が記録される（図1）。

地震が発生しやすい地域や④火山が多く分布する地域は，プレートどうしが接する境界付近にあることが多い。プレート境界に位置する日本列島は，大地の活動が活発な地域であるといえる（図2）。

私たちは，長い年月の間，大地からさまざまな恵みを受けている。しかし，大地の活動が一時的に活発になると，⑤災害がもたらされることもある。

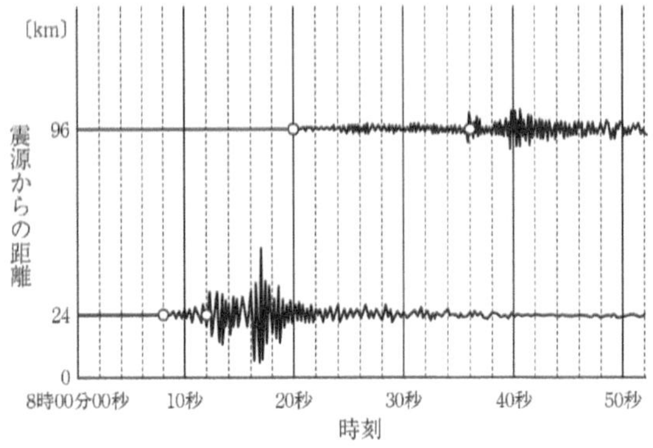

○印は，初期微動や主要動の始まりを，それぞれ示している。

図1　2つの地点の地震計の記録

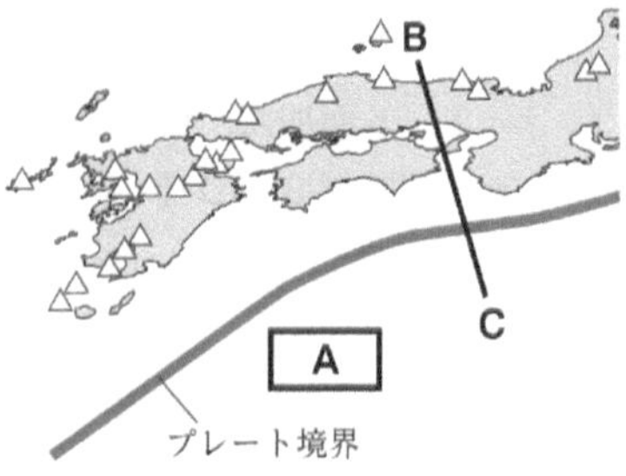

△印は火山の位置を表している。

図2　プレート境界と主な火山

〔問1〕　下線部①について，次の文は，ある日の10時53分頃に発生した地震について発表された地震情報の一部である。 X にあてはまる適切な語を書きなさい。

> 10時53分頃，地震がありました。震源の深さは10km，地震の規模を表す X の値は4.6と推定されます。この地震による津波の心配はありません。

〔問2〕　下線部②について，今後も活動する可能性がある断層を何というか，書きなさい。

〔問3〕　下線部③について，初期微動継続時間の長さと震源からの距離はどのような関係にあるか，簡潔に書きなさい。

〔問4〕　図1は，ある日の8時頃に発生した地震について，震源から24km地点と96km地点の地震計の記録をまとめたものである。この地震のP波が伝わる速さは何km/sか，書きなさい。ただし，P波の伝わる速さは一定とする。

〔問5〕 図2中の A にあてはまる海洋プレートの名称を書きなさい。

〔問6〕 図2中のB―Cの断面のようすとプレートの動き（⇨），震源（●）の分布を模式的に表した図として最も適切なものを，次のア～エの中から1つ選んで，その記号を書きなさい。

ア
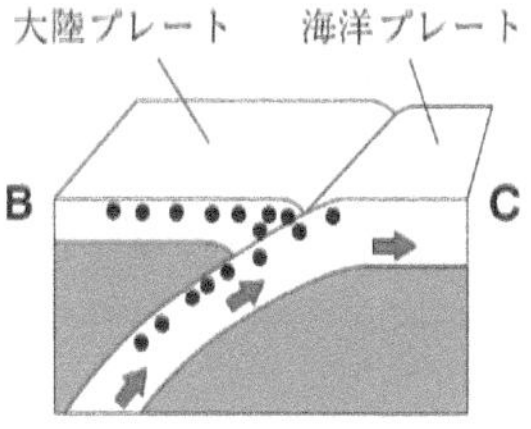

イ
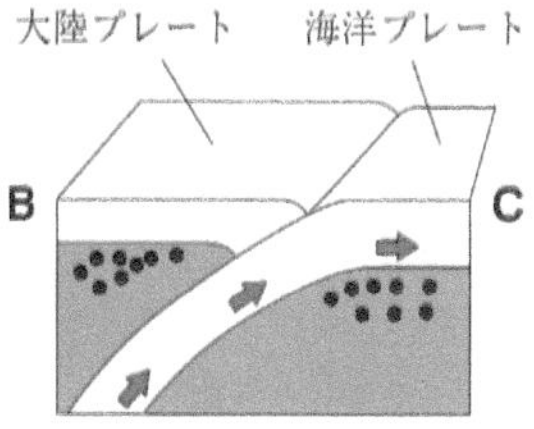

ウ
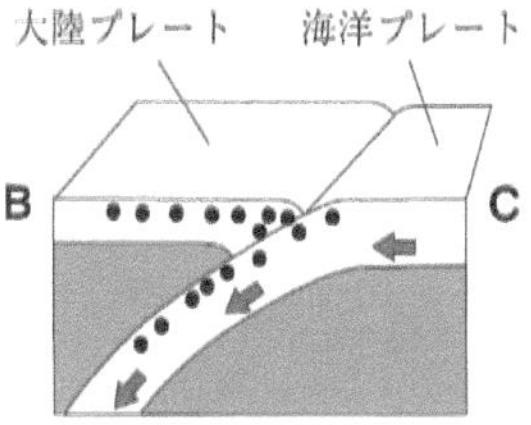

エ
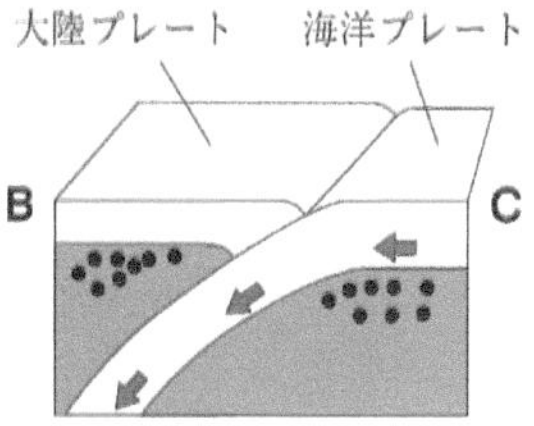

〔問7〕 下線部④について，ある火山の溶岩を観察したところ，長石《ちょうせき》や角閃石《かくせんせき》などの斑晶《はんしょう》を含む斑状《はんじょう》組織がみられた。斑状組織を表すスケッチは次のa，bのどちらか。また，この溶岩をつくる岩石の名称は何か。スケッチと岩石の名称の組み合わせとして最も適切なものを，下のア～エの中から1つ選んで，その記号を書きなさい。

a
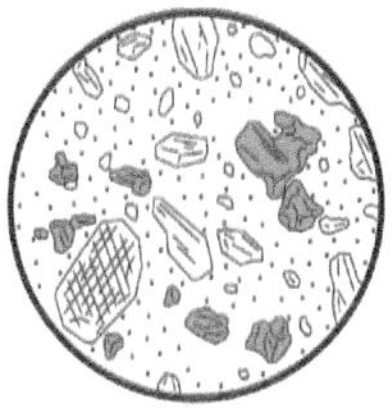

b
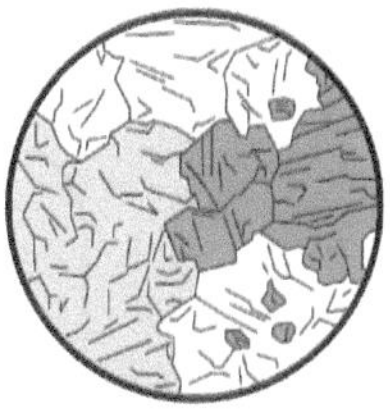

	スケッチ	岩石の名称
ア	a	安山岩
イ	a	花こう岩
ウ	b	安山岩
エ	b	花こう岩

〔問8〕 下線部⑤について，溶岩の破片や火山灰が，高温の火山ガスとともに，高速で山の斜面を流れ下る現象を何というか，書きなさい。

4 金属と水溶液の反応に関する**実験Ⅰ**，**実験Ⅱ**を行った。あとの〔**問1**〕～〔**問8**〕に答えなさい。

実験Ⅰ 「亜鉛にうすい塩酸を加える実験」

(i) **図1**のように，試験管**A**に①亜鉛を入れ，うすい②塩酸を加えて気体を発生させた。はじめに出てきた気体を試験管1本分捨てたあと，試験管**B**に気体を集め，水中でゴム栓をしてとり出した。

(ii) **図2**のように，試験管**B**の口に火のついたマッチを近づけ，試験管**B**のゴム栓を外すと，音を立てて燃えた。

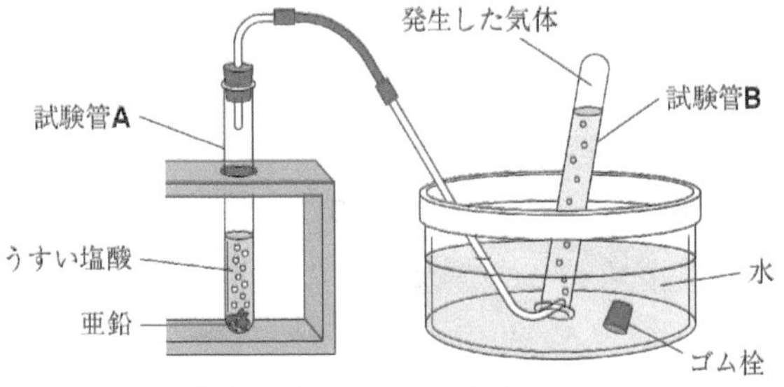

図1 気体を集めているようす

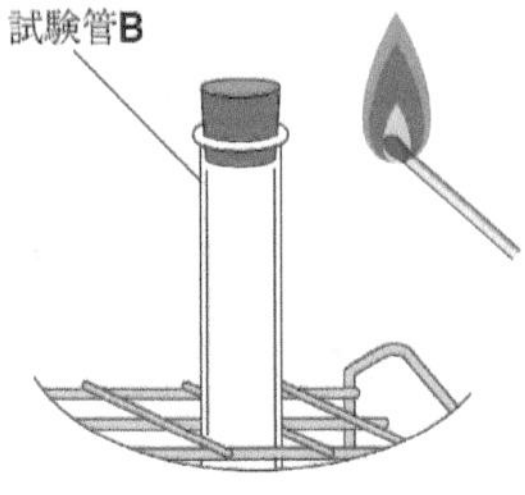

図2 マッチの火を近づけるようす

実験Ⅱ 「化学電池のしくみを調べる実験」

(i) うすい硫酸亜鉛水溶液を入れたビーカーに亜鉛板を入れた。

(ii) (i)で用意したビーカーに硫酸銅水溶液と銅板を入れたセロハンチューブを入れ，**図3**のような化学電池をつくった。

(iii) **図4**のように(ii)でつくった化学電池と光電池用のプロペラつきモーターを導線でつなぎ，しばらく電流を流して，プロペラの動きとそれぞれの金属板のようすを観察した。

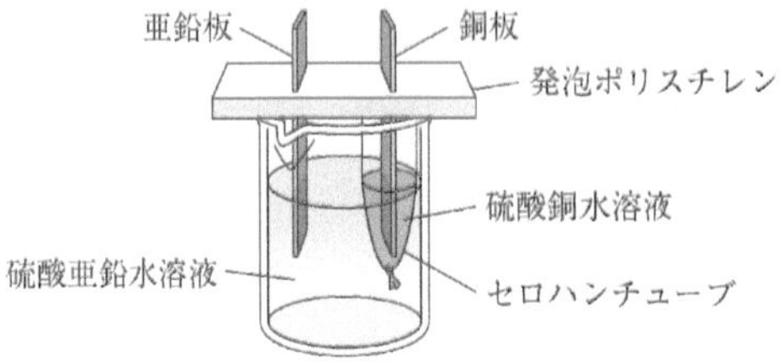

図3 化学電池

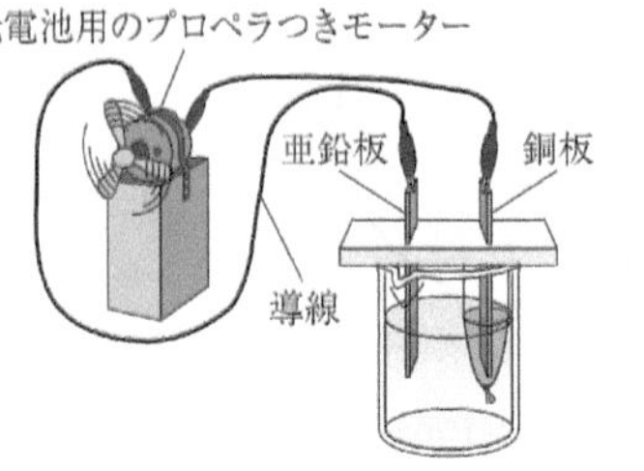

図4 化学電池で電気エネルギーをとり出すようす

〔**問1**〕 **実験Ⅰ**の下線部①について，亜鉛は金属である。金属に共通する性質として適切なものを，次の**ア**～**エ**の中からすべて選んで，その記号を書きなさい。

ア 磁石につく。

イ 熱を伝えにくい。

ウ 電気をよく通す。

エ みがくと特有の光沢が出る。

〔**問2**〕 **実験Ⅰ**の下線部②について，塩酸は塩化水素が水にとけた水溶液である。次の式は，塩化水素が電離しているようすを化学式を使って表している。 X ， Y にあてはまるイオンの化学式を書きなさい。

HCl　→　[X]　+　[Y]

〔問３〕 **実験Ⅰ**について，**図１**の気体の集め方は，どのような性質をもった気体を集めるのに適しているか，簡潔に書きなさい。

〔問４〕 **実験Ⅰ**で発生した気体と同じ気体が発生する実験として最も適切なものを，次の**ア**～**エ**の中から１つ選んで，その記号を書きなさい。

ア　うすい水酸化ナトリウム水溶液を電気分解する実験。

イ　酸化銀を熱分解する実験。

ウ　炭酸水素ナトリウムにうすい塩酸を加える実験。

エ　二酸化マンガンにうすい過酸化水素水を加える実験。

〔問５〕 **実験Ⅱ**について，**図３**の化学電池のしくみは，約200年前にイギリスの科学者によって発明された。発明した科学者の名前がつけられたこの電池の名称を書きなさい。

〔問６〕 **実験Ⅱ**について，硫酸亜鉛や硫酸銅のように，水にとけると水溶液に電流が流れる物質を何というか，書きなさい。

〔問７〕 **実験Ⅱ**(ⅲ)について，亜鉛板や銅板の表面での反応のようすと電流の向きや電子の移動の向きを模式的に表した図として最も適切なものを，次の**ア**～**エ**の中から１つ選んで，その記号を書きなさい。ただし，電流の向きを➡，電子の移動の向きを⇨，電子を⊖，原子がイオンになったり，イオンが原子になったりするようすを→で表している。

ア

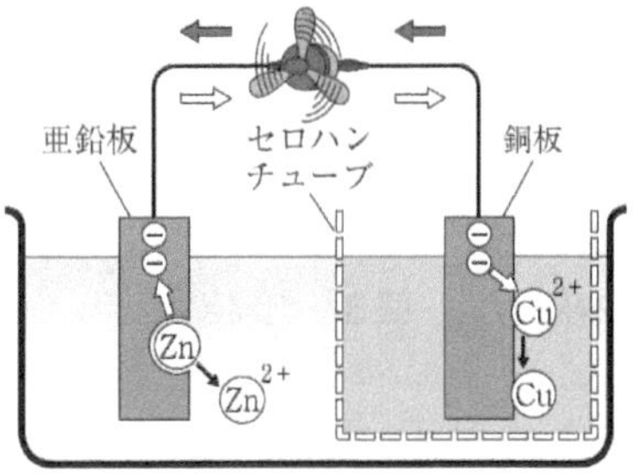

イ

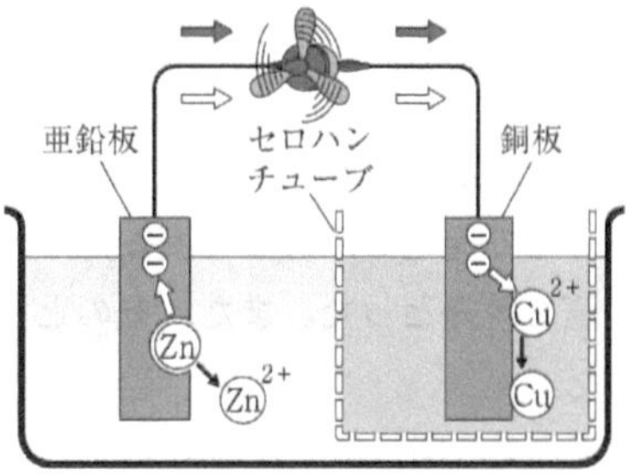

ウ

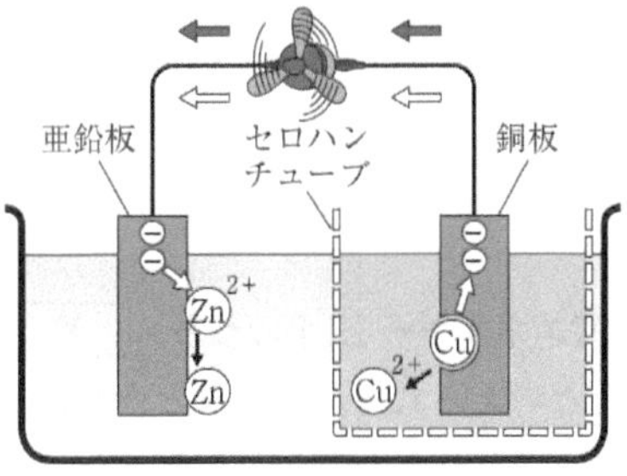

エ

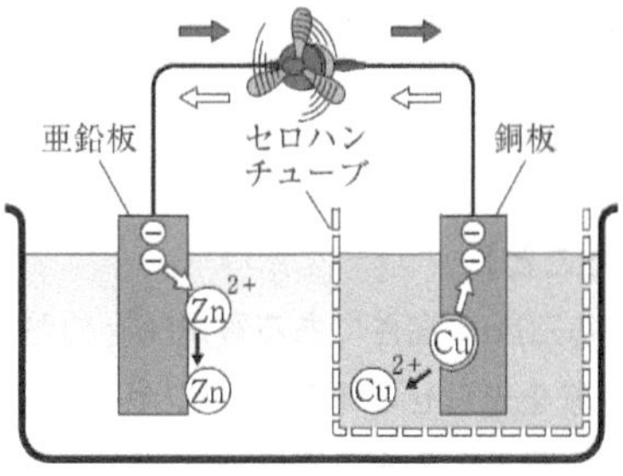

〔問８〕 次の文は，**実験Ⅱ**におけるセロハンチューブの役割を説明したものである。[Z] にあてはまる適切な内容を簡潔に書きなさい。ただし，「**イオン**」という語を用いること。

セロハンチューブには，２種類の水溶液がすぐに混ざらないようにする役割と，[Z] ことで電流を流し続ける役割がある。

5 仕事やエネルギーに関する**実験Ⅰ**～**実験Ⅲ**を行った。次のページの〔問1〕～〔問7〕に答えなさい。ただし，質量100gの物体にはたらく重力の大きさを1Nとし，実験で用いる糸やばねばかりの質量，糸の伸び，台車と斜面の間の摩擦はないものとする。

実験Ⅰ　「仕事について調べる実験」

(i)　質量500gの台車を，真上にゆっくりと一定の速さで，30cmそのまま引き上げる①仕事を行った（**図1**）。

(ii)　質量500gの台車を，なめらかな斜面に沿って平行に60cm引き，もとの高さから30cmの高さまでゆっくりと一定の速さで引き上げる仕事を行った（**図2**）。

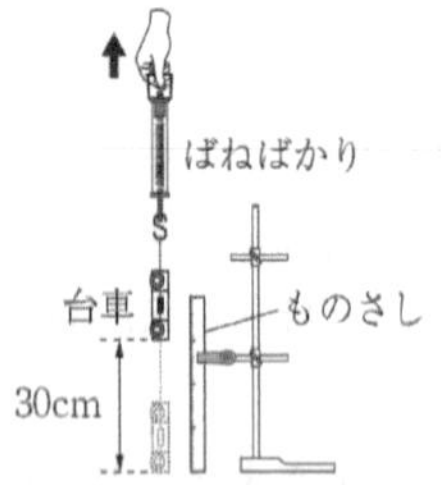

図1　そのまま引き上げる場合の仕事

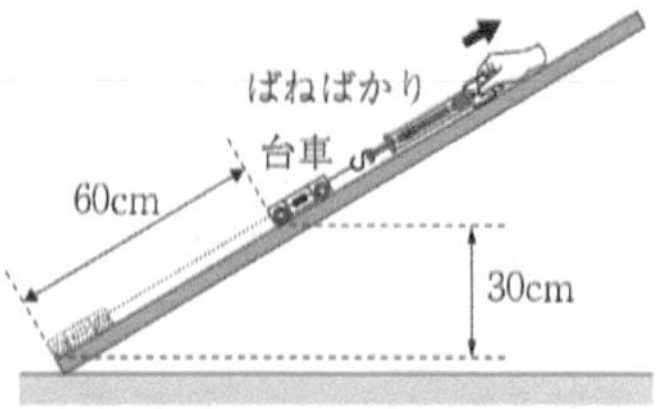

図2　斜面を使う場合の仕事

実験Ⅱ　「エネルギーの変換について調べる実験」

(i)　床から2.0mの高さに設置された台に滑車つきモーターを固定し，豆電球，電流計，電圧計を使って**図3**のような回路をつくり，滑車に質量55gのおもりを糸でとりつけた。

(ii)　おもりを床から2.0mの高さまで巻き上げた後，床まで落下させて発電し，ある程度安定したときの電流と電圧の値を読みとった。また，そのときの落下時間も測定した。

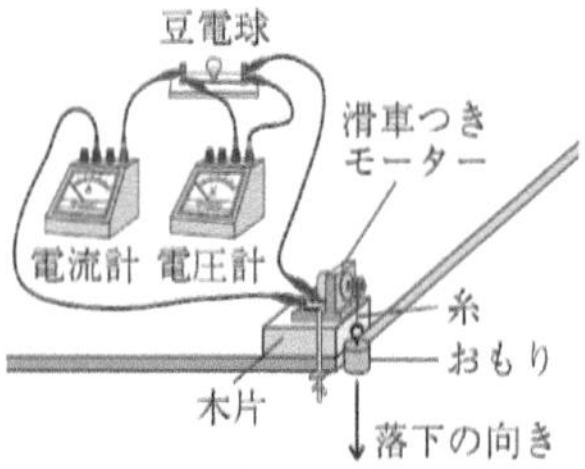

図3　実験装置

(iii)　(ii)の操作を5回行い，測定結果の平均値を**表1**にまとめた。

表1　実験結果

電流〔A〕	電圧〔V〕	落下時間〔s〕
0.2	1.1	1.4

【わかったこと】

床から2.0mの高さにある質量55gのおもりの位置エネルギー1.1Jのうち，**X** %が豆電球を光らせる電気エネルギーに変換されたと考えられる。このことから，②おもりの位置エネルギーがすべて電気エネルギーに変換されないことがわかった。

実験Ⅲ　「小球の位置エネルギーと運動エネルギーについて調べる実験」

(i)　レールを用意し，小球を転がすためのコースをつくった（次のページ**図4**）。

(ii)　**BC**を高さの基準（基準面）として，高さ40cmの点**A**より数cm高いレール上に小球を置き，斜面を下る向きに小球を指で押し出した。小球はレールに沿って点**A**，点**B**，点**C**の順に通過して最高点の点**D**に達した。

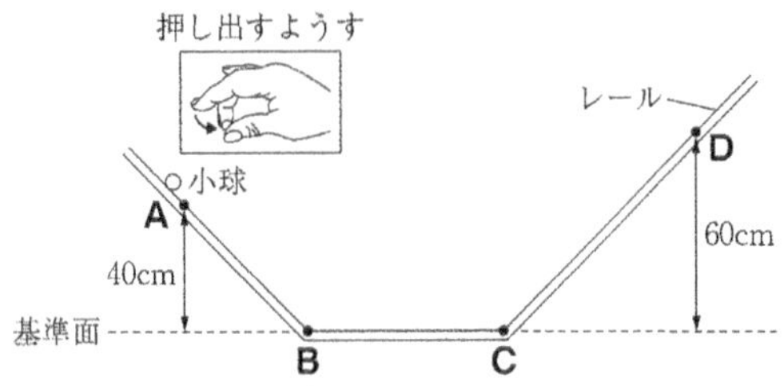

図4　小球が運動するコース

〔**問1**〕　**実験**Ⅰの下線部①について，仕事の単位には「J」を用いる。この単位のよみをカタカナで書きなさい。

〔**問2**〕　**実験**Ⅰ(ii)のとき，ばねばかりの示す力の大きさは何Nか，書きなさい。

〔**問3**〕　**実験**Ⅰ(ii)の仕事にかかった時間は(i)のときの時間に対して2倍の時間であった。(ii)の仕事率は(i)の仕事率の何倍か。最も適切なものを，次の**ア**～**オ**の中から1つ選んで，その記号を書きなさい。

ア　$\frac{1}{4}$倍　　**イ**　$\frac{1}{2}$倍　　**ウ**　1倍　　**エ**　2倍　　**オ**　4倍

〔**問4**〕　**実験**Ⅱの【**わかったこと**】の X にあてはまる適切な数値を書きなさい。

〔**問5**〕　**実験**Ⅱの下線部②について，その理由を「おもりの位置エネルギーの一部が」という言葉に続けて簡潔に書きなさい。

〔**問6**〕　**実験**Ⅱについて，位置エネルギーを利用して電気エネルギーを生み出す発電方法として最も適切なものを，次の**ア**～**エ**の中から1つ選んで，その記号を書きなさい。

ア　火力発電　　**イ**　原子力発電　　**ウ**　水力発電　　**エ**　風力発電

〔**問7**〕　**実験**Ⅲについて，次の(1)，(2)に答えなさい。

(1)　位置エネルギーと運動エネルギーの和を何というか，書きなさい。

(2)　**図5**は，レール上を点**A**～点**D**まで運動する小球の位置エネルギーの変化のようすを表したものである。このときの点**A**～点**D**までの小球の運動エネルギーの変化のようすを，解答欄の図にかき入れなさい。ただし，空気の抵抗や小球とレールの間の摩擦はないものとする。

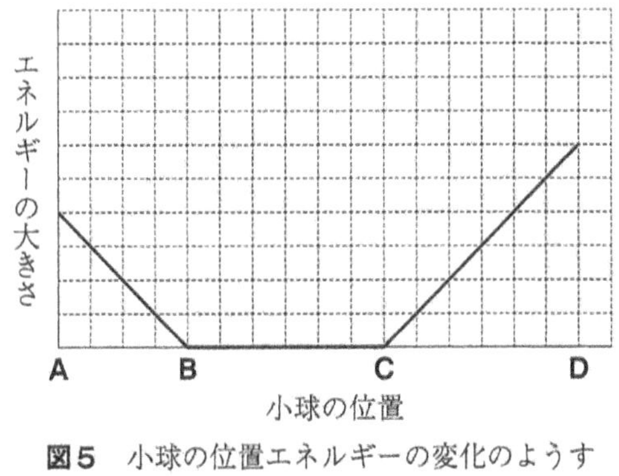

図5　小球の位置エネルギーの変化のようす

＜社会＞ 時間 50分 満点 100点

1 良夫さんのクラスでは，世界の諸地域の中からグループごとに１つの州を選び，その特色についてまとめることにしました。２つのグループが，それぞれ選んだ州の**略地図Ⅰ**，**Ⅱ**を見て，〔**問１**〕～〔**問６**〕に答えなさい。

略地図Ⅰ

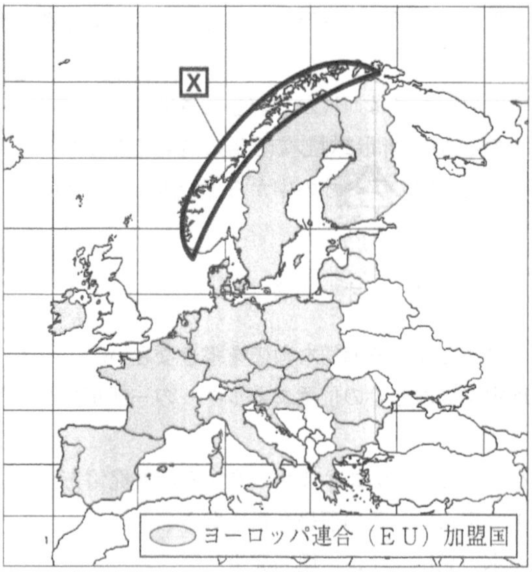

略地図Ⅱ

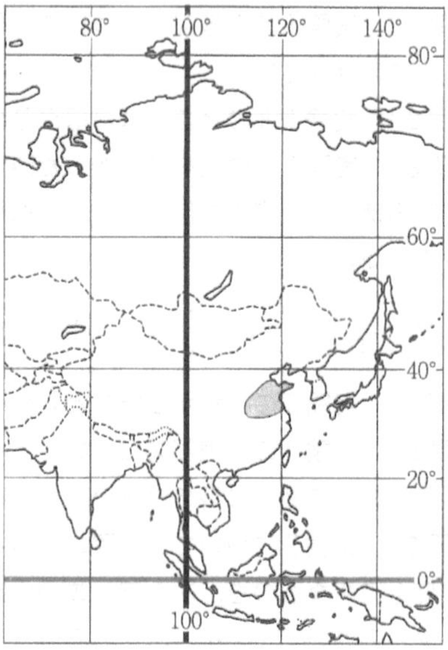

〔**問１**〕 **略地図Ⅰ**中の X で示された地域の沿岸部に見られる，氷《ひょう》河《が》によってけずられた谷に海水が深く入りこんだ地形を何といいますか，書きなさい。

〔**問２**〕 **図１**は，**略地図Ⅰ**で示されたヨーロッパ州の国の言語を，大きく３つに分類して表したものです。**図１**中の Y にあてはまる語を書きなさい。

図１

ゲルマン系言語	… 英語、ドイツ語、ノルウェー語など
Y 系言語	… フランス語、イタリア語、スペイン語など
スラブ系言語	… ロシア語、ポーランド語、ブルガリア語など

〔**問３**〕 **略地図Ⅰ**で示されたヨーロッパ連合（ＥＵ）加盟国において，ＥＵの成立は人々の生活に大きな変化をもたらしました。多くのＥＵ加盟国で起こった変化の１つを，「**パスポート**」という語を用いて，簡潔に書きなさい。

〔**問４**〕 **略地図Ⅱ**中の ⬭ で示された地域は，中国が世界第１位の生産量をあげている，ある穀物の主要な生産地域を表しています。この穀物の説明として適切なものを，あとの**ア**～**エ**の中から１つ選び，その記号を書きなさい。

ア アジア州で生産されるほか，ブラジルではバイオ燃料の原料として盛んに生産されている。

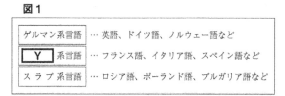

イ　アジア州とヨーロッパ州で約８割が生産され，世界各地で人々の主食の原料となっている。

ウ　アジア州や南アメリカ州などの熱帯地域で，輸出作物として大規模に生産されている。

エ　アジア州の降水量が多い平野部を中心として，世界の約９割が生産されている。

〔**問５**〕　**図２**は，**略地図Ⅱ**中で示された東経100度線上での緯度ごとの気候区分を模式的に表したものです。**図２**中の A ～ C にあてはまる気候区分を，下の**ア**～**ウ**の中からそれぞれ１つ選び，その記号を書きなさい。

図２

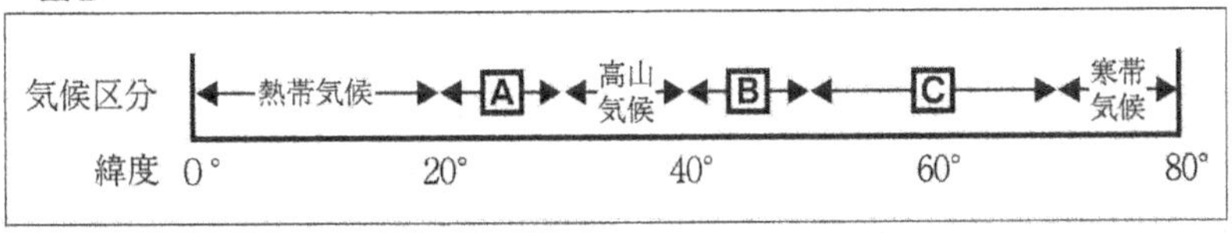

ア　乾燥帯気候　　**イ**　温帯気候　　**ウ**　冷帯気候

〔**問６**〕　**図３**は，**略地図Ⅱ**で示されたアジア州の主な国の2001年から2019年におけるＧＤＰ（国内総生産）の推移を，**表**は，アジア州における2019年の自動車生産台数の上位５か国を表したものです。**図３**中と**表**中の Z にあてはまる国名を書きなさい。

図３

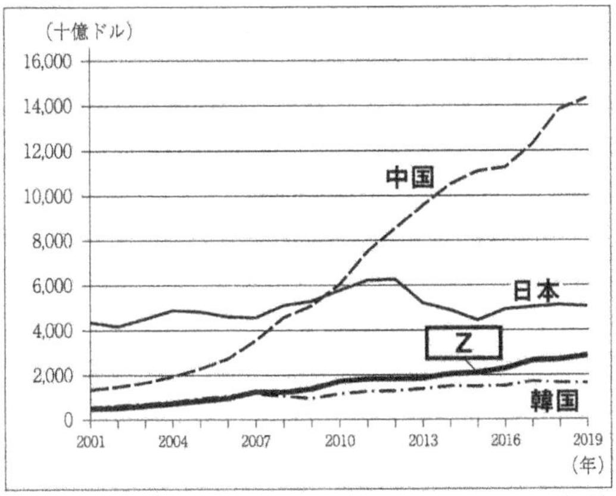

（国際通貨基金資料から作成）

表

国名	自動車生産台数（千台）
中国	25,751
日本	9,685
Z	4,524
韓国	3,951
タイ	2,014

（「世界国勢図会2021/22」から作成）

2　明子さんのクラスでは，グループごとに日本の諸地域の１つを取り上げ，その地域に関係する１枚の写真をもとにその特徴をまとめることにしました。あとのⅠ，Ⅱのカードは，生徒がまとめたものの一部です。これらを読み，〔**問１**〕～〔**問６**〕に答えなさい。

Ⅰ 北海道地方	写真	本文
Ⅰ 北海道地方	 ウポポイ	ⓐ北海道は，もともと先住民族であるアイヌの人々が住んでいた土地でした。明治時代になって，明治政府はこの地に，［　　］という役所を置き，移住者を多く集め，欧米のⓑ農業に学んで農耕地を広げました。それとともにアイヌの人々の土地を奪い，同化政策を進めました。現在，政府は法整備によりアイヌ文化の振興に取り組み，2020年にはアイヌ文化の復興・発展のための拠点としてウポポイ（民族共生象徴空間）を開設しました。

Ⅱ 中部地方

北陸の豪雪

中部地方の日本海側にある北陸は，ⓒ雪がひじょうに多く降る，世界有数の豪雪地帯です。雪は生活に困難を与えることも多いですが，人々はこの環境を工夫しながら乗り越えてきました。冬季に農家では，農作業が難しくなるため，副業が古くから発達し，ⓓ地場産業として現在まで受け継がれているものもあります。また，山岳地帯から豊富に供給される雪解け水は，ⓔ発電にも利用されています。

〔問１〕 文中の □ にあてはまる語を書きなさい。

〔問２〕 下線ⓐに関する説明として最も適切なものを，次のア～エの中から１つ選び，その記号を書きなさい。

ア 広大な平野には，日本で最大の流域面積をもつ河川が流れている。

イ フォッサマグナとよばれる，南北に帯状に広がるみぞ状の地形がある。

ウ 中央部の平野には，かつて泥炭地《でいたんち》とよばれる排水の悪いやせ地が広がっていた。

エ 南部には，シラスとよばれる古い火山の噴出物によってできた台地が広く分布している。

〔問３〕 下線ⓑに関し，北海道では，自然条件に応じて地域ごとに特色ある農業が展開されています。図１は，その特色別に４つの地域区分を表したものです。十勝《とかち》平野を含む地域を，図１中のＡ～Ｄの中から１つ選び，その記号を書きなさい。また，その地域の農業の説明として最も適切なものを，下のア～ウの中から１つ選び，その記号を書きなさい。

図１

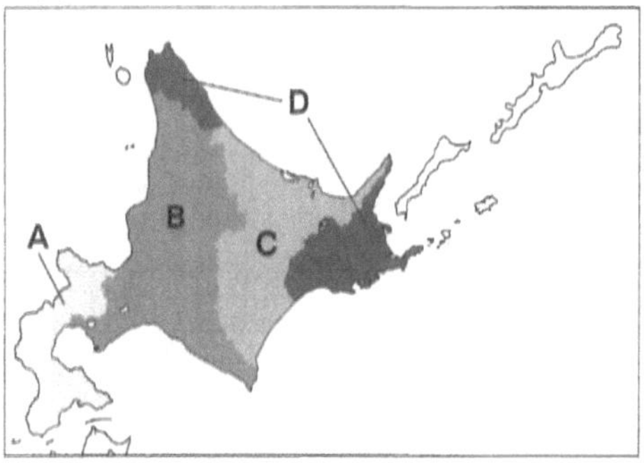

ア 稲作を中心に野菜・畑作などの農業　　イ 畑作での輪作と酪農《らくのう》を中心とした農業

ウ 酪農を中心とした農業

〔問４〕 下線ⓒに関し，次の**説明文**は，日本海側の地域で冬に雪が多く降るしくみについて述べたものです。説明文中の □ にあてはまる内容を，簡潔に書きなさい。

説明文

資料は，日本海側の地域で冬に雪が多く降るしくみを模式的に表したものです。大陸からふいてくる季節風が，日本海を渡るときに， □ ，本州の山地にぶつかって，日本海側の地域に多くの雪を降らせます。

資料

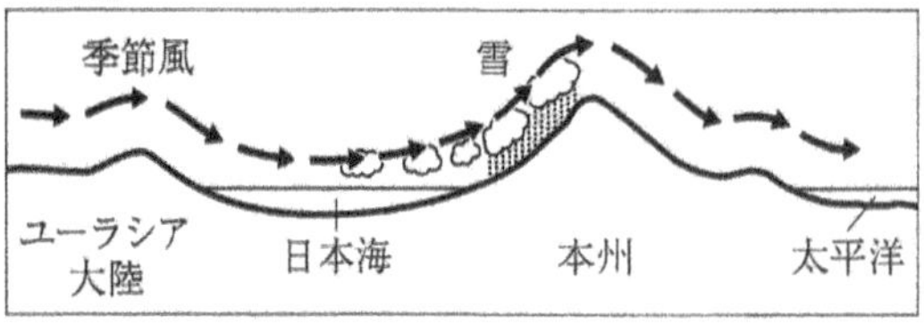

〔問５〕　下線ⓓに関し，製造技術が代々受け継がれている産業は伝統産業（伝統工業）といわれます。北陸の伝統産業（伝統工業）にあたるものを，次のア～エの中から１つ選び，その記号を書きなさい。

ア　会津塗《あいづぬり》　　イ　西陣織《にしじんおり》　　ウ　南部鉄器《なんぶてっき》　　エ　輪島塗《わじまぬり》

〔問６〕　下線ⓔに関し，図２は，日本の発電電力量の発電方法による内訳の推移を表したものです。図２中の A ～ C にあてはまる発電方法を，下のア～ウの中からそれぞれ１つ選び，その記号を書きなさい。

図２

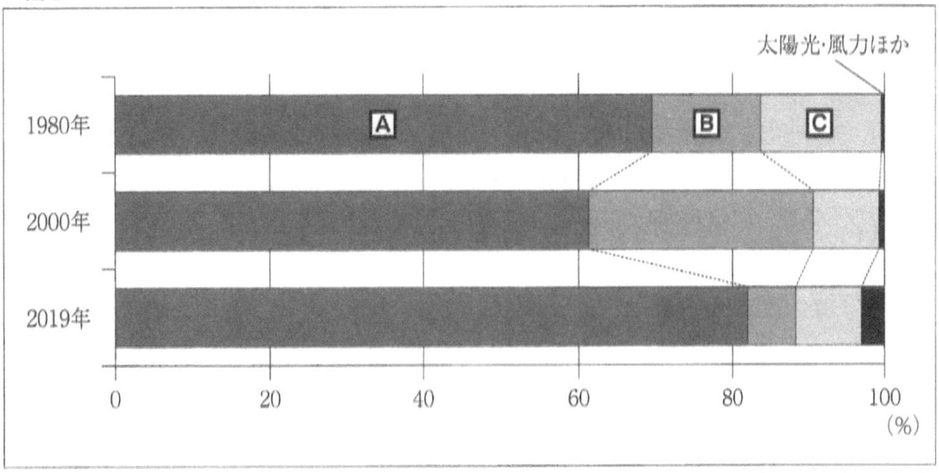

（「日本国勢図会2021/22」から作成）

ア　水力　　イ　火力　　ウ　原子力

３　次のＡ～Ｆのカードは，こうじさんが社会科の調べ学習で，文化遺産についてまとめたものの一部です。これらを読み，〔問１〕～〔問９〕に答えなさい。

Ａ　ⓐハンムラビ法典碑《ほうてんひ》

この石碑に刻まれた法典は，ハンムラビ（ハムラビ）王が，諸民族を支配するために制定しました。「目には目を，歯には歯を」という考え方が有名です。この発見により，ⓑメソポタミア文明の繁栄が明らかになりました。

Ｂ　法隆寺《ほうりゅうじ》

法隆寺は，ⓒ聖徳太子《しょうとくたいし》（厩戸皇子《うまやどのおうじ》）によって建立《こんりゅう》された，飛鳥《あすか》時代を代表する寺院です。7世紀後半に火災にあい，再建されましたが，それでも現存する世界最古の木造建築といわれています。

Ｃ　厳島《いつくしま》神社

厳島神社は，ⓓ平清盛《たいらのきよもり》によって平家《へいけ》一門の守護神として位置づけられ，信仰を集めました。その後，ⓔ鎌倉《かまくら》時代に二度の火災によって焼失しましたが，鎌倉幕府の支えもあり，そのつど再建されました。

Ｄ　鉄砲

15世紀から16世紀にかけて，ⓕヨーロッパの国々が海外に進出し，日本にはその時期に鉄砲が伝えられました。ⓖ戦国大名《せんごくだいみょう》は，鉄砲の威力に注目し，買い求めました。その結果，戦い方が変化し，全国統一の動きが加速しました。

E 唐蘭館《とうらんかん》絵巻《えまき》

この絵巻には，長崎の出《で》島《じま》で取引された交易商品の重さを量るようすがえがかれています。ⓗオランダや日本の商人が，この地で銅や砂糖などを取引していました。

F 傘連判状《からかされんぱんじょう》

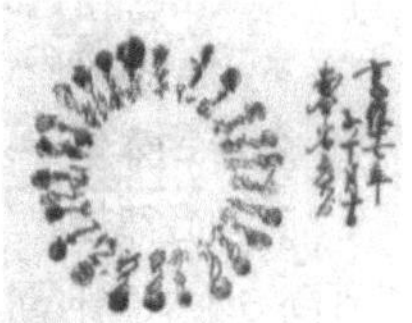

ⓘ江戸《えど》時代の農民が起こした一揆《いっき》では，誓約のしるしとして，傘連判状が作られることがありました。署名を円形にしたのは，一揆の指導者がだれかを，分からないようにするためだといわれています。

〔問１〕 下線ⓐに関し，**資料１**は，ハンムラビ法典碑の一部です。この石碑に刻まれている，メソポタミア文明で発達した文字を何といいますか，書きなさい。

資料１

〔問２〕 下線ⓑは，エジプト文明，インダス文明，中国文明とともに四大文明とよばれています。これらの文明に共通する特徴として適切なものを，次の**ア**～**エ**の中から１つ選び，その記号を書きなさい。

ア 大河《たいが》の流域で成立した。
イ イスラム教を信仰した。
ウ 東アジアで成立した。
エ 太陽暦《たいようれき》が主に用いられた。

〔問３〕 下線ⓒが，対等の立場で国交を結び，東アジアでの立場を有利にするために使者を派遣した国名と，その時派遣された人物の組み合わせとして正しいものを，次の**ア**～**エ**の中から１つ選び，その記号を書きなさい。

記号	**ア**	**イ**	**ウ**	**エ**
国名	唐《とう》	唐	隋《ずい》	隋
人物	鑑真《がんじん》	小野妹子《おののいもこ》	鑑真	小野妹子

〔問４〕 下線ⓓは，武士として初めて太政《だいじょう》大臣となりました。**資料２**は平氏《へいし》の系図の一部を示したものです。資料２からは，平氏が，その後さらに権力を強めるようになった要因の１つが読み取れます。その要因について，簡潔に書きなさい。

資料２

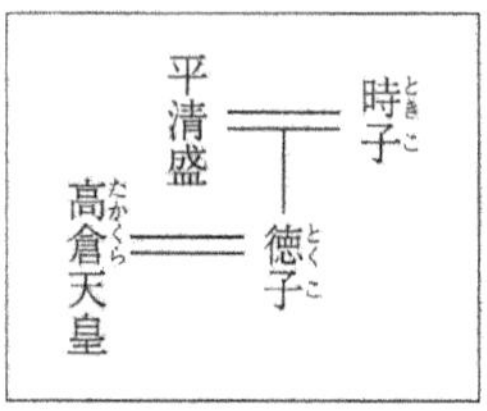

〔問５〕 下線ⓔに関し，次のページの**資料３**は東大寺南大門《とうだいじなんだいもん》にある，この時代に制作された仏像です。この仏像の名称を書きなさい。

資料３

〔問６〕 下線ⓕに関し，次の**ア**～**ウ**は，ヨーロッパ人の海外への進出について述べたものです。これらのできごとを年代の古い順に並べ，その記号を書きなさい。

ア　ラクスマンが，漂流民の引き渡しのため，根室《ねむろ》に来航した。

イ　ポルトガル人を乗せた中国船が，種子島《たねがしま》に流れ着き，日本に鉄砲を伝えた。

ウ　コロンブスが，西インド諸島に到達した。

〔問７〕 下線ⓖが，それぞれの領国を支配するために定めた法を何といいますか，書きなさい。

〔問８〕 下線ⓗは，鎖国下の日本で，貿易を許された唯一のヨーロッパの国でした。オランダが日本との貿易を許された理由を，宗教に着目して簡潔に書きなさい。

〔問９〕 下線ⓘに関し，この時代の農業や農民のくらしについて述べたものとして，最も適切なものを，次の**ア**～**エ**の中から１つ選び，その記号を書きなさい。

ア　６歳以上の男女には口分田《くぶんでん》が与えられ，その面積に応じて租《そ》を負担するようになった。

イ　米と麦を交互に作る二毛作《にもうさく》を行うようになり，草や木の灰を肥料に用いるようになった。

ウ　農具が改良され，土を深く耕すことができる備中《びっちゅう》ぐわなどが広く使われるようになった。

エ　有力な農民を中心に村ごとにまとまり，惣《そう》とよばれる自治組織を作るようになった。

4　香織さんと拓也さんは，社会科の自由研究で，授業で興味をもったテーマについて，略年表にまとめました。次の**略年表Ⅰ**，**Ⅱ**は，その一部です。これらを見て，〔**問１**〕～〔**問５**〕に答えなさい。

略年表Ⅰ

【幕末の動乱】

1853年	ⓐペリーが来航する
1858年	日米修好通商条約《にちべいしゅうこうつうしょうじょうやく》が締結される 安政《あんせい》の大獄《たいごく》がはじまる
1860年	江戸城の桜田門外《さくらだもんがい》で，大老の井伊直弼《いいなおすけ》が暗殺される
↕ X	
1868年	旧幕府は，戦うことなく新政府軍に江戸城を明けわたす

略年表Ⅱ

【戦後日本の復興】

1945年	ポツダム宣言を受諾し降伏する
1946年	ⓑ戦後初の衆議院議員総選挙が行われる 日本国憲法が公布される
1955年	ⓒ日本の経済水準が戦前の水準に回復する
↕ Y	
1964年	東京オリンピック・パラリンピックが開催される

〔問１〕 下線ⓐに関し，1853年に来航した場所の地名を，次のア～エの中から１つ選び，その記号を書きなさい。また，その地名の位置を，図中の A ～ D の中から１つ選び，その記号を書きなさい。

ア 新潟
イ 浦賀《うらが》
ウ 兵庫（神戸）
エ 下田《しもだ》

図

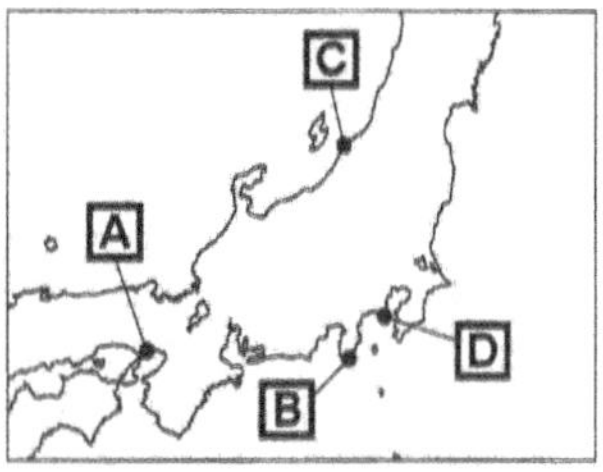

〔問２〕 次のア～ウは，**略年表**Ⅰ中の X で示した1860年から1868年の時期に起こったできごとについて述べたものです。これらのできごとを起こった順に並べ，その記号を書きなさい。

ア 朝廷が，王政復古《おうせいふっこ》の大号令《だいごうれい》を出した。
イ 徳川慶喜《とくがわよしのぶ》が，政権を朝廷に返上した。
ウ 旧幕府軍と新政府軍との間で鳥羽《とば》・伏見《ふしみ》の戦いが起こった。

〔問３〕 下線ⓑに関し，次の**説明文**は，1946年に実施された戦後初の衆議院議員総選挙について述べたものです。説明文中の □ にあてはまる文を，選挙資格に着目して簡潔に書きなさい。

説明文

資料は，1928年と1946年に実施された衆議院議員総選挙における，全人口にしめる有権者の割合を表しています。この資料から1946年の有権者の割合が，1928年の２倍以上に増えていることがわかります。それは，1946年の選挙では，選挙権が □ からです。

資料

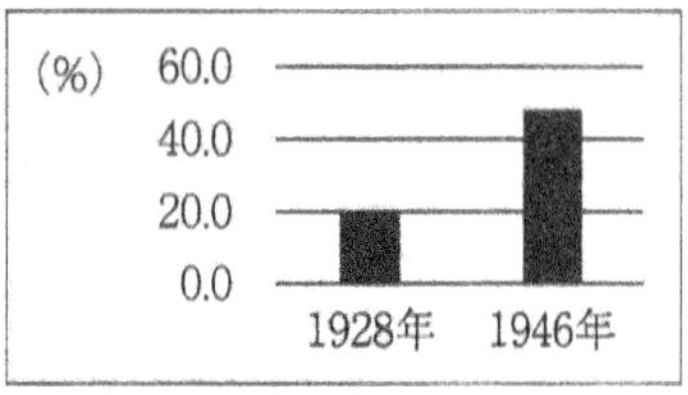

（総務省ホームページより作成）

〔問４〕 下線ⓒに関し，その主な要因となったできごとを，次の**ア～エ**の中から１つ選び，その記号を書きなさい。

ア 東海道新幹線開通
イ 国際連合加盟
ウ キューバ危機
エ 朝鮮戦争

〔問５〕 **略年表**Ⅱ中の Y で示した1955年から1964年の時期における，日本社会のようすについて述べたものとして，最も適切なものを，次の**ア～エ**の中から１つ選び，その記号を書きなさい。

ア 石油危機をきっかけに，トイレットペーパーの異常な買いだめなどのパニックが起こった。
イ 白黒テレビなどの家庭電化製品が普及するとともに，大規模な団地が建てられていった。
ウ 株式と土地の価格が異常に上がる，バブル経済とよばれる好景気が発生した。
エ 四大公害裁判で住民側が勝訴したことをきっかけに，環境庁が設置された。

5　純子さんのクラスでは，社会科の学習のまとめとして，現代社会に見られる課題の中から，テーマを設定し，そのことについて調べました。次の文は，生徒が考えたテーマとテーマ設定の理由の一部です。これらを読み，〔問１〕～〔問５〕に答えなさい。

【テーマ】私たちの意見を政治に反映させるには

【テーマ設定の理由】
直接民主制では，有権者の意見が政治に直接反映されます。しかし，有権者が多くなると，ⓐ合意をすることが困難なため，多くの国では，ⓑ選挙によって選ばれた代表者が，議会で政治を行っています。日本も，この間接民主制を採用しており，私たちはⓒ国会での話し合いに直接参加することはできません。そこで，私たちの意見を国会での話し合いに反映させるには，どうすればよいか考えることにしました。

【テーマ】情報化が進む社会でいかに生きるか

【テーマ設定の理由】
私たちは現在，大量のⓓ情報を簡単に手に入れることができます。情報化が進み，私たちの生活はより豊かで便利なものになりました。しかし，情報システムの障害で社会が混乱したり，ⓔプライバシーの権利を侵害する個人情報の流出が起こったりするなど，様々な問題も生まれています。そこで，これらの問題に対応するには，私たちはどうすればよいか考えることにしました。

〔問１〕　下線ⓐに関し，次の**説明文**は，私たちが対立を解消し，よりよい合意をするための判断基準となる考え方の１つについて述べたものです。この考え方を，下の**ア**～**エ**の中から１つ選び，その記号を書きなさい。

説明文

全体として，より少ない資源（費用や労力など）が無駄なく使われ，多くの利益を得られる結果になっているか，という考え方。

ア　効率　　**イ**　多様　　**ウ**　協調　　**エ**　公正

〔問２〕　下線ⓑに関し，次の**説明文**は，日本の選挙制度の１つである小選挙区制の特徴について述べたものです。説明文中の下線で示された語を，簡潔に説明しなさい。

説明文

小選挙区制は比例代表制に比べて，選挙区ごとに１名しか当選しないため死票が多くなります。その反面，いずれかの政党が単独で議会の過半数を獲得しやすく，政権が安定するといわれています。

〔問３〕　下線ⓒに関し，**図**は国会，内閣，裁判所の関係を表したものです。これを見て，次のページの(1)，(2)に答えなさい。

図

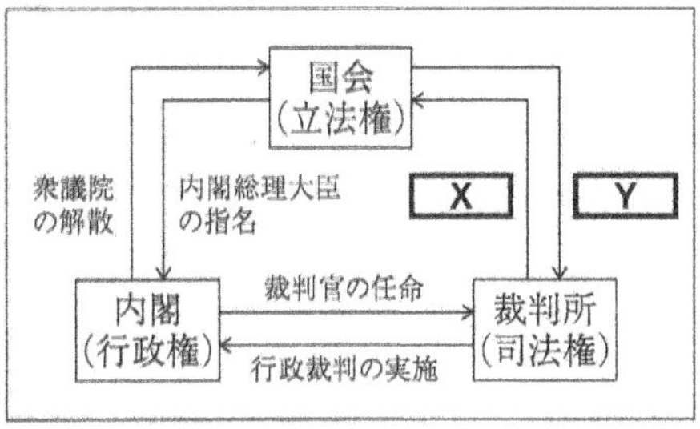

(1) 図のように，権力を立法権，行政権，司法権の３つに分け，それぞれを独立した機関が担当することで，権力のゆきすぎを抑制し合う考え方を何といいますか，書きなさい。

(2) 図中の X ， Y にあてはまる語句の組み合わせとして正しいものを，次の**ア**～**エ**の中から１つ選び，その記号を書きなさい。

ア X － 違憲審査の実施　　Y － 最高裁判所長官の指名
イ X － 国民審査の実施　　Y － 最高裁判所長官の指名
ウ X － 違憲審査の実施　　Y － 弾劾裁判所の設置
エ X － 国民審査の実施　　Y － 弾劾裁判所の設置

〔**問４**〕 下線ⓓに関し，新聞やテレビの報道などの情報をそのまま信じるのではなく，何が真実かを冷静に判断する力を何といいますか，書きなさい。

〔**問５**〕 下線ⓔに関し，次の**文**は，プライバシーの権利に関わる，ある裁判の内容について述べたものです。文中の下線で示された権利について述べたものとして，最も適切なものを，下の**ア**～**エ**の中から１つ選び，その記号を書きなさい。

文

ある作家が月刊誌に小説を発表した後に，登場人物のモデルとなった人物から，記述内容がプライバシーの権利を侵害しているとして，裁判を起こされました。この裁判では，モデルとなった人物がもつプライバシーの権利と，作家がもつ自分の作品を発表する権利のどちらの権利が優先されるかが争点となりました。

ア この権利は，憲法に定められている幸福追求権を根拠としている。
イ この権利は，自由権の１つである精神の自由（精神活動の自由）に分類される権利である。
ウ この権利を初めて規定した憲法は，ワイマール憲法である。
エ この権利に基づいて情報公開の制度が整えられた。

6 次の文は，東京2020オリンピック競技大会の開会式を見た，あやさんの家族の会話の一部です。これを読み，〔**問１**〕～〔**問５**〕に答えなさい。

父　：　ついにオリンピックが開幕したね。入場行進で多くのⓐ国や地域の代表選手団の旗手が，２人だったのを覚えているかい。

あや：　そういえば，日本は須崎《すさき》選手と八村《はちむら》選手がつとめていたね。

父　：　国際オリンピック委員会は，今大会から男女１人ずつが旗手をつとめられるように規則を変更したんだ。これは，性別による差別や不平等をなくそうというⓑジェンダー平等を進めようとしているからだよ。

母　：　かつての日本は，女性は家事と育児，男性は仕事という役割の分担があって，それがⓒ女性の社会進出を妨げる一因だったといわれているの。だから，家庭生活を含めてあらゆる分野で男女がともに責任を担い協力していくことが大切だわ。

あや：　社会科の授業で，ⓓ政府も，仕事と育児が両立しやすい環境の整備をしていると学んだよ。

父　：　ⓔ企業でも，男性も育児休暇を取りやすくするなど，様々な取り組みを進めているね。

母　：　今後も，社会全体で性別によらず，すべての人々が活躍できる環境づくりを進めていくことが必要だと思うわ。

あや：　今回のオリンピックをきっかけに，もっと女性の社会進出が進むといいな。

〔問１〕　下線ⓐに関し，他国による支配や干渉を受けないという原則が，主権国家には認められています。この原則を何といいますか，書きなさい。

〔問２〕　下線ⓑは，2015年に国連で合意された，世界が直面している様々な課題を解決するための「17の目標」に取り入れられています。この「17の目標」を何といいますか，書きなさい。

〔問３〕　下線ⓒに関し，資料は，女性解放を目指し，平塚らいてう《(ちょう)》らが設立した団体の宣言の一部です。この団体を何といいますか，書きなさい。

資料

> 元始，女性は実に太陽であった。真正の人であった。今，女性は月である。他によって生き，他の光によってかがやく，病人のような青白い顔の月である。私たちはかくされてしまったわが太陽を今や取り戻さなくてはならない。(部分要約)

〔問４〕　下線ⓓに関し，次の⑴，⑵に答えなさい。

⑴　次の**説明文**は，不景気（不況）における政府の財政政策について述べたものです。説明文中の①，②について，**ア**，**イ**のうち適切なものをそれぞれ１つ選び，その記号を書きなさい。

説明文

> 不景気（不況）のとき，政府は①｛ **ア**　増税　**イ**　減税 ｝したり，道路や上下水道などの公共事業（公共投資）を②｛ **ア**　増やし　**イ**　減らし ｝たりする。

⑵　政府が消費者を保護するために整備した，クーリング・オフとはどのような制度ですか，「**契約**」という語を用いて，簡潔に説明しなさい。

〔問５〕　下線ⓔに関し，**図**は，企業が資金を調達するしくみの１つを表したものです。図のように，企業が株式や社債を発行し，資金を調達するしくみを何といいますか，書きなさい。

図

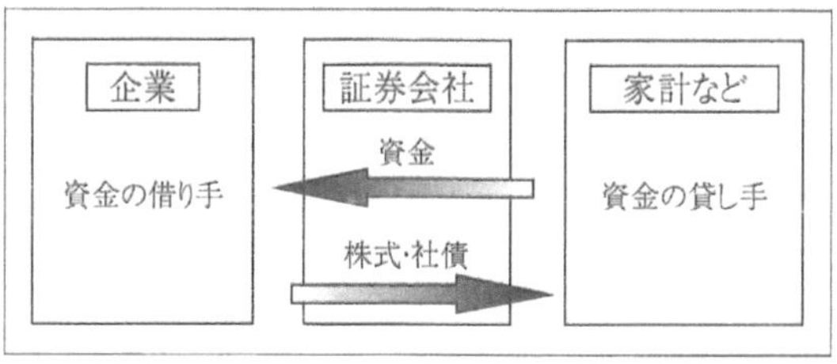

～エの中から選び、その記号を書きなさい。

ア　地産地消　　イ　自給自足　　ウ　一石二鳥　　エ　一挙両得

〔問6〕　本文中、Eそのポジションは、誰にも必要とされないものなのかもしれない　とありますが、このときの航太の気持ちを、「そのポジション」が指す内容を示した上で、八十字以内で書きなさい。

（句読点やその他の符号も一字に数える。）

四　次の文章を読んで、あとの〔問〕に答えなさい。

ともみさんの中学校では、「思いやりの気持ちをもち、自分でできることをよく考え、進んで行動する」ことを学校目標に掲げ、学級や学年でさまざまな取り組みをしています。

三年生では、環境問題についての学習の中で、地域の人たちと一緒に、海の豊かさを守ることをPRするポスターを、地域のあちこちに掲示する活動を計画しています。

今、二枚のポスターが用意されています。

ともみさんたちは、活動にあたって、この取り組みにふさわしいものを一枚選ぼうと考えています。

〔問〕　あなたは、A、Bどちらのポスターを選びますか。二枚のポスターを比較・分析した内容と選んだ理由を、次の条件にしたがって書きなさい。

［条件］

(1)　解答欄上段の□には、選んだポスターの記号を書くこと。

(2)　原稿用紙の正しい使い方にしたがって書くこと。ただし、題名や自分の氏名は書かないこと。

(3)　八行以上、十行以内であること。

A

B

燃料費、設備費、もろもろ――大きい。何もかもちまちまとしている小市堂とは、スケールが違うのだ。

　いつのまにか、二年生二人も遠巻きに三人の話を聞いていた。日向子は和彦からペットボトルと財布を受け取りながら言う。

「じゃあ、航太、結局進路はどうするの？　どこの大学に行きたいの？」

　ずばりと聞かれた航太は、言葉に詰まる。ちっぽけな島の平凡な航太として、小市堂の作業場が居場所になればいいと思っていた。和菓子は贅沢《ぜいたく》品。その贅沢品を島の人へ届けることを仕事にしたいと。あんなに楽しい美しいものを作って人の生活を豊かにすることができるのなら、こんなにいいことはないと思っていた。

　だが、航太の作る菓子を受け取る人が、いないとなれば……。

　おれのポジション。

　Eそのポジションは、誰にも必要とされないものなのかもしれない。

（森谷《もりや》　明子《あきこ》　著『南風吹く』から……一部省略等がある。）

（注）・俳句甲子園　＝毎年愛媛県で開催されている、高校生を対象とした俳句の大会。
・ポイントガード＝バスケットボールのポジションの一つ。

〔問1〕本文中、A日向子は航太の問いには答えず、そう吟じてみせた　とありますが、このとき日向子は航太の句にどのような思いをもっていたのか、その内容を、解答欄の「という思い」に続く形で、六十字以内で書きなさい。（句読点やその他の符号も一字に数える。）

〔問2〕本文中、Bこそばゆくなってくる　とありますが、この表現の意味として最も適切なものを、次の**ア**～**エ**の中から選び、その記号を書きなさい。

ア　自慢したくなってくる　**イ**　ばつが悪くなってくる
ウ　心もとなくなってくる　**エ**　照れくさくなってくる

〔問3〕本文中、C何を悶々としているわけ？　とありますが、このあと日向子たちに打ち明けた内容を読み取りながら、航太が悶々としている理由として最も適切なものを、次の**ア**～**エ**の中から選び、その記号を書きなさい。

ア　作ろうと思っている上生菓子が、父親の菓子と同じように物々交換されることがわかり、幻滅したから。
イ　小市堂に未来がないと父に言われて、はじめて父や祖母のやりくりを知った自分の甘さに気づいたから。
ウ　父に小市堂を継がなくても食べていけると言われて、未来がないのがわかり、働く意欲をなくしたから。
エ　打ち明けた内容に共感した恵一に、実は動く金の規模が違うことをどう説明したらいいか戸惑ったから。

〔問4〕本文中、D苦笑まじりにうなずいた　とありますが、このしぐさから読み取れる航太の心情として最も適切なものを、次の**ア**～**エ**の中から選び、その記号を書きなさい。

ア　自分の将来のことで悩んでいるので、同じような悩みをもつ日向子の存在が心強い。
イ　自分は気持ちを打ち明けたのに、それを聞かず一方的に話し続ける日向子が苦々しい。
ウ　日向子の気遣いは感じながらも、心の奥にある気持ちをわかってもらえずやるせない。
エ　日向子が同調してくれたことにより、不安で悩んでいた気持ちがやわらいでうれしい。

〔問5〕本文中の□にあてはまる最も適切な四字熟語を、次の**ア**

よ？　試合に出したら審査員にすっごい評価してもらえたかもしれないよ？」

二人が口々に言ってくれるのを聞いていると、航太はBこそばゆくなってくる。

「あ、つまり二人とも褒めてくれてるんだと思うけどさ……、でもあれも、ほかに何も浮かばなくて、ただ屋上に立って南風南風、って風を感じようとしていた時に、ああおれ今ここで生きてるんだって、そういうのをふっと感じただけで」

「それがいいの。今ここがおれのいる場所、そう言い切る単純さが航太のいいところじゃない」

そう言った日向子は、まっすぐ航太を見つめた。

「その単純さが取り柄の小市《おち》航太が、C何を悶々《もんもん》としているわけ？」

「いや、別に……」

航太は口ごもったが、結局二人に話す羽目になった。

「そう……。小市堂に未来はないってお父さんに言われたの……」

「実際、なかった。そういう目でうちの商売を考えたことがなかったおれが、ほんと、単細胞の甘ちゃんだったわけ。だってさ、ばあちゃん、病気になる前はちゃんと帳簿や家計簿をつけていたんだけど、それを見ると笑っちゃうほどシンプルなんだぜ」

「シンプル……？」

「入ってくる金も出る金も、少ないの。まず、店のほうはさ、ほんと、微々たる売り上げしかないんだ。毎月の材料費や光熱費を取り除くと、え、これだけ？　って誰でも驚くくらいの額。で、家計簿と照らし合わせると、うまい具合に生活費やおれにかかる費用で差し引きほぼゼロになる感じ。もっと笑っちゃったのがさ、うち、おれ結構大食いだと思ってたんだけど、毎月の食費、一万円程度なの。三人で」

「私は自分の家の食費を知らないから何とも言えないんだけど、まあ、多くはないんだろうね」

そう言う日向子に、航太はD苦笑まじりにうなずいた。

「うん。ほとんど米代と調味料代って感じだった。あとはたぶん、魚も果物も、物々交換なんだ。野菜に関してはもらいもののほかにばあちゃんが家庭菜園やってるしさ。結局たいした金を使わないでも飯が食えるんだ」

「はあ……、すごい［　　］だね」

「もっと笑えること教えてやろうか。時々夕食に鯛《たい》の刺身とかが出てたけど、今思えばいつも、親父《おやじ》が上生菓子を作る日だった。あ、焼き魚やアラ煮なんかはその翌日にもあったけど」

「はあ……」

もう一度日向子がため息のような返事をした。「それってつまり……」

「そう。親父の上生菓子が鯛に化けたわけ」

「それはそれで、いいじゃないか」

それまで黙っていた恵一が口を挟む。

「そんなこと言ったら、おれのうちだって金を出して食料買ってないのかもしれないぞ。食っている魚は当然市場へ出せない半端《はんぱ》ものだし、そう言えばうちも、もらいものは一杯あるな。親父もおふくろも、新鮮なうちにって配りまくってるから、きっとお返しがどっさり来るんだ」

「それでも、動く金の規模が違うよ」

どう言えば恵一にわかるだろう。漁師の家は、たしかに天候に左右される不安定さはあるものの、基本、大儲《もう》けを期待できる。当たれば大金が転がり込む。もちろん、出て行く金のほうも――船の維持費、も適切なものを、次のア～エの中から選び、その記号を書きなさい。

ア　行書が読めない人がいることも考えて書くため、ひらがなはやや大きめに書くとよい。

イ　どんな場面でも正しく字を書くため、ひらがなは省略や変化をさせず丁寧に書くとよい。

ウ　配列を整えて書くため、行書の特徴に気をつけて筆脈を意識し、全部つなげて書くとよい。

エ　行書に調和するひらがなを書くため、ひらがなの始筆や終筆の方向を変化させて書くとよい。

(4)　文中の［Ⅱ］には、状態を表す形容詞が入ります。筆者の解説の文意にふさわしい語を、文中から抜き出し、直後の「散ってしまい」に続く形で書きなさい。

［二］　※問題に使用された作品の著作権者が二次使用の許可を出していないため、問題を掲載しておりません。

(出典：本川《もとかわ》　達雄《たつお》　著『生物学的文明論』から)

［三］　次の文章は、※俳句甲子園への出場を果たした航太《こうた》たち文芸部員が、地方大会の決勝戦に向けて作った俳句について話をしている場面です。これを読んで、〔問1〕～〔問6〕に答えなさい。

※印には（注）がある。

日向子《ひなこ》が言った。

「ねえ、航太、覚えてる？　あんたが地方大会の決勝戦に作った句」

突然だったが、航太は素直に答えた。

「もちろん覚えてるけど？」

今ここがおれのポジション南風《みなみ》吹く

これが、航太の句だ。試合には使われなかったけど。

「だけど今頃、なんで？」

「『今ここがおれのポジション南風吹く』」

A日向子は航太の問いには答えず、そう吟じてみせた。

「みんなで話し合って、義貞《よしさだ》先生にも意見してもらって、結局航太のこの句、試合には使わないことにしたんだよね」

「うん」

それで当たり前だと思った。自分への迷いを詠《よ》んだ日向子の句や、島の高みから見た海を感じさせる和彦《かずひこ》の句に比べたら、なんと言うか、幼稚な感じなのは自分でもわかっていたから。

「だけど、この句、妙に心に残りはしたんだよな」

恵一《けいいち》が、反対側からそう口を挟んだ。「『おれのポジション』って言い方は、たしかにあんまり俳句らしくはないし、『今ここ』っていうのも、なんか、J－POPあたりで使い古されたベタな感じがする。だけど、これを聞いた時、ぱっと、バスケットコートの中で※ポイントガードを務めている航太の姿が浮かんで、ああ、いいなと思ったのは本当だ。だから迷ったんだが……。正直、審査員にどう評価されるか、読みにくい句だとも思ったしな」

日向子が体を乗り出した。

「うん、そう！　私も、この句は残ったんだよ！　絶対に汗びっしょりかいて大声出して、気持ちよさそうに走っているんだろうな航太、ってそこまでひとつづきの景が浮かんだの。恵一の言うとおり安全策を取って、使わずに終わっちゃったけどね。でも、わからない

＜国語＞

時間　五〇分　満点　一〇〇点

一　次の〔問1〕～〔問3〕に答えなさい。

〔問1〕　次の①～⑧の文の――を付した、カタカナは漢字に直して書き、漢字は読みがなをひらがなで書きなさい。

① 太陽の光をアビる。　② 記録をチヂめる。

③ 要人をゴエイする。　④ 永年のコウセキをたたえる。

⑤ 彼とは相性がよい。　⑥ 現実との隔たりを感じる。

⑦ 至福の時間を過ごす。　⑧ 仰天の結末を迎える。

〔問2〕　次の文章を読んで、あとの(1)、(2)に答えなさい。

　故郷から届いたたくさんのみかんを、受験で頑張っているあおいさんにもおすそ分けしようと思います。そこで、次のような言葉を添えて持っていくことにしました。

「和歌山のおいしいみかんです。勉強の合間に、どうぞいただいてください。」

　厳しい寒さもどうやらもうすぐ終わ□そうです。暖かい春が近づいています。

(1) 文中の いただいて を、適切な敬語表現に書き直しなさい。

(2) 文中の□には、ひらがな一字が入ります。次の条件①、②に合うように、それぞれあてはまるひらがなを書きなさい。

[条件]

① そのことを「人から伝え聞いた」ことを表すように。

② そのことを「自分で推測した」ことを表すように。

〔問3〕　次の古文と解説文を読んで、あとの(1)～(4)に答えなさい。
※印には（注）がある。

A色はにほへど散りぬるを　わが世誰《たれ》ぞ　I　ならむ

有為《うゐ》の奥山けふ越えて　浅さ夢見し酔《ゑ》ひもせず

　日本の歌で何が一番すぐれているか。文学的な見地から言えばいろいろあるだろうが、一番苦心して作った歌と言われたら、このBいろは歌が挙げられるだろう。七五調で※今様のような感じだが、日本語で使う主な音を全部一音ずつ使い、仏教の無常観をさりげなく取り入れているところは、ちょっと真似《まね》ができない。

　花は美しく咲いてはいても一陣の風で　II　散ってしまい、楽しく生きている人もその栄華は続くことはない。悲しいことばかりが続く人生の山を越えてきたが、それはまるでお酒を飲んで眠ったときに浅い夢をみたかのようにいま思えばはかないものだ、という意味である。

（金田一《きんだいち》　春彦《はるひこ》　著『心にしまっておきたい日本語』から……一部省略等がある。）

（注）・今様＝平安朝当時に流行した歌謡。

(1) 文中のA色はにほへど を現代仮名遣いに改め、すべてひらがなで書きなさい。

(2) 文中の　I　には、漢字一字が入ります。解説文を参考にしながら、あてはまる漢字を書きなさい。

(3) 文中、Bいろは歌 とありますが、この歌を行書とひらがなを交えて書く場合、どのようなことに気をつけるとよいですか。最

2022年度

解答と解説

《2022年度の配点は解答用紙集に掲載してあります。》

＜数学解答＞

1　〔問1〕 (1) -5　(2) $\frac{2}{3}$　(3) $7a+3b$　(4) $5\sqrt{3}$　(5) $6a+25$
〔問2〕 $x=-7,\ 2$　〔問3〕 $n=5,\ 20$　〔問4〕 $y=-2$　〔問5〕 $\angle x=125$(度)
〔問6〕 $\frac{128}{3}\pi$ (cm^3)

2　〔問1〕 $\frac{1}{12}$　〔問2〕 (1) 黄(色)　(2) 25(個)　〔問3〕 唐揚げ弁当1個の定価400円，エビフライ弁当1個の定価450円(求める過程は解説参照)　〔問4〕 (1) (Ⅰ) イ　(Ⅱ) ア　(Ⅲ) ウ　(2) ウ　(3) 標本を無作為に抽出したことにならないため。

3　〔問1〕 $-\frac{1}{2}$　〔問2〕 (ア) 6　(イ) 0
〔問3〕 (x座標が最も大きい座標) B$(4\sqrt{2},\ 0)$　(x座標が最も小さい座標) B$(-8,\ 0)$
〔問4〕 $y=\frac{5}{2}x+6$

4　〔問1〕 (1) $\angle$PAQ$=40$(度)　(2) $6\sqrt{3}$ (cm^2)　〔問2〕 解説参照　〔問3〕 $\frac{15}{4}$(cm)

＜数学解説＞

1　**(数・式の計算，平方根，式の展開，二次方程式，比例関数，角度，回転体の体積)**

〔問1〕 (1) **異符号の2数の和の符号は絶対値の大きい方の符号で，絶対値は2数の絶対値の大きい方から小さい方をひいた差**だから，$-9+4=(-9)+(+4)=-(9-4)=-5$

(2) **四則をふくむ式の計算の順序は，乗法・除法→加法・減法**となる。$\frac{10}{3}+2\div\left(-\frac{3}{4}\right)=\frac{10}{3}+2\times\left(-\frac{4}{3}\right)=\frac{10}{3}+\left(-\frac{8}{3}\right)=\frac{10}{3}-\frac{8}{3}=\frac{2}{3}$

(3) **分配法則**を使って，$2(2a-b)=2\times2a+2\times(-b)=4a-2b$だから，$(3a+5b)+2(2a-b)=(3a+5b)+(4a-2b)=3a+5b+4a-2b=3a+4a+5b-2b=7a+3b$

(4) $\sqrt{48}-\sqrt{3}+\sqrt{12}=\sqrt{4^2\times3}-\sqrt{3}+\sqrt{2^2\times3}=4\sqrt{3}-\sqrt{3}+2\sqrt{3}=(4-1+2)\sqrt{3}=5\sqrt{3}$

(5) **乗法公式$(a+b)^2=a^2+2ab+b^2$，$(a+b)(a-b)=a^2-b^2$**より，$(a+3)^2=a^2+2\times a\times3+3^2=a^2+6a+9$，$(a+4)(a-4)=a^2-4^2=a^2-16$だから，$(a+3)^2-(a+4)(a-4)=(a^2+6a+9)-(a^2-16)=a^2+6a+9-a^2+16=a^2-a^2+6a+9+16=6a+25$

〔問2〕 $x^2+5x-14=0$　たして$+5$，かけて-14になる2つの数は，$(+7)+(-2)=+5$，$(+7)\times(-2)=-14$より，$+7$と-2だから　$x^2+5x-14=\{x+(+7)\}\{x+(-2)\}=(x+7)(x-2)=0$
$x=-7$，$x=2$

〔問3〕 $\sqrt{\frac{20}{n}}$の値が自然数となるためには，根号の中が(自然数)^{2}の形になればいい。$\sqrt{\frac{20}{n}}=\sqrt{\frac{2^2\times5}{n}}$より，$\sqrt{\frac{2^2\times5}{5}}=\sqrt{2^2}=2$，$\sqrt{\frac{2^2\times5}{2^2\times5}}=\sqrt{1}=1$だから，このような自然数$n$は，5と$2^2\times5=20$の2つである。

〔問4〕 **yはxに反比例する**から，xとyの関係は$y=\frac{a}{x}$と表せる。$x=5$のとき$y=4$だから，$4=\frac{a}{5}$　$a=$

$4\times5=20$ xとyの関係は$y=\dfrac{20}{x}$と表せる。よって，$x=-10$のときのyの値は$y=\dfrac{20}{-10}=-2$

〔問5〕 △ODEはOD＝OEの二等辺三角形だから，$\angle DOE=180^\circ-2\angle OED=180^\circ-2\times35^\circ=110^\circ$ 弧ABCに対する中心角をa°，弧AEDCに対する中心角をb°とすると，$a^\circ+b^\circ=360^\circ$ また，**対頂角は等しい**から，$a^\circ=\angle DOE=110^\circ$ 弧AEDCに対する**中心角と円周角の関係**から，$\angle x=\dfrac{1}{2}b^\circ=\dfrac{1}{2}(360^\circ-a^\circ)=\dfrac{1}{2}(360^\circ-110^\circ)=125^\circ$

〔問6〕 **半径rの球の体積は$\dfrac{4}{3}\pi r^3$**で求められる。できる立体は半径4cmの半球だから，求める体積は$\dfrac{4}{3}\pi\times4^3\times\dfrac{1}{2}=\dfrac{128}{3}\pi$ (cm^3)

2 (確率，規則性，連立方程式の応用，資料の散らばり・代表値，標本調査)

〔問1〕 Aさんの玉の取り出し方は，1，2，3，4の4通り。そのそれぞれの取り出し方に対して，Bさんの玉の取り出し方は，Aさんが取り出した玉を除く3通り。そのそれぞれの取り出し方に対して，Cさんの玉の取り出し方は，AさんとBさんが取り出した玉を除く2通り。そのそれぞれの取り出し方に対して，Dさんの玉の取り出し方は，残った1個の玉を取り出す1通りあるから，Aさん，Bさん，Cさん，Dさんの4人の玉の取り出し方は，全部で$4\times3\times2\times1=24$(通り)。このうち，第一走者がAさんで，第四走者がDさんとなる玉の取り出し方は，(A，B，C，D)＝(1，2，3，4)，(1，3，2，4)の2通り。よって，求める確率は$\dfrac{2}{24}=\dfrac{1}{12}$

〔問2〕 (1) リングの色は，青，黄，黒，緑，赤の「5個のリングのかたまり」で繰り返すから，27番目のリングの色は，$27\div5=5$あまり2より，「5個のリングのかたまり」を5回繰り返した後の2番目のリングの色だから，黄である。

(2) $124\div5=24$あまり4より，124番目のリングは，「5個のリングのかたまり」を24回繰り返した後の4番目のリングである。「5個のリングのかたまり」の中に黒色のリングは1個あり，黒色のリングは「5個のリングのかたまり」の3番目のリングだから，124番目までに，黒色のリングは$1\times24+1=25$(個)ある。

〔問3〕 (求める過程) (例)唐揚げ弁当1個の定価をx円，エビフライ弁当1個の定価をy円とすると，$\begin{cases} x+50=y \\ 10x+0.5x\times10+20y=15000 \end{cases}$ これを解いて，$x=400$，$y=450$ よって，唐揚げ弁当1個の定価400円，エビフライ弁当1個の定価450円

〔問4〕 (1) (Ⅰ) **箱ひげ図**とは，右図のように，**最小値**，**第1四分位数**，**第2四分位数(中央値)**，**第3四分位数**，**最大値**を箱と線(ひげ)を用いて1つの図に表したものである。そして，この箱の横の長さを**四分位範囲**といい，第3四分位数から第1四分位数を引いた値で求められる。A組の四分位範囲は15冊未満であるのに対して，C組の四分位範囲は15冊を超えている。四分位範囲はA組よりC組の方が大きい。(Ⅰ)は正しくない。 (Ⅱ) A組とC組の中央値は20冊より大きいことから，A組とC組で借りた本の冊数が20冊以下である人数はそれぞれ17人以下である。これに対して，B組の中央値は20冊より小さいことから，B組で借りた本の冊数が20冊以下である人数は18人以上である。(Ⅱ)は正しい。 (Ⅲ) 借りた本の冊数に関して，A組の最大値とC組の第3四分位数は30冊以上35冊以下の範囲にあることから，A組とC組には借りた本の冊数が30冊以上35冊以下の生徒がそれぞれ少なくとも1人はいることがわかる。しかし，B組は，第3四分位数も最大値

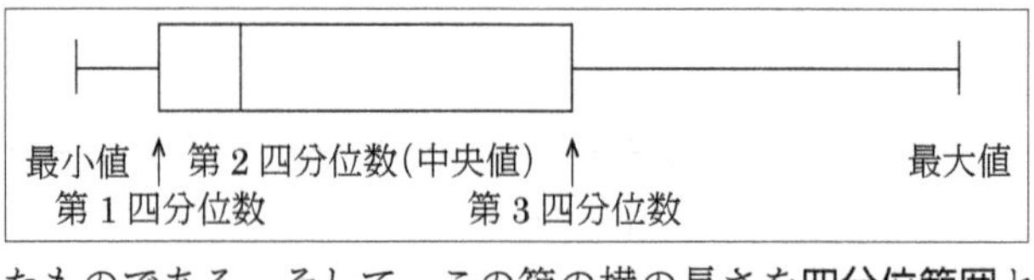

も30冊以上35冊以下の範囲にはなく，箱ひげ図からは第3四分位数から最大値の間にいる生徒の具体的な冊数はわからないから，B組には借りた本の冊数が30冊以上35冊以下の生徒が必ずいるとは判断できない。(Ⅲ)はこの資料からはわからない。

(2)　C組の箱ひげ図から，最小値は5冊以上10冊未満，第1四分位数(冊数の少ない方から9番目の生徒)は10冊以上15冊未満，第2四分位数(中央値)(冊数の少ない方から17番目と18番目の生徒の平均値)は20冊以上25冊未満，第3四分位数(冊数の少ない方から26番目の生徒)は30冊以上35冊未満，最大値は40冊以上45冊未満であることが読み取れる。これに対して，アの**ヒストグラム**は第2四分位数(中央値)が15冊以上20冊未満で適切ではない。イのヒストグラムは第1四分位数が15冊以上20冊未満で適切ではない。エのヒストグラムは最大値が45冊以上50冊未満で適切ではない。以上より，ウのヒストグラムが最も適切である。

(3)　**標本調査**の目的は，抽出した**標本**から**母集団**の状況を推定することである。そのため，標本を抽出するときには，母集団の状況をよく表すような方法で，かたよりなく標本を抽出する必要がある。

3　(図形と関数・グラフ)

〔問1〕　$y=\frac{1}{4}x^2$について，$x=-2$のとき$y=\frac{1}{4}\times(-2)^2=1$，$x=0$のとき$y=\frac{1}{4}\times 0^2=0$。よって，$x$の値が$-2$から0まで増加するときの**変化の割合**は$\frac{0-1}{0-(-2)}=-\frac{1}{2}$

〔問2〕　(ア)$=s$，(イ)$=t$とする。関数$y=\frac{1}{4}x^2$は上に開いた**放物線**であり，xの**変域**に0を含まないとき，つまり，$s<0$のとき，$x=-2$でyの値は最大になるが，$y=\frac{1}{4}\times(-2)^2=1$より，$x=-2$では最大値の9にならないから不適である。よって，$s\geqq 0$であり，$x$の変域に0を含む。このとき，$y$の変域は，$x=0$で最小値$y=0$となるから，$t=0$と決まる。また，$x$の変域の両端の値のうち絶対値の大きい方の$x$の値で$y$の値は最大になるが，$x=-2$のとき$y=1$であるから，$x=s$のとき$y=9$であり，$9=\frac{1}{4}s^2$　$s^2=36$　$s\geqq 0$より$s=\sqrt{36}=6$と決まる。

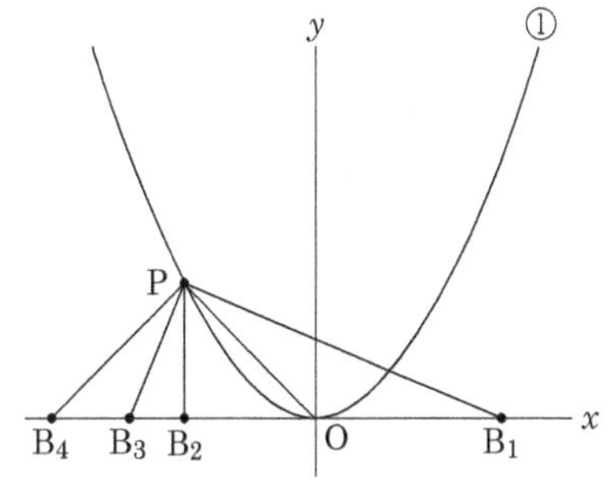

〔問3〕　点Pのx座標が-4のとき，$y=\frac{1}{4}\times(-4)^2=4$より，P$(-4,\ 4)$である。このとき，△OPBが二等辺三角形となるようなBは，右図に示すB_1～B_4の4つある。ここで，$\triangle OPB_1$は$OP=OB_1$の二等辺三角形，$\triangle OPB_2$は$OB_2=PB_2$の二等辺三角形，$\triangle OPB_3$は$OP=OB_3$の二等辺三角形，$\triangle OPB_4$は$PO=PB_4$の二等辺三角形である。ここで，(直線OPの傾き)$=\frac{0-4}{0-(-4)}=-1$より，$\angle POB_2=45°$　これより，$\triangle OPB_2$は**直角二等辺三角形で，3辺の比は1：1：$\sqrt{2}$**だから，$OP=OB_2\times\sqrt{2}=4\sqrt{2}$　x座標が最も大きい点BはB_1であり，$OB_1=OP=4\sqrt{2}$より，$B_1(4\sqrt{2},\ 0)$である。また，x座標が最も小さい点BはB_4であり，**二等辺三角形の頂角の二等分線は，底辺を垂直に二等分する**ことを考慮すると，$OB_4=2OB_2=2\times 4=8$より，$B_4(-8,\ 0)$である。

〔問4〕　△OPDと△ODCの底辺をODと考えると，△OPD：△ODC$=3:2$より，△OPD：△ODC$=\left\{\frac{1}{2}\times\mathrm{OD}\times(\text{点Pの}x\text{座標の絶対値})\right\}:\left\{\frac{1}{2}\times\mathrm{OD}\times(\text{点Cの}x\text{座標の絶対値})\right\}=3:2$　(点Pのx座標の絶対値)：(点Cのx座標の絶対値)$=3:2$　(点Pのx座標の絶対値)$=$(点Cのx座標の絶対値)$\times\frac{3}{2}=4\times\frac{3}{2}=6$　これより，点Pのx座標は-6であり，$y=\frac{1}{4}\times(-6)^2=9$より，P$(-6,\ 9)$　これ

より，(直線PCの傾き)$=\frac{4-9}{4-(-6)}=-\frac{1}{2}$　直線PCの式を$y=-\frac{1}{2}x+b$とおくと，点Cを通るから，$4=-\frac{1}{2}\times 4+b$　$b=6$　直線PCの式は$y=-\frac{1}{2}x+6$…①　また，D(0, 6)である。点Oを通り直線ACに平行な直線と，直線PCとの交点をEとすると，**平行線と面積の関係**より，(四角形OAPCの面積)＝△APC＋△OAC＝△APC＋△EAC＝△APEだから，点Aを通り，四角形OAPCの面積を2等分する直線は，△APEを2等分する。(直線ACの傾き)$=\frac{4-1}{4-(-2)}=\frac{1}{2}$　よって，直線OEの式は$y=\frac{1}{2}x$…②　点Eの座標は，①と②の連立方程式の解。これを解いて，$x=6$，$y=3$　よって，E(6, 3)　点Aを通り，△APEを2等分する直線は線分PEの中点を通る。**2点(x_1, y_1)，(x_2, y_2)の中点の座標は，$\left(\frac{x_1+x_2}{2}, \frac{y_1+y_2}{2}\right)$で求められる**ので，線分PEの中点の座標は$x=\frac{-6+6}{2}=0$，$y=\frac{9+3}{2}=6$　これは点Dと一致する。以上より，求める直線は，2点A，Dを通る直線だから，その式は$y=ax+6$とおいて，点Aの座標を代入すると，$1=a\times(-2)+6$　$a=\frac{5}{2}$　よって，$y=\frac{5}{2}x+6$

4 (円の性質，角度，面積，図形の証明，円の半径)

〔問1〕 (1) 四角形APCQの内角の和は360°だから，∠PAQ＝360°－∠APC－∠PCQ－∠AQC＝360°－(180°－∠APB)－∠PCQ－(180°－∠AQD)＝∠APB＋∠AQD－∠PCQ＝60°＋70°－90°＝40°

(2) △ABPは**30°，60°，90°の直角三角形で，3辺の比は2：1：$\sqrt{3}$** だから，$BP=\frac{AB}{\sqrt{3}}=\frac{6}{\sqrt{3}}=2\sqrt{3}$(cm)　よって，$\triangle ABP=\frac{1}{2}\times BP\times AB=\frac{1}{2}\times 2\sqrt{3}\times 6=6\sqrt{3}$(cm^2)

〔問2〕 (証明) (例)△ABPと△BCQで，仮定より，BP＝CQ…①　AB＝BC…②　∠ABP＝∠BCQ…③　①，②，③から，2組の辺とその間の角がそれぞれ等しいので，△ABP≡△BCQ　よって，∠APB＝∠BQC…④　また，△BCQは∠BCQ＝90°の直角三角形であるから，∠BQC＋∠CBQ＝90°…⑤　④，⑤より，∠APB＋∠CBQ＝90°…⑥　△BPEで，∠EPB＋∠PBE＝∠AEB…⑦　⑥，⑦より，∠AEB＝90°

〔問3〕 △ABPと△PCQで，∠BAP＝∠CPQ…①　∠ABP＝∠PCQ＝90°…②　①，②から，2組の角がそれぞれ等しいので，△ABP∽△PCQ　よって，$CQ=BP\times\frac{PC}{AB}=3\times\frac{3}{6}=\frac{3}{2}$(cm)　∠APQ＝180°－(∠APB＋∠CPQ)＝180°－(∠APB＋∠BAP)＝180°－(180°－∠ABP)＝180°－(180°－90°)＝90°　よって，**直径に対する円周角が90°**であることから，3点A，P，Qは線分AQを直径とする円の円周上にある。直径AQの長さは，**三平方の定理**を用いて，$AQ=\sqrt{AD^2+DQ^2}=\sqrt{AD^2+(DC-CQ)^2}=\sqrt{6^2+\left(6-\frac{3}{2}\right)^2}=\frac{15}{2}$(cm)　よって，3点A，P，Qを通る円の半径は$\frac{1}{2}AQ=\frac{1}{2}\times\frac{15}{2}=\frac{15}{4}$(cm)

<英語解答>

1 〔問1〕 No. 1　C　　No. 2　B　　No. 3　A　　〔問2〕 No. 1　C　　No. 2　D
〔問3〕 No. 1　C　　No. 2　C　　No. 3　A　　No. 4　D　　No. 5　B

2 〔問1〕 エ　　〔問2〕 A　ア　　B　エ　　C　ウ　　D　イ　　〔問3〕 ア

〔問4〕 (1) (例)make posters　(2) イ

3 〔問1〕 (例)How was it(?)　〔問2〕 A ア　B ウ

〔問3〕 (例)失敗から学ぶことのできる重要なことがあるということ。　〔問4〕 エ

4 (例)My favorite place is a library in my city. I like the library because it has a lot of interesting books. My friends and I often go there to borrow books.

5 〔問1〕 A イ　B エ　〔問2〕 (例)5,000枚の写真を集めてモザイク写真を作り終えること。　〔問3〕 ⓑ about a way to collect more pictures　ⓒ received some messages written by local people　〔問4〕 (例)(1) He decided to become a staff member.　(2) It was in September.　〔問5〕 ア→ウ→エ→イ

〔問6〕 (例)私たちに何ができるかを考え，努力し続ければ，目標を達成することができるということ。

＜英語解説＞

1 (リスニング)

放送台本の和訳は，48ページに掲載。

2 (長文読解問題・エッセイ：文の挿入，グラフを用いた問題，内容真偽,自由・条件英作文)

(全訳) 私たちの学校では，農業を勉強することができます。私は農業学科です。私は良い野菜，花，そして果物を育てる方法を学んでいます。私はそれらをクラスメイトと一緒に育てています。学校では，ジュースなどのような加工製品を作ることもあります。

6月に，私たちは野菜，花，果物，そして加工製品を販売し始めました。毎週金曜日，私たちの学校の近くの駅でそれらを売りました。私たちはそれらを販売した時に，そこでの売り上げを記録しました。たくさんの人たちが私たちの製品を買いに駅に来てくれた時には嬉しかったです。私は時々来てくれた人たちに私たちの製品をどう評価しているか聞きました。

毎月の終わりに，私はその月のすべての売り上げの割合を確認するために円グラフを作りました。今日は，6月と7月の円グラフをお見せします。それらの月では，私たちは野菜を最も多く販売しました。6月には，加工製品の売り上げの割合が果物と花よりも高かったです。しかし，7月には，加工製品はそれほど人気がありませんでした。6月と比較すると，果物の割合は高くなり，花の割合は同じでした。

私にとって製品を作って販売するということはすばらしい経験です。駅で，人々は私に私たちの製品について思っていることを教えてくれました。そして円グラフによって季節ごとの人気のある製品が分かります。私は今，役に立つ情報を得ることができて嬉しいです。

そして，私が皆さんに一番伝えたいことはこれです。私は学んだことを生かして私たちの製品を改善させたいのです。

〔問1〕 全訳参照。第2段落3文目に注目。エの「(由衣は)駅での売り上げを記録した」が適切。

〔問2〕 全訳参照。第3段落3文目から最後までに注目。円グラフの内容を説明している。

〔問3〕 全訳参照。第5段落の最後の一文に注目。アの「由衣はより良い製品を作りたいと思っている」が適切。

〔問4〕 (問題文訳) トム：素晴らしいスピーチでした。駅で製品を販売するのは良いアイディアですね。／由衣：はい。製品を買う時，みんな楽しそうです。だから私も嬉しくなります。／ト

ム：いいですね。私は次の金曜日に何か果物を買いたいです。／由衣：駅にいらしてください。私はより多くの人たちに来てほしいと思っています。／トム：そうですね，そのために何ができますか？　／由衣：ポスターを作ることができると思っています。／トム：それはいいアイディアですね。そうすれば，より多くの人たちが駅に来るでしょう。　(1)〔問4〕の問題文の，由衣の2番目の発言とトムの3番目の発言に注目。文脈上「より多くの人たちに来てもらうためにできること」を考えて英語で表現するのが自然。　(2)　ア　由衣は日曜日に果物を買うことができる。　イ　由衣は人々に製品を楽しんでほしいと思っている。(○)〔問4〕の問題文の由衣の最初の発言に注目。　ウ　トムは由衣のスピーチを聞いて悲しかった。　エ　トムは果物について質問がある。

3 **(会話文問題：自由・条件英作文，文の挿入，語句補充・選択，語句の解釈・指示語，内容真偽)**

（全訳）　正人：こんにちは，サラ先生。お元気ですか？

サラ：元気です！　あなたは昨日国際的なイベントに参加したそうですね。[どうでしたか]？

正人：ワクワクしました。5か国10人の外国の生徒たちが日本の生徒たちと地球上の問題について話し合うために和歌山県に来ました。

サラ：すごいですね！　$_{A}$あなたは何について話したのですか？

正人：話題は気候変動でした。私たちにはその問題を解決するいくつかの考えがありました。それは良い経験でした。

サラ：あなたは英語を上手に話します。だから外国の生徒たちと活動するのは難しくなかったと思いますよ。

正人：そうですね，僕は英語を話すのが好きです。でも去年は課題がありました。

サキ：どんな課題があったのですか？

正人：英語の授業で，僕はインターネットでオーストラリアの生徒と話しました。私たちは地球温暖化について話しました。でも順調には進みませんでした，僕が授業の前に彼らの国について何も情報を得ていなかったからです。それは僕の失敗でした。日本の文化とオーストラリアの文化は同じではないのです。

サラ：なるほど。外国の生徒たちと活動する時は$_{B}$それぞれの国に独自の文化があるということを知ることが大切ですね。

正人：僕もそう思います。昨日のイベントのために，僕はイベントに参加する5か国についての情報を集めました。僕が外国の生徒たちとうまく話すことができたのは，前もって情報を得たからです。僕たちはお互いの違いを知り，それを尊重しました。それでいくつかの良い考えをもつことができました。

サラ：いいですね！

正人：失敗から学ぶことができる重要なことがあると思います。

サラ：私もそう思います。

〔問1〕　全訳参照。空所直後の正人の発言に注目。「ワクワクしました」と答えているので，空所では「それはどうでしたか？」と質問していると考えるのが自然。

〔問2〕　全訳参照。　A　A直後の正人の発言に注目。「何について話したか」を答えているのでアが適当。　B　Bを含むサラの発言の前後の正人の発言に注目。正人は，良い話し合いをするためには，互いの文化の違いを知ることが大切だと思っていることが分かる。

〔問3〕　全訳参照。　正人の7番目の発言に注目。so は「そのように」の意味で，その前に出た言葉や内容を指す。

〔問4〕 全訳参照。 ア 正人は気候変動について話し合うためにオーストラリアに行った。 イ 正人はイベントで10か国の生徒たちと話をした。 ウ 正人はイベントの後で地球温暖化についての情報を調べた。 エ 正人は彼が参加するイベントの前に5か国について学んだ。(○) 正人の6番目の発言に注目。

4 (自由・条件英作文)

(解答例訳) (こんにちは。今日は私のお気に入りの場所についてお話します。)私のお気に入りの場所は町の図書館です。図書館が好きな理由は，興味深い本がたくさんあるからです。私の友だちと私はよくそこに本を借りに行きます。(ありがとうございました。)

5 (長文読解問題・エッセイ：文の挿入，語句の解釈・指示語，日本語で答える問題，語句の並べ換え，英問英答，文の並べ換え)

(全訳) 4月に，僕は学校で1枚のポスターを目にしました。そのポスターにはこう書いてありました，「学園祭のためのスタッフが必要です。」僕は学校生活で素敵な思い出を作りたいと思っていたので，スタッフのメンバーになることを決めました。僕は学園祭で重要な役割を果たす機会があることにワクワクしていました。

スタッフのメンバーになってから，シホという他のメンバーの1人と学園祭について話をしました。僕は言いました，「今年は，学園祭のメインテーマは‘笑顔’だよ。笑顔の写真を集めて大きな笑顔のモザイク写真を作るのはどうかな？」 シホは言いました，「いい計画ね。他のメンバーに提案しましょう。」

5月，僕は僕の案を他のメンバーに話しました。彼らはそれを気に入ってくれました。僕はとても嬉しかったです。僕たちは5,000枚の写真を集めることに決めました。

6月に，僕たちは写真を集め始めました。僕はクラスメイトにその企画について話しました。クラスメイトの1人が言いました，「それはすばらしい企画だね。A写真を撮って君に渡すよ。」クラスメイトたちは兄弟，姉妹，両親の写真を持って来てくれることもありました。しかし，6月末には，500枚しか写真がありませんでした。スタッフの1人はこう言いました，「ⓐ5,000枚の写真を集めてモザイク写真を作り終えるのは難しいよ。」僕はそれを聞いて悲しかったです。

僕はシホとⓑより多くの写真を集める方法について相談しました。彼女は言いました，「私たちの企画をインターネットで紹介した方がいいわ。ウェブサイトを作成するのはどうかしら？ もっとたくさんの人たちから写真をもらえるかもしれないわ。」

7月のはじめ，僕はウェブサイトを作成し，その企画を紹介しました。ウェブサイトを作るのはとても大変でした，僕はそれを初めてやったからです。数日後，多くの写真が届きました。僕はとても驚きました。ⓒまた，地元の人たちや卒業生によって書かれたメッセージも受け取りました。僕たちの町に住むある男性からのメッセージにはこうありました，「私の写真をどうぞ。5,000枚の写真を集めることはたやすいことではないかもしれませんが，挑戦し続ければ君たちは達成すると確信しています。」東京に住むある女性は私たちにメッセージを書いてくれました。それにはこうありました，「私はあなた方のウェブサイトをインターネットで見つけました。私はあなた方の学校の卒業生です。B写真を送ることであなた方の企画を支援できて嬉しいです。」

僕たちはついに5,000枚の写真を集めました。僕はとても嬉しかったです。多くの人たちの協力のおかげで，僕たちは大きなモザイク写真を作り終えることができました。

9月の学園祭の日，モザイク写真は学校に展示されました。多くの人がそれを楽しんでくれました。僕はたくさんの人たちを喜ばせることができてとても嬉しかったです。

そうです，僕が経験から学んだいちばん大切なことはこれです。僕たちは，何ができるかを考えて努力を続ければ，目標を達成することができるのです。

〔問1〕　全訳参照。　A　🄰前後の内容に注目。「すばらしい企画だ」といって賛成していることと，家族の写真も持って来てくれたことが書かれていることからイが適切。　B　エ以外の選択肢は本文中に書かれておらず，本文の内容とは明らかに異なっている。第5段落，第6段落の内容からエが自然。

〔問2〕　全訳参照。**<It is ～ to …>で「…することは～だ」の意。It の具体的な内容は to 以下にある。finish ～ ing ＝～することを終える**

〔問3〕　全訳参照。　ⓑ　I talked with Shiho about a way to collect more pictures. ここでの way は「方法」の意。a way to ～＝～する方法　ⓒ　I also received some messages written by local people and graduates.　**some messages をwrite の過去分詞 written（「書かれた」という受け身の意）を使って後ろから説明する文を作ればよい。（分詞の形容詞的用法）**

〔問4〕　全訳参照。　(1)　和紀は素敵な思い出を作るために何になることを決めましたか？／彼は学園祭のスタッフのメンバーになることを決めました。　第1段落3文目に注目。　(2)　学園祭はいつでしたか？／9月でした。　第8段落1文目に注目。

〔問5〕　(選択肢訳・正解順)　ア　和紀と他のメンバーは5,000枚の写真を集めることを決めた。　第3段落　→ウ　和紀はその企画を紹介するためにウェブサイトを作った。　第6段落1文目　→エ　和紀は東京に住む女性からのメッセージを読んだ。　第6段落最後から2文目　→イ　和紀と他のメンバーは大きなモザイク写真を作り終えた。　第7段落

〔問6〕　全訳参照。　最後の段落に注目。we think about what we can do ＝「私たちに(何ができるか／できること)を考える」　keep ～ing ＝～し続ける

2022年度英語　リスニングテスト

〔放送台本〕

これから英語の学力検査を行います。①番はリスニング問題で，〔問1〕，〔問2〕，〔問3〕の3つがあります。放送を聞きながら，メモをとってもかまいません。

〔問1〕は，対話の内容に合った絵を選ぶ問題です。はじめに，No. 1からNo. 3の絵を見なさい。これから，No. 1からNo. 3の順に，それぞれ対話を1回放送します。No. 1からNo. 3の対話の内容に最も合う絵を，AからDの中から1つずつ選び，その記号を書きなさい。放送は一度しか流れません。注意して聞いてください。それでは始めます。

No.1　母　親:　When is the sports day of your school this year?
　　　男の子:　It's October twelfth.

No.2　女の子:　Can you give me that book?
　　　男の子:　Yes.　Where is it ?
　　　女の子:　It's on the table.
　　　男の子:　OK.

No.3　女の子:　Look at this picture.　The two dogs are very cute.
　　　男の子:　Yes.　I think so, too.　Who is the woman?

女の子:　She is Miki, my friend.
男の子:　Oh, I see.　She has a nice bag.

これで，〔問1〕を終わります。

〔英文の訳〕

No.1　母　親：今年は学校の体育祭はいつかしら？
男の子：10月12日だよ。

No.2　女の子：あの本を取ってくれる？
男の子：いいよ。どこにあるの？
女の子：テーブルの上よ。
男の子：分かった。

No.3　女の子：この写真を見て。2匹の犬がとてもかわいいわ。
男の子：そうだね。僕もそう思うよ。その女の人は誰？
女の子：彼女はミキよ，私の友だちなの。
男の子：ああ，そうなんだね。彼女は素敵なバッグを持っているね。

〔放送台本〕

〔問2〕は，英文を聞いて，答える問題です。まず，No. 1，No. 2の問題を読みなさい。これから，No. 1，No. 2の順に，それぞれ質問と英文を放送します。質問に対する答えとして最も適切なものを，AからDの中から1つずつ選び，その記号を書きなさい。英文は2回放送します。それでは始めます。

No. 1　英語の授業を担当する田中先生が，授業の最初に英語で自己紹介をします。自己紹介の内容に合うものはどれですか。

Hello, everyone.　My name is Tanaka Yoshiko.　I've been teaching English at this school for five years.　I've lived in Wakayama City for ten years.　I like playing the guitar.　I play it almost every day.　I also like traveling overseas.　I've been to Australia three times.　I want to tell you about cultures and food in foreign countries.　Let's enjoy English class together.

No. 2　日本を訪れる予定の友人ケビンに，メモの項目についてたずねたところ，ケビンは留守番電話に回答をメッセージとして残していました。留守番電話の英語のメッセージを聞いた後，ケビンにもう一度たずねることとして最も適切なものはどれですか。

Hello. This is Kevin.　I'll arrive in Japan on August third and stay in Japan for two weeks.　I'm interested in libraries in Japan.　I want to visit some of them.　I also want to see Japanese movies with you.　I'm looking forward to seeing you.

これで，〔問2〕を終わります。

〔英文の訳〕

No.1　こんにちは。私の名前はタナカヨシコです。私はこの学校で5年間英語を教えています。私は10年間和歌山市に住んでいます。私はギターを弾くことが好きです。私はほとんど毎日ギターを弾きます。海外旅行も好きです。オーストラリアには3回行きました。皆さんに外国の国々の文化や食べ物についてお話したいです。一緒に英語の授業を楽しみましょう。
答え：C　タナカ先生はほとんど毎日ギターを弾きます。

No.2　こんにちは。ケビンです。僕は日本に8月3日に着き，日本に2週間滞在します。僕は日本の図書館に興味があります。いくつか図書館に行ってみたいです。また，君と一緒に日本の映画も見たいです。君に会えることを楽しみにしています。

答え：D　日本で何を食べたいですか？

〔放送台本〕

〔問3〕は，英語のスピーチを聞いて，答える問題です。まず，〔問3〕の問題を読みなさい。

これから，中学生の香織が英語の時間に行ったスピーチと，その内容について5つの質問を2回放送します。 No.1 から No.5 の英文が質問の答えとなるように，空欄に入る最も適切なものを，AからDの中から1つずつ選び，その記号を書きなさい。それでは始めます。

Today, I'll talk about my dream. I love judo. I've been doing judo for nine years. I started it with my brother when I was five. When I was an elementary school student, I joined a judo school. Mr. Sato was my judo teacher. He was strong and very kind. I often talked with him after practicing. I liked him.

Now, I'm a member of the judo club. I practice judo hard every day. Last year, I joined a judo tournament in our city. On that day, I met Ben for the first time. He was a boy from India. He was very strong. After the tournament, I talked to him. We talked about many things like sports and music. We became good friends.

One day, he told me about his country. He told me that there weren't many judo teachers in India. I was surprised to hear that.

I want many people to enjoy judo. We have many judo teachers in Japan, but there are some countries which need more judo teachers. I want to go to foreign countries to teach judo in the future.

Question No. 1: How long has Kaori been doing judo?

Question No. 2: Who was Mr. Sato?

Question No. 3: When did Kaori meet Ben for the first time?

Question No. 4: Why was Kaori surprised?

Question No. 5: What is Kaori's dream?

〔英文の訳〕

今日は，私の夢についてお話しします。私は柔道が大好きです。私は9年間柔道をやっています。私は5歳の時に兄と一緒に柔道を始めました。小学生の時，柔道の道場に入りました。サトウ先生は私の柔道の先生です。彼は強くてとても親切です。私はよく練習(稽古)の後彼と話をします。私は先生が好きです。

今，私は柔道部の部員です。私は毎日一生懸命柔道を稽古しています。去年，私は私たちの町の柔道選手権大会に参加しました。その日，私はベンに初めて会いました。彼はインドから来た男の子でした。彼はとても強かったです。大会の後，私は彼と話しました。私たちはスポーツや音楽のようなたくさんのことについて話しました。私たちは良い友だちになりました。

ある日，彼は私に彼の国について教えてくれました。彼は，インドには柔道の先生はあまりいないと言いました。私はそれを聞いて驚きました。

私はたくさんの人たちに柔道を楽しんでほしいと思っています。日本にはたくさんの柔道の先生がいますが，もっと多くの柔道の先生を必要としている国々もあります。私は将来外国へ行って柔道を教えたいです。

質問No. 1　香織はどのくらい柔道をしていますか？

答え　　C　彼女は9年間柔道をしています。

質問No. 2　サトウさんとは誰ですか？
答え　C　彼は香織の柔道の先生です。
質問No. 3　香織はベンといつ初めて会いましたか？
答え　A　彼女は彼に柔道選手権大会に参加した時に会いました。
質問No. 4　なぜ香織は驚いたのですか？
答え　D　彼女が驚いたのは，インドには柔道の先生があまりいないと聞いたからです。
質問No. 5　香織の夢は何ですか？
答え　B　彼女は外国の国々で柔道を教えたいと思っています。

＜理科解答＞

1　〔問1〕(1)　エ　(2)　イ　(3)　網膜　(4)　瞳の大きさ　小さくなる　記号　ア
〔問2〕(1)　二酸化炭素　(2)　イ　(3)　エ　(4)　(光が)1年間に進む距離。

2　〔問1〕(1)　生態系　(2)　イ，ウ　(3)　食物連鎖　(4)　エ　〔問2〕(1)　消化酵素[酵素]　(2)　突沸を防ぐため。　(3)　イ　(4)　a　デンプンがなくなった　b　糖ができた

3　〔問1〕マグニチュード[M]　〔問2〕活断層　〔問3〕初期微動継続時間が長いほど，震源からの距離が大きい。　〔問4〕6.0〔km/s〕　〔問5〕フィリピン海(プレート)
〔問6〕ウ　〔問7〕ア　〔問8〕火砕流

4　〔問1〕ウ，エ　〔問2〕X　H^+　Y　Cl^-　〔問3〕水にとけにくい性質。
〔問4〕ア　〔問5〕ダニエル(電池)
〔問6〕電解質　〔問7〕ア　〔問8〕イオンを通過させる

5　〔問1〕ジュール　〔問2〕2.5〔N〕　〔問3〕イ
〔問4〕28〔%〕　〔問5〕(おもりの位置エネルギーの一部が)熱や音などのエネルギーに変換されたため。　〔問6〕ウ
〔問7〕(1)　力学的エネルギー　(2)　右図

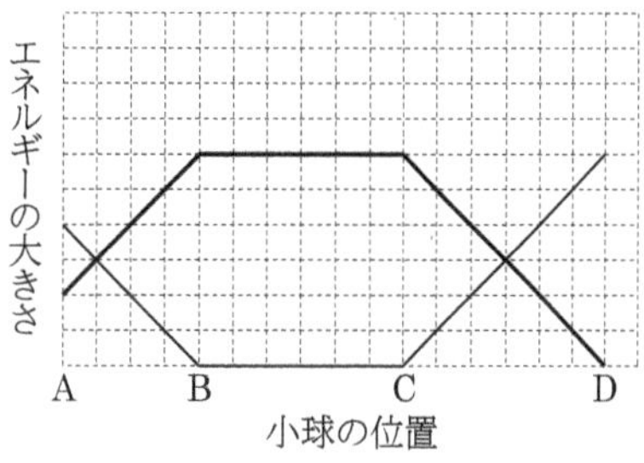

＜理科解説＞

1　**(総合問題)**

〔問1〕(1)　いろいろな物体が見えるのは，それらの物体が光を出したり，その光を反射しているためである。　(2)　手前の焦点を通って凸レンズに入射した光は，凸レンズから出たあと**光軸(凸レンズの軸)に平行に進む**。　(3)　目の中の網膜には，光の刺激を感じる感覚細胞がある。　(4)　暗いところにいるときは，目の中に多くの光を集める必要があるため瞳が大きくなるが，明るいところでは目の中に入る光を制限する必要があるため，瞳は小さくなる。

〔問2〕(1)　金星の大気のおもな成分は二酸化炭素である。　(2)　陽子2個と中性子2個からなる原子核が中心にあり，その周りを電子が2個回っている。　(3)　日本では，オリオン座は冬に見える代表的な星座である。　(4)　宇宙は広いため，「km」などの単位で表すのは困難である。そのため，「光年」などの単位が用いられる。

2　**(生物どうしのつながり，消化吸収)**

〔問1〕 (1)　ある地域の環境や，そこで暮らす生物をひとまとまりとしてとらえたものを生態系という。　(2)　有機物は，**炭素をふくむ化合物**である。酸素と水は炭素をふくまない。
(3)　生物どうしの間にある「食べる・食べられる」で1本につながった関係を，食物連鎖という。　(4)　ライオンは肉食動物なので，犬歯が非常に発達し，するどくとがっている。また，肉食動物は動物を食べているため消化が比較的容易であるが，草食動物は消化しづらい植物を食べているため，肉食動物の消化管よりも長くなっている。

〔問2〕 (1)　消化酵素は，体内に取り入れた食物を吸収できる大きさにまで分解している。胆汁は消化酵素をふくまない。　(2)　沸騰石を入れることで，突然大きな泡が出て，ふきこぼれるのを防ぐ。　(3)　Bの試験管では，デンプン溶液にだ液を加えているので，デンプンがだ液によって分解されて麦芽糖が生じている。よって，この試験管に**ベネジクト溶液を入れて熱すると，赤褐色に変化**する。　(4)　だ液を加えた試験管Aでヨウ素溶液が反応しなかったことから，試験管Aではデンプンがなくなっているが，だ液を加えなかった試験管Cではデンプンが残っている。このことから，だ液がデンプンを分解したことがわかる。また，だ液を加えた試験管Bでベネジクト溶液による反応が見られたが，水を加えた試験管Dでは変化がなかったことから，だ液のはたらきで糖ができたことがわかる。

3　**(地震，プレートの動き，火山と火成岩)**

〔問1〕　地震の規模の大きさは，マグニチュード(M)で表される。

〔問2〕　地震は，地下の地層が破壊されることで起こることがあるが，このとき，地層にできた食い違いを断層という。このうち，今後も活動する可能性があるものを特に，活断層という。

〔問3〕　初期微動が開始した時刻と，主要動が開始した時刻の差が**初期微動継続時間**である。図1から，震源からの距離が長くなると，初期微動継続時間も長くなっていることがわかる。

〔問4〕　図1から，観測した2つの地点では，初期微動が開始した時刻が12秒異なることがわかる。よって，震源からの距離の差96－24＝72〔km〕を，P波は12秒かけて伝わってきたことがわかる。このことから，P波の秒速は，72〔km〕÷12〔s〕＝6.0〔km/s〕と求められる。

〔問5〕　西日本で，大陸プレートの下に沈み込んでいる海洋プレートは，フィリピン海プレートである。

〔問6〕　日本付近では，大陸プレートの下に，海洋プレートが沈み込むような動きをしている。また，**プレートの境界面に沿って震源が分布**している。

〔問7〕　斑状組織は，粒のよく見えない石基の中に，大きな鉱物の結晶である斑晶が見られるaのつくりである。また，**安山岩は斑状組織**をもつ岩石，**花こう岩は等粒状組織**をもつ岩石である。

〔問8〕　高温の火山ガスと溶岩の破片などが高速で山の斜面を流れ下る現象を，火砕流という。

4　**(物質の性質，気体，イオンと電池)**

〔問1〕　金属は熱を伝えやすい。また，磁石につくのは，鉄などの一部の金属に見られる性質で，金属に共通している性質ではない。

〔問2〕　塩化水素HClは，水にとけると電離して，陽イオンの水素イオンと，陰イオンの塩化物イオンに分かれる。

〔問3〕　水上置換法は，水にとけにくい，または水に少しとける気体にのみ使うことができる。

〔問4〕　亜鉛にうすい塩酸を加えると，**水素**が発生する。うすい水酸化ナトリウム水溶液を電気分解する実験では，水が分解されて，陽極に酸素，陰極に水素が発生する。

〔問5〕 硫酸銅水溶液と銅板，硫酸亜鉛水溶液と亜鉛板を用いる化学電池を，ダニエル電池という。

〔問6〕 硫酸亜鉛，硫酸銅が固体のときは電流を流すことはないが，これらを水にとかして水溶液にすると，電離によって水溶液中に陽イオンと陰イオンが生じる。これによって水溶液に電流が流れるようになる。このような物質を，電解質という。

〔問7〕 ダニエル電池では，亜鉛板中の亜鉛原子が電子を2個放出することによって亜鉛イオンとなり，水溶液中にとけ出していく。放出された電子は導線とモーターを通過し，銅板へ向かう。銅板の付近にいた銅イオンが，この電子を受け取り銅原子に変化する。よって，電子は亜鉛板から銅板へ向かって移動しているので，**電流はこの流れの逆で，銅板から亜鉛板に向かって流れている**ことになる。

〔問8〕 反応が進むにつれて，硫酸亜鉛水溶液中では亜鉛イオンが増え，硫酸銅水溶液中では銅イオンが減少する。これが原因で，電池の性能が下がってしまうため，セロハンにあいた小さな穴を通し，2つの溶液間でイオンの交換ができるようにし，電気の片寄りを防いでいる。

5 （仕事とエネルギー）

〔問1〕 「J：ジュール」は，仕事や熱量などの単位として用いられている。

〔問2〕 仕事の原理を利用する。この台車を30cmの高さまで持ち上げるのに必要な仕事は図1と同様なので，**仕事〔J〕＝力の大きさ〔N〕×力の向きに動いた距離〔m〕**より，5〔N〕×0.3〔m〕＝1.5〔J〕 図2でも1.5Jの仕事が行われており，台車を斜面に沿って動かした距離は0.6mなので，台車を動かすのに加えた力の大きさは，1.5〔J〕÷0.6〔m〕＝2.5〔N〕

〔問3〕 **仕事率〔W〕＝仕事〔J〕÷時間〔s〕**であり，仕事率は1秒あたりにする仕事の大きさを表している。(i)と(ii)ではどちらも行った仕事は等しいが，(i)よりも(ii)のほうが時間が2倍かかっていることから，(ii)の1秒間にできる仕事，すなわち仕事率は，(i)の半分となる。

〔問4〕 表1から，おもりの落下により発電した電気の電力量は，0.2〔A〕×1.1〔V〕×1.4〔s〕＝0.308〔J〕 これは，おもりの位置エネルギーから変換されたものである。よって，0.308÷1.1×100＝28〔%〕

〔問5〕 位置エネルギーのすべてが電気エネルギーに変換されるわけではなく，目的としない音エネルギーや熱エネルギーに変換され周囲へ放出されてしまう。

〔問6〕 火力発電は，燃料の化学エネルギーを利用している。原子力発電は，燃料の核エネルギーを利用している。風力発電は，風の運動エネルギーを利用している。

〔問7〕(1)・(2) 位置エネルギーと運動エネルギーの和を，力学的エネルギーという。**力学的エネルギーは運動中も一定**である。点Dでは，力学的エネルギーのすべてが位置エネルギーに変化している。よって，運動エネルギーは0である。このとき，位置エネルギーがグラフ上で6目盛り分の大きさで示されているので，どのときも，2種類のエネルギーの和が6目盛り分となる。

＜社会解答＞

1 〔問1〕 フィヨルド　〔問2〕 ラテン　〔問3〕 (例)パスポートなしに国境を自由に通過することができるようになった。　〔問4〕 イ　〔問5〕 A イ　B ア　C ウ　〔問6〕 インド

2 〔問1〕 開拓使[北海道開拓使]　〔問2〕 ウ　〔問3〕 地域 C　説明 イ　〔問4〕 (例)大量の水蒸気を含み[大量の水分を含み]　〔問5〕 エ　〔問6〕 A イ

B　ウ　C　ア

3　〔問1〕　くさび形文字　〔問2〕　ア　〔問3〕　エ　〔問4〕　(例)自分の娘を天皇のきさきとした。　〔問5〕　金剛力士像[阿形]　〔問6〕　ウ→イ→ア　〔問7〕　分国法　〔問8〕　(例)キリスト教の布教を行わなかったから。　〔問9〕　ウ

4　〔問1〕　地名　イ　位置　D　〔問2〕　イ→ア→ウ　〔問3〕　(例)満20歳以上の男女に与えられた　〔問4〕　エ　〔問5〕　イ

5　〔問1〕　ア　〔問2〕　(例)落選者に投票された票のこと。[当選に反映されない票のこと。]　〔問3〕　(1)　三権分立[権力分立]　(2)　ウ　〔問4〕　メディアリテラシー　〔問5〕　イ

6　〔問1〕　内政不干渉(の原則)　〔問2〕　持続可能な開発目標[SDGs]　〔問3〕　青とう社　〔問4〕　(1)　①　イ　②　ア　(2)　(例)一定の期間内であれば，契約を解除することができる制度。[8日以内であれば，契約を解除することができる制度]　〔問5〕　直接金融

＜社会解説＞

1　(地理的分野ー世界ー人々のくらし，地形・気候，産業)

〔問1〕　Xは**スカンディナビア半島**西部に位置するノルウェーの沿岸部。

〔問2〕　ラテン系言語を用いる地域には，カトリックを信仰する人々が多い。ゲルマン系はプロテスタント，スラブ系は正教会を信仰する人々が多い。

〔問3〕　**パスポート**とは，国境を通過するときに提示を求められる身分証明書。人や物の国境の通過が自由になっただけでなく，EU加盟国の多くが共通通貨ユーロを用いていることや，資格が共通であることなども挙げられる。

〔問4〕　問題文中の「ある穀物」とは**小麦**のこと。アはさとうきび，ウはコーヒー豆，エは米。

〔問5〕　図2中のBについて，略地図Ⅱ中の東経100度線上の北緯40度以北にモンゴルが位置することから，**乾燥帯**気候と判断する。Cについて，北緯60度付近はロシア南部であることから**冷帯**気候と判断する。

〔問6〕　**BRICs**諸国のひとつに数えられるインドでは近年工業化が進み，ICT産業や自動車産業が発達している。

2　(地理的分野ー日本ー日本の国土・地形・気候，農林水産業，工業，資源・エネルギー)

〔問1〕　明治政府によって北海道に置かれた役所であることから判断する。

〔問2〕　北海道の中央部に位置する**石狩平野**は，客土によって土壌を改良し，現在では稲作がさかんに行われている。アは関東地方，イは中部地方，エは九州地方。

〔問3〕　畑作や酪農がさかんな**十勝平野**は，Cの南部に位置する。アがB，ウがDの地域の農業。

〔問4〕　**季節風**は，海を渡るときに水蒸気(水分，湿気などの表現も可)を多く含んだ状態で本州の山地にぶつかって雨や雪を降らせる。

〔問5〕　北陸とは，中部地方の日本海側に位置する地域のこと。**輪島塗**は石川県の伝統産業。アが福島県，イが京都府，ウが岩手県の伝統産業。

〔問6〕　日本では**火力発電**がさかん。原子力発電は，2011年の**東日本大震災**以降減少したのでBと判断する。

3　(歴史的分野ー日本史ー時代別ー古墳時代から平安時代，鎌倉・室町時代，安土桃山・江戸時代，日本史ーテーマ別ー政治・法律，経済・社会・技術，文化・宗教・教育，外交，世界史ー政治・

社会・経済史)

〔問1〕　メソポタミア文明は，**チグリス川・ユーフラテス川**流域で発達した。

〔問2〕　古代文明の多くは，農耕に適する大河の近くに発達した。

〔問3〕　**聖徳太子**は，飛鳥時代初期に**小野妹子**を遣隋使として派遣した。**鑑真**は奈良時代に唐から来日した僧。

〔問4〕　資料2から，平清盛が娘の徳子を高倉天皇のきさきにしていることが読み取れる。

〔問5〕　東大寺南大門の**金剛力士像**は，**運慶**らによって作られた鎌倉文化を代表する仏像。

〔問6〕　アは1792年，イは1543年，ウは1492年のできごと。

〔問7〕　武田氏の『甲州法度次第』や長宗我部氏の『長宗我部元親百箇条』など，分国法は戦国大名ごとに異なる。

〔問8〕　オランダは**プロテスタント**がさかんな国だったため，イエズス会ほど海外での布教に熱心ではなかった。

〔問9〕　文中の「**備中ぐわ**」から判断する。アが飛鳥～奈良時代，イが鎌倉時代，エが室町時代。

4　**(歴史的分野―日本史―時代別―安土桃山・江戸時代，明治時代から現代，日本史―テーマ別―政治・法律，経済・社会・技術，外交)**

〔問1〕　ペリーが来航した浦賀は，現在の**神奈川県**に位置する。

〔問2〕　イは**大政奉還**，ウは**戊辰戦争**のこと。徳川慶喜による大政奉還を受けて朝廷が王政復古の大号令を出し，明治新政府の樹立を宣言した。その内容に不満があった旧幕府軍が戊辰戦争をおこした。

〔問3〕　1928年の有権者が**満25歳以上の男子**であったことから，1946年には年齢制限が引き下げられた上，女性にも参政権が与えられたことがわかる。

〔問4〕　下線ⓒが1955年であることから判断する。アが1964年，イが1956年，ウが1962年，エが1950年。

〔問5〕　白黒テレビ，電気洗濯機，冷蔵庫を**三種の神器**といい，**高度経済成長初期**の1950年代後半ごろに普及した。アが1973年，ウが1980年代後半，エが1971年。

5　**(公民的分野―憲法の原理・基本的人権，三権分立・国の政治の仕組み)**

〔問1〕　説明文中の「無駄なく」などから判断する。効率とは無駄を省くこと。

〔問2〕　衆議院議員総選挙では，小選挙区制の短所を補うため，死票が少なくなる**比例代表制**も採用している。

〔問3〕　(1)　三権のうち，国会は**国権の最高機関**であると規定されており，内閣は国会に対して連帯責任を負う**議院内閣制**が採用されている。　(2)　X　裁判所は，国会が制定した法律が憲法に違反していないか審査する**違憲立法審査権**を持つ。**国民審査**は，最高裁判所の裁判官としてふさわしいかを国民が判断する。　Y　裁判官にふさわしくない者を罷免するために，国会内に**弾劾裁判所**が設置される。最高裁判所長官の指名は，内閣の仕事。

〔問4〕　**情報リテラシー**ともよばれ，情報化社会を生きる上で必要不可欠な力となる。

〔問5〕　文中の下線で示された権利は，**表現の自由**に関する内容であることから判断する。アが新しい人権，ウが社会権(生存権)，エが新しい人権に含まれる知る権利。

6　**(歴史的分野―日本史―時代別―明治時代から現代，日本史―テーマ別―経済・社会・技術，公民的分野―財政・消費生活・経済一般，国際社会との関わり)**

〔問1〕　国(国家)の成立条件は，**領土・国民・主権**の3つ。主権国家への内政干渉は国際法に違反する。

〔問2〕　持続可能な開発目標はSDGsともよばれ，2030年までに達成される。

〔問3〕　問題文中の「平塚らいてう」，資料中の「元始，女性は実に太陽であった。…今，女性は月である。」などから判断する。資料は「青鞜社宣言」の一部で，**青鞜社**は大正時代に設立された。

〔問4〕　(1)　不景気(不況)のときは，通貨量を増やす政策がとられることから判断する。　(2)　訪問販売や電話勧誘販売などの販売方法は，消費者が冷静に判断できないまま契約してしまいがちなため，消費者に考え直せる機会を与えている。

〔問5〕　企業が資金を調達するしくみとして，企業(借り手)と家計など(貸し手)が直接資金の貸し借りを行う**直接金融**の他に**間接金融**がある。間接金融とは，企業(借り手)と家計(貸し手)の間に銀行などの金融機関が入り，資金の貸し借りが行われること。

<国語解答>

一　〔問1〕　①　浴(びる)　②　縮(める)　③　護衛　④　功績　⑤　あいしょう　⑥　へだ(たり)　⑦　しふく　⑧　ぎょうてん　〔問2〕　(1)　(例)召し上がって　(2)　①　る　②　り　〔問3〕　(1)　いろはにおえど　(2)　常　(3)　エ　(4)　はかなく

二　〔問1〕　(例)塩類を多く溶かし込んだ深いところの地下水を使い続けると，農地に塩類がたまり，植物が育たなくなること。　〔問2〕　a　ア　b　ウ　c　オ　d　イ　〔問3〕　(例)水を運び上げる／(例)葉を冷やす　〔問4〕　イ　〔問5〕　ウ→ア→イ　〔問6〕　ア

三　〔問1〕　(例)ひとつづきの景が浮かぶところや，感じたままを言い切っているところによさがあって，試合に出せば評価されたかもしれない　〔問2〕　エ　〔問3〕　イ　〔問4〕　ウ　〔問5〕　イ　〔問6〕　(例)小市堂を継ぎ，和菓子で島の人の生活を豊かにする仕事を自分のポジションと考えていたが，買ってくれる人がいなければ，自分が考えていた未来はないと，不安に思う気持ち。

四　(例)選んだポスター　A　／(例)Aは「リサイクルしよう」と，環境問題解決のためにどのような行動をとればよいのか具体的に示しているが，Bは問いかけをしているだけなので，見た人がどうすればよいかを考えなければならない。そのため，何をすればよいのかわからずに何もできない人や，誤った行動をしてしまう人もいるかもしれない。また，Aにはリサイクルマークが示されているので，その認知が広がる可能性もある。このような理由からAを選びたい。

<国語解説>

一　**(知識問題，古文－脱文・脱語補充，漢字の読み書き，仮名遣い，品詞・用法，敬語・その他，書写)**

〔問1〕　①　音読みは「**ヨク**」で，熟語は「浴室」などがある。　②　音読みは「**シュク**」で，熟語は「縮小」などがある。　③　「**護衛**」は，付き添って守るという意味。　④　「**功績**」は，何かを成し遂げた手柄。　⑤　「相性」は，お互いの性格が合うこと。　⑥　音読みは「**カク**」で，

熟語は「間隔」などがある。　⑦「至福」は，きわめて幸せだという意味。　⑧「仰天」は，ひどく驚くこと。

〔問2〕(1)　ここでの「いただく」は「食べる」の謙譲語。このときの「食べる」は相手の動作なので，謙譲語ではなく尊敬語を使うべきである。「食べる」の尊敬語は「**召し上がる**」「**お食べになる**」など。　(2)　直後の「そうです」に自然につながるようにするには，「終わる」もしくは「終わり」とするのがよい。「終わる」は，「そうです」に終止形で接続することになる。終止形接続する「そうです」は伝聞の意味・用法で，「人から伝え聞いた」ことを表せる。「終わり」は，「そうです」に連用形で接続することになる。連用形接続する「そうです」は推定の意味・用法で、「自分で推測した」ことを表せる。したがって，①は「る」，②は「り」が正解。

〔問3〕(1)　歴史的仮名遣いのハ行は，語頭と助詞以外は現代仮名遣いのワ行にあたる。

(2)「わが世誰ぞ［　Ⅰ　］ならむ」の意味は，解説文の「楽しく生きている人もその栄華は続くことはない」にあたる。「常ならむ」とすると，いつまでも続くことはないだろうという意味になる。いろは歌が「日本語で使う主な音を全部一音ずつ使」っていると説明されていることからも，歌の中で使われていない音を探すとわかる。　(3)　ひらがなは漢字よりも小さめに書いた方がバランスがよいので，アは不適切。行書と合うようにひらがなも変化などをさせたほうがよいので，イも合わない。無理に全部つなげる必要もないので，ウも正しくない。　(4)　美しく咲いている花が風によって散ってしまう様子を表し，むなしさやあっけなさを意味する言葉が合うと推測できる。最後の一文に「はかない」という言葉があり，これが花の散る様子を述べる形容詞としてふさわしい。用言の「散る」に接続するので，連用形「はかなく」とする。

［二］（論説文－内容吟味，文脈把握，指示語の問題，脱文・脱語補充）

〔問1〕「これ」とあるので，直前の内容に注目する。直前までの内容は，地下水を汲み出す必要があるものの，「深い場所の水ほど」「より多くの塩類を溶かし込んで」いるのでそれを「使い続けると，農地に塩類がたまり，植物が育たなく」なるということである。

〔問2〕a・b　円グラフから，地球上の「水」のうち約97％が「海水」だとわかる。　c　円グラフ中の「海水」ではない「淡水」が農耕に使えるのである。　d「淡水」の内訳を示したグラフから，「淡水」の多くが「氷河」であることが読み取れる。

〔問3〕植物が何のために水を使うかは，直前の段落で説明されている。「水を運び上げる」ために「水が必要」であるうえに，「葉を冷やす」ためにも水が使われるという説明がある。

〔問4〕「道義上」とは，道徳的な考えにおいてという意味。

〔問5〕「水」は「多くの物質を溶かす」という内容を受け，「水に溶けると」どうなるかを詳しく述べたウを最初にするとよい。「だから」で始まるアの内容は，ウを原因として生じる結果なので，ウの後にアが続く。最後になるイは，前の内容を受けて「化学反応が起こりやすい」理由をさらに付け加える内容になっている。

〔問6〕水は，いろいろなものを溶かせるという性質であるために化学反応を起こすので，海は「生命が生まれるには，うってつけだった」。また，「生物の基本」である細胞は「膜で包まれた水」であり，そこで「たえず化学反応が起こっているのが生きている状態」である。このように水は「生命の発生」や「生物が生きている状態を保つ」ことに欠かせないものであることから，「水は命の泉」と筆者は表現しているのである。

［三］（小説－情景・心情，内容吟味，脱文・脱語補充，語句の意味，熟語）

〔問1〕日向子は，航太の句からバスケットボールをする航太の「ひとつづきの景が浮かんだ」と話している。さらに「今ここがおれのいる場所」と「言い切る単純さ」がいいところだと褒め，「審査員にすっごい評価してもらえたかもしれない」とも言っている。

〔問2〕「こそばゆい」は，くすぐったい，恥ずかしいという意味。日向子や恵一に自分の句を評価され，航太は照れくさくなっているのである。

〔問3〕「悶々としている」理由を聞いて，「小市堂に未来はないってお父さんに言われた」のだと納得している会話が続いている。さらに航太は自分が「単細胞の甘ちゃんだった」と話しているので，イが正解。

〔問4〕航太は「悶々としている」理由につながる家計について話したものの，日向子には「自分の家の食費を知らないから何とも言えない」と返された。家計について実感を持って理解することができない日向子には，自分が悩む気持ちはわかってもらえないだろうと思い，「苦笑まじり」になったのである。

〔問5〕「自給自足」は，必要なものを自分で生産するという意味。航太の家が「たいした金を使わないで」「家庭菜園」などでまかなっていることを「自給自足」だと言っているのである。

〔問6〕「ポジション」とは，位置，場所という意味。航太は，「小市堂の作業場が居場所になればいいと思っていた」のだから，「そのポジション」とは「小市堂の作業場」のことである。航太は，自分が小市堂で働き，和菓子を「島の人へ届け」て，「人の生活を豊かにすること」を「仕事にしたい」と思っていた。しかし，「小市堂に未来はない」という父の言葉を聞いて，自分のやりたいと思っている仕事が「誰にも必要とされないものなのかもしれない」と不安を感じているのである。

四　(作文(自由・課題))

指定された条件を満たすこと。二枚のポスターは，使われている文言と，イラストの示している内容に違いがある。また，Aだけにリサイクルマークが使われている。これらの違いから，見る人へ与える印象にどのような違いが生まれるかを考える。

書き始めや段落の初めは1文字空けるなど，原稿用紙の使い方にも注意する。書き終わったら必ず読み返して，誤字・脱字や表現がおかしなところは書き改める。

和歌山県公立高等学校

2021年度

入　試　問　題

●くわしい解説……43ページ

＜数学＞

時間　50分　　満点　100点

1 次の〔問1〕～〔問5〕に答えなさい。

〔問1〕 次の(1)～(5)を計算しなさい。

(1) $3-7$

(2) $-1+4\div\dfrac{2}{3}$

(3) $3(2a+5b)-(a+2b)$

(4) $\dfrac{10}{\sqrt{2}}-\sqrt{8}$

(5) $(x-2)(x+2)+(x-1)(x+4)$

〔問2〕 次の二次方程式を解きなさい。

$x^2+5x+3=0$

〔問3〕 等式 $4x+3y-8=0$ を y について解きなさい。

〔問4〕 ある数 a の小数第1位を四捨五入すると，14になった。このとき，a の範囲を不等号を使って表しなさい。

〔問5〕 次の資料は，10人のハンドボール投げの記録を小さい順に整理したものである。

このとき，資料の中央値（メジアン），最頻値《さいひんち》（モード）をそれぞれ求めなさい。

資料

16	17	17	17	20	22	23	25	25	28

（単位　m）

2 次の〔問1〕～〔問4〕に答えなさい。

〔問1〕 右の図は，1辺が5cmの立方体である。

次の(1)～(3)に答えなさい。

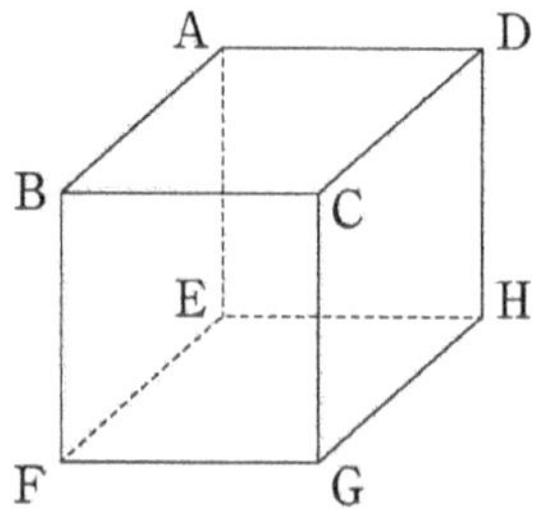

(1) 辺ABと垂直な面を1つ答えなさい。

(2) 辺ADとねじれの位置にある辺はいくつあるか，答えなさい。

(3) 2点G，Hを結んでできる直線GHと，点Aとの距離を求めなさい。

〔問２〕 次の**条件**にあてはまる関数を，下のア～エの中からすべて選び，その記号をかきなさい。

条件　$x>0$ の範囲で，x の値が増加するにつれて，y の値が減少する。

ア　$y=2x$　　イ　$y=-\dfrac{8}{x}$　　ウ　$y=-x-2$　　エ　$y=-x^2$

〔問３〕 **図１**のように，1，2，3，4の数字が１つずつ書かれた４枚のカードがある。また，**図２**のように正三角形ABCがあり，点Ｐは，頂点Ａの位置にある。この４枚のカードをよくきって１枚取り出し，書かれた数字を調べてもとにもどす。このことを，２回繰り返し，次の**規則**に従ってＰを正三角形の頂点上を反時計回りに移動させる。

ただし，どのカードの取り出し方も，同様に確からしいものとする。

規則

１回目は，Ａの位置から，1回目に取り出したカードの数字だけ移動させる。

２回目は，１回目に止まった頂点から，２回目に取り出したカードの数字だけ移動させる。

ただし，１回目にちょうどＡに止まった場合は，２回目に取り出したカードの数字より１大きい数だけＡから移動させる。

図１

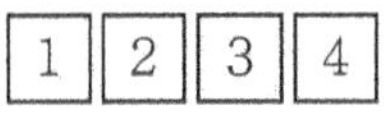

図２

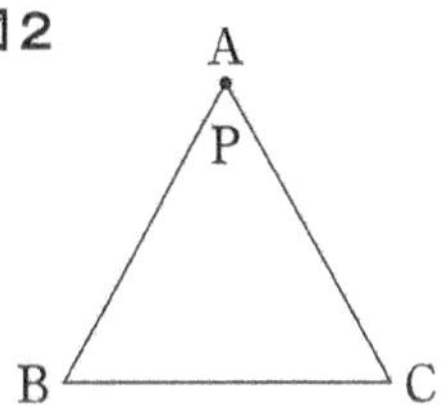

例えば，１回目に１のカード，２回目に２のカードを取り出したとすると，Ｐは**図３**のように動き，頂点Ａまで移動する。

図３

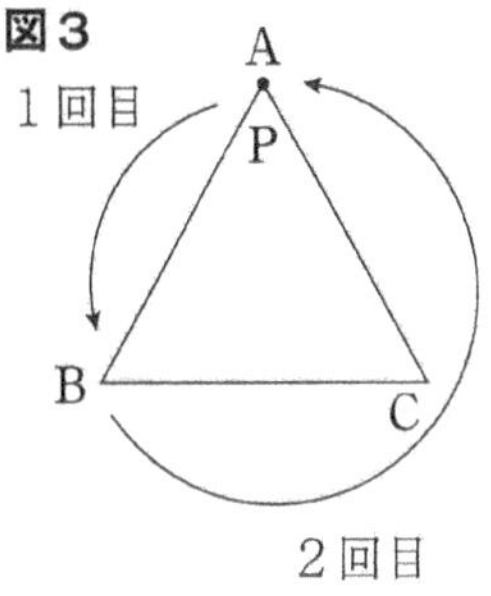

この**規則**に従ってＰを移動させるとき，次の(1)，(2)に答えなさい。

(1)　１回目の移動後に，ＰがＢの位置にある確率を求めなさい。

(2)　２回目の移動後に，ＰがＣの位置にある確率を求めなさい。

〔問４〕 太郎さんは，放課後，家に置いていた本を図書館に返却しようと考えた。午後４時に学校を出発し，学校から家までは徒歩で帰り，家に到着してから５分後に図書館へ自転車で向かい，午後４時18分に図書館に到着した。徒歩は毎分80m，自転車は毎分240mの速さであった。学校から家を経て図書館までの道のりの合計は２km である。

太郎さんは，午後４時何分に家を出発したか，求めなさい。ただし，答えを求める過程がわかるようにかきなさい。

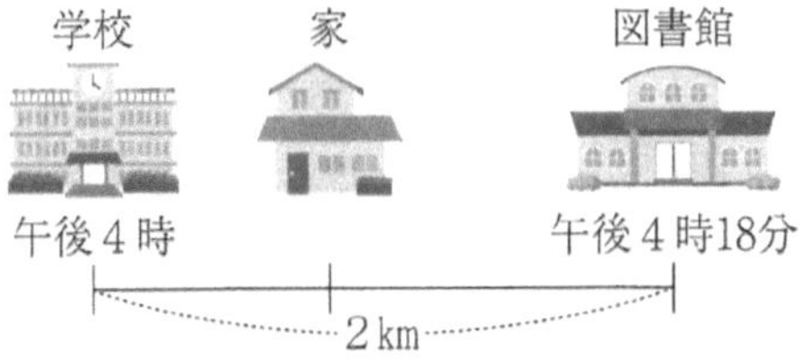

3　正夫さんと和歌子さんは，1辺の長さが1㎝の正方形の白と黒のタイルを規則的に並べていった。

タイルの並べ方は，図1のように，まず1番目として白タイルを1枚置き，1段目とする。

2番目は，1番目のタイルの下に2段目として，左側から白と黒のタイルが交互になるように，白タイルを2枚，黒タイルを1枚置く。3番目は，2段目のタイルの下に3段目として，左側から白と黒のタイルが交互になるように，白タイルを3枚，黒タイルを2枚置く。

このように，1つ前に並べたタイルの下に，左側から白と黒のタイルが交互になるように，段と同じ数の枚数の白タイルと，その白タイルの枚数より1枚少ない枚数の黒タイルを置いていく。

下の〔問1〕，〔問2〕に答えなさい。

図1

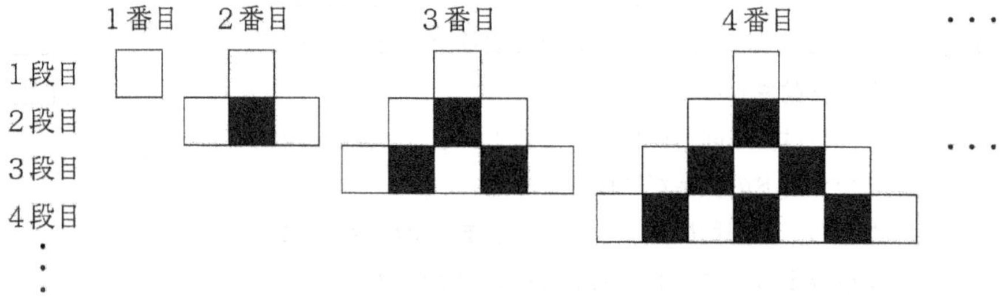

〔問1〕　次の**表1**は，上の規則に従って並べたときの順番と，タイルの枚数についてまとめたものである。

下の(1)，(2)に答えなさい。

表1

順番（番目）	1	2	3	4	5	6	7	8		…		n		…
白タイルの枚数（枚）	1	3	6	10	15	ア	＊	＊		…		x		…
黒タイルの枚数（枚）	0	1	3	6	10	＊	＊	イ		…		＊		…
タイルの合計枚数（枚）	1	4	9	16	25	＊	＊	＊		…		＊		…

＊は，あてはまる数や式を省略したことを表している。

(1)　**表1**中の **ア** ，**イ** にあてはまる数をかきなさい。

(2)　正夫さんは，n 番目の白タイルの枚数を n の式で表すことを考えた。次の文は，正夫さんの考え方をまとめたものである。正夫さんは，どのような考え方で n 番目の白タイルの枚数を n の式で表したのか，その考え方の続きを解答欄の □ にかき，完成させなさい。

表1において，各順番の白タイルの枚数から黒タイルの枚数をひくと，各順番の黒タイルの枚数は白タイルの枚数より，順番の数だけ少ないことから，n 番目の白タイルの枚数を x 枚とおくと，黒タイルの枚数は（$x-n$）枚と表すことができる。

また，各順番のタイルの合計枚数は，1，4，9，16，25となり，それぞれ 1^2，2^2，

3^2，4^2，5^2と表すことができる。このことから，n番目のタイルの合計枚数を，nの式で表すと，

n番目の白タイルの枚数　　　　枚

〔問2〕 和歌子さんは，**図1**で並べた各順番のタイルを1つの図形と見て，それらの図形の周の長さを調べた。

次の**表2**は，各順番における図形の周の長さについてまとめたものである。

下の(1)，(2)に答えなさい。

表2

順番（番目）	1	2	3	4		…		☆	★		…
周の長さ（cm）	4	10	16	22		…		a	b		…

表2中の☆，★は，連続する2つの順番を表している。

(1) **表2**中のa，bの関係を等式で表しなさい。

(2) 和歌子さんは，順番が大きくなったときの，図形の周の長さを求めるために，5番目の図形を例に，下のような方法を考えた。

和歌子さんの考え方を参考にして，50番目の図形の周の長さは何cmになるか，求めなさい。

〈和歌子さんが考えた方法〉

図2のように，5番目の図形で，┃で示したそれぞれのタイルの縦の辺を，左矢印←-- と右矢印 --→に従って，5段目の┃の延長線上にそれぞれ移動させる。

また，次のページの**図3**のように，各段の ━ で示したそれぞれのタイルの横の辺を，上矢印↑に従って1段目の ━ の延長線上に移動させる。

このように考えると，次のページの**図4**のように，もとの図形の周の長さとその図形を囲む長方形の周の長さは等しいことがわかる。

この考え方を使うと，どの順番の図形の周の長さも，その図形を囲む長方形の周の長さと同じであることがわかる。

図2

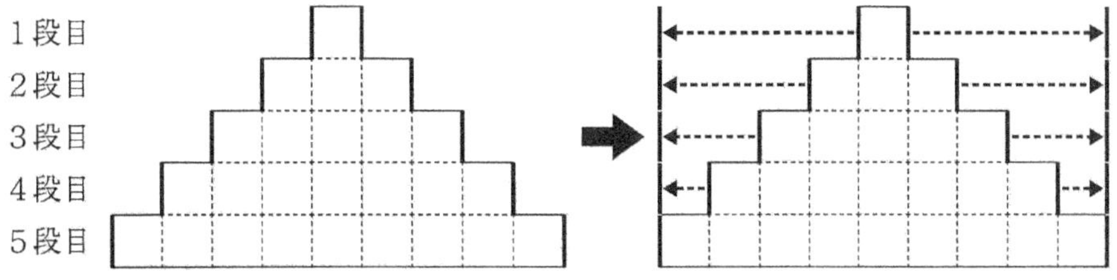

図３

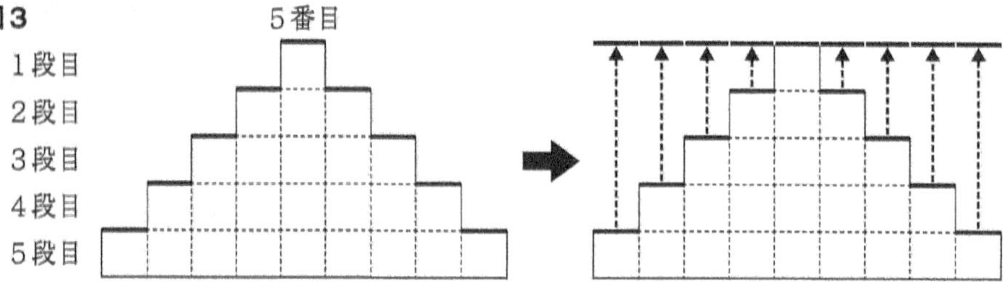

図４

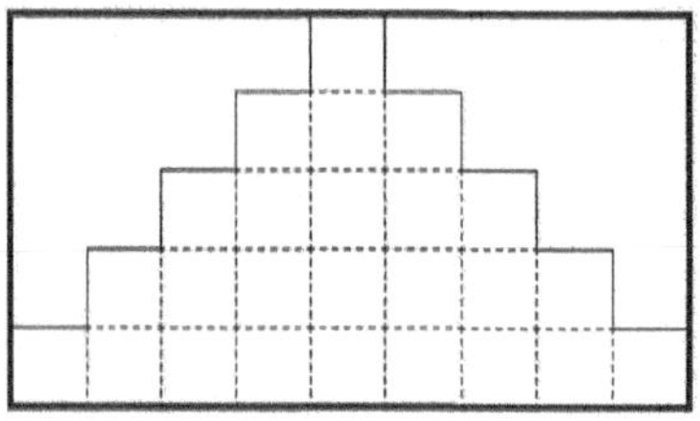

4　図１のように，４点Ｏ（０，０），Ａ（６，０），Ｂ（６，６），Ｃ（０，６）を頂点とする正方形ＯＡＢＣがある。

２点Ｐ，Ｑは，それぞれＯを同時に出発し，Ｐは毎秒３cmの速さで，辺ＯＣ，ＣＢ，ＢＡ上をＡまで動き，Ｑは毎秒１cmの速さで，辺ＯＡ上をＡまで動く。

ただし，原点Ｏから点（１，０）までの距離，および原点Ｏから点（０，１）までの距離は１cmとする。

次の〔問１〕～〔問４〕に答えなさい。

〔問１〕　Ｐ，Ｑが出発してからＡに到着するのはそれぞれ何秒後か，求めなさい。

〔問２〕　Ｐ，Ｑが出発してから１秒後の直線PQの式を求めなさい。

〔問３〕　△ＯＰＱがPO＝PQの二等辺三角形となるのは，Ｐ，Ｑが出発してから何秒後か，求めなさい。

〔問４〕　図２のように，Ｐ，Ｑが出発してから５秒後のとき，△ＯＰＱと△ＯＰＤの面積が等しくなるように点Ｄを線分AP上にとる。

このとき，点Ｄの座標を求めなさい。

図１

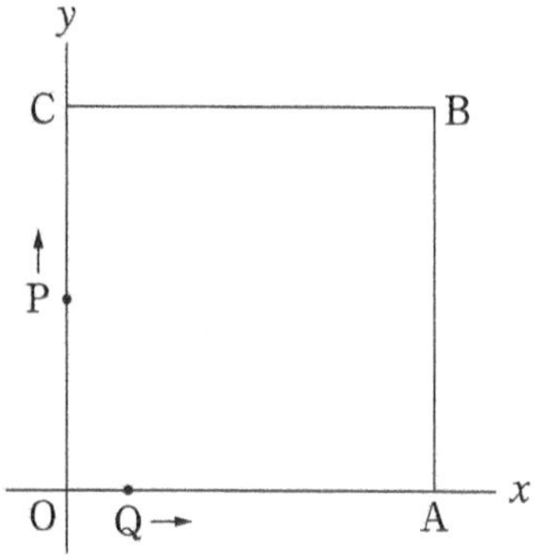

図２

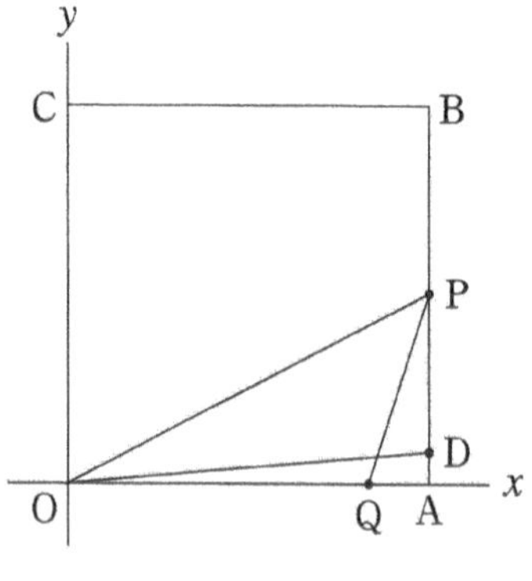

5 図1のように，円Oの周上に4点A，B，C，Dがある。円Oの直径ACと，線分BDとの交点をEとする。ただし，$\overset{\frown}{CD}$の長さは，$\overset{\frown}{AD}$の長さより長いものとする。

次の〔問1〕～〔問4〕に答えなさい。

〔問1〕 DB＝DC，∠BDC＝70°のとき，∠CADの大きさを求めなさい。

図1

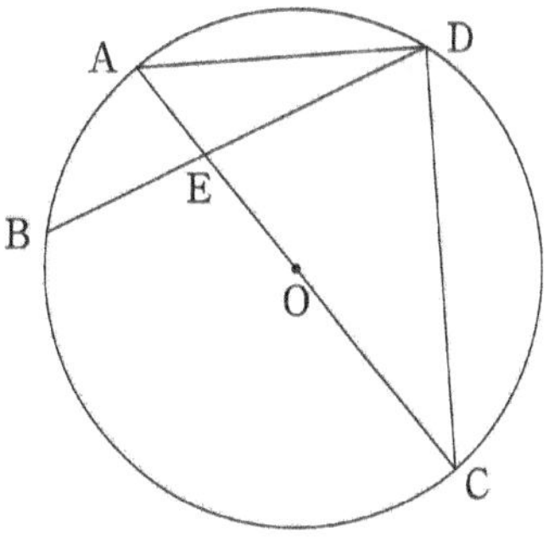

〔問2〕 図2のように，AC＝4㎝，∠ACD＝30°のとき，▨の部分の面積を求めなさい。

ただし，円周率はπとする。

図2

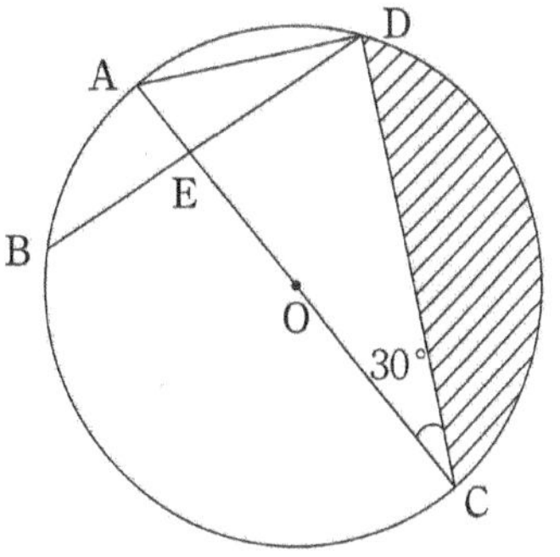

〔問3〕 図3のように，AC∥DFとなるように円Oの周上に点Fをとる。

このとき，AF＝CDを証明しなさい。

図3

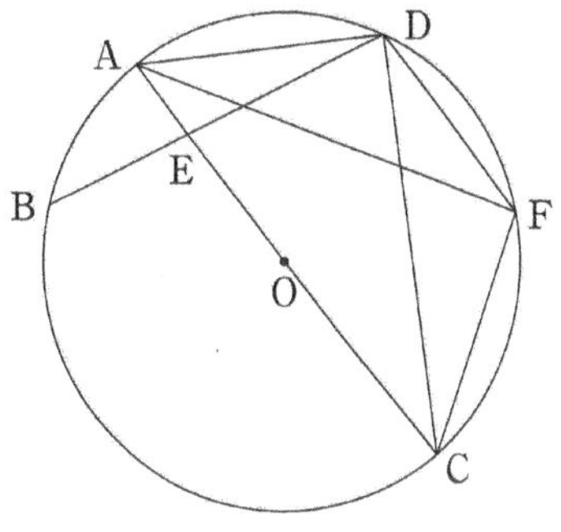

〔問4〕 図4のように，AC⊥BD，AD＝3㎝，DE＝$\sqrt{5}$㎝とする。また，BA∥CFとなるように円Oの周上に点Fをとり，直線BDと直線CFの交点をGとする。

このとき，△ABEと△CGEの面積の比を求め，最も簡単な整数の比で表しなさい。

図4

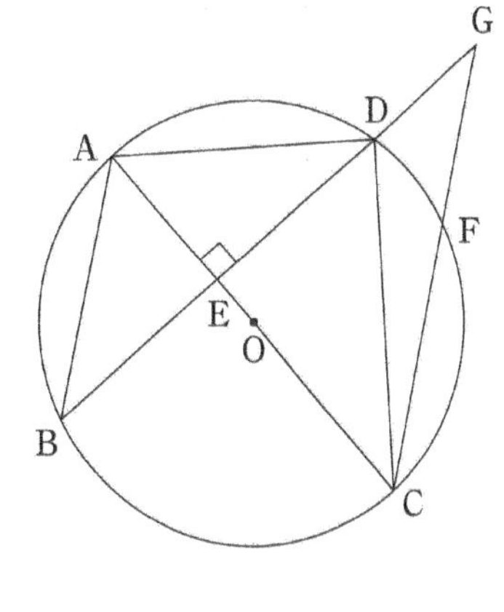

＜英語＞

時間 50分　満点 100点

1 放送をよく聞いて，次の〔問１〕～〔問３〕に答えなさい。

〔問１〕 No. 1，No. 2の順に，それぞれA，B，C ３つの対話を２回放送します。No. 1，No. 2の絵にある人物の対話として最も適切なものを，放送されたA，B，Cの中から１つずつ選び，その記号を書きなさい。

No. 1

No. 2

〔問２〕 No. 1～No. 3の順に，二人の対話をそれぞれ２回ずつ放送します。対話の最後にそれぞれチャイムが鳴ります。チャイムが鳴った部分に入る最も適切なものを，A～Dの中から１つずつ選び，その記号を書きなさい。

No. 1 先生との対話

- A I want to have fruit after lunch.
- B I want to make delicious food and make people happy.
- C Well, I haven't finished my breakfast yet.
- D Well, I haven't looked at the menu yet.

No. 2 友人との対話

- A Wow, I want to listen to his music.
- B Wow, I like drawing pictures.
- C Well, I have lived in Japan for two years.
- D Well, I'm playing the guitar with him now.

No. 3 母親との対話

- A Yes. Were you free at that time?
- B Yes. You should go to bed because you are tired.
- C Yes. Can you clean the table before cooking?
- D Yes. We finished dinner today.

〔問３〕 高校生の太郎（Taro）が英語の時間に行ったスピーチと，その内容について５つの質問を２回放送します。次のページのNo. 1～No. 5の英文が質問の答えとなるように，□に入る最も適切なものを，A～Dの中から１つずつ選び，その記号を書きなさい。

No. 1　He went to Australia [　　　].

A　because he joined a program for students

B　because he wanted to speak English

C　when he was three years old

D　when he was a junior high school student

No. 2　He [　　　].

A　tried to encourage Mike

B　talked to Mike in English

C　studied English hard

D　talked about schools in Australia

No. 3　He met Mike [　　　].

A　in Japan　　　B　in a museum

C　at Mike's house　　　D　at school

No. 4　He is going to stay in Japan for [　　　].

A　one week　　　B　three weeks

C　one month　　　D　three months

No. 5　They will [　　　].

A　go shopping

B　talk about Japanese art

C　tell students to speak English

D　join a program in Taro's town

[2] 次の英文は，高校生の明（Akira）が，英語の授業で行った，移民についてのスピーチの原稿です。これを読み，〔問１〕～〔問３〕に答えなさい。

I did a homestay in Australia. I stayed with a host family. My host father and host mother were immigrants from India. I stayed with people from India in Australia! It was interesting. My host mother said, "There are a lot of immigrants from many countries in Australia."

When I came back to Wakayama, I told my family about immigrants in Australia. My father said, "You had a good experience. Well, about 100 years ago, many immigrants from Wakayama worked in foreign countries. They also introduced foreign cultures to Wakayama. You can see Western-style houses in some places." I wanted to know more about immigrants from Wakayama. So I studied about them.

First, I found the number of immigrants from Wakayama in foreign countries. Then I made a graph about them. The immigrants went to many countries. Please look at the graph. It shows the number of people who lived in foreign countries in 1927. The countries in the graph were the top four countries for immigrants from Wakayama. Many people lived in Australia, but more people lived in Canada. More than 10,000 people lived in the United States. Brazil comes after these three countries.

Studying about immigrants from Wakayama is very interesting. I still want to know many things. For example, I want to know about their jobs in foreign countries. I'll keep studying about immigrants.

グラフ

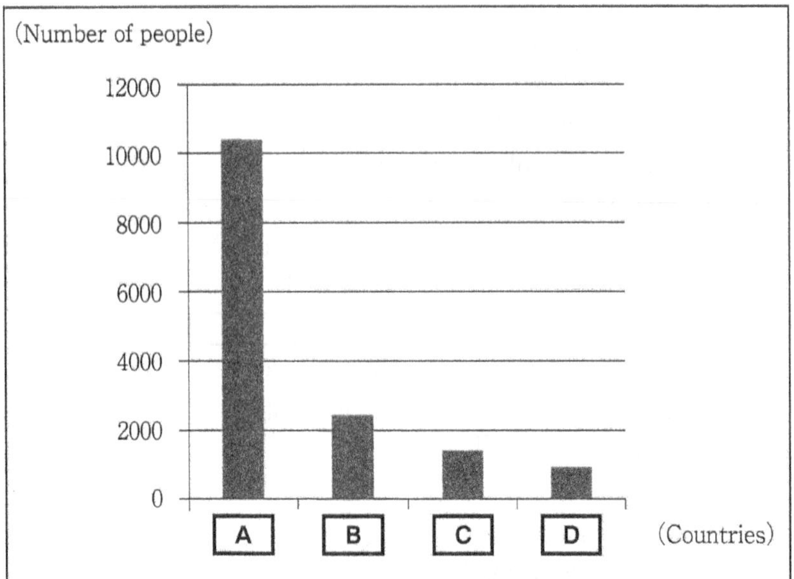

『和歌山県統計書』(和歌山県) から作成

（注） homestay　ホームステイ　host　ホストの（ホームステイ先の）　immigrant　移民
introduce　伝える　Western-style　西洋式の　graph　グラフ
top four countries　上位４か国　Canada　カナダ

〔問１〕 本文の内容に合うように，次の(1)，(2)の（　）にあてはまる最も適切なものを，それぞれア～エの中から１つ選び，その記号を書きなさい。

(1) Akira (　　).

ア went to India with his father

イ met a family from India in Australia

ウ saw people from Wakayama in Australia

エ invited his host mother to Wakayama

(2) Akira (　　).

ア wants his father to go to Australia

イ lives in a Western-style house

ウ will keep studying about immigrants

エ will work hard to help immigrants

〔問２〕 文中の下線部 the graph について，本文の内容に合うように，グラフの A ～ D にあてはまる最も適切な国名を，次のア～エの中から１つずつ選び，その記号を書きなさい。

ア Australia　イ Canada　ウ the United States　エ Brazil

〔問３〕 明は，スピーチの後，ALT（外国語指導助手）のエレン（Ellen）と話をしました。次の対話文は，そのやりとりの一部です。これを読み，あとの(1)，(2)に答えなさい。

Ellen : Your speech was great. Everyone in your class learned a lot.
Akira : Thank you.
Ellen : You want to know more about immigrants. Is that right?
Akira : Yes. For example, I want to know about their jobs in Australia.
Ellen : What will you do to get the information?
Akira : I will □.
Ellen : Good.

(1) 対話の流れに合うように，文中の □ にふさわしい英語を書きなさい。ただし，語数は２語以上とし，符号（．，？！など）は語数に含まないものとする。

(2) 対話の内容に合う最も適切なものを，次のア～エの中から１つ選び，その記号を書きなさい。

ア Ellen was happy to get a job in Japan.
イ Ellen was impressed with Akira's speech.
ウ Akira enjoyed his stay in Australia with Ellen.
エ Akira wanted to know where to visit in Australia.

3 次の英文は，高校生の早紀（Saki）とALT（外国語指導助手）のトム（Tom）の対話です。これを読み，〔問１〕～〔問４〕に答えなさい。

Tom : Saki, how was your holiday?
Saki : Wonderful! I joined a program to guide foreign students in English. Three students came to our town.
Tom : I see. 〔　　　　　〕?
Saki : They were from New Zealand. I guided Mike, one of the students.
Tom : I see. How was it?
Saki : In the morning, I had a problem. I just 〔 ① 〕 him my name and started guiding him. I gave him some information from a guidebook. However, he didn't look happy. [A]
Tom : So why was your holiday wonderful?
Saki : When we had lunch, we talked about our hobbies, schools, and so on. After that, Mike showed me a book. It was about Japanese movies. I love Japanese movies, too! We talked about Japanese movies which were popular in New Zealand.
Tom : Good! [B] You made a good relationship with Mike at lunch time.
Saki : Yes. I really enjoyed lunch time with Mike. In the afternoon, we went to a temple. I started guiding him again. Mike looked happy and

asked me many questions about the temple. I answered his questions. Mike smiled. I was glad that he was [②].

Tom : I'm sure he had a good time with you.

Saki : Thank you. I realized the importance of making a good relationship with people.

Tom : That's great.

Saki : By making a good relationship with tourists, we can make their [③] better.

Tom : That's right.

（注） guide 案内する New Zealand ニュージーランド guidebook ガイドブック
hobby 趣味 relationship 関係 answer 答える tourist 旅行者

〔問１〕 対話の流れに合うように，文中の［ ］にふさわしい英語を書きなさい。ただし，語数は４語以上とし，符号（ . , ? ! など）は語数に含まないものとする。

〔問２〕 文中の［①］～［③］にあてはまる語の組み合わせとして最も適切なものを，次のア～エの中から１つ選び，その記号を書きなさい。

ア ① told ② interested ③ stay
イ ① gave ② angry ③ experience
ウ ① bought ② surprised ③ holiday
エ ① showed ② excited ③ movies

〔問３〕 対話の流れに合うように，文中の A ， B にあてはまる最も適切なものを，それぞれア～エの中から１つずつ選び，その記号を書きなさい。

A

ア He was glad to listen to me.
イ He didn't come to my town.
ウ I was also happy when I talked with him.
エ I didn't know what to do.

B

ア Talking about Japanese movies sounds interesting.
イ Visiting a temple sounds interesting.
ウ Making lunch together sounds interesting.
エ Studying foreign languages with Mike sounds interesting.

〔問４〕 下線部 That の内容を，日本語で具体的に書きなさい。

4 次の質問に対するあなたの返答を，理由を含めて，30語以上の英語で書きなさい。ただし，符号（ . , ? ! など）は語数に含まないものとする。

〔質問〕 Which month do you like the best?

5　次の英文は，高校生の美紀（Miki）が，英語の授業で行ったスピーチの原稿です。これを読み，〔問1〕～〔問6〕に答えなさい。

Global warming is a serious problem. I want to stop it. One day in fall, I talked with my friends. I wanted to do something with them. A girl said, "I want to help you. But what can high school students do?" A boy said, "Global warming is a big problem. Even if one or two students do something, we cannot change the world." I was sad. But [A] I talked to my science teacher, Mr. Yamada. He said, "High school students can do many things for the world. Please read this article."

The article was about a volunteer club in a high school. The students in the club collected old shoes and washed them. Then they sent the shoes to poor children in foreign countries. I was impressed. I thought, "There are many poor children in the world. It's a big problem. The students helped them by doing a small thing. I can also improve the situation of global warming."

I told my friends about the volunteer club. I said, "We don't have to do special things to stop global warming. We can start from a small thing." A boy said, "OK. Let's do something together. How about planting trees? Trees will decrease CO_2, one of the causes of global warming. I know some organizations plant trees to stop global warming." A girl said, "Your idea is great. But how can we buy trees? We may need a lot of money." Another girl said, "I have an idea. Oranges are famous in Wakayama. How about selling orange juice to get money? We may get some oranges if we tell farmers our ideas. ⓐLet's (give, farmers, some oranges, ask, to) to us." Everyone agreed.

We made three groups. Each group visited different farmers and told them our plan. The farmers were very busy, but they listened to our plan. ⓑSoon we (farmers, who, some, helped, found) us. We got spare oranges from them. We were happy.

We still had many things to do. For example, to make delicious orange juice, we practiced hard. We also made posters. We helped each other.

In my town, a market is held every month. We sold our orange juice there. We talked to many people. One woman said, "I'll buy a lot of orange juice to save the world!" I was glad to hear ⓒthat. On that day, we got enough money to buy some trees.

We took the money to an organization. People in the organization said, "Thank you. [B]" We were very happy.

Well, here is the most important thing I learned from my experience. If we want to do something for the world, we can find what to do around us.

（注）　even if ～　たとえ～でも　　article　記事　　shoe　靴　　sent < send の過去形

improve　改善する　situation　状況　plant　植える　decrease　減らす
CO_2　二酸化炭素　cause　原因　organization　団体　farmer　農家の人
spare　余った　market　市場《いちば》　held < hold（開く）の過去分詞形　sold < sell の過去形

〔問１〕 本文の流れに合うように，文中の [A]，[B] にあてはまる最も適切なものを，それぞれア～エの中から１つずつ選び，その記号を書きなさい。

[A]

ア　I thought my teacher was sad, too.
イ　I didn't want to give up.
ウ　I agreed and stopped thinking about global warming.
エ　I wasn't interested in thinking about global problems.

[B]

ア　We can plant some trees!
イ　We can wash some shoes!
ウ　Your orange juice is delicious!
エ　Your posters are beautiful!

〔問２〕 下線部ⓐ，ⓑについて，それぞれ本文の流れに合うように（　）の中の語句を並べかえ，英文を完成させなさい。

〔問３〕 下線部ⓒ that の内容を，日本語で具体的に書きなさい。

〔問４〕 次の⑴，⑵の質問の答えを，それぞれ英語で書きなさい。

⑴　What subject does Mr. Yamada teach?
⑵　How many groups did Miki and her friends make when they visited farmers?

〔問５〕 次のア～エの英文を，本文の流れに合うように並べかえると，どのような順序になりますか。その記号を書きなさい。

ア　Miki was impressed with the students in a volunteer club.
イ　Miki talked to Mr. Yamada.
ウ　Miki and her friends got oranges from farmers.
エ　Miki and her friends went to an organization.

〔問６〕 美紀が，自身の経験を通じて学んだ最も大切なことはどのようなことですか。日本語で書きなさい。

＜理科＞

時間　50分　　満点　100点

1　和美さんたちは，「自然体験を通して気づいたことを探究しよう」というテーマで，調べ学習に取り組んだ。次の〔問１〕，〔問２〕に答えなさい。

〔問１〕 次の文は，和美さんが，山でキャンプをしたときに体験した「やまびこ」について調べ，まとめたものの一部である。下の(1)～(4)に答えなさい。

> 山の中の見晴らしのよい場所で，大きな①音を出すと，向かいの山で反射した音が遅れて聞こえることがあります。この現象は「やまびこ」や「こだま」とよばれています。自分の出した音が，向かいの山で反射して，戻ってきた音を自分の②耳がとらえているのです。
>
> やまびこを用いると，③自分のいる場所から向かいの山の音が反射したところまでのおよその距離をはかることができます。距離をはかるには，「ヤッホー」と叫んでから戻ってきた音が聞こえるまでの時間をはかればよいのです。向かいの山に「ヤッホー」と叫ぶと同時にストップウォッチのスタートボタンを押して，戻ってきた「ヤッホー」という④音が聞こえた瞬間にストップウォッチを止めます。このときの音は，自分と山との間を往復しています。

(1) 下線部①について，音の高さを決める振動数は「Hz」という単位で表される。この単位のよみをカタカナで書きなさい。

(2) 下線部②について，図１は，ヒトの耳のつくりを模式的に表したものであり，Xは空気の振動をとらえる部分である。この部分を何というか，書きなさい。

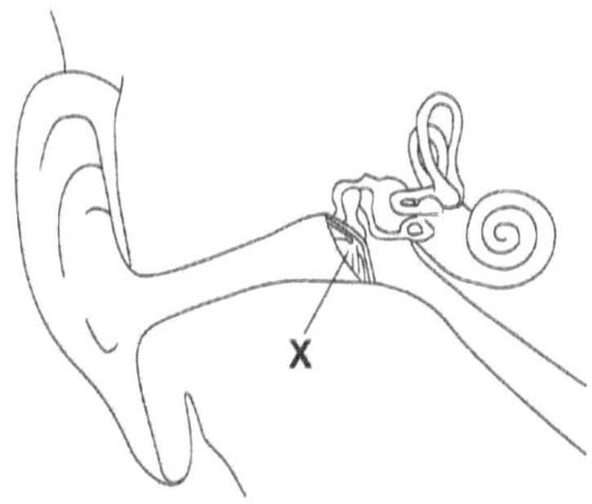

図１　ヒトの耳のつくり

(3) 下線部③について，向かいの山に向かって「ヤッホー」と叫んでから３秒後に，向かいの山で反射して戻ってきた「ヤッホー」という音が聞こえた。自分と向かいの山の音が反射したところまでのおよその距離として最も適切なものを，次のア～エの中から１つ選んで，その記号を書きなさい。ただし，音の速さは340m／sとし，ストップウォッチの操作の時間は考えないものとする。

ア　510m　　**イ**　1020m　　**ウ**　1530m　　**エ**　2040m

(4) 次のページの図２は，下線部④のように刺激を受けてから反応するまでの流れを示したものである。図２の Y にあてはまる，刺激や命令の信号が伝わる順に神経を並べたものとして，最も適切なものを，あとのア～エの中から１つ選んで，その記号を書きなさい。

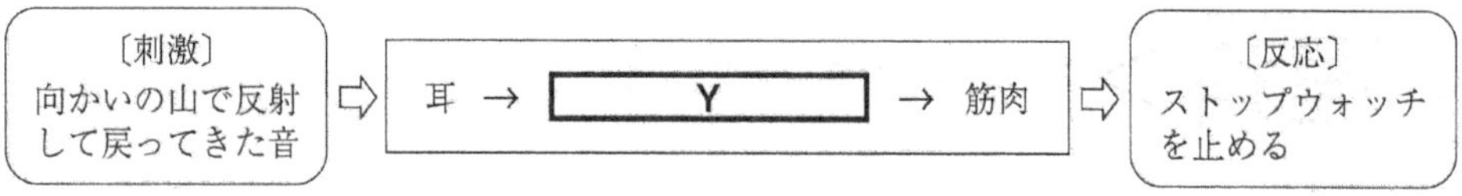

図2　刺激を受けてから反応するまでの流れ

ア　運動神経　→　感覚神経　→　中枢神経
イ　感覚神経　→　中枢神経　→　運動神経
ウ　中枢神経　→　運動神経　→　感覚神経
エ　中枢神経　→　感覚神経　→　運動神経

〔**問2**〕　次の文は，紀夫さんが，キャンプ場の近くで見つけた露頭について調べ，まとめたものの一部である。下の(1)～(4)に答えなさい。

　キャンプ場の近くで，大きな露頭を見つけました。この露頭を観察すると，石灰岩の地層**a**，火山灰の地層**b**，れき，砂，泥からできた地層**c**の３つの地層が下から順に重なっていることがわかりました（**図３**）。この３つの地層にはそれぞれ特徴が見られ，より詳しく調べました。

　１つ目の地層**a**は，石灰岩でできていました。石灰岩の主な成分は［ Z ］で，酸性化した土や川の水を①中和するために使われる石灰の材料として利用されています。

　２つ目の地層**b**は，火山灰でできていました。その地層から，②無色で不規則な形をした鉱物を見つけることができました。この鉱物は，マグマに含まれる成分が冷え固まってできた結晶です。

　３つ目の地層**c**は，れき，砂，泥からできていました。③この地層の粒の積もり方から，一度に大量の土砂が水の中で同時に堆積したと考えられます。

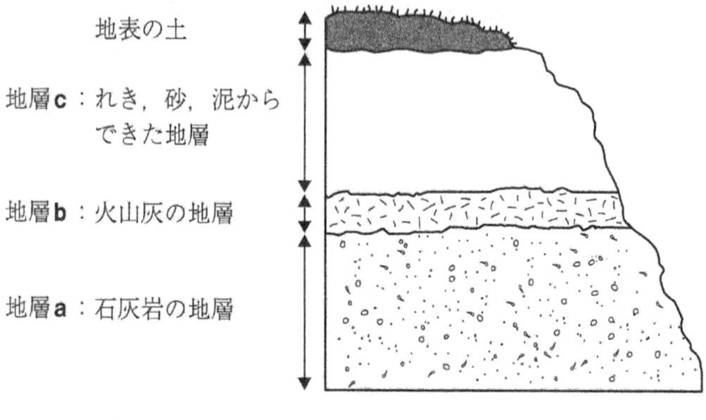

図３　露頭のスケッチの一部（地層**c**のスケッチは省略している）

(1)　文中の［ Z ］にあてはまる物質の名称を書きなさい。

(2)　下線部①について，次の式は，中和によって水が生じる反応を表したものである。［ A ］，［ B ］にあてはまるイオン式をそれぞれ書きなさい。

［ A ］＋［ B ］→ H_2O

(3)　下線部②の鉱物として最も適切なものを，次の**ア**～**エ**の中から１つ選んで，その記号を書きなさい。

ア　カクセンセキ　　**イ**　カンランセキ　　**ウ**　キセキ　　**エ**　セキエイ

(4)　下線部③について，地層ｃの下部，中部，上部に含まれる，主に堆積した粒の組み合わせとして最も適切なものを，次の**ア**～**エ**の中から１つ選んで，その記号を書きなさい。また，そのように考えた理由を簡潔に書きなさい。

	地層**c**の下部	地層**c**の中部	地層**c**の上部
ア	泥	砂	れき
イ	砂	泥	れき
ウ	れき	砂	泥
エ	砂	れき	泥

2　植物のはたらきを調べるために，**実験Ⅰ**，**実験Ⅱ**を行った。あとの〔**問１**〕～〔**問６**〕に答えなさい。

実験Ⅰ「オオカナダモを使った実験」

(i)　４本の試験管Ａ～Ｄを用意し，ほぼ同じ大きさのオオカナダモを試験管Ａ，Ｂにそれぞれ入れた。

(ii)　青色のBTB溶液に息を吹き込んで緑色にしたものを，すべての試験管に入れて満たした後，すぐにゴム栓でふたをした（**図１**）。

(iii)　試験管Ｂ，Ｄの全体をアルミニウムはくでおおい，試験管Ｂ，Ｄに光が当たらないようにした。

(iv)　４本の試験管を光が十分に当たる場所に数時間置いた（**図２**）。

(v)　試験管のＢＴＢ溶液の色を調べ，その結果をまとめた（**表１**）。

表１　**実験Ⅰ**の結果

試験管	**A**	**B**	**C**	**D**
ＢＴＢ溶液の色	青色	黄色	緑色	緑色

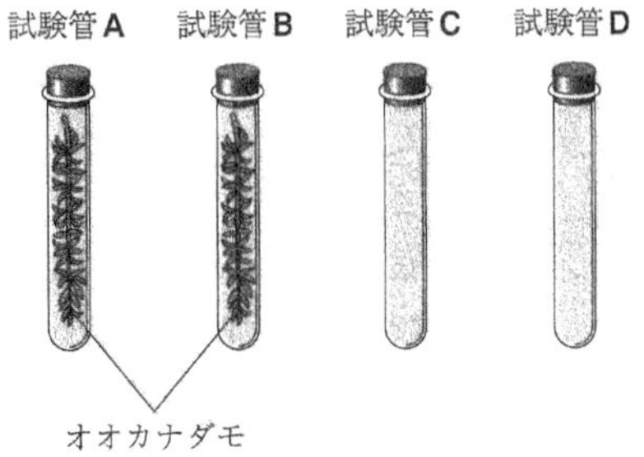

図１　ＢＴＢ溶液を入れた４本の試験管

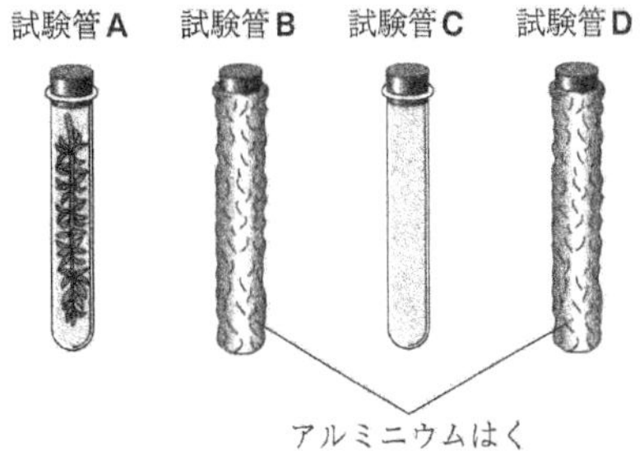

図２　光が十分に当たる場所に置いた４本の試験管

実験Ⅱ「アジサイを使った実験」

(i) 葉の大きさや枚数，茎の太さや長さがほぼ同じアジサイを３本用意して，それぞれに**表２**のような処理を行い，アジサイA，B，Cとした。

(ii) 同じ大きさの３本の試験管に，それぞれ同量の水と，処理したアジサイA～Cを入れ，少量の油を注いで水面をおおった（**図３**）。

(iii) アジサイA～Cの入った試験管の質量をそれぞれ測定し，明るく風通しのよい場所に一定時間置いた後，再びそれぞれの質量を測定した。

(iv) 測定した質量から試験管内の水の減少量をそれぞれ求め，その結果をまとめた（**表３**）。

表２　処理の仕方

アジサイ	処理
A	葉の表側にワセリンをぬる
B	葉の裏側にワセリンをぬる
C	葉の表側と裏側にワセリンをぬる

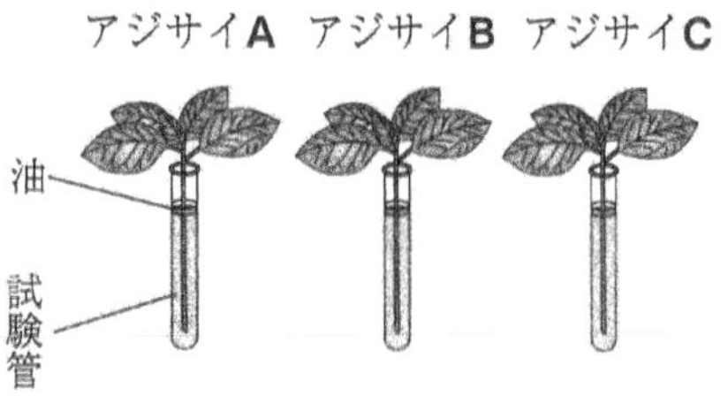

図３　処理したアジサイと試験管

表３　**実験Ⅱ**の結果

アジサイ	A	B	C
水の減少量〔g〕	4.8	2.6	1.1

〔**問１**〕　**実験Ⅰ**では，試験管Cや試験管Dを用意し，調べたいことがら以外の条件を同じにして実験を行った。このような実験を何というか，書きなさい。

〔**問２**〕　次の文は，**実験Ⅰ**の結果を考察したものである。文中の①，②について，それぞれ**ア**，**イ**のうち適切なものを１つ選んで，その記号を書きなさい。また，文中の X にあてはまる物質の名称を書きなさい。

> 試験管Aでは，植物のはたらきである呼吸と光合成の両方が同時に行われているが，①{**ア**　呼吸　　**イ**　光合成} の割合の方が大きくなるため，オオカナダモにとり入れられる X の量が多くなり，試験管AのBTB溶液の色は青色になる。
>
> 一方，試験管Bでは，②{**ア**　呼吸　　**イ**　光合成} だけが行われるため，オオカナダモから出される X により，試験管BのBTB溶液の色は黄色になる。

〔**問３**〕　**実験Ⅱ**について，植物のからだの表面から，水が水蒸気となって出ていくことを何というか，書きなさい。

〔**問４**〕　**実験Ⅱ**について，**図４**はアジサイの葉の表皮を拡大して模式的に表したものである。**図４**の Y にあてはまる，２つの三日月形の細胞で囲まれたすきまの名称を書きなさい。

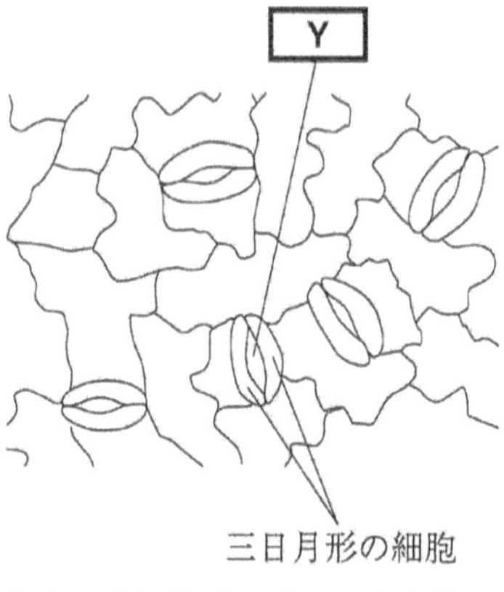

図４　アジサイの葉の表皮を拡大した模式図

〔問５〕　**実験Ⅱ**(ii)について，下線部の操作をしたのはなぜか，簡潔に書きなさい。

〔問６〕　**実験Ⅱ**(i)で用意したアジサイとほぼ同じものをもう１本用意し，葉のどこにもワセリンをぬらずに，**実験Ⅱ**(ii)～(iv)と同じ条件で，同様の実験を行った場合，試験管内の水の減少量は何ｇになると考えられるか。前のページの**表３**を参考にして，次の**ア**～**エ**の中から最も適切なものを１つ選んで，その記号を書きなさい。ただし，アジサイの茎からも水蒸気が出ていくものとする。

ア　5.2ｇ　　**イ**　6.3ｇ　　**ウ**　7.4ｇ　　**エ**　8.5ｇ

3　天体の動きについて調べるため，よく晴れた春分の日に，日本のある地点で，**観測Ⅰ**，**観測Ⅱ**を行った。あとの〔問１〕～〔問７〕に答えなさい。

観測Ⅰ　「透明半球を使って太陽の動きを調べる」

(i)　画用紙に透明半球のふちと同じ大きさの円をかき，その円の中心に印（点O）をつけ，透明半球と方位磁針をセロハンテープで固定した後，円に方位を記入し，方位を合わせて水平な場所に置いた。

(ii)　９時から17時まで，２時間ごとの太陽の位置を，フェルトペンの先の影が，画用紙上の［　X　］と重なるようにして，●印で透明半球に記録した。

(iii)　●印を，記録した順に点A～Eとして，なめらかな曲線で結び，その曲線を透明半球のふちまでのばした。このとき，のばした曲線と画用紙にかいた円との交点のうち，東側の交点を点P，西側の交点を点Qとした（**図１**）。

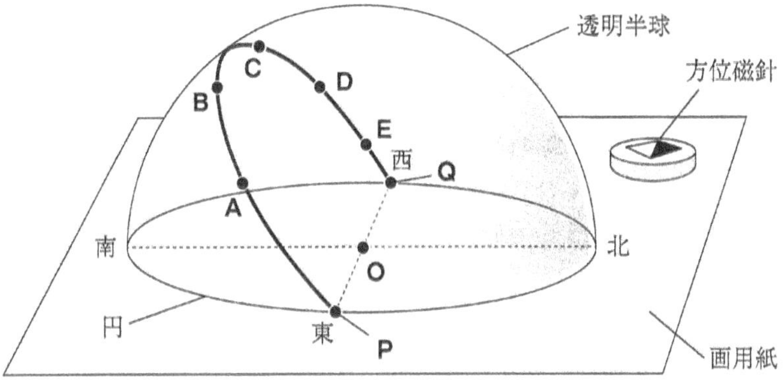

図１　透明半球に記録した太陽の動き

観測Ⅱ　「夜空の星の動きを調べる」

(i)　見晴らしのよい場所で，４台のカメラを東西南北それぞれの夜空に向け固定した。

(ii)　４台のカメラのシャッターを一定時間開け続け，東西南北それぞれの夜空の星の動きを撮影した（次のページの**図２**）。

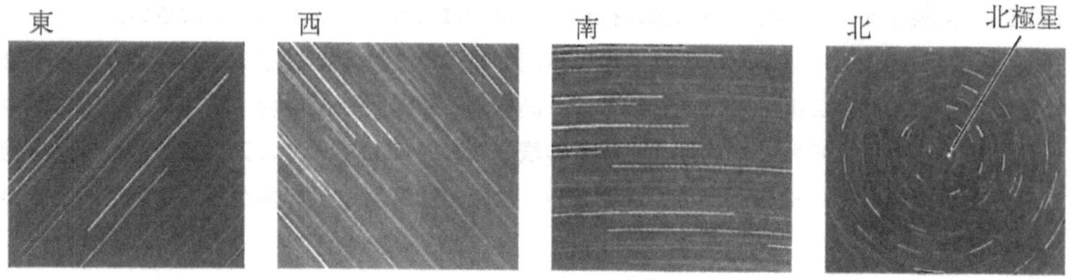

図2　東西南北それぞれの夜空の写真

〔問1〕　地球の自転による，太陽や星の一日の見かけの動きを何というか，書きなさい。

〔問2〕　**観測Ⅰ**(ii)の文中の X にあてはまる適切な位置を表す語句を書きなさい。

〔問3〕　**観測Ⅰ**(ii)について，次の**ア**～**エ**は，地球を北極点の真上から見た場合の，太陽の光と観測地点の位置を模式的に表したものである。9時における観測地点の位置として最も適切なものを，次の**ア**～**エ**の中から1つ選んで，その記号を書きなさい。

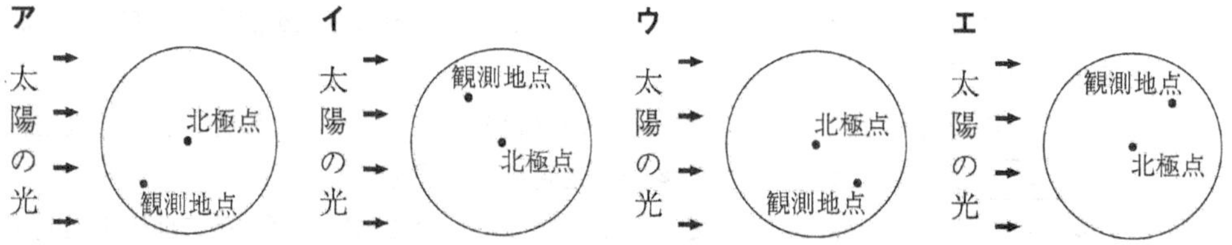

〔問4〕　**観測Ⅰ**について，透明半球にかいた曲線にそってAB，BC，CD，DEの長さをはかると，それぞれ7.2cmであった。同様にEQの長さをはかると，4.2cmであった。日の入りのおよその時刻として最も適切なものを，次の**ア**～**エ**の中から1つ選んで，その記号を書きなさい。

ア　17時50分頃　　**イ**　18時00分頃　　**ウ**　18時10分頃　　**エ**　18時20分頃

〔問5〕　よく晴れた春分の日に，赤道付近で太陽の観測を行った場合，観測者から見た天球（**図3**）上での日の出から日の入りまでの太陽の動きはどのようになるか，解答欄の図に実線（—）でかき入れなさい。

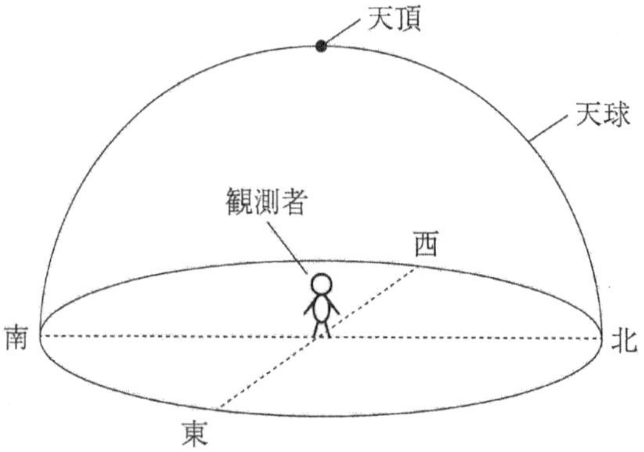

図3　赤道付近にいる観測者から見た天球

〔問6〕　**観測Ⅱ**(ii)について，**図2**の北の夜空の写真では，北極星がほとんど動いていない。その理由を簡潔に書きなさい。

〔問7〕　よく晴れた日に，南半球の中緯度のある地点の見晴らしのよい場所で**観測Ⅱ**を行った場合，東西南北それぞれの夜空の星の動きは，どのように撮影されるか。東，西，南，北での星の動きを模式的に表したものとして適切なものを，次の**ア**～**エ**の中からそれぞれ１つ選んで，その記号を書きなさい。

ア

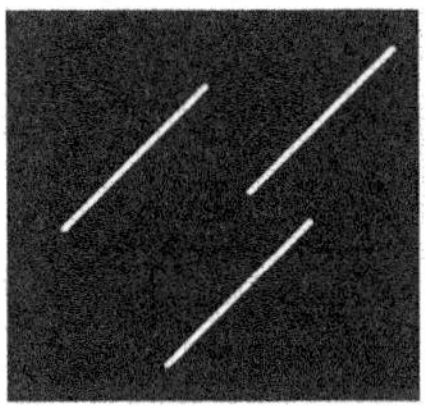

イ

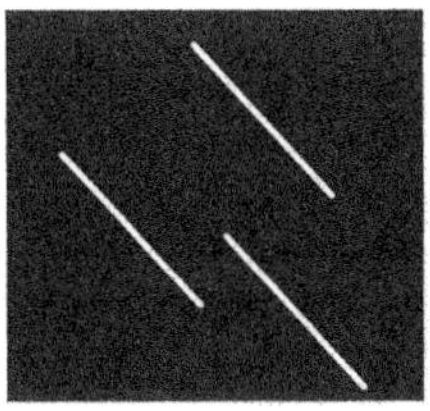

ウ

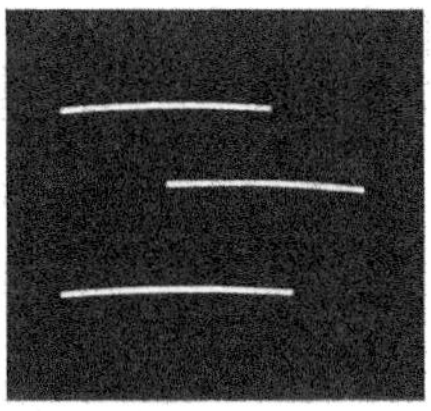

エ

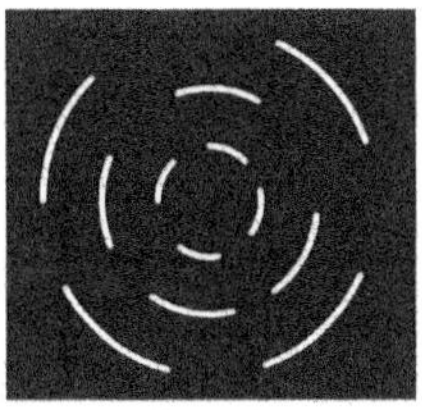

4　化学変化について調べるために，**実験Ⅰ**，**実験Ⅱ**を行った。あとの〔**問１**〕～〔**問６**〕に答えなさい。

実験Ⅰ　「鉄と硫黄の混合物を加熱したときの変化」

(i)　鉄粉7.0ｇと硫黄の粉末4.0ｇをそれぞれ用意し，乳鉢と乳棒を使ってそれらをよく混ぜ合わせた混合物をつくった後，２本の試験管**A**，**B**に半分ずつ入れた（**図１**）。

(ii)　試験管**A**の口を脱脂綿でふたをして，混合物の上部をガスバーナーで加熱し（**図２**），混合物の上部が赤く変わり始めたら加熱をやめ，その後の混合物のようすを観察した。

(iii)　試験管**B**は加熱せず，試験管**A**がよく冷えた後，試験管**A**，**B**にそれぞれ磁石を近づけ，そのようすを観察した（**図３**）。

(iv)　試験管**A**の反応後の物質を少量とり出して，試験管**C**に入れ，試験管**B**の混合物を少量とり出して，試験管**D**に入れた。

(v)　試験管**C**，**D**にそれぞれうすい塩酸を２，３滴加え（**図４**），発生した気体のにおいをそれぞれ調べた。

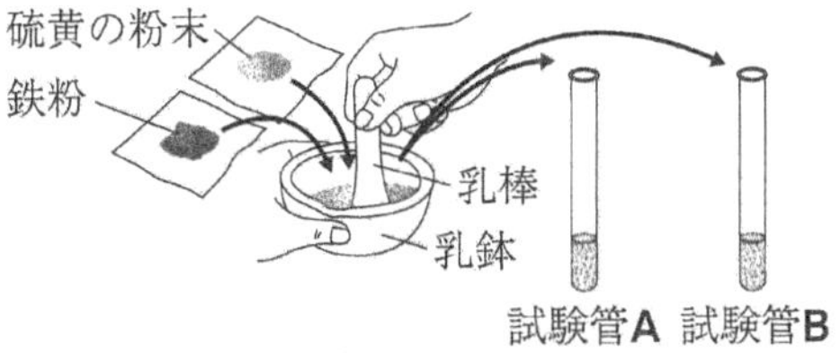

図１　混合物を試験管に入れるようす

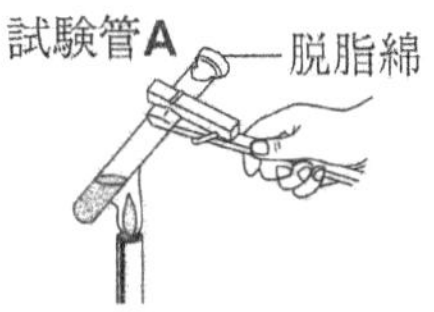

図２　試験管**A**を加熱するようす

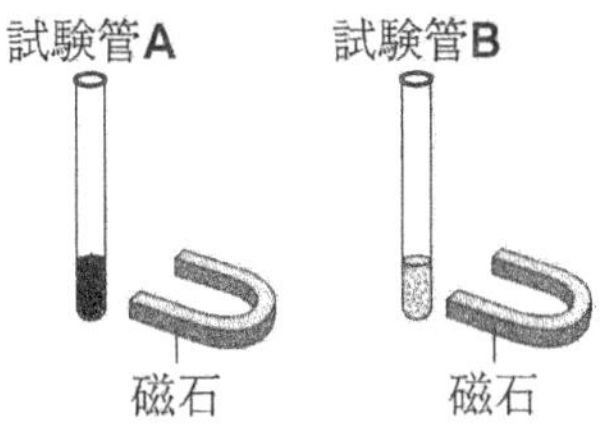

図３　試験管に磁石を近づけるようす

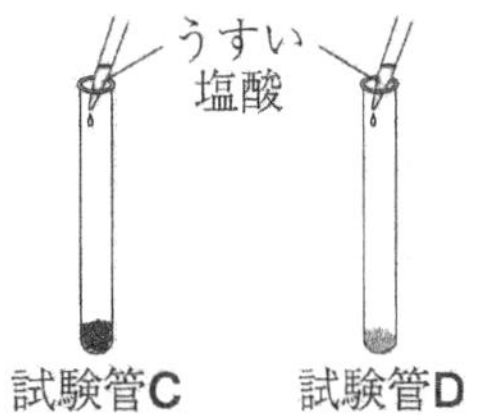

図４　うすい塩酸を加えるようす

実験Ⅱ　「銅を加熱したときの質量の変化」

(ⅰ)　ステンレス皿の質量をはかった後，銅の粉末0.60gをはかりとり，ステンレス皿にうすく広げるように入れた。

(ⅱ)　(ⅰ)のステンレス皿をガスバーナーで加熱し(**図5**)，そのようすを観察した。室温に戻してからステンレス皿全体の質量をはかった。その後，粉末をよくかき混ぜた。

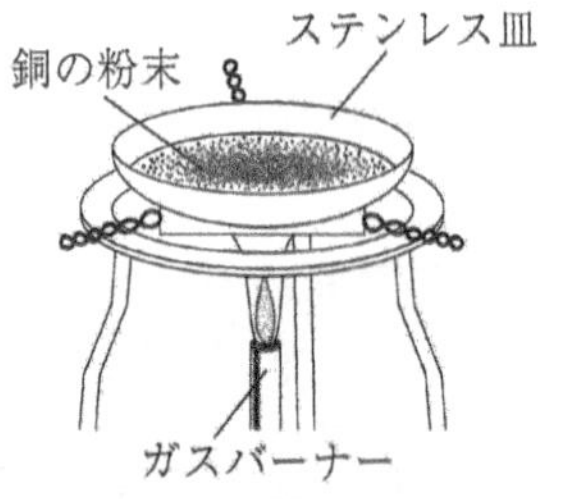

図5　銅の粉末を加熱するようす

(ⅲ)　(ⅱ)の操作を数回くり返して，ステンレス皿全体の質量が増加しなくなったとき，その質量を記録し，できた物質の質量を求めた。

(ⅳ)　(ⅰ)の銅の粉末の質量を，1.20g，1.80g，2.40g，3.00gに変えて，それぞれ(ⅰ)～(ⅲ)の操作を行った。

(ⅴ)　実験の結果を表にまとめた（**表1**）。

表1　実験の結果

銅の粉末の質量〔g〕	0.60	1.20	1.80	2.40	3.00
できた物質の質量〔g〕	0.75	1.50	2.25	3.00	3.75

ただし，ステンレス皿の質量は加熱する前後で変わらないものとする。

〔問1〕　これらの実験で，図6のようなガスバーナーを使った。次の**ア**～**オ**は，ガスバーナーに火をつけ，炎を調節するときの操作の手順を表している。正しい順に並べて，その記号を書きなさい。

ア　ガス調節ねじを回して，炎の大きさを調節する。

イ　元栓とコックを開ける。

ウ　ガスマッチ（マッチ）に火をつけ，ガス調節ねじをゆるめてガスに点火する。

エ　ガス調節ねじを動かさないようにして，空気調節ねじを回し，空気の量を調節して青色の炎にする。

オ　ガス調節ねじ，空気調節ねじが軽くしまっていることを確認する。

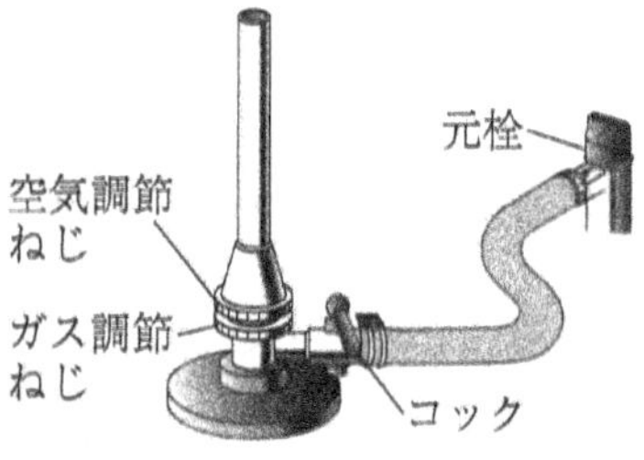

図6　ガスバーナーと元栓

〔問2〕　**実験Ⅰ**(ⅱ)で，加熱をやめた後も反応が続いた。その理由を簡潔に書きなさい。

〔問3〕　次の文は，**実験Ⅰ**で起こった反応についてまとめたものの一部である。あとの(1)，(2)に答えなさい。

実験Ⅰ(ⅲ)で，磁石を近づけたとき，試験管の中の物質がより磁石にひきつけられたのは，①{**ア**　試験管A　　**イ**　試験管B}であった。

実験Ⅰ(ⅴ)で，無臭の気体が発生したのは，②{**ア**　試験管C　　**イ**　試験管D}で，もう一方からは，特有のにおいのある気体が発生した。特有のにおいは，卵の腐ったようなにおいであったことから，この気体は，③{**ア**　硫化水素　　**イ**　塩素}であることがわかった。

これらのことから，加熱によってできた物質は，もとの鉄や硫黄と性質の違う物質であることがわかった。

(1)　文中の①～③について，それぞれア，イのうち適切なものを１つ選んで，その記号を書きなさい。

(2)　文中の下線部のように，２種類以上の物質が結びついて，もとの物質とは性質の違う別の１種類の物質ができる化学変化を何というか，書きなさい。

〔問４〕　**実験Ⅱ**(ⅱ)について，銅の粉末を加熱したときに見られる変化を説明した文として，最も適切なものを，次の**ア**～**エ**の中から１つ選んで，その記号を書きなさい。

ア　熱や光を出して反応し，金属光沢がない白色の物質に変化する。

イ　熱や光を出して反応し，金属光沢がない黒色の物質に変化する。

ウ　熱や光を出さずに反応し，金属光沢がない白色の物質に変化する。

エ　熱や光を出さずに反応し，金属光沢がない黒色の物質に変化する。

〔問５〕　**実験Ⅱ**について，銅を加熱することで起こった化学変化を，化学反応式で書きなさい。

〔問６〕　銅の粉末5.2ｇをはかりとって，**実験Ⅱ**(ⅰ)～(ⅲ)の操作を行った場合，反応後にできる物質は何ｇになるか，書きなさい。

5　電流と磁界の関係を調べるために，コイル（エナメル線を20回巻いてつくったもの）を使って，**実験Ⅰ**～**実験Ⅲ**を行った。あとの〔問１〕～〔問８〕に答えなさい。

実験Ⅰ　「電流がつくる磁界を調べる実験」

(ⅰ)　**図１**のような装置を組み立て，コイルのABのまわりに方位磁針を６つ置いた。

(ⅱ)　電源装置のスイッチを入れて電流をA→B→C→Dの向きに流し，６つの方位磁針のN極がさす向きを調べた。

(ⅲ)　方位磁針を１つだけ残し，電流の大きさは(ⅱ)のときから変えずに，方位磁針をコイルから遠ざけていくと，方位磁針のN極のさす向きがどのように変化するかを調べた（**図２**）。

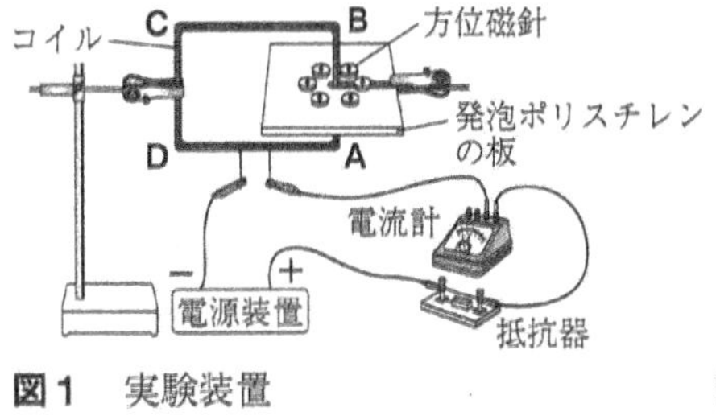

図１　実験装置

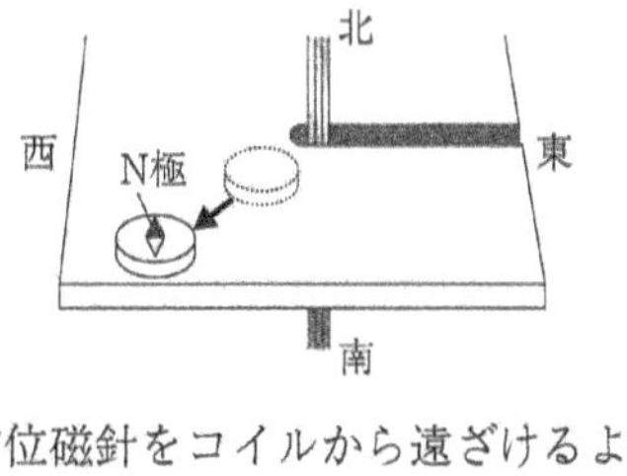

図２　方位磁針をコイルから遠ざけるようす

実験Ⅱ　「電流が磁界から受ける力について調べる実験」

(ⅰ)　次のページの**図３**のような装置を組み立て，回路に６Ｖの電圧を加えて，コイルにA→B→C→Dの向きに電流を流し，コイルの動きを調べた。

(ii) (i)の結果を記録した（**図4**）。

(iii) (i)のときより電気抵抗の小さい抵抗器にかえ，回路に6Vの電圧を加えて，コイルに**D→C→B→A**の向きに電流を流し，コイルの動きを調べた。

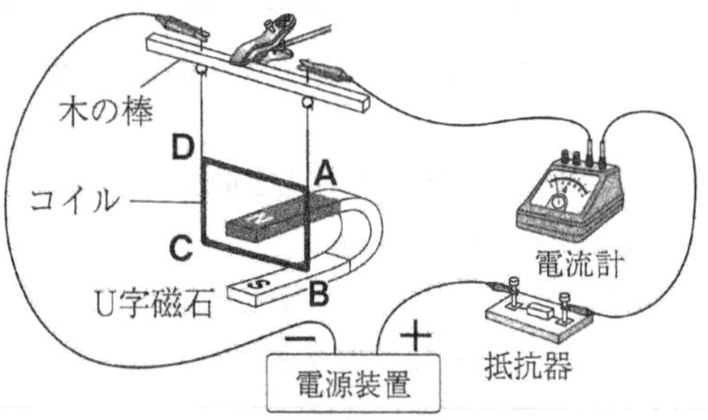

図3　実験装置

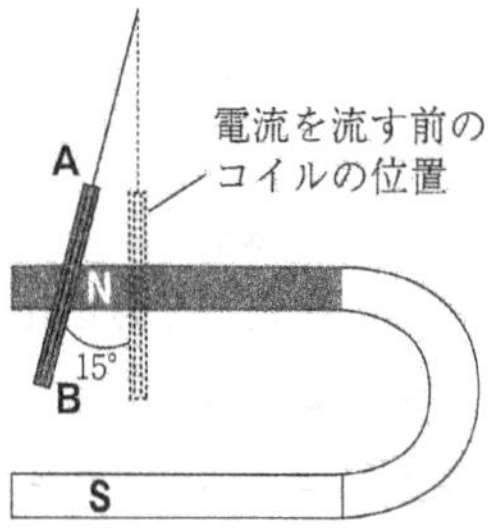

図4　実験結果の記録

実験Ⅲ　「コイルと磁石による電流の発生について調べる実験」

(i)　**図5**のように粘着テープで固定したコイルと検流計をつないで，棒磁石のN極をコイルに近づけたり，遠ざけたりしたときの検流計の指針のようすをまとめた（**表1**）。

(ii) (i)のときから棒磁石の極を逆にして，**図6**のように棒磁石のS極をコイルのすぐ上で，**P**から**Q**に水平に動かしたときの検流計の指針のようすを調べた。

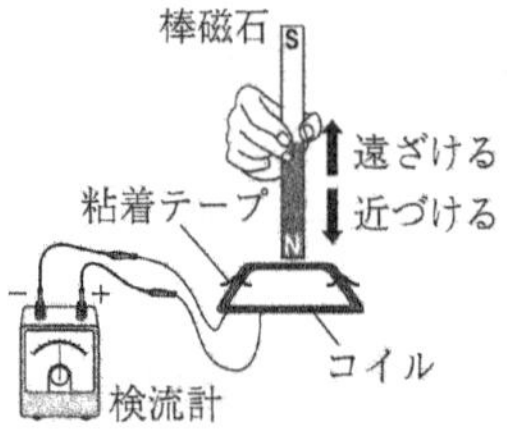

図5　棒磁石を動かすようす

表1　**実験Ⅲ**(**i**)の結果

棒磁石のN極	近づける	遠ざける
検流計の指針	右に振れた	左に振れた

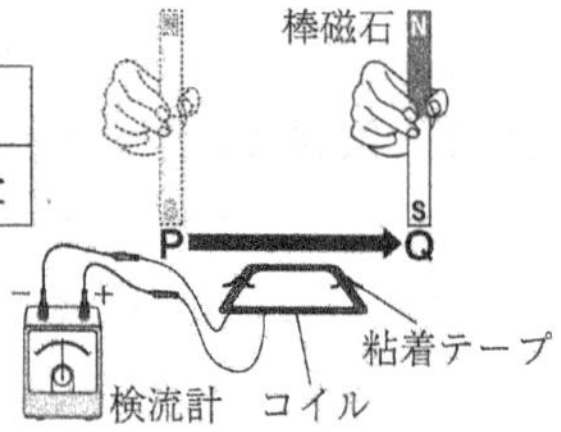

図6　棒磁石を水平に動かすようす

〔**問1**〕　**実験Ⅰ**で，電流計を確認すると，電流計の指針が**図7**のようになっていた。このとき，回路には何Aの電流が流れているか，書きなさい。

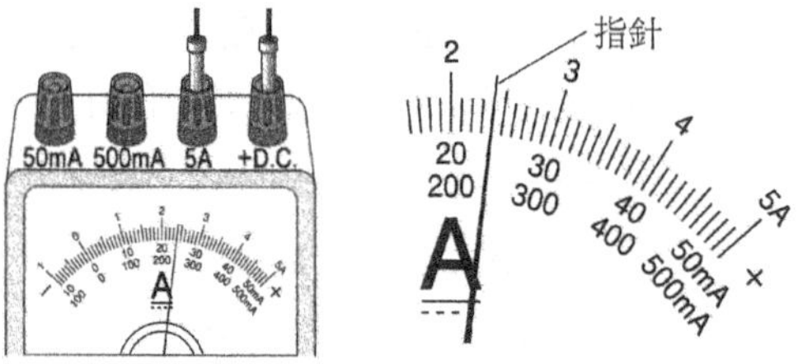

図7　電流計と目盛りの拡大図

〔**問2**〕　**実験Ⅰ**(ii)について，方位磁針を真上から見たときのN極がさす向きを記録した図として最も適切なものを，次の**ア**～**エ**の中から1つ選んで，その記号を書きなさい。

ア

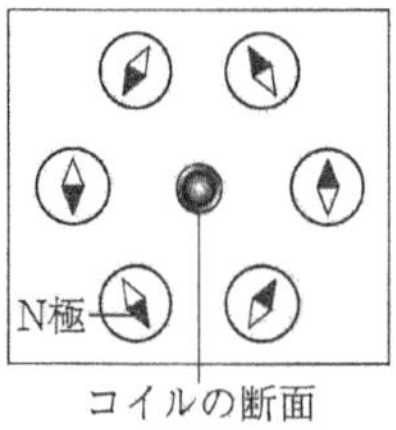

イ

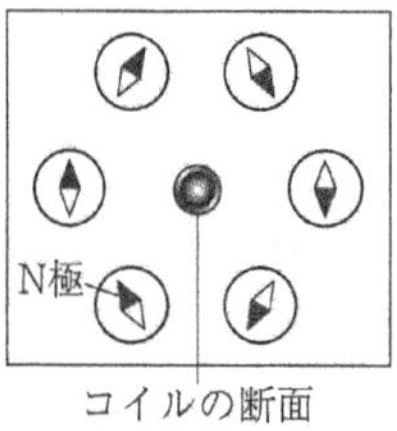

ウ

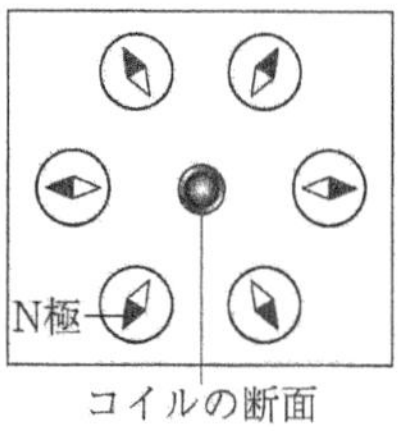

エ

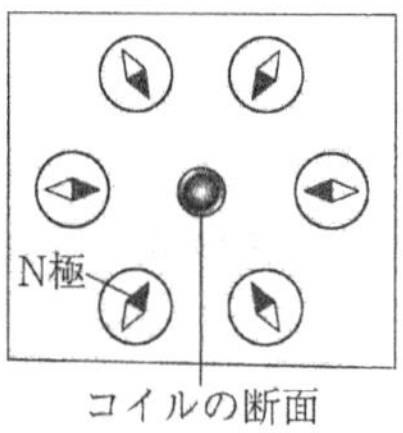

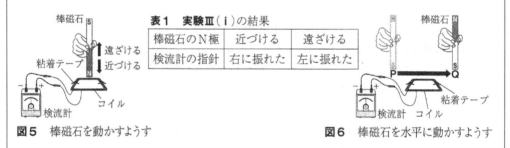

〔問3〕　**実験**Ⅰ(ⅲ)の結果，方位磁針のN極はしだいに北の向きをさすようになった。この結果から，導線を流れる電流がつくる磁界の強さについてどのようなことがわかるか，簡潔に書きなさい。

〔問4〕　**実験**Ⅱ(ⅰ)のとき，電流計の指針は1.2Aを示していた。このとき回路につないだ抵抗器の電気抵抗は何Ωか，書きなさい。ただし，導線やコイル，電流計の電気抵抗はないものとする。

〔問5〕　**実験**Ⅱ(ⅲ)のとき，コイルの位置を表したものとして最も適切なものを，次の**ア**～**エ**の中から1つ選んで，その記号を書きなさい。

ア　　**イ**　　**ウ**　　**エ**

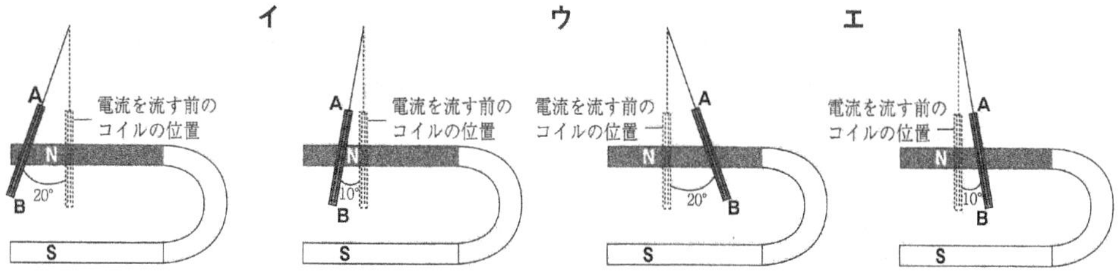

〔問6〕　**実験**Ⅲ(ⅰ)のように，コイルの中の磁界を変化させたときに電圧が生じて，コイルに電流が流れる現象を何というか，書きなさい。

〔問7〕　**実験**Ⅲ(ⅰ)で，発生する電流の大きさを，実験器具を変えずに，より大きくするための方法を簡潔に書きなさい。

〔問8〕　**実験**Ⅲ(ⅱ)で，検流計の指針の振れはどのようになるか，簡潔に書きなさい。

＜社会＞

時間　50分　　満点　100点

1　和歌山県では，2019年11月に「和歌山県人会《けんじんかい》世界大会」が開催されました。さおりさんは，そこに参加した高校生の兄から，後日，大会の内容について話を聞きました。次の文は，その会話の一部です。これを読み，下の略地図を見て，〔問１〕～〔問５〕に答えなさい。

兄　　：和歌山県では，新しい土地での仕事を求めて，これまでに３万人以上の人々が海外へ移住したんだ。移住した人々は，お互いに助け合うために各地に県人会を組織して，交流を深めてきたそうだよ。和歌山県で開催された今回の世界大会には，その子孫などが集まったんだ。

さおり：どの地域から集まったのかな。

兄　　：ⓐ<u>南北のアメリカ州</u>の国々からの参加者が多かったよ。

さおり：ⓑ<u>日本から遠く離れたところ</u>からも来ているのね。

兄　　：参加者は様々な国から来ているので，言語やⓒ<u>宗教</u>などの文化の違いはあるけれど，和歌山県にゆかりがあるということで，お互いにすぐに打ち解けていたよ。

さおり：素敵な大会だったのね。私も参加したかったわ。

兄　　：そのときに，カナダのバンクーバーからの参加者と知り合いになって，彼が帰国したあとも交流を続けているんだ。この前，夕食後に，初めてビデオ通話をしようとしたら，お父さんから「向こうは今何時か分かっているのかい。」と言われたよ。

さおり：そうか，時差を考えないといけないのね。

兄　　：海外の友人もできたし，様々なことを知ることができて本当によかったよ。

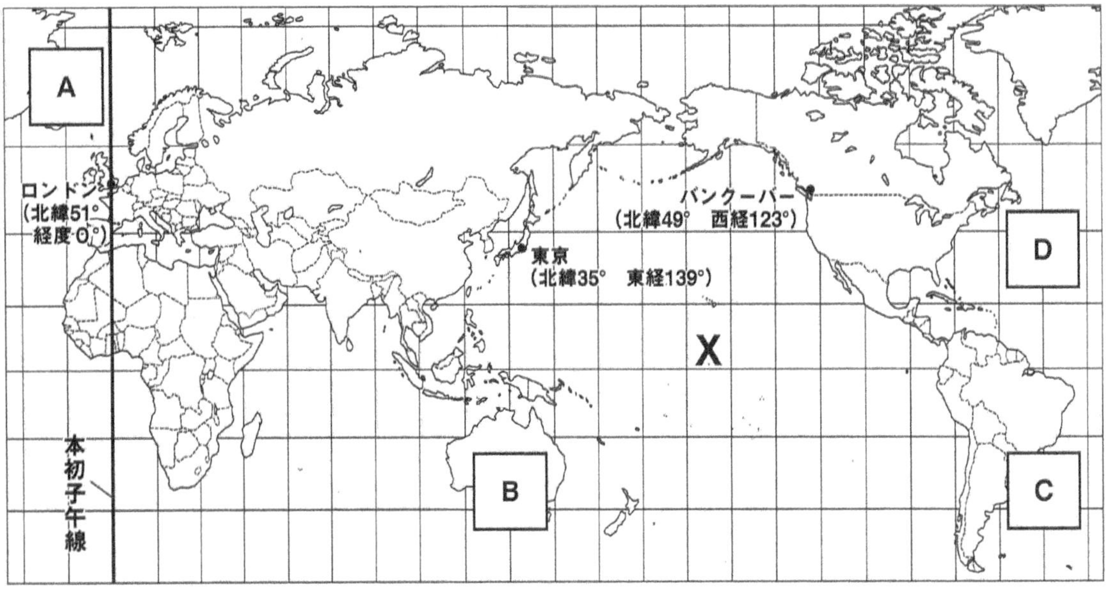

〔問１〕　前のページの略地図中のXで示された大洋を何といいますか，書きなさい。

〔問２〕　文中の下線ⓐに関し，**表１**は，２つの州に属するカナダ，アメリカ，メキシコ，ブラジルについて，それぞれの国の人口，面積，輸出品目の輸出総額に占める割合の上位３品目を示したものです。ブラジルにあたるものを，**表１**中の**ア**～**エ**の中から１つ選び，その記号を書きなさい。

表１

	人口（万人）	面積（万㎢）	輸出品目の輸出総額に占める割合の上位３品目		
			１位	２位	３位
ア	21086	851	大豆	鉄鉱石	機械類
イ	13075	196	機械類	自動車	原油
ウ	3695	998	自動車	原油	機械類
エ	32676	983	機械類	自動車	石油製品

（「データブック オブ・ザ・ワールド 2019年版」から作成）

〔問３〕　文中の下線ⓑに関し，日本から最も遠い地球の正反対側は，略地図中のA～Dのどこになりますか，１つ選び，その記号を書きなさい。

〔問４〕　文中の下線ⓒに関し，イスラム教に関係するものを，次の**ア**～**エ**の中からすべて選び，その記号を書きなさい。

ア　ユダヤ教を発展させたもので，「聖書（新約聖書）」に教えがまとめられている。

イ　西アジアでおこり，北アフリカや中央アジア，東南アジアに広まった。

ウ　インドでおこり，現在，南アジアで最も多くの人々が信仰している。

エ　教典では，女性の肌や髪はかくしておくべきとされている。

〔問５〕　略地図中の東京，バンクーバー，ロンドンについて，**表２**は，各都市の標準時を定める経線と１月の平均気温を示したものです。これを見て，次の(1)，(2)に答えなさい。

表２

	標準時を定める経線	１月の平均気温（℃）
東京	東経135°	5.2
バンクーバー	西経120°	4.0
ロンドン	0°	5.8

（「データブック オブ・ザ・ワールド 2019年版」などから作成）

(1)　東京とバンクーバーの時差の説明として最も適切に述べているものを，次の**ア**～**エ**の中から１つ選び，その記号を書きなさい。

ア　東京の時刻は，バンクーバーの時刻よりも８時間早い。

イ　東京の時刻は，バンクーバーの時刻よりも８時間遅い。

ウ　東京の時刻は，バンクーバーの時刻よりも17時間早い。

エ　東京の時刻は，バンクーバーの時刻よりも17時間遅い。

(2)　ロンドンは，バンクーバーや東京よりも緯度の高いところにあるわりに，１月の平均気温は高くなっています。その理由を，海流と風に着目して，簡潔に書きなさい。

2　次の文は，誠さんが社会科の授業で，「日本の第１次産業」について調べ，レポートにまとめたものの一部です。これを読み，〔問１〕～〔問５〕に答えなさい。

ⓐ産業は，一般的に第１次産業，第２次産業，第３次産業に分類されます。このうち，第１次産業に分類される農林水産業では，各地の自然環境に合わせて，様々な生産活動が行われています。

日本の耕地の半分以上は水田で，稲作が全国的に行われています。特に，ⓑ東北地方，北陸地方で米の生産量が多く，日本の穀倉地帯となっています。野菜の生産は，千葉県や茨城県などの近郊農業の地域や，宮崎県や高知県などのⓒビニールハウスを利用して出荷時期を早める栽培方法の地域，岩手県や長野県などの抑制栽培の地域を中心に盛んに行われています。

また，国土の３分の２が森林である日本は，かつては林業が盛んでした。しかし，低価格の外国産木材の輸入が増えたことで，林業の就業人口が減り，高齢化も進んでいます。

海に囲まれた日本は，ⓓ漁業も盛んです。しかし，［　X　］の設定や，資源保護などで漁獲量の制限が厳しくなり，国内の漁獲量は減って，水産物の輸入が増えています。こうしたなかで，とる漁業から育てる漁業への転換が進められ，各地で［　Y　］や栽培漁業が行われています。

〔問１〕　文中の［X］，［Y］にあてはまる語の組み合わせとして正しいものを，次の**ア**～**エ**の中から１つ選び，その記号を書きなさい。

ア　［X］－排他的経済水域　［Y］－沖合漁業
イ　［X］－排他的経済水域　［Y］－養殖漁業
ウ　［X］－領海　［Y］－沖合漁業
エ　［X］－領海　［Y］－養殖漁業

〔問２〕　文中の下線ⓐに関し，**表**は，栃木県，東京都，三重県，鳥取県の産業別人口構成，漁獲量，製造品出荷額を示したものです。三重県にあたるものを，表中の**ア**～**エ**の中から１つ選び，その記号を書きなさい。

表

	産業別人口構成（%）			漁獲量（百ｔ）	製造品出荷額（百億円）
	第１次産業	第２次産業	第３次産業		
ア	5.9	31.1	63.0	3	894
イ	8.3	22.4	69.3	730	73
ウ	0.5	15.8	83.7	489	778
エ	3.0	32.3	64.7	1705	989

（「データブック オブ・ザ・ワールド 2019年版」から作成）

〔問３〕　文中の下線ⓑに関し，次の**説明文**は，1993年に東北地方を中心に発生した冷害について述べたものです。これを読み，あとの(1)，(2)に答えなさい。

説明文

東北地方は，1993年に，北東から吹く冷たく湿った風の影響を強く受け，冷害にみまわれました。特に，青森県八戸《はちのへ》市などの太平洋側の北部地域では，稲が十分に育たず，米の収穫量が大幅に減少しました。

(1)　**説明文**中の下線に関し，この風を何といいますか，書きなさい。

(2)　**図1**は，青森県八戸市の月別日照時間，**図2**は，同市の月別平均気温を，1993年と平年値をそれぞれ比較して表したものです。八戸市において，稲が十分に育たず，米の収穫量が大幅に減少した理由を，**図1**と**図2**のそれぞれから読み取り，簡潔に書きなさい。

図1

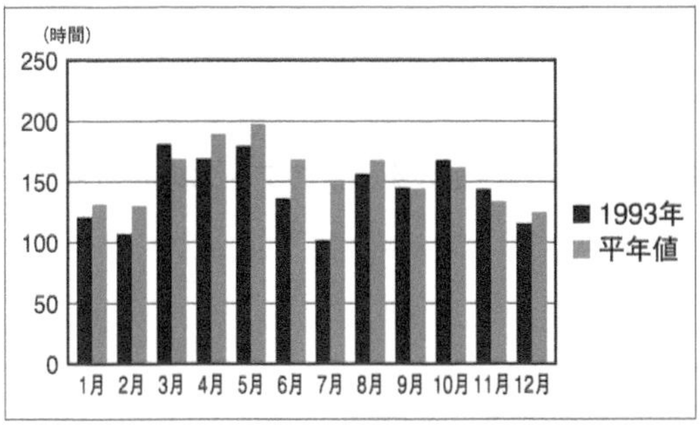

（気象庁ホームページから作成）

図2

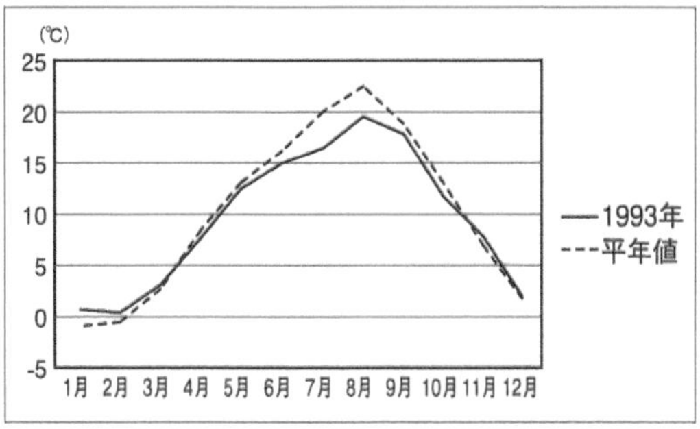

（気象庁ホームページから作成）

※図1と図2の 平年値は，1981年から2010年の観測値の平均です。

〔**問4**〕　文中の下線ⓒに関し，この栽培方法を何といいますか，書きなさい。

〔**問5**〕　文中の下線ⓓに関し，次の**説明文**は，宮城県の漁業について述べたものです。説明文中の下線の海域が好漁場となっている理由を簡潔に書きなさい。

説明文

気仙沼《けせんぬま》や石巻《いしのまき》など，全国的にみても水揚量の多い漁港があります。三陸《さんりく》海岸の沖合は世界有数の漁場となっており，さんまやかつお類は全国第2位の水揚量を誇っています。東日本大震災により，漁港や水産加工場は大きな被害を受けましたが，国内外の支援を受けて少しずつ復興をとげてきています。

3　たかしさんは，社会科の授業で，日本の歴史の流れについて発表することになりました。次のページの略年表は，近世までの日本の歴史を4つに区分し，それぞれの区分の主なできごとをまとめたものです。これを見て，あとの〔**問1**〕～〔**問9**〕に答えなさい。

〔**問1**〕　略年表中の傍線ⓐに関し，群馬県の岩宿《いわじゅく》遺跡から打製石器が発見されたことによって，日本での存在が明らかになった時代を何といいますか，書きなさい。

〔**問2**〕　略年表中の傍線ⓑに関し，古墳が盛んにつくられていた頃，朝鮮半島から移り住み，様々な技術を日本にもたらした人々がいました。これらの人々を何といいますか，書きなさい。

〔**問3**〕　略年表中の傍線ⓒは，蘇我馬子《そがのうまこ》とともに，天皇を中心とする政治制度を整えようとしました。その中の1つである冠位十二階《かんいじゅうにかい》の制度では，どのようなねらいで役人を採用しようとしましたか，簡潔に説明しなさい。

区分	主なできごと	
国づくりが始まる	ⓐ打製石器《だせいせっき》の使用が始まる	
	稲作が伝わる	
	ⓑ古墳《こふん》の始まり	
天皇や貴族が政治を行う	ⓒ聖徳太子《しょうとくたいし》が政治をとる	←ア→
	ⓓ大化《たいか》の改新《かいしん》が始まる	←ア→
	大宝律令《たいほうりつりょう》が制定される	←ア→
	平安京《へいあんきょう》に都を移す	
	武士のおこり	←イ→
武士が政治を始める	院政《いんせい》が始まる	←イ→
	ⓔ源 頼朝《みなもとのよりとも》が征夷大将軍《せいいたいしょうぐん》になる	←ウ→
	元寇《げんこう》	←ウ→
	ⓕ建武《けんむ》の新政《しんせい》が始まる	←ウ→
	ⓖ室町《むろまち》幕府の成立	
武士の政治が安定する	豊臣秀吉《とよとみひでよし》が全国を統一する	←エ→
	関ケ原《せきがはら》の戦《たたか》いがおこる	←エ→
	ⓗ江戸《えど》幕府の成立	←エ→
	ペリーの来航	

〔問４〕 略年表中の傍線ⓓで行われたことの説明として正しいものを，次のア～エの中から１つ選び，その記号を書きなさい。

ア 都を藤原京《ふじわらきょう》から平城京《へいじょうきょう》に移した。

イ 唐《とう》にならって，和同開珎《わどうかいちん》《かいほう》を発行した。

ウ 国家が全国の土地と人々を支配する公地公民《こうちこうみん》の方針を出した。

エ 天皇の命令に従うべきことなど，役人の心構えを示した十七条《じゅうしちじょう》の憲法《けんぽう》を定めた。

〔問５〕 略年表中の傍線ⓔは，御家人《ごけにん》を守護《しゅご》や地頭《じとう》に任命しました。この時代の地頭には女性も多く任命されました。その理由を，「**分割相続**」という語を用いて，簡潔に書きなさい。

〔問６〕 略年表中の傍線ⓕに関し，次の**説明文**は，この時代の都の様子について述べたものです。説明文中の X ， Y にあてはまる語の組み合わせとして正しいものを，下のア～エの中から１つ選び，その記号を書きなさい。

説明文

> 資料は， X と呼ばれるもので，建武の新政を始めた Y の御所《ごしょ》の目の前にかかげられました。このことから，政治や社会が混乱していたことがわかります。
>
> **資料**
>
> このごろ都《みやこ》ではやっているものは、夜襲《やしゅう》、強盗《ごうとう》、天皇《てんのう》のにせの命令《めいれい》。囚人《しゅうじん》、急使《きゅうし》を乗《の》せた早馬《はやうま》、たいしたこともないのに起《お》こる騒動《そうどう》。
> （部分要約）

ア X －二条河原落書《にじょうがわらのらくしょ》　 Y －後醍醐《ごだいご》天皇

イ X －御伽草子《おとぎぞうし》　 Y －後醍醐天皇

ウ X －二条河原落書　 Y －後鳥羽上皇《ごとばじょうこう》

エ X －御伽草子　 Y －後鳥羽上皇

〔問７〕 略年表中の傍線ⓖに関し，**図１**は，室町幕府の仕組みを表したものです。 Z に入る役職を書きなさい。

図１

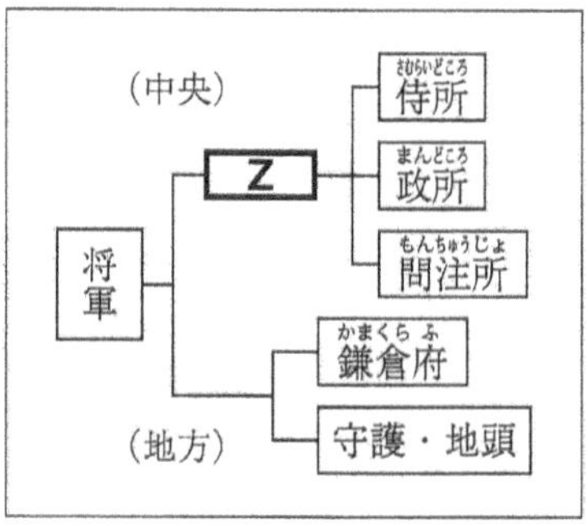

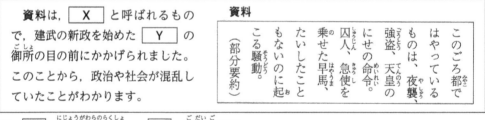

〔問８〕 前のページの略年表中の傍線ⓗに関し，次の⑴，⑵に答えなさい。

⑴ 図２は，江戸時代初期における大名《だいみょう》の配置を表した地図です。図中の ■ で示した領地をあたえられた大名を何といいますか，書きなさい。

⑵ 次のⅠ～Ⅲの政策を行った将軍の組み合わせとして正しいものを，下のア～エの中から１つ選び，その記号を書きなさい。

Ⅰ　日本人の海外渡航や海外からの帰国を禁止した。また，参勤交代《さんきんこうたい》の制度を定めた。

Ⅱ　生類憐《しょうるいあわれ》みの令《れい》を出した。また，質を落とした貨幣を増やし，財政を立て直そうとした。

Ⅲ　目安箱《めやすばこ》を設置し，庶民の意見を政治の参考にした。また，公事方御定書《くじかたおさだめがき》を定めた。

ア　Ⅰ　徳川家康《とくがわいえやす》　Ⅱ　徳川家光《いえみつ》　Ⅲ　徳川吉宗《よしむね》

イ　Ⅰ　徳川家光　Ⅱ　徳川吉宗　Ⅲ　徳川家斉《いえなり》

ウ　Ⅰ　徳川家康　Ⅱ　徳川綱吉《つなよし》　Ⅲ　徳川家斉

エ　Ⅰ　徳川家光　Ⅱ　徳川綱吉　Ⅲ　徳川吉宗

図２　大名の配置（1664年）

〔問９〕 次の**説明文**は，ある時期の文化の特徴について述べたものです。この文化が発展した時期を，略年表中の矢印で示された**ア**～**エ**の中から１つ選び，その記号を書きなさい。

説明文

唐の文化を吸収したうえで，日本の風土やくらしに合った文化が形成された。また，漢字を変形させた仮名文字《かなもじ》が作られ，感情を表現しやすくなり，優れた文学作品が生まれた。

4　次のＡ～Ｄのカードは，かおりさんが社会科の授業で「幕末《ばくまつ》以降の日本と国際社会との関わり」についてまとめたものの一部です。これらを読み，〔問１〕～〔問４〕に答えなさい。

Ａ　開港と貿易の始まり

1858年，幕府は日米修好通商条約《にちべいしゅうこうつうしょうじょうやく》を締結しました。これにより，函館《はこだて》などの港が開かれⓐ貿易が始まると，国内産業は打撃を受け，人々の生活は苦しくなりました。

Ｂ　不平等条約《ふびょうどうじょうやく》の改正交渉

明治政府は，欧米と対等な地位を得るために，江戸幕府が結んだ不平等条約の改正交渉に積極的に取り組みました。ⓑ条約内容の改正がすべて実現したのは，1911年のことでした。

Ｃ　欧米諸国とともにシベリアに出兵《しゅっぺい》

日本は，ロシアで起こった革命による社会主義の影響の拡大を恐れて，1918年にイギリス，アメリカなどとともにⓒシベリア出兵を行いました。

Ｄ　自衛隊《じえいたい》の国際貢献

冷戦後，経済援助だけでなく，世界平和の面での国際貢献を求められた日本は，1992年，ⓓ国連平和維持活動《こくれんへいわいじかつどう》に初めて自衛隊の部隊を派遣しました。

〔問１〕　文中の下線ⓐに関し，次の**説明文**は，開国後の日本の経済について述べたものです。説明文中の X ， Y にあてはまる語を，書きなさい。

説明文

開国した当初，欧米と日本におけるそれぞれの金と銀の交換比率は，**表**のようになっていました。この交換比率の違いを利用して，外国人は自国の X を日本に持ちこみ，日本の Y に交換して自国に持ち帰りました。そこで幕府は，貨幣の質を落として Y の流出を防ぎましたが，物価は急速に上昇し，生活にいきづまる民衆が増え，幕府への不満は高まっていきました。

表

欧米の交換比率
金１：銀15

日本の交換比率
金１：銀５

〔問２〕　文中の下線ⓑに関し，次の**ア**～**エ**は，条約内容の改正がすべて実現するまでのできごとについて述べたものです。これらのできごとを年代の古い順に並べるとどのようになりますか，その記号を順に書きなさい。

ア　井上馨《いのうえかおる》は，鹿鳴館《ろくめいかん》を建設して欧化政策《おうかせいさく》をとった。

イ　陸奥宗光《むつむねみつ》は，イギリスと交渉して，領事裁判権《りょうじさいばんけん》の撤廃に成功した。

ウ　岩倉具視《いわくらともみ》は，使節団の代表として欧米に派遣された。

エ　小村寿太郎《こむらじゅたろう》は，アメリカと交渉して，関税自主権《かんぜいじしゅけん》の回復に成功した。

〔問３〕　文中の下線ⓒに関し，シベリア出兵に向けた米の買い付けなどによって，米の値段が急上昇しました。それにより，全国で米の安売りを求める民衆が米屋などを襲う事件が起こり，その鎮圧に軍隊が出動しました。このできごとを何といいますか，書きなさい。

〔問４〕　文中の下線ⓓに関し，自衛隊がこれまでに派遣された国を，次の**ア**～**エ**の中から１つ選び，その記号を書きなさい。

ア　アフガニスタン　　**イ**　キューバ　　**ウ**　ベトナム　　**エ**　カンボジア

5　由美子さんのクラスでは，「民主政治と政治参加」の学習のまとめとして，グループごとに興味のあるテーマを選び，調べることになりました。次の表は，各グループが考えたテーマと調べる内容の一部を示したものです。これを見て，〔**問１**〕～〔**問６**〕に答えなさい。

テーマ	調べる内容
私たちの暮らしと政治	ⓐ地方公共団体と国は役割分担をして，私たちのためにどのような仕事をしているかを調べる。
地方財政の仕組み	地方公共団体の収入と支出について整理し，ⓑ地方財政の状況について調べる。
行政改革の取り組み	公務員の数を減らしたり，事業を見直し無駄をなくす取り組みなど，簡素で効率的な行政をめざすⓒ行政改革について調べる。
地方公共団体の条例	地方議会がⓓ法律の範囲内で独自に制定できる条例に注目して，地域の特徴に応じて制定された全国の事例を調べる。
私たちの政治と民主主義	ⓔ民主主義の意味や住民の政治参加についてまとめ，住民が直接政治に参加できるⓕ直接請求権などの内容を調べる。

〔問１〕 文中の下線ⓐに関し，地方公共団体が主に担《にな》っている仕事として適切なものを，次の**ア**～**オ**の中からすべて選び，その記号を書きなさい。

ア　外国からの攻撃に対する防衛活動　　**イ**　ゴミの収集

ウ　上下水道の整備　　**エ**　警察による地域の安全確保

オ　年金の管理運営

〔問２〕 文中の下線ⓑに関し，**図**は，平成30年度の和歌山県と東京都における歳入の内訳を示したものです。図中のX～Zにあてはまる語を，次の**ア**～**ウ**の中からそれぞれ１つ選び，その記号を書きなさい。

図

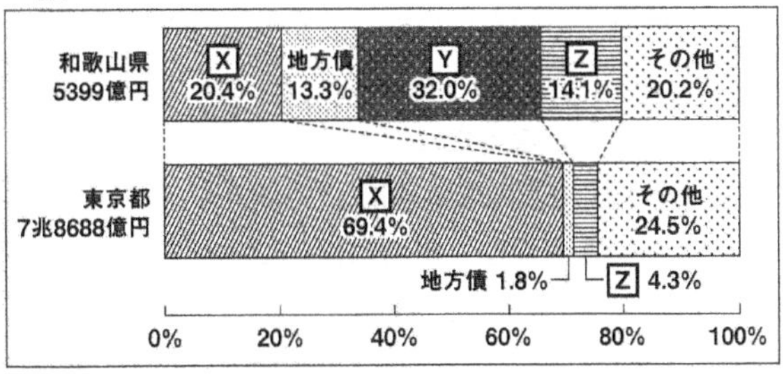

（平成30年度総務省資料より作成）

ア　地方交付税（地方交付税交付金）　　**イ**　地方税　　**ウ**　国庫支出金

〔問３〕 文中の下線ⓒに関し，国の行政改革の中で，次の**文**で示されている取り組みを何といいますか，書きなさい。

文

> 一定の条件のもと，かぜ薬のコンビニエンスストアでの販売やセルフ式のガソリンスタンドの導入など，政府の許認可権を見直して企業の自由な経済活動をうながす。

〔問４〕 文中の下線ⓓに関し，国会における法律の制定や改正の手続きとして適切に述べているものを，次の**ア**～**エ**の中から２つ選び，その記号を書きなさい。

ア　本会議で議決される前に，通常，与党と野党の議員からなる委員会で審査される。

イ　衆議院が参議院と異なった議決をし，両院協議会でも不一致の時は衆議院の議決を優越する。

ウ　提出された議案は，衆議院から先に審議が行われる。

エ　議案の議決は，衆議院，参議院ともに，出席議員の過半数が賛成すれば可決される。

〔問５〕 文中の下線ⓔに関し，民主主義の思想の現れとされる「国民主権」について，次の語を用いて，簡潔に説明しなさい。

国民　　政治

〔問６〕 文中の下線ⓕに関し，地方公共団体では，住民が条例の制定を首長に対して直接請求することができます。人口１万人の町に有権者が９割いるとした場合，町長に条例の制定を直接請求するためには，住民の署名は何人以上必要になりますか，書きなさい。

6 次の文は，秀二さんの家族が高校２年生の兄の卒業後の進路について話し合っている会話の一部です。これを読み，〔問１〕～〔問３〕に答えなさい。

兄　：　先週，学校で和歌山県が作っているこの冊子『高校生のためのわかやま就職ガイド』を使った授業があったんだ。

秀二：　もうすぐ３年生だから，進路を決めないといけない時期なんだね。

兄　：　これまで，進学するか就職するか迷ってきたけれど，和歌山のⓐ企業に就職するのもいいかなと思ってきたんだ。

父　：　どうしてそう思うようになったんだい。

兄　：　今回の授業でこの冊子を読んで，和歌山で働くイメージが変わったことが大きいかな。都会に比べて生活費も安くすむし，とても暮らしやすいところだと改めて感じたんだ。それに，地元企業の魅力についても知ることができたよ。

父　：　なるほど，この冊子を読んでみると，地元の企業も新たな製品を開発したり，新たな市場を開拓したりしているようだね。

兄　：　先生は，就職するには，ⓑ企業の業績やⓒ労働条件のことなど，企業について研究してから選ばないといけないと言っていたよ。

秀二：　これから，たくさん準備していかないといけないんだね。

父　：　色々な人の意見を参考にしながら，じっくり考えていくんだよ。

〔問１〕　文中の下線ⓐに関し，次の(1)，(2)に答えなさい。

(1)　図は，企業の中で代表的な株式会社の仕組みを模式的に表したものです。図中の A ， B にそれぞれあてはまる語を，書きなさい。

図

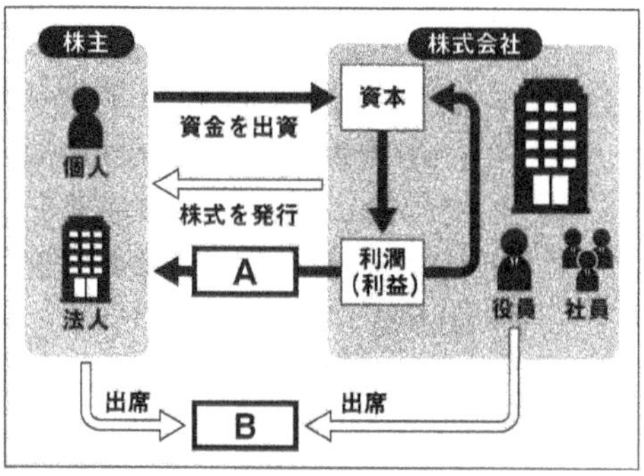

(2)　企業の中には，社会的責任を果たすために，廃棄されるものを最小限に抑え，再利用を徹底し，環境への負荷をできる限りなくす努力をしている企業もあります。このような企業がめざす「限りある資源を有効に使う社会」を何といいますか，書きなさい。

〔問２〕　文中の下線ⓑに関し，不景気による雇用状況の悪化などが原因で，所得格差が生じることがあります。経済活動に関わる政府の役割の中で，このような格差を是正するはたらきについて最も適切に述べているものを，あとの**ア**～**エ**の中から１つ選び，その記号を書きなさい。

ア　民間企業だけでは充分に供給されない社会資本や公共サービスを供給する。

イ　累進課税制度や社会保障，雇用対策を積極的に行う。

ウ　増税や減税を行ったり，公共投資を増減させたりする。

エ　独占や寡占を規制するなど，民間企業に公正で安全な経済活動をうながす。

〔問３〕　文中の下線ⓒに関し，次の⑴，⑵に答えなさい。

⑴　『高校生のためのわかやま就職ガイド』には，資料のような記載があります。この記載内容の根拠となっている法律を何といいますか，書きなさい。

⑵　企業の雇用形態には，正規雇用と非正規雇用とがあり，近年，アルバイトや派遣社員（派遣労働者）のような非正規雇用の労働者が増加してきています。非正規雇用の労働者は，正規雇用の労働者と比べ，賃金の面でどのような課題がありますか，仕事内容や労働時間に着目して，簡潔に説明しなさい。

資料

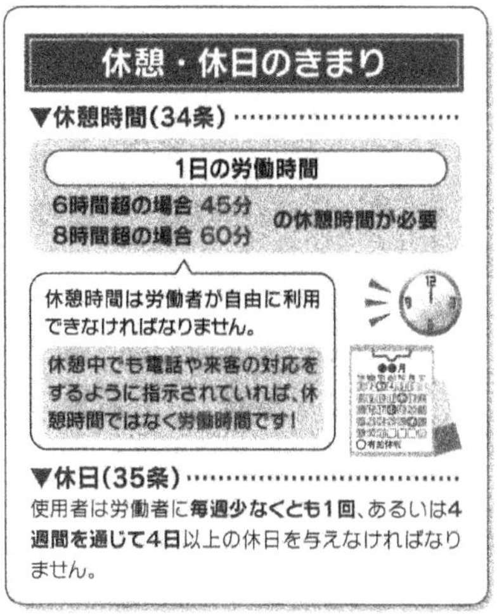

るでしょう　とありますが、筆者がこのように考えるのはなぜですか。「そんな社会」が指す内容を示した上で、八十字以内で書きなさい。（句読点やその他の符号も一字に数える。）

三　※問題に使用された作品の著作権者が二次使用の許可を出していないため、問題を掲載しておりません。

（出典：梨木《なしき》　香歩《かほ》　著『やがて満ちてくる光の』から）

四　次の文章を読み、この場面におけるカズオの気持ちについて説明した上で、あなたの考えを書きなさい。ただし、あとの条件⑴、⑵にしたがうこと。

カズオは電車の中にいる。ロングシートの席に座って、さっきから胸をドキドキさせて。

目の前に、二人のおばあさんが立っている。

席をゆずらなくちゃ――。でも、カズオが立ち上がっても、シートには一人分のスペースしか空かない。おばあさん二人のうち、座れるのは一人だけだ。

歳《とし》をとっているほうのおばあさんに声をかけようか。だけど、若く見えるおばあさんは大きな荷物を持っている。遠くの駅まで乗るほうに座ってもらおうと思っても、行き先なんてわからない。二人で話し合って決めればいい？　そんなの、どうやってお願いすればいいんだろう……。

おばあさんたちは、怒っているかもしれない。それとも悲しんでいるのだろうか。カズオは二人と目が合うのが怖くて、うつむいてしまう。それだけでは足りずに、目もつぶった。座れるおばあさんと座れないおばあさんを分けてしまうのはよくないんだ、と自分に言い聞かせた。そんなの不公平だもの。座れないおばあさんがかわいそうだもの。だったら二人とも座れないほうがすっきりする……はずだ。

電車は走る。ガタゴトと揺れながら、走る。まわりのひとは、カズオのことを「やさしくない子ども」だと思っているかもしれない。ほんとうは違うのに。おばあさんが一人だけなら、すぐに席をゆずってあげたいのに。カズオは胸をドキドキさせたまま、ただじっと目をつぶって、眠ったふりをする。

（重松《しげまつ》　清《きよし》　著『きみの町で』から）

［条件］

⑴　原稿用紙の正しい使い方にしたがって書くこと。ただし、題名や自分の氏名は書かないこと。

⑵　二段落構成とし、八行以上、十行以内であること。

こんな思いで、活動が続けられていました。
また、今年は、「コロナ禍で駆けつけられないけれど、せめて物資だけでも送りたい。」という申し出もたくさんあったようです。
このことを新聞で読んだとき、私は、心が温かくなりました。そして、私も、社会の中で生きていく一人の人間として、たとえコロナ禍の世の中であっても、互いの気持ちを通じ合わせることの大切さをいつも忘れずに生活していきたいと思いました。

〔問1〕【Ⅰ】の本文中、A長い子ども期　とありますが、次の文章は、筆者が考える人間の子ども期について説明したものです。①～③にあてはまる言葉を、【Ⅰ】の文中から①は三字、②、③はそれぞれ四字で、そのまま抜き出して書きなさい。

乳離れのあとの、①が生えるまでの長い期間を指す。その間、子どもは②ができず、③の手を必要とする。

〔問2〕【Ⅰ】の本文中には、次の□の段落が抜けています。これは、文脈上、どこに入るのが適切ですか。【Ⅰ】の文中のあ～えの中から一つ選び、その記号を書きなさい。

そして霊長類の場合、なかでも「誰と食べるか」が大事なのです。ともに食べるものをどう選ぶか、その選び方で社会が作られていくからです。

〔問3〕【Ⅰ】の本文中、B負の側面　とありますが、筆者は、人類のどのような状態を「負の側面」と述べていますか。その内容として最も適切なものを、次のア～エの中から選び、その記号を書きなさい。

ア　母乳を飲まなくなっても、すぐには大人と同じものが食べられないので、母親の用意した「離乳食」を食べる。
イ　ファストフード店やコンビニエンスストアで、それぞれ自分の好きなものを買い、好きなときに一人で食べる。
ウ　常に家族が全員そろって一緒に食卓を囲み、テーブルにあるものを、みんなでにぎやかに分かち合って食べる。
エ　食卓に並んだ食べ物を家族で分かち合おうとせず、好きなものを独り占めして、自分だけでゆっくりと食べる。

〔問4〕【Ⅰ】の本文中、Cその変化は、もうすでに始まっている　とありますが、【Ⅱ】の本文中には、その変化の中で人間社会が見失うものが具体的に挙げられています。それにあたるものとして適切なものを、次のア～カの中からすべて選び、その記号を書きなさい。

ア　共感　イ　享楽　ウ　協力
エ　自由　オ　序列　カ　利益

〔問5〕【Ⅱ】の本文中、D普遍的な社会性というのは、次の三つだとありますが、この三つの社会性と、【Ⅲ】の文章中のⓐ～ⓒの組み合わせとして最も適切なものを、次のア～エの中から選び、その記号を書きなさい。

ア　見返りのない奉仕…ⓐ　互酬性…ⓑ　帰属意識…ⓒ
イ　見返りのない奉仕…ⓐ　互酬性…ⓒ　帰属意識…ⓑ
ウ　見返りのない奉仕…ⓒ　互酬性…ⓐ　帰属意識…ⓑ
エ　見返りのない奉仕…ⓑ　互酬性…ⓐ　帰属意識…ⓒ

〔問6〕【Ⅱ】の本文中の□にあてはまる最も適切な語を、次のア～エの中から選び、その記号を書きなさい。

ア　本質　イ　流動　ウ　一般　エ　逆説

〔問7〕【Ⅱ】の本文中、Eそんな社会では、人間の平等意識は崩壊す

□的ですが、人間は帰属意識を持っているからこそ、いろんな集団を渡り歩くことができます。集団を行き来する際、常に人間は自分の所属を確認し、それを証明しなくてはいけませんが、それはほかの動物にはできないことです。人間は、帰属意識を持っているからこそ世界中を歩き回ることもできるし、自分自身の行動範囲や考え方を広げていけるのです。人間は相手との差異を認め尊重し合いつつ、きちんと付き合える能力を持っていますが、その基本に帰属意識があると思います。

家族も共同体もなくしてしまったら、人間は帰属意識も失います。人間は、互いに協力する必要性も、共感する必要性すらも見出せなくなっていくでしょう。

個人の利益さえ獲得すればいいなら、何かを誰かと分かち合う必要もありません。他人を思いやる必要もありません。遠くで誰かが苦しんでいる事実よりも、手近な享楽を選ぶでしょう。どこかの国の紛争なんて、他人事。自分に関係ないから共感なんてする必要もない。これはまさにサルの社会にほかなりません。

サルの社会に近づくということは、人間が自分の利益のために集団を作るということです。そうなれば、個人の生活は今よりも効率的で自由になります。しかし、他人と気持ちを通じ合わせることはできなくなってしまいます。

もしも本当に人間社会がサル社会のようになってしまったら、どうなるのでしょうか。サル社会は序列で成り立つピラミッド型の社会です。人を負かし自分は勝とうとする社会、とも言い換えられます。E そんな社会では、人間の平等意識は崩壊するでしょう。

今、日本ではあえて家族を作らず個人の生活を送る人も増えてきました。家族の束縛から離れて、自由で気ままに暮らそうというわけです。しかしここには見落とされているひとつの危険な事実があります。

それは「人間がひとりで生きることは、平等に生きることには結びつかない」という事実です。家族を失い、個人になってしまったとたん、人間は上下関係をルールとする社会システムの中に組み込まれやすくなってしまうのです。

（山極《やまぎわ》　寿一《じゅいち》　著『「サル化」する人間社会』から……一部省略等がある。）

（注）・コミュニティ＝地域社会。
・霊長類＝ヒトを含むサル類。
・類人猿＝ゴリラ・チンパンジー・オランウータンなど、霊長類の中で最もヒトに近いもの。
・離乳食＝乳離れの時期に乳児に与える食べ物。
・教鞭をとって＝教職に就いて。

【Ⅲ】

二〇二〇年夏の熊本豪雨には、阪神淡路大震災（一九九五年）を経験した神戸市の職員の皆さんも、ボランティアとして駆けつけました。指揮役を務めたTさんは震災当時中学生、自宅は損壊。全国の支援を受けた記憶が今もはっきり残っているそうです。

「あのときの恩返しがしたい。」……ⓐ

「日本のどこかが大変な時には、神戸市の職員としていつでも駆けつける。」……ⓑ

「自分が力になりたい。」……ⓒ

るものたち」と言うことができます。どんな動物にとっても、食べることは最重要課題です。いつどこで何を誰とどのように食べるか、ということは非常に重要な問題です。

う〉

人類の場合は、食を分け合う相手は基本的には家族です。何百万年もの間、人類は家族と食をともにしてきました。家族だから食を分かち合うし、分かち合うから家族なのです。しかし、その習慣は今や崩れかけていると言えます。

ファストフード店やコンビニエンスストアに行けば、いつでも個人で食事がとれてしまいます。家族で食べ物を分かち合わなくても、個人の欲望を満たす手段はいくらでもあります。家族でともに食卓を囲む必要性は薄れ、個人個人がそれぞれ好きなものを好きなときに食べればいい時代になっています。この状態は、人類がこれほどまで進化したことのB負の側面とも言えるでしょう。

え〉

コミュニケーションとしてあったはずの「共食」の習慣は消え、「個食」にとって代わられつつある。食卓が消えれば、家族は崩壊します。人間性を形づくってきたものは家族なのですから、家族の崩壊は、人間性の喪失だと私は思います。そして、家族が崩壊すれば、家族同士が協力し合う共同体も消滅していかざるを得ません。

もちろん、家族やコミュニティという形態そのものが今すぐに消えてなくなるわけではありません。政治的な単位、あるいは経済的な単位としては、今後も長く残り続けると予想できるからです。

では、家族が崩壊してしまったら、人間はどう変化していくのでしょうか。

そうなれば、人間社会はサル社会にそっくりなかたちに変わっていくでしょう。そしてCその変化は、もうすでに始まっていると私は感じています。

【Ⅱ】

人間の持っているD普遍的な社会性というのは、次の三つだと私は考えています。

ひとつは、見返りのない奉仕をすること。これは家族内では当たり前のことですが、そこに留《とど》まらないで、見ず知らずの相手や自分とはゆかりのない地域のためにボランティア活動などを行えるのが人間です。

人間は、共感能力を成長期に身につけます。自分を最優先して愛してくれる家族に守られながら「奉仕」の精神を学んでいきます。そんな環境の中で、「誰かに何かをしてあげたい」という気持ちが育っていく。そしてその思いは家族の枠を超えて、共同体に対しても、もっと広い社会に対しても広がっていきます。

二つめは互酬性です。何かを誰かにしてもらったら、必ずお返しする。こちらがしてあげたときには、お返しが来る。これは共同体の維持のためのルールですね。会社などの組織も基本的にはこのルールのもとに成り立っています。また、お金を払ってモノやサービスなどの価値を得るという経済活動が、まさしく人間の互酬性を表しています。

三つめは帰属意識です。自分がどこに所属しているか、という意識を人間は一生、持ち続けます。たとえば私の場合は、山極《やまぎわ》家の寿一《じゅいち》という男で京都大学で※教鞭《きょうべん》をとっている。私の帰属意識は山極という家と、京都大学という職場にあります。それがアイデンティティのひとつになる。

(3) 文中、C生きとし生けるもの、いづれか歌を詠まざりける とありますが、ここで言おうとしていることはどのようなことですか。その内容として最も適切なものを、次のア～エの中から選び、その記号を書きなさい。

ア 生きているものはすべて歌を詠むということ。
イ 生きているものはすべて歌を詠まないということ。
ウ 生きているものには歌を詠むものもいるということ。
エ 生きているものには歌を詠まないものもいるということ。

二 次の【Ⅰ】、【Ⅱ】の文章は、人間社会のあり方について述べられた著書の中から二か所を取り出して示したものです。また、【Ⅲ】の文章は、ある生徒が、ボランティアについて書かれた新聞記事を読んで、自分の考えをまとめたものです。これらを読んで、〔問1〕～〔問7〕に答えなさい。

※印には（注）がある。

【Ⅰ】

家族は「子どものためなら」「親のためなら」と多くのことを犠牲にし、見返りも期待せずに奉仕します。血のつながりがあるからとか、自分がおなかを痛めて産んだ子だから、といった理由でえこひいきをするのを喜びとするのです。

一方、※コミュニティでは、何かをしてあげれば相手からもしてもらえます。何かをしてもらったら、お返しをしなくてはなりません。それは互酬的な関係で、えこひいきはありません。

人間以外の動物は家族と共同体を両立できませんが、私たち人類は、この二つの集団を上手に使いながら進化してきました。

人類は共同の子育ての必要性と、食をともにすることによって生まれた分かち合いの精神によって、家族と共同体という二つの集団の両立を成功させました。

人間には、ほかの※霊長類とは違ってA長い子ども期があります。子ども期は二歳ごろから六歳ごろまでの四～五年間を指します。

オランウータンにもゴリラにもチンパンジーにも、子ども期はありません。人間以外の※類人猿の赤ちゃんは、母乳を与えられる時期が長く、ゴリラでは三歳ごろまで、チンパンジーは五歳ごろまで、そしてオランウータンはなんと七歳ごろまで母乳で育ちます。そして乳離れをした後はすぐに大人と同じものを食べて生活します。

あ〉

一方、人間の子どもは、乳離れをした後には「※離乳食」が必要な時期がありますね。これは、人間の子どもは六歳にならないと永久歯が生えてこないからです。大人と同じ食生活ができない子ども期には、食の自立ができませんから、上の世代の助けがどうしても必要になる。人間の子育てには、手間も人手もいるんですね。

ですから人類の祖先は、子どもを育てるとき、家族の中に限定しなかったはずです。また、分かち合う食を通じて家族同士のつながりを作ってもいたでしょう。人類は進化の過程の中で家族を生み、共同体を生み出したのです。

い〉

しかしながら、現在、家族の崩壊ということがよく言われます。家族という形態が、ひょっとすると現代の社会に合致しなくなってきているのではないか。そんなふうにも思えます。家族は、人間性の要とも言える部分。また、人間社会の根幹をなす集団の単位です。そこに変化が起き始めていることについて、私たちはどう考えればいいのでしょうか。

改めて家族というものを定義してみると、それは「食事をともにす

＜国語＞

時間　五〇分　満点　一〇〇点

一 次の〔問1〕～〔問4〕に答えなさい。

〔問1〕次の①～⑧の文の――を付した、カタカナは漢字に直して書き、漢字は読みがなをひらがなで書きなさい。

① 記録をヤブる。　② 顔がニている。
③ 外国とのボウエキが盛んだ。　④ セキニンのある仕事。
⑤ 腕前を競う。　⑥ 潤いのある生活。
⑦ 犠牲者を追悼する。　⑧ 柔和な人柄。

〔問2〕次の文章を読んで、あとの⑴、⑵に答えなさい。

> 当時、私たちの学級では、勝手な行動で人に迷惑をかけたり、軽率な発言で相手をA傷つけることがよくありました。そんな時いつも、先生は「人の痛みをわかる人になりなさい」とB言いました。きっと、思いやりのある優しい子でいてほしいと考えてくださっていたからでしょう。
> 私は、大人になった今も、先生のこの言葉を大切にしています。

⑴ 文章中の最初の一文が、文法上、適切な表現となるように、A傷つけること を書き直しなさい。

⑵ 文章中の B言いました を、適切な敬語表現に書き直しなさい。

〔問3〕書写の授業では、楷書と行書の特徴を理解し、場面に応じて使い分けて書くことを学習します。次のア～エの場面のうち、行書で書くのが適しているものを一つ選び、その記号を書きなさい。

ア 図書委員会からの連絡事項をクラスの仲間に伝えるため、教室の黒板に書く。
イ 校区に住む来年度入学予定の小学六年生に向けて、学校体験の案内状を書く。
ウ 進学を希望している高等学校の入学願書を、万年筆を使って直筆で記入する。
エ 壁新聞に載せる記事の取材で、地域の商店主にインタビューしてメモを取る。

〔問4〕次の古文を読んで、あとの⑴～⑶に答えなさい。

> やまとうた（和歌は、）は、人の心を種として、万《よろづ》の言の葉とぞなれりける（言葉となったものだ。）。A世の中にある人、ことわざ繁《しげ》きものなれば（関わる事柄やするべきことが多いので、）、心に思ふことを、見るもの聞くものにつけて（託して、）、B言ひ出《い》だせるなり。花に鳴く鶯《うぐひす》、水に住む蛙《かはづ》の声を聞けば（聞くと、）、C生きとし生けるもの、いづれか歌を詠《よ》まざりける。
> （『古今和歌集』から）

⑴ 文中の A世の中にある人 を現代語訳すると「人」のあとにどんな助詞を補えばよいですか。次のア～エの中から一つ選び、その記号を書きなさい。

ア に　イ を　ウ は　エ で

⑵ 文中の B言ひ出だせるなり を現代仮名遣いに改め、すべてひらがなで書きなさい。

MEMO

大切なことはメモしておこうネ！

2021年度

解答と解説

《2021年度の配点は解答用紙集に掲載してあります。》

<数学解答>

1　〔問1〕　(1)　-4　(2)　5　(3)　$5a+13b$　(4)　$3\sqrt{2}$　(5)　$2x^2+3x-8$
〔問2〕　$x=\dfrac{-5\pm\sqrt{13}}{2}$　〔問3〕　$y=-\dfrac{4}{3}x+\dfrac{8}{3}$　〔問4〕　$13.5\leqq a<14.5$
〔問5〕　中央値(メジアン)21(m)，最頻値(モード)17(m)

2　〔問1〕　(1)　面AEHD[面BFGC]　(2)　4(本)　(3)　$5\sqrt{2}$ (cm)
〔問2〕　ウ，エ　〔問3〕　(1)　$\dfrac{1}{2}$　(2)　$\dfrac{7}{16}$　〔問4〕　午後4時12分(求める過程は解説参照)

3　〔問1〕　(1)　ア　21　イ　28　(2)　(n番目の白タイルの枚数)$\dfrac{n^2+n}{2}$(枚)(考え方の続きは解説参照)　〔問2〕　(1)　$a+6=b$　(2)　298(cm)

4　〔問1〕　(P)6(秒後)，(Q)6(秒後)　〔問2〕　$y=-3x+3$　〔問3〕　$\dfrac{12}{5}$(秒後)
〔問4〕　$D\left(6,\ \dfrac{1}{2}\right)$

5　〔問1〕　∠CAD＝55(度)　〔問2〕　$\dfrac{4}{3}\pi-\sqrt{3}$ (cm^2)　〔問3〕　解説参照
〔問4〕　△ABE：△CGE＝16：25

<数学解説>

1　(数・式の計算，平方根，式の展開，二次方程式，等式の変形，不等式，資料の散らばり・代表値)

〔問1〕　(1)　異符号の2数の和の符号は絶対値の大きい方の符号で，絶対値は2数の絶対値の大きい方から小さい方をひいた差だから，$3-7=(+3)+(-7)=-(7-3)=-4$

(2)　四則をふくむ式の計算の順序は，乗法・除法→加法・減法となる。$-1+4\div\dfrac{2}{3}=-1+4\times\dfrac{3}{2}=-1+6=(-1)+(+6)=+(6-1)=5$

(3)　分配法則を使って，$3(2a+5b)=3\times2a+3\times5b=6a+15b$だから，$3(2a+5b)-(a+2b)=(6a+15b)-(a+2b)=6a+15b-a-2b=6a-a+15b-2b=5a+13b$

(4)　$\dfrac{10}{\sqrt{2}}=\dfrac{10\times\sqrt{2}}{\sqrt{2}\times\sqrt{2}}=\dfrac{10\sqrt{2}}{2}=5\sqrt{2}$，$\sqrt{8}=\sqrt{2^3}=\sqrt{2^2\times2}=2\sqrt{2}$ より，$\dfrac{10}{\sqrt{2}}-\sqrt{8}=5\sqrt{2}-2\sqrt{2}=(5-2)\sqrt{2}=3\sqrt{2}$

(5)　乗法公式$(a+b)(a-b)=a^2-b^2$，$(x+a)(x+b)=x^2+(a+b)x+ab$より，$(x-2)(x+2)=x^2-2^2=x^2-4$，$(x-1)(x+4)=\{x+(-1)\}(x+4)=x^2+\{(-1)+4\}x+(-1)\times4=x^2+3x-4$だから，$(x-2)(x+2)+(x-1)(x+4)=(x^2-4)+(x^2+3x-4)=2x^2+3x-8$

〔問2〕　2次方程式$ax^2+bx+c=0$の解は，$x=\dfrac{-b\pm\sqrt{b^2-4ac}}{2a}$で求められるから，
$x=\dfrac{-5\pm\sqrt{5^2-4\times1\times3}}{2\times1}=\dfrac{-5\pm\sqrt{25-12}}{2}=\dfrac{-5\pm\sqrt{13}}{2}$

〔問3〕　$4x+3y-8=0$　左辺の項$4x$と-8を右辺に移項して　$3y=-4x+8$　両辺を3で割って
$y=-\dfrac{4}{3}x+\dfrac{8}{3}$

〔問4〕 小数第1位を四捨五入して14になる数aは，13.5以上で，かつ14.5未満の数だから，aの範囲を不等号を使って表すと$13.5 \leqq a < 14.5$である。

〔問5〕 **中央値**は資料の値を大きさの順に並べたときの中央の値。人数は10人で偶数だから，記録の小さい方から5番目の20mと6番目の22mの**平均値**$\frac{20+22}{2}=21$(m)が中央値。また，資料の値の中で最も頻繁に現れる値が**最頻値**だから，最も多い3人の記録の17mが最頻値。

2 **(空間内の直線と平面の位置関係，空間内の2直線の位置関係，点と直線の距離，関数とグラフ，確率，連立方程式の応用)**

〔問1〕 (1) 一般に，**平面Pと交わる直線ℓが，その交点Oを通るP上の2つの直線m，nに垂直になっていれば，直線ℓは平面Pに垂直である。**問題の立方体に関して，辺ABは面AEHD上の2辺AE，ADに垂直になっているから，辺ABと面AEHDは垂直である。また，辺ABは面BFGC上の2辺BF，BCに垂直になっているから，辺ABと面BFGCは垂直である。

(2) **空間内で，平行でなく，交わらない2つの直線はねじれの位置にあるという。**辺ADと平行な辺は，辺BCと辺FGと辺EHの3本　辺ADと交わる辺は，辺ABと辺AEと辺DCと辺DHの4本　辺ADと**ねじれの位置**にある辺は，辺BFと辺CGと辺EFと辺HGの4本

(3) 一般に，**直線ℓ上にない点Pからℓに垂線をひき，ℓとの交点をQとするとき，線分PQの長さを，点Pと直線ℓとの距離という。**辺GH⊥面AEHDであり，線分AHは面AEHD上にあることから，AH⊥GHである。これより，線分AHの長さが点Aと直線GHとの距離である。△ADHは**直角二等辺三角形で，3辺の比は$1:1:\sqrt{2}$**だから，$\mathrm{AH}=\mathrm{AD}\times\sqrt{2}=5\sqrt{2}$(cm)

〔問2〕 ア　関数$y=2x$のグラフは右上がりの直線になり，xの値が増加するにつれてyの値が増加する。　イ　関数$y=-\frac{8}{x}$のグラフは**双曲線**になり，xの値が増加するにつれてyの値が増加する。　ウ　関数$y=-x-2$のグラフは右下がりの直線になり，xの値が増加するにつれてyの値が減少する。　エ　関数$y=-x^2$のグラフは**放物線**になり，$x<0$の範囲で，xの値が増加するにつれてyの値が増加し，$x>0$の範囲で，xの値が増加するにつれてyの値が減少する。

〔問3〕 (1) 1回目のカードの取り出し方と，そのときに点Pが移動した頂点は，(取り出したカード，点Pが移動した頂点)＝(1，B)，(2，C)，(3，A)，(4，B)の4通り。このうち，点Pが頂点Bの位置にあるのは～～を付けた2通りだから，求める確率は$\frac{2}{4}=\frac{1}{2}$

(2) 2回のカードの取り出し方と，そのときに点Pが移動した頂点は，(1回目に取り出したカード，2回目に取り出したカード，点Pが移動した頂点)＝(1，1，C)，(1，2，A)，(1，3，B)，(1，4，C)，(2，1，A)，(2，2，B)，(2，3，C)，(2，4，A)，(3，1，C)，(3，2，A)，(3，3，B)，(3，4，C)，(4，1，C)，(4，2，A)，(4，3，B)，(4，4，C)の16通り。このうち，点Pが頂点Cの位置にあるのは＝を付けた7通りだから，求める確率は$\frac{7}{16}$

〔問4〕 (求める過程) (例)太郎さんが学校から家まで歩いた時間をx分，家から図書館まで自転車で移動した時間をy分とすると，$\begin{cases} x+y+5=18 \\ 80x+240y=2000 \end{cases}$　これを解いて，$x=7$，$y=6$　よって，太郎さんが家に到着した時刻は午後4時7分で，その5分後の午後4時12分に出発した。

3 **(規則性，式による証明，方程式の応用)**

〔問1〕 (1) 1つ前に並べたタイルの下に，段と同じ数の枚数の白タイルを置いていくから，(6番目の白タイルの枚数)＝(5番目の白タイルの枚数)＋(段と同じ数の枚数)＝15＋6＝21…ア　同様に考えて，(7番目の白タイルの枚数)＝21＋7＝28　また，(8番目の黒タイルの枚数)＝(7番

目の白タイルの枚数)＝28…イ

(2)　(考え方の続き)　(例)n^2枚になる。よって，$x+(x-n)=n^2$　$2x=n^2+n$　$x=\dfrac{n^2+n}{2}$

〔問2〕　(1)　問題の表2より，順番が1つ増えると，周の長さは6cm増えている。この規則性から，aとbの間には$a+6=b$の関係がある。

(2)　和歌子さんの考え方は，「(n番目の図形の周の長さ)＝(n番目の図形を囲む長方形の周の長さ)」である。n番目の図形を囲む長方形の縦の長さは，1(cm)×n(段)＝n(cm)　また，前問〔問1〕の考え方より，(n段目のタイルの枚数)＝(n番目の図形のタイルの枚数)－($n-1$番目の図形のタイルの枚数)＝$n^2-(n-1)^2=2n-1$(枚)　これより，n番目の図形を囲む長方形の横の長さは，$1\times(2n-1)=2n-1$(cm)　以上より，(n番目の図形の周の長さ)＝(n番目の図形を囲む長方形の周の長さ)＝$\{n+(2n-1)\}\times2=6n-2$(cm)であり，50番目の図形の周の長さは，$6\times50-2=298$(cm)である。

4　(動点，直線の式，面積)

〔問1〕　**(時間)＝(道のり)÷(速さ)**より，Pが出発してからAに到着するのは，(OC＋CB＋BA)÷3＝(6＋6＋6)÷3＝18÷3＝6(秒後)　Qが出発してからAに到着するのは，OA÷1＝6÷1＝6(秒後)

〔問2〕　P，Qが出発してから1秒後のP，Qの座標はそれぞれ，P(0, 3)，Q(1, 0)　これより，2点P，Qを通る直線の式は，傾きが$\dfrac{3-0}{0-1}=-3$，切片が3なので，$y=-3x+3$

〔問3〕　P，Qが出発してからt秒後に，△OPQはPO＝PQの二等辺三角形になるとする。△OPQがPO＝PQの二等辺三角形となるのは，点Pが辺CB上にあるときであり，このとき，CP＝(OC＋CP)－OC＝(毎秒)3(cm)×t(秒)－6(cm)＝$3t-6$(cm)　OQ＝(毎秒)1(cm)×t(秒)＝t(cm)　ここで，**二等辺三角形の頂角からの垂線は底辺を2等分する**から，2CP＝OQであり，これより，$2(3t-6)=t$　これを解いて，$t=\dfrac{12}{5}$　よって，$\dfrac{12}{5}$秒後である。

〔問4〕　P，Qが出発してから5秒後のP，Qの座標はそれぞれ，P(6, 3)，Q(5, 0)　△OPQと△OPDの面積が等しくなるとき，**平行線と面積の関係**より，PO//QD　**平行線と線分の比についての定理**を用いると，AD：AP＝AQ：AO　$\mathrm{AD}=\dfrac{\mathrm{AP}\times\mathrm{AQ}}{\mathrm{AO}}=\dfrac{3\times(6-5)}{6}=\dfrac{1}{2}$　以上より，$\mathrm{D}\left(6,\ \dfrac{1}{2}\right)$

5　(円の性質，角度，面積，図形の証明，面積の比)

〔問1〕　△DBCはDB＝DCの二等辺三角形だから，∠CBD＝(180°－∠BDC)÷2＝(180°－70°)÷2＝55°　$\overset{\frown}{\mathrm{CD}}$に対する**円周角**は等しいから，∠CAD＝∠CBD＝55°

〔問2〕　**直径に対する円周角は90°**だから，∠ADC＝90°　これより，△ACDは**30°，60°，90°の直角三角形で，3辺の比は2：1：$\sqrt{3}$**だから，$\mathrm{AD}=\dfrac{1}{2}\mathrm{AC}=\dfrac{1}{2}\times4=2$(cm)，$\mathrm{CD}=\sqrt{3}\,\mathrm{AD}=2\sqrt{3}$(cm)　$\overset{\frown}{\mathrm{CD}}$に対する**中心角と円周角の関係**から，∠COD＝2∠CAD＝120°　△ACDと△OCDで，**高さが等しい三角形の面積比は，底辺の長さの比に等しい**から，△ACD：△OCD＝AC：OC＝2：1　$\triangle\mathrm{OCD}=\dfrac{1}{2}\triangle\mathrm{ACD}=\dfrac{1}{2}\times\dfrac{1}{2}\times\mathrm{AD}\times\mathrm{CD}=\dfrac{1}{2}\times\dfrac{1}{2}\times2\times2\sqrt{3}=\sqrt{3}$(cm²)　以上より，求める面積は，おうぎ形OCD－△OCD＝$\pi\times\mathrm{OC}^2\times\dfrac{120°}{360°}-\sqrt{3}=\dfrac{4}{3}\pi-\sqrt{3}$(cm²)

〔問3〕　(証明)　(例)△ACFと△CADで，ACは共通…①　ACは直径で$\overset{\frown}{\mathrm{AC}}$に対する円周角は等しいから，∠AFC＝∠CDA＝90°…②　$\overset{\frown}{\mathrm{CF}}$に対する円周角は等しいから，∠CAF＝∠CDF…③　AC//DFより，**錯角**が等しいので，∠ACD＝∠CDF…④　③，④より，∠CAF＝∠ACD…⑤　①，②，⑤から，直角三角形の斜辺と1つの鋭角がそれぞれ等しいので，△ACF≡△CAD　よって，AF＝CD

〔問4〕 △ADEに三平方の定理を用いると，$AE=\sqrt{AD^2-DE^2}=\sqrt{3^2-(\sqrt{5})^2}=2$(cm)　△DCE∽△ADEより，相似な図形では対応する線分の長さの比はすべて等しいから，CE：DE＝DE：AE　$CE=\frac{DE\times DE}{AE}=\frac{\sqrt{5}\times\sqrt{5}}{2}=\frac{5}{2}$(cm)　△ABE∽△CGEで，相似比はAE：CE＝2：$\frac{5}{2}$＝4：5　相似な図形では，面積比は相似比の2乗に等しいから，△ABE：△CGE＝4^2：5^2＝16：25
(補足説明1)　△DCE∽△ADEの証明　△DCEと△ADEで，仮定のAC⊥BDより，∠DEC＝∠AED＝90°…①　直径に対する円周角は90°だから，∠ADE＋∠CDE＝∠ADC＝90°より，∠CDE＝90°－∠ADE…②　△ADEの内角の和は180°だから，∠DAE＝180°－∠AED－∠ADE＝180°－90°－∠ADE＝90°－∠ADE…③　②，③より，∠CDE＝∠DAE…④　①，④から，2組の角がそれぞれ等しいので，△DCE∽△ADE
(補足説明2)　△ABE∽△CGEの証明　△ABEと△CGEで，対頂角だから，∠AEB＝∠CEG…⑤　仮定のBA//CFより，平行線の錯角は等しいから，∠ABE＝∠CGE…⑥　⑤，⑥から，2組の角がそれぞれ等しいので，△ABE∽△CGE

＜英語解答＞

1　〔問1〕 No. 1　C　　No. 2　B　　〔問2〕 No. 1　B　　No. 2　A　　No. 3　C
〔問3〕 No. 1　D　　No. 2　C　　No. 3　D　　No. 4　A　　No. 5　B

2　〔問1〕 (1)　イ　　(2)　ウ　　〔問2〕 A　ウ　　B　イ　　C　ア　　D　エ
〔問3〕 (1)　(例)go to the library　　(2)　イ

3　〔問1〕 (例)Where were they from (?)　　〔問2〕 ア　　〔問3〕 A　エ　　B　ア
〔問4〕 (例)早紀が，人々と良い関係をつくることの重要性に気付いたこと。

4　(例)I like November (the best). I have two reasons. First, food in fall is delicious. Second, nature in November is beautiful. I often visit parks near my house to see beautiful trees.

5　〔問1〕 A　イ　　B　ア　　〔問2〕 ⓐ　ask farmers to give some oranges
ⓑ　found some farmers who helped　　〔問3〕 (例)一人の女性が，世界を救うために，たくさんのオレンジジュースを買うということ。　〔問4〕 (例)(1)　He teaches science.　　(2)　They made three groups.　　〔問5〕 イ→ア→ウ→エ
〔問6〕 (例)もし私たちが世界のために何かをしたいのであれば，すべきことは私たちの身の回りで見つけることができるということ。

＜英語解説＞

1　(リスニング)
放送台本の和訳は，49ページに掲載。

2　(長文読解問題・エッセイ：文の挿入，グラフを用いた問題，自由・条件英作文，内容真偽)
(全訳)　私はオーストラリアでホームステイをしました。私はホストファミリーの家に滞在しました。私のホストファーザーとホストマザーはインドからの移民でした。私はオーストラリアでインド出身の人たちの家に滞在したのです！それは興味深いことでした。私のホストマザーはこう言いました，「オーストラリアにはたくさんの国々から来た多くの移民が住んでいるのですよ」。

私は和歌山県に戻った時，私の家族にオーストラリアの移民について話しました。私の父は言いました，「良い経験をしたね。そうだなあ，約100年前には，和歌山県出身のたくさんの移民が外国で働いていたんだよ。彼らは外国の文化を和歌山県に伝えることもしたんだ。西洋式の家を見かけるところがあるだろう。」 私は和歌山県出身の移民についてもっと知りたいと思いました。そこで私は彼らについて勉強しました。

はじめに，私は外国にいる和歌山県出身の移民の数を見つけました。そして私はそれについてのグラフを作りました。移民の人たちはたくさんの国々に行きました。このグラフを見てください。これは1927年に外国に住んでいた人たちの数を表しています。グラフ内の国々は和歌山県からの移民に関して上位4か国でした。多くの人たちがオーストラリアに住んでいましたが，カナダにはより多くの人たちが住んでいました。10,000人以上の人たちがアメリカ合衆国で暮らしていました。ブラジルはそれら3か国に次いでいました。

和歌山県からの移民について勉強することはとても興味深いことです。私はまだたくさんのことを知りたいと思います。例えば，外国での彼らの仕事について知りたいです。私は移民について勉強し続けるつもりです。

〔問1〕 全訳参照。 (1) 明は，オーストラリアでインド出身の家族に出会った。 第1段落3文目・4文目に注目。 (2) 明は，移民について勉強し続けるつもりだ。 第4段落最後の文に注目。

〔問2〕 全訳参照。 第3段落最後から3文目から，最後までに注目。

〔問3〕 (問題文訳) エレン：あなたのスピーチはとても良かったです。あなたのクラスのみんなはたくさん学ぶことがありましたね。／明：ありがとうございます。／エレン：あなたはもっと移民について知りたいのですね。そうですよね？／明：そうです。例えば，彼らのオーストラリアでの仕事について知りたいです。／エレン：その情報を得るために何をするつもりですか？／明：僕は図書館へ行くつもりです。／エレン：いいですね。 (1) 他に，use the Internet＝「インターネットを使う」などでもよいだろう。 (2) ア エレンは日本で仕事につくことができて嬉しかった。 イ エレンは明のスピーチに感動した。(○) エレンの最初の発言に注目。 ウ 明はエレンと一緒にオーストラリアでの滞在を楽しんだ。 エ 明はオーストラリアでどこを訪れたらよいのか知りたい。

3 (会話文問題：自由・条件英作文，語句補充・選択，文の挿入，語句の解釈・指示語)

(全訳) トム：サキ，休暇はどうでしたか？

早紀：とても良かったです！私は外国の生徒たちを英語で案内するプログラムに参加しました。3人の生徒たちが私たちの町に来たのです。

トム：なるほど。[彼らはどこの出身でしたか？]

早紀：彼らはニュージーランド出身でした。私はマイクというその中の1人の生徒を案内しました。

トム：そうなのですね。どうでしたか？

早紀：午前中は困ったことがありました。私は彼に私の名前だけを①伝えて彼を案内し始めました。私はガイドブックから彼に情報を与えました。でも，彼は楽しそうではありませんでした。A私はどうすればよいか分かりませんでした。

トム：それではなぜ休暇が楽しかったのですか？

早紀：昼食をとった時，私たちは趣味や学校のことなどについて話しました。その後，マイクが私に一冊の本を見せてくれました。それは日本の映画についての本でした。私も日本の映画が大好きです！私たちはニュージーランドで人気のある日本の映画について話しました。

トム：いいですね！B日本の映画について話すのはおもしろそうですね。あなたはランチタイムでマイクと良い関係をつくったのですね。

早紀：はい。マイクとのランチタイムはとても楽しかったです。午後には，私たちは寺に行きました。私はもう一度彼を案内し始めました。マイクは楽しそうで，私に寺についてたくさん質問をしてくれました。私は彼の質問に答えました。マイクは笑ってくれました。私は彼が②興味をもってくれて嬉しかったです。

トム：彼はきっとあなたと一緒で楽しかったと思いますよ。

早紀：ありがとうございます。私は人と良い関係をつくることの大切さに気付きました。

トム：それはすばらしい。

早紀：旅行者と良い関係をつくることによって，私たちは彼らの③滞在をより良いものにできると思います。

トム：その通りです。

〔問1〕　全訳参照。空所直後の早紀の発言に注目すると，空所では「彼らはどこから来たのか(どこの出身なのか)？」と質問していると分かる。

〔問2〕　全訳参照。　①　tell の過去形 told が適当。　②　<be 動詞＋ interested>＝興味をもった　③　ここでの stay は名詞で「滞在」の意味。**< make A ＋形容詞～>で「Aを～にする，させる」**

〔問3〕　全訳参照。　A　**what to do は<疑問詞＋ to do >の形で「何をすればよいか，するのか」を表す。**　B　sound ～＝「(話や音などを聞いて)～に聞こえる，思われる」。

〔問4〕　全訳参照。ここでの that は「それは」の意味。少し前に見たり聞いたりしたもの，相手が言ったことなどを指す。直前のサキの発言に注目。

4　(自由・条件英作文)

(問題文訳)　あなたは何月がいちばん好きですか？

(解答例訳)　私は11月が(いちばん)好きです。理由は2つあります。ひとつ目は，秋は食べ物がおいしいです。ふたつ目は，11月は自然が美しいです。私はよく家の近くの公園にきれいな木々を見に行きます。

5　(長文読解問題・エッセイ：文の挿入，語句の並べ換え，語句の解釈・指示語，英問英答，文の並べ換え，日本語で答える問題)

(全訳)　地球温暖化は深刻な問題です。私はそれを止めたいと思っています。ある秋の日，私は友だちと話しました。私は彼らと一緒に何かしたいと思いました。ある女子はこう言いました，「私はあなたを手伝いたいわ。でも高校生にできることは何かしら？」 ある男子はこう言いました，「地球温暖化は大きな問題だ。1人や2人の生徒が何かしても，世界を変えることはできないよ。」私は悲しかったです。でもA私はあきらめたくありませんでした。私は私の化学の先生である山田先生に相談しました。彼はこう言いました，「高校生は世界のためにたくさんのことができますよ。この記事を読んでください。」

その記事は高校のボランティア部についてのものでした。その部の生徒たちは古い靴を集めてそれらを洗いました。そしてそれを外国の貧しい子どもたちに送っていたのです。私は感動しました。私はこう思いました，「世界には貧しい子どもたちがたくさんいる。これは大きな問題だ。この生徒たちは小さなことをすることで子どもたちを助けたんだ。私も地球温暖化の状況を改善できる。」

私はそのボランティア部について友だちに話しました。私は言いました，「地球温暖化を止めるために特別なことをやる必要はないの。小さなことから始めることができるのよ。」ある男子が言いました，「分かった。一緒に何かやろう。木を植えるのはどうかな？　木は地球温暖化の原因の一つである二酸化炭素を削減してくれるよ。いくつかの団体が地球温暖化を止めるために木を植えているのを知っているよ。」ある女子はこう言いました，「あなたの考えはとてもいいわ。でもどうすれば木を買えるかしら？　たくさんお金が必要かもしれないわ。」別の女子が言いました，「私に考えがあるわ。和歌山県ではオレンジが有名よ。お金を得るためにオレンジジュースを売るのはどうかしら？　農家の人たちに私たちのアイディアを話したらオレンジが手に入るかもしれないわ。ⓐ農家の人たちにオレンジを分けてもらえるように頼みましょう。」みんな賛成しました。

私たちは3つのグループを作りました。それぞれのグループは違う農家の人たちを訪れ，彼らに私たちの計画を話しました。農家の人たちはとても忙しかったのですが，私たちの計画を聞いてくれました。すぐにⓑ私たちを手伝ってくれる何軒かの農家を見つけました。私たちは彼らから余ったオレンジをもらいました。嬉しかったです。

私たちにはまだたくさんやることがありました。例えば，おいしいオレンジジュースを作るために，一生懸命練習しました。私たちはポスターも作りました。私たちはお互いに助け合いました。

私たちの町では，毎月市場が開かれます。私たちはそこでジュースを売りました。私たちはたくさんの人たちに話をしました。ある女性はこう言いました，「世界を救うためにたくさんオレンジジュースを買うわ！」私はⓒそれを聞いて嬉しかったです。その日，私たちは木を買うのに十分なお金を得ました。

私たちはそのお金をある団体に持って行きました。その団体の人は言いました，「ありがとう。B何本か木を植えることができます！」私たちはとても嬉しかったです。

さて，経験から私が学んだいちばん大切なことはこれです。世界のために何かをしたいと思ったら，するべきことは私たちの周りに見つけることができるのです。

〔問1〕 全訳参照。 A 空所A直前で，美紀が自分の考えを実現することは難しいのかと悲しく思う内容が書かれている。その後 But という接続詞が続いていることに注目。選択肢の中で自然な文脈になるのはイと考えるのが自然。 give up ＝あきらめる，やめる　B スピーチの中で美紀たちが話題にしているのは「木を植える活動をしている」団体。

〔問2〕 全訳参照。 ⓐ **<ask +人+ to +動詞の原形>で「(人)に～してくれるように頼む」** ⓑ **関係代名詞 who** を使って farmers を後ろから修飾する文をつくればよい。

〔問3〕 全訳参照。下線部ⓒ直前の女性の発言に注目。

〔問4〕 (1) 山田先生は何を教えていますか？／彼は化学を教えています。　第1段落最後から2文目に注目。 (2) 美紀と友だちは農家を訪れる時にいくつのグループを作りましたか？／彼女たちは3つのグループを作りました。　第4段落1文目に注目。

〔問5〕 (選択肢訳・正解順) イ 美紀は山田先生に話をした。　第1段落→ア 美紀はボランティア部の生徒たちに感銘を受けた。　第2段落→ウ 美紀と友だちは農家からオレンジを手に入れた。　第4段落→エ 美紀と友だちはある団体に行った。第7段落

〔問6〕 全訳参照。最後の段落に注目。

2021年度英語　リスニングテスト

〔放送台本〕

これから英語の学力検査を行います。1番はリスニング問題で，〔問1〕，〔問2〕，〔問3〕の3つがあり

ます。放送を聞きながら，メモをとってもかまいません。

〔問1〕は，絵の内容に合った対話を選ぶ問題です。はじめに，No. 1，No. 2のそれぞれの絵を見なさい。これから，No. 1，No. 2の順に，それぞれA，B，C 3つの対話を2回放送します。No. 1，No. 2の絵にある人物の対話として最も適切なものを，放送されたA，B，Cの中から1つずつ選び，その記号を書きなさい。それでは始めます。

No. 1　A　女の子：I hope it will be sunny soon.
　　　　　男の子：Yes. It's cloudy now. It may rain.
　　　B　女の子：Shall I open the door?
　　　　　男の子：Thank you. This box is very big.
　　　C　女の子：Wow, you are carrying many things.
　　　　　男の子：Yes. Can you help me?
No. 2　A　女の子：Let's talk after we buy something in that shop.
　　　　　男の子：OK. Let's use the table in front of the shop.
　　　B　女の子：Look at that poster. I love pandas.
　　　　　男の子：Yes. I love pandas, too. Let's watch the new movie.
　　　C　女の子：I want to eat Japanese food for dinner.
　　　　　男の子：OK, but I can't eat dinner now. It's four thirty.

これで，〔問1〕を終わります。

〔英文の訳〕

No. 1　A　女の子：すぐに晴れるといいなあ。
　　　　　男の子：そうだね。今は曇っているね。雨が降るかもしれないよ。
　　　B　女の子：ドアを開けましょうか？
　　　　　男の子：ありがとう。この箱はとても大きいんだ。
　　　C　女の子：わあ，たくさん物を運んでいるのね。
　　　　　男の子：そうなんだ。手伝ってくれる？
No. 2　A　女の子：あのお店で何か買ってからお話ししましょう。
　　　　　男の子：いいよ。お店の前にあるテーブルを使おう。
　　　B　女の子：あのポスターを見て。私はパンダが大好きなの。
　　　　　男の子：うん。僕もパンダが大好きだよ。その新しい映画を見よう。
　　　C　女の子：夕食に日本食を食べたいわ。
　　　　　男の子：いいよ，でも僕は今は夕食を食べられないよ。(まだ)4時30分だよ。

〔放送台本〕

〔問2〕は，二人の対話を聞いて答える問題です。まず，〔問2〕の問題を読みなさい。

これから，No. 1からNo. 3の順に，二人の対話をそれぞれ2回ずつ放送します。対話の最後にそれぞれチャイムが鳴ります。チャイムが鳴った部分に入る最も適切なものを，AからDの中から1つずつ選び，その記号を書きなさい。それでは始めます。

No. 1　先生との対話
　　先生：What do you want to do in the future, Yuka?
　　生徒：I want to have my own restaurant.
　　先生：Why do you want to have your own restaurant?

生徒：＜チャイム音＞

No. 2　友人との対話

男の子：Look at this picture. Do you know the man playing the guitar?

女の子：No. Who is he?

男の子：He is Takeshi, a famous musician in Japan.

女の子：＜チャイム音＞

No. 3　母親との対話

男の子：I'm hungry, Mom.

母親　：Dinner is not ready.

男の子：Shall we cook together?

母親　：＜チャイム音＞

これで〔問2〕を終わります。

〔英文の訳〕

No. 1　先生との対話

先生：将来何をしたいですか，ユカ？

生徒：私は自分のレストランをもちたいです。

先生：なぜ自分のレストランをもちたいのですか？

生徒：B　私はおいしい食べ物を作って人々を喜ばせたいのです。

No. 2　友人との会話

男の子：この写真を見て。ギターを弾いている男の人を知ってる？

女の子：知らないわ。彼は誰かしら？

男の子：彼はタケシという日本で有名なミュージシャンだよ。

女の子：A　わあ，彼の音楽を聴いてみたいわ。

No. 3　母親との会話

男の子：お腹が空いたよ，ママ。

母親　：夕食の用意ができていないわ。

男の子：一緒に料理をしてもいい？

母親　：C　いいわよ。料理をする前にテーブルをきれいにしてくれる？

〔放送台本〕

〔問3〕は，英語のスピーチを聞いて，答える問題です。まず，〔問3〕の問題を読みなさい。これから，高校生の太郎が英語の時間に行ったスピーチと，その内容について5つの質問を2回放送します。No.1からNo.5の英文が質問の答えとなるように，空欄に入る最も適切なものを，AからDの中から1つずつ選び，その記号を書きなさい。それでは始めます。

I joined a program for students and went to Australia. At that time, I was a junior high school student. Before going to Australia, I studied English hard. But English was difficult.

In Australia, I met Mike for the first time at his school. He was very kind to me, but I was afraid of speaking English. However, he always smiled and encouraged me. Soon I began to feel happy when I talked with him. About three weeks later, I went shopping with his family. I enjoyed talking with them, too.

Now I'm in Japan. I still send e-mails to Mike. He studies Japanese in Australia. He's going to come to Japan next month. He will stay here for one week.

He loves Japanese art, so we will talk about it. I want to talk with him in Japanese. I'll encourage him.

Question No. 1：When did Taro go to Australia?
Question No. 2：What did Taro do before going to Australia?
Question No. 3：Where did Taro meet Mike for the first time?
Question No. 4：How long is Mike going to stay in Japan?
Question No. 5：What will Taro and Mike do when Mike comes to Japan?
これで，放送を終わります。

〔英文の訳〕

僕は学生のためのプログラムに参加し，オーストラリアへ行きました。その当時，僕は中学生でした。オーストラリアへ行く前には，僕は一生懸命英語を勉強しました。でも英語は難しかったです。

オーストラリアで，僕はマイクに彼の学校で初めて会いました。彼は僕にとても親切にしてくれましたが，僕は英語を話すことが怖いと思っていました。しかし，彼はいつも笑顔で僕を励ましてくれました。僕は彼と話すとすぐに楽しいと感じ始めました。約3週間後，僕は彼の家族と一緒に買い物に行きました。僕は彼らと話すことも楽しみました。

今、僕は日本にいます。僕は今もマイクにメールを送ります。彼はオーストラリアで日本語を勉強しています。彼は来月日本に来る予定です。彼はここに1週間滞在します。

彼は日本の芸術が大好きなので，僕たちはそれについて話をするつもりです。僕は彼と日本語で話したいです。僕は彼を励ますつもりです。

質問No. 1　太郎はいつオーストラリアへ行きましたか？
答え　　　D　彼は彼が中学生の時にオーストラリアへ行きました。
質問No. 2　オーストラリアへ行く前に，太郎は何をしましたか？
答え　　　C　彼は英語を一生懸命勉強しました。
質問No. 3　太郎はマイクに初めてどこで会いましたか？
答え　　　D　彼はマイクに学校で会いました。
質問No. 4　マイクは日本にどれくらい滞在しますか？
答え　　　A　彼は日本に1週間滞在する予定です。
質問No. 5　マイクが日本に来たら，太郎とマイクは何をするつもりですか？
答え　　　B　彼らは日本の芸術について話をするつもりです。

＜理科解答＞

1　〔問1〕（1）ヘルツ　（2）鼓膜　（3）ア　（4）イ　〔問2〕（1）炭酸カルシウム　（2）A　H^+　B　OH^-　（3）エ　（4）（記号）ウ　（理由）（例）れき，砂，泥の順に粒は大きく，粒が大きいものほど速く沈むから。

2　〔問1〕対照実験　〔問2〕①　イ　②　ア　X　二酸化炭素　〔問3〕蒸散

〔問4〕 気孔　〔問5〕 (例)水面からの水の蒸発を防ぐため。　〔問6〕 イ

3 〔問1〕 日周運動　〔問2〕 点O[円の中心，O]
〔問3〕 イ　〔問4〕 ウ　〔問5〕 右図
〔問6〕 (例)北極星が地軸の延長線上にあるから。
〔問7〕 東 イ　西 ア　南 エ　北 ウ

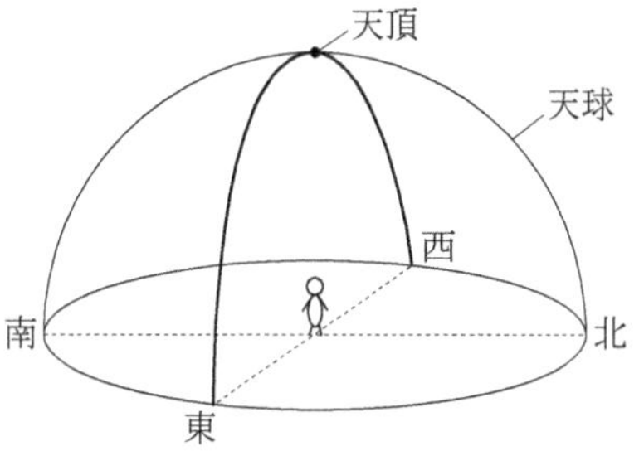

4 〔問1〕 オ→イ→ウ→ア→エ　〔問2〕 (例)反応が進むための熱が発生したため。
〔問3〕 (1) ① イ　② イ　③ ア　(2) 化合　〔問4〕 エ
〔問5〕 $2Cu+O_2 \rightarrow 2CuO$　〔問6〕 6.5〔g〕

5 〔問1〕 2.4〔A〕　〔問2〕 ア　〔問3〕 (例)導線から遠いほど磁界は弱い。[導線に近いほど磁界は強い。]　〔問4〕 5.0〔Ω〕　〔問5〕 ウ　〔問6〕 電磁誘導
〔問7〕 (例)磁石を速く動かす。　〔問8〕 (例)左に振れた後，右に振れた。

＜理科解説＞

1 (各分野小問集合)

〔問1〕 (1) 振動数の単位はヘルツで，記号はHzである。 (2) Xは鼓膜といううすい膜で，音の振動をとらえる部分である。 (3) 音は，人と山の間を往復するのに3秒かかっていることから，音が移動した距離は，340〔m/s〕×3＝1020〔m〕 人と山の間の距離はその半分なので，1020〔m〕÷2＝510〔m〕 (4) 鼓膜で受けた振動は，うずまき管で信号化されて，感覚神経で脳に伝えられる。脳で反応の命令を出した後，せきずいから運動神経を伝って筋肉に命令が伝えられ，筋肉で反応が起こる。

〔問2〕 (1) 石灰岩は，炭酸カルシウムが主成分である。貝殻や卵の殻に多くふくまれる。
(2) 中和とは，酸性の性質をもつ水素イオンと，アルカリ性の性質をもつ水酸化物イオンが結合し，中性の水になる反応である。 (3) セキエイは無色鉱物で，不規則に割れる性質をもつ。
(4) 粒の大きいものほど重いので，先に海底に堆積する。

2 (植物のはたらき)

〔問1〕 対照実験では，1点だけ条件を変えた2つの実験を同様の操作で行う。これにより，2つの実験の結果に違いが出た場合，原因は「変えた条件」にあることが確かめられる。

〔問2〕 **二酸化炭素は水に溶けると酸性を示す**ため，水中に二酸化炭素がどの程度溶けているかを判断する場合，BTB溶液を用いるとよい。BTB溶液を用いると，水中の二酸化炭素量が多いと黄色に，少ないと青色に変化する。光合成では二酸化炭素を吸収し，呼吸では二酸化炭素を排出するが，十分な光がある条件下では，光合成で吸収する二酸化炭素の量のほうが，呼吸で排出する二酸化炭素の量よりも多い。

〔問3〕・〔問4〕 植物のからだの表面には，気孔という細胞のすき間があり，ここから気体の出入りが行われる。このうち，水蒸気を放出する現象を蒸散という。

〔問5〕 植物が行った蒸散量を正確に調べるためには，水面からの水の蒸発を防ぐ必要がある。

〔問6〕 Aの水の原料量は，葉の裏側＋茎からの水の蒸散量，Bの水の減少量は，葉の表側＋茎からの水の蒸散量，Cの水の減少量は，茎からの蒸散量を表している。よって，植物のからだの各部分から蒸散した水の質量は，次のように求められる。葉の裏側からの蒸散量…Aの水の減少

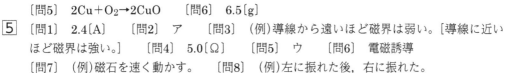

量－Cの水の減少量＝4.8－1.1＝3.7〔g〕，葉の表側からの蒸散量…Bの水の減少量－Cの水の減少量＝2.6－1.1＝1.5〔g〕，茎からの蒸散量…Cの水の減少量に等しいため，1.1g。よって，ワセリンをどこにもぬらずに実験した場合の水の減少量は，これらの和に等しくなるため，3.7＋1.5＋1.1＝6.3〔g〕

3　(天体)

〔問1〕　天球上を星や太陽が1日でほぼ1周して見える運動を，**日周運動**という。

〔問2〕　太陽の位置を天球上に記録するときは，ペン先の影が透明半球の中心(点O)と重なったときに点を打つ。

〔問3〕　図において，太陽の方向が正午，太陽の反対の方向が夜中の0時である。よって，反時計回りに自転したとき，夜と昼の境界が午前6時となる。午前9時は，午前6時と正午の間になるので，イとなる。

〔問4〕　太陽が天球上を移動するのにかかる時間は，2時間(120分)で7.2cmであるから，4.2cm移動するのにかかる時間をx分とすると，$120:7.2=x:4.2$　$x=70$〔分〕　よって，太陽がQ点に達したのは，点Eを記録した17時の70分後の18時10分頃となる。

〔問5〕　赤道上で太陽の動きを観察すると，太陽は地平線から垂直にのぼり，地平線に垂直に沈む。この観測を行った日は春分の日であるため，日の出の位置は真東，日の入りの位置は真西となる。

〔問6〕　北極星は，**地球の地軸の延長線付近にある**ため，日周運動においてほとんど動いて見えない。

〔問7〕　南半球では天の南極が南の空にあり，天の南極を中心に日周運動が行われるので，エが南の空となる。南半球では，真東からのぼった星は，北の空へ向かい，真西に沈む。

4　(化学変化)

〔問1〕　ガス調節ねじを開いてガスに点火したときは空気が不足しているため，ガス調節ねじをおさえたまま空気調節ねじを開き，ガスに空気を混合させて，青色の炎にする。

〔問2〕　鉄と硫黄の反応では，反応によって熱が発生し，この熱を利用して次々と反応が進む。

〔問3〕　(1)　反応後にできた硫化鉄には鉄の性質はない。また，塩酸と反応して硫化水素を発生する。　(2)　この化学変化のように，2種類以上の物質が結びついて1種類の物質になる化学変化を化合という。

〔問4〕　赤色の銅を加熱すると，酸素と反応して酸化銅となるが，このときの酸化は激しい熱や光をともなわないおだやかな酸化で，反応によって黒色の酸化銅に変化する。

〔問5〕　化学反応式では，矢印の左右で原子の種類と数が同じになるようにする。**銅＋酸素→酸化銅**の化学変化が起こる。

〔問6〕　0.60gの銅を熱すると0.75gになることから，銅：酸化銅＝0.60：0.75＝**4：5**の質量の比で反応する。よって，5.2gの銅がすべて酸化銅になったときの質量をxgとすると，$4:5=5.2:x$　$x=6.5$〔g〕

5　(磁界)

〔問1〕　5Aの＋端子を使用しているため，目盛り板のいちばん上の目盛りを使用して値を読み取る。

〔問2〕　導線のまわりには，同心円状に，電流の進行方向に対して右回りの磁界が発生している。

〔問3〕 導線のまわりにできる磁界は，導線に近いほど強い。

〔問4〕 **抵抗〔Ω〕＝電圧〔V〕÷電流〔A〕**より，6〔V〕÷1.2〔A〕＝5〔Ω〕

〔問5〕 iのときと電流の向きが逆になっているので，電流が磁界によって受ける力の向きが逆になる。また，抵抗の値を小さくしたことで回路に流れる電流が大きくなるため，電流にはたらく力が大きくなり，コイルがiのときよりも大きく動く。

〔問6〕 コイルの中の磁界を変化させると，コイルに電圧が生じて誘導電流が流れる現象を，**電磁誘導**という。

〔問7〕 コイルに起こる磁界の変化を大きくする。この場合は装置を変えることができないので，磁石の動きを速くする。

〔問8〕 回路を流れる誘導電流の向きは，磁石の極や磁石の動き方(磁界の変化の向き)のいずれかが逆になると，逆になる。よって，磁石のS極がコイルに近づいたあとはなれていくので，流れる誘導電流の向きは表とは逆になる。よって，コイルにS極を近づけると検流計は左に振れ，遠ざけると右に振れる。

＜社会解答＞

1 〔問1〕 太平洋　〔問2〕 ア　〔問3〕 C　〔問4〕 イ，エ　〔問5〕 (1) ウ
(2) (例)暖流の北大西洋海流と偏西風の影響を受けているから。

2 〔問1〕 イ　〔問2〕 エ　〔問3〕 (1) やませ　(2) (例)平年と比べて夏の日照時間が短く，気温が低かったから。　〔問4〕 促成栽培　〔問5〕 (例)暖流と寒流がぶつかる場所だから。

3 〔問1〕 旧石器時代　〔問2〕 渡来人　〔問3〕 (例)家がらにとらわれず，個人の才能によって役人を採用しようとした。　〔問4〕 ウ　〔問5〕 (例)分割相続によって，女性も領地を相続できたから。　〔問6〕 ア　〔問7〕 管領　〔問8〕 (1) 外様大名[外様]
(2) エ　〔問9〕 イ

4 〔問1〕 X 銀　Y 金　〔問2〕 ウ→ア→イ→エ　〔問3〕 米騒動　〔問4〕 エ

5 〔問1〕 イ，ウ，エ　〔問2〕 X イ　Y ア　Z ウ　〔問3〕 規制緩和
〔問4〕 ア，エ　〔問5〕 (例)国民が，国の政治を決定する権利を持つこと。
〔問6〕 180(以上)

6 〔問1〕 (1) A 配当　B 株主総会　(2) 循環型社会　〔問2〕 イ
〔問3〕 (1) 労働基準法　(2) (例)仕事内容や労働時間が同じであっても，賃金が低くおさえられている。

＜社会解説＞

1 (地理的分野―世界―人々のくらし，地形・気候，人口・都市，交通・貿易)

〔問1〕 三大洋のうち，太平洋の面積が最も大きい。

〔問2〕 ブラジルが世界**第5位の面積**をもち，大豆や**鉄鉱石**の生産や産出がさかんなことから判断する。世界第2位の面積をもつカナダがウ，世界第3位の面積をもつアメリカがエ，残ったイがメキシコ。

〔問3〕 略地図中の東京が北緯35度・東経139度とあるので，ここから最も遠い地球の反対側の地

点は，南緯35度・西経41度となる。

〔問4〕 イスラム教の経典は『**コーラン**(クルアーン)』という。アはキリスト教，ウはヒンドゥー教に関する内容。

〔問5〕 (1) 東京とバンクーバーの経度差が255°なので，時差は255÷15＝17(時間)となる。本初子午線を中心に考えたとき，東京はバンクーバーより東に位置するため，東京の方が時間が進んでいると判断する。 (2) イギリス西部を流れる**北大西洋海流**によって暖められた空気が**偏西風**によって運ばれてくるため，ロンドンは高緯度に位置する割に温暖な**西岸海洋性気候**となっている。

2 (地理的分野―日本―日本の国土・地形・気候，農林水産業，工業)

〔問1〕 文中の「漁獲量の制限が厳しくなり」「育てる漁業」などから判断する。沿岸各国が**排他的経済水域**の導入を始めた1970年代以降に遠洋漁業の漁獲高が激減した。

〔問2〕 **中京工業地帯**が位置する三重県では，製造品出荷額が多くなることから判断する。アが栃木県，イが鳥取県，ウが東京都。

〔問3〕 (1) 冷害とは，夏に気温が上がらず，農作物の育ちが悪くなること。**やませ**は，東北地方の太平洋側の地域に冷害をもたらすことがある。 (2) 図1から，4月から8月にかけての八戸市の日照時間が平年値を下回っていることが読み取れる。また，図2から，6月から9月にかけての八戸市の平均気温が平年値を下回っていることが読み取れる。

〔問4〕 文中の「宮崎県や高知県」「出荷時期を早める栽培方法」などから判断する。宮崎県ではピーマン，高知県ではなすの**促成栽培**がさかんに行われている。

〔問5〕 三陸海岸とは，岩手県・宮城県などにまたがるリアス海岸のことで，沖合には暖流の**日本海流(黒潮)**と寒流の**千島海流(親潮)**がぶつかる潮目がある。

3 (歴史的分野―日本史―時代別―旧石器時代から弥生時代，古墳時代から平安時代，鎌倉・室町時代，安土桃山・江戸時代，日本史―テーマ別―政治・法律，経済・社会・技術，文化・宗教・教育)

〔問1〕 旧石器時代は，今から1万年以上前の時期を指す。

〔問2〕 **渡来人**は，日本に漢字や儒教，機織や須恵器などの大陸の文化を伝えた。

〔問3〕 **冠位十二階**の制定以前は，一族(氏)ごとに職業や地位(姓)が決められていた。

〔問4〕 **大化の改新**は，聖徳太子の死後の645年(飛鳥時代)から行われた政治改革。アは710年(奈良時代)，イは708年(飛鳥時代末期)，エは存命中の聖徳太子が604年に制定した。

〔問5〕 分割相続とは，一族で所領を分け合う相続方法のこと。代を経るごとに土地が細分化されるため，鎌倉時代中期以降の御家人は困窮していった。

〔問6〕 説明文中の「**建武の新政**」から判断する。御伽草子は室町時代に記された物語。後鳥羽上皇は鎌倉時代に承久の乱をおこした人物。

〔問7〕 **管領**とは室町幕府の将軍の補佐役で，有力な守護大名が交代で務めた。

〔問8〕 (1) 図2の分布から，東北地方や九州地方など江戸から遠い地域への配置が多いことから判断する。**外様大名**とは，関ヶ原の戦いの頃から徳川氏に仕えた大名のこと。 (2) **徳川家光**は江戸幕府3代将軍で，鎖国を断行した。**徳川綱吉**は5代将軍で，この頃上方で元禄文化が栄えた。**徳川吉宗**は8代将軍で，享保の改革を行った。

〔問9〕 説明文中の「**仮名文字**」などから，平安時代の**国風文化**と判断する。

4 **(歴史的分野—日本史—時代別—安土桃山・江戸時代，明治時代から現代，日本史—テーマ別—政治・法律，経済・社会・技術，外交)**

〔問1〕 表中の内容から，欧米と比較したときの日本の金銀について，金の価値が高く，銀の価値が低いことが読み取れる。

〔問2〕 アが1883年，イが1894年，ウが1871年，エが1911年のできごと。

〔問3〕 米騒動の後，立憲政友会総裁の**原敬**が内閣総理大臣となり，初の本格的な政党内閣を結成した。

〔問4〕 **PKO協力法**が制定された1992年に自衛隊がカンボジアに派遣され，平和維持のための活動を行った。

5 **(公民的分野—憲法の原理・基本的人権，三権分立・国の政治の仕組み，地方自治)**

〔問1〕 イ・ウは市町村，エは都道府県が担当することが多い。ア・オは国が担っている。

〔問2〕 東京都の割合が高いことからXが地方税，東京都の内訳には見られないことからYが地方交付税(地方交付税交付金)，残ったZが国庫支出金。

〔問3〕 **規制緩和**を進めることで，「大きな政府」から「小さな政府」への転換を図ろうとしている。

〔問4〕 法律案は委員会で審査された後，本会議において出席議員の過半数の賛成が必要となる。法律の制定について衆議院と参議院の議決が異なった場合，再び衆議院で**出席議員の3分の2以上**が賛成すれば再可決となる。　イ　内閣総理大臣の指名，条約の承認，予算の議決の場合。

ウ　衆議院に先議権があるのは**予算**のみ。

〔問5〕 政治における最終決定権を持つ者のことを主権者という。

〔問6〕 問題文中の「人口1万人の町に有権者が9割いる」から，この町の有権者数は9000人。条例の制定を直接請求するにあたって必要な署名は有権者の**50分の1以上**であることから，9000×50分の1＝180人以上となる。

6 **(公民的分野—国民生活と社会保障，財政・消費生活・経済一般)**

〔問1〕 (1) 図中のAには株主が株式会社から受け取れる利潤(利益)の名称，Bには株主が出席できるものと考える。　(2) 問題文中の「廃棄されるものを最小限に抑え」「再利用」が，それぞれ**リデュース**と**リユース**の取り組みにあたる。これらに**リサイクル**を加えた**3R**が，**循環型社会**の形成に必要な取り組みとされていることから判断する。

〔問2〕 問題文中の「(所得)格差を是正するはたらき」から判断する。累進課税制度や社会保障などは，低所得者を支援する「所得の再配分」のためのしくみの一環。ア・ウ・エも政府の役割ではあるが，所得の高低によって対応を変えられるわけではない。

〔問3〕 (1) 資料中の「休憩時間」「休日」などから，労働条件の最低基準が規定されていると判断する。　(2) 非正規雇用の労働者は正規雇用の労働者に比べて，仕事内容は同等か軽い内容であることが多く，労働時間は同等か短いことが多い。しかし賃金に関しては同等であることはほとんどなく，正規雇用の労働者に比べて低いことが多い。

<国語解答>

一 〔問1〕 ① 破(る) ② 似(て) ③ 貿易 ④ 責任 ⑤ きそ(う) ⑥ うるお(い) ⑦ ついとう ⑧ にゅうわ 〔問2〕 (1) 傷つけたりすること (2) (例)おっしゃいました[言われました] 〔問3〕 エ 〔問4〕 (1) ウ (2) いいいだせるなり (3) ア

二 〔問1〕 ① 永久歯 ② 食の自立 ③ 上の世代 〔問2〕 ウ 〔問3〕 イ 〔問4〕 ア，ウ 〔問5〕 ウ 〔問6〕 エ 〔問7〕 (例)序列で成り立つピラミッド型の社会では，人間は個人の利益さえ獲得すればよいと考えるようになり，他人と気持ちを通じ合わせることができなくなってしまうから。

三 〔問1〕 エ 〔問2〕 イ 〔問3〕 ア 〔問4〕 非日常の異空間 〔問5〕 (例)目の前にある森の地中には，パビリオンのがれきが，万博開催当時の人々のざわめきや描いた夢を抱きしめて眠っていること。 〔問6〕 イ

四 (例) カズオは，おばあさんたちに席をゆずりたいと思いながらも，不公平になると考えて何もできずにいる。そして，そのような自分が悪く思われているのではと不安を感じている。

このようなときはまず行動するべきだ。どちらかに声をかけることはせず，黙って席を立てばよい。そうすればどちらかの人が座るかもしれないし，隣の席の人もおばあさんに気づき，席を空けるかもしれない。何もせずに悩むよりは，まずは動いてみるべきだ。

<国語解説>

一 **(知識問題，古文－内容吟味，漢字の読み書き，仮名遣い，敬語・その他，書写，古文の口語訳)**

〔問1〕 ① 音読みは「**ハ**」で，熟語は「破壊」などがある。 ② 音読みは「**ジ**」で，熟語は「類似」などがある。 ③ 「貿易」は，国際間で行われる商品の取り引きのこと。 ④ 「責任」は，背負うべき任務や責務。 ⑤ 音読みは「**キョウ**」で，熟語は「競技」などがある。 ⑥ 音読みは「**ジュン**」で，熟語は「潤沢」などがある。 ⑦ 「追悼」は，死者をしのぶこと。 ⑧ 「柔和」は，穏やかで落ち着いているという意味。

〔問2〕 (1) 前に「迷惑をかけたり」とあるので，**動作を並立して述べるとき**の「～たり，～たり」という表現にするべきである。 (2) ここで「言う」動作をしたのは「先生」なので，尊敬語を使う。「言う」の尊敬語は「おっしゃる」。尊敬の助動詞を用いた「言われました」とするのも正解。

〔問3〕 行書は，**点画が連続したり省略されたりする**という特徴がある。よって，一つ一つの点画をはっきり分けて書く楷書より速く書くことができるので，インタビューのメモを取る際に適している。

〔問4〕 <口語訳> 和歌は，人の心をもととして，さまざまな言葉となったものだ。

この世に暮らす人は，関わる事柄やするべきことが多いので，心に思うことを，見るものや聞くものに託して，言葉に出しているのである。花に鳴く鶯や，水に住む蛙の声を聞くと，生きているもののうちどのようなものが歌を詠まないのであろうか。

(1) 直後の続く部分の現代語訳を参考にする。「世の中にある人は～するべきことが多いので」と，「は」を補うと自然につながる。 (2) 語頭以外の「**ハヒフヘホ**」は，「**ワイウエオ**」になる。 (3) 「生きとし生けるもの」のうち，いずれが歌を詠まないのかという意味。つまり，

生きているものはすべて歌を詠むということを述べている。鶯や蛙の鳴き声を聞き，その鳴き声が歌だと感じているのである。

二 (論説文－内容吟味，指示語の問題，脱文・脱語補充)

〔問1〕 二段落後に詳しく述べられている。人間の子どもは，「永久歯」が生えてこないと「食の自立」ができないため「上の世代」の助けが欠かせない。その期間が，離乳食が必要な子ども期である。

〔問2〕 う の直前に，「いつどこで何を誰とどのように食べるか，ということ」が「非常に重要な問題」だとある。この内容を受け，特に「誰と食べるか」が大事かということを説明するという文脈である。

〔問3〕 「この状態」が「負の側面」だと述べているのだから，「この状態」が指す内容を探す。直前の「ファストフード店やコンビニエンスストア」で「個人個人がそれぞれ好きなものを好きなときに食べればいい」という状態になっていることを指している。

〔問4〕 Ⅱの文章のなかほどに，「人間は，互いに協力する必要性も，共感する必要性すらも見出せなくなっていく」とある。

〔問5〕 「見返り」を必要としていないのだから，「自分が力になりたい」という思いがそれにあたる。「互酬性」とは，「何かを誰かにしてもらったら，必ずお返しをする」こと。これに合うのは，「恩返しをしたい」という思いである。「帰属意識」とは，「自分がどこに所属しているか，という意識」のことなので，「神戸市の職員として」と考えていることが合う。

〔問6〕 「帰属意識を持っている」ということには反するようだが，「いろんな集団を渡り歩く」ことができるのは「帰属意識を持っている」からだという内容が続いているので，「逆説的」とするのがよい。

〔問7〕 「そんな社会」が指すのは，直前で述べられている「序列で成り立つピラミッド型の社会」で，「サル社会」のこと。「サル社会」に近づくと，「自分の利益のため」ということを優先させ，「他人と気持ちを通じ合わせることができなく」なるので，「人間の平等意識は崩壊する」と筆者は感じているのである。

三 (随筆－文脈把握，内容吟味，脱文・脱語補充，品詞・用法)

〔問1〕 傍線部とエは**自発**の意味で使われている。アは受け身，イは可能，ウは尊敬。

〔問2〕 筆者は，池の「岸辺に立つヤマモモの枝」が水面に「長く差しかかっている」のを見て，実がなれば「水の中にぽたぽた落ちていくのだろう」と想像している。水の中に落ちたヤマモモの実が，「静かに埋もれて行く」様子は，見ることができないので「密やかな営み」と表現しているのだ。

〔問3〕 直前に「まるで～ような」という表現があるので，**実際とは異なる感覚を意味する**「錯覚」があてはまる。

〔問4〕 直後の段落に，「万博開催当時」の様子が詳しく述べられていて，万博の場は「非日常の異空間」であったとまとめられている。

〔問5〕 パビリオンの瓦礫が埋められた上にできた森を見て，筆者は「人々のかつてのざわめきや，描いた夢が，陽炎のようにゆらめくさま」を想像している。万博開催当時のざわめきや描かれた夢を抱えたまま「静かに地中で眠る瓦礫」の様子を思い浮かべているのである。

〔問6〕 最後の段落の内容と，イが合う。

四 （作文，小説－情景・心情）

　カズオは，二人のおばあさんに「席をゆずらなくちゃ」と思っているものの，自分一人が席を空けても一人しか座れないことに悩み，結局何もせずにいる。そして，何もしない自分は「やさしくない子ども」だと思われているのではないかと不安を感じている。そのことを踏まえ，カズオの気持ちが理解できるかどうか，自分だったらどうするかなどという視点から考えをまとめよう。

和歌山県公立高等学校

2020年度

★★★★★★★★★★★★★★★★★★★★★★★★

入　試　問　題

2020
年
度

●くわしい解説……51ページ

＜数学＞

時間　50分　　満点　100点

1　次の〔問1〕～〔問5〕に答えなさい。

〔問1〕　次の(1)～(5)を計算しなさい。

(1)　$-8+5$

(2)　$1+3\times\left(-\frac{2}{7}\right)$

(3)　$2(a+4b)+3(a-2b)$

(4)　$\sqrt{27}-\frac{6}{\sqrt{3}}$

(5)　$(x+1)^2+(x-4)(x+2)$

〔問2〕　次の式を因数分解しなさい。

$9x^2-4y^2$

〔問3〕　$\sqrt{10-n}$の値が自然数となるような自然数nを，すべて求めなさい。

〔問4〕　右の図のように，長方形ABCDを対角線ACを折り目として折り返し，頂点Bが移った点をEとする。

$\angle$ACE$=20^\circ$ のとき，$\angle x$の大きさを求めなさい。

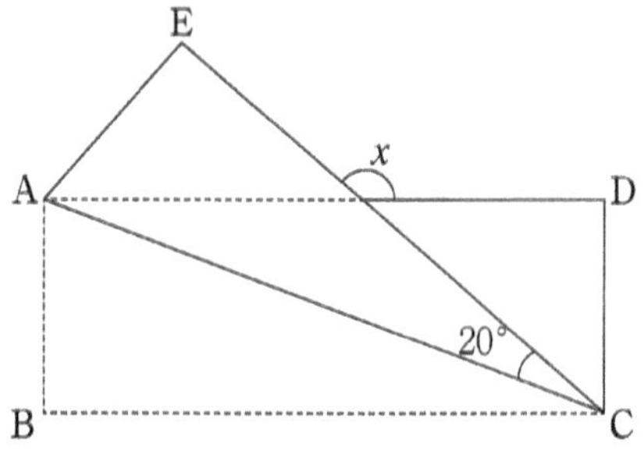

〔問5〕　和夫さんと花子さんが，それぞれ1個のさいころを同時に投げて，自分の投げたさいころの出た目の数と同じ数だけ階段を上るゲームをしている。

右の図は，和夫さんと花子さんの現在の位置を示している。

この後，2人がさいころを1回だけ投げて，花子さんが和夫さんより上の段にいる確率を求めなさい。

ただし，さいころの1から6までのどの目が出ることも同様に確からしいものとする。

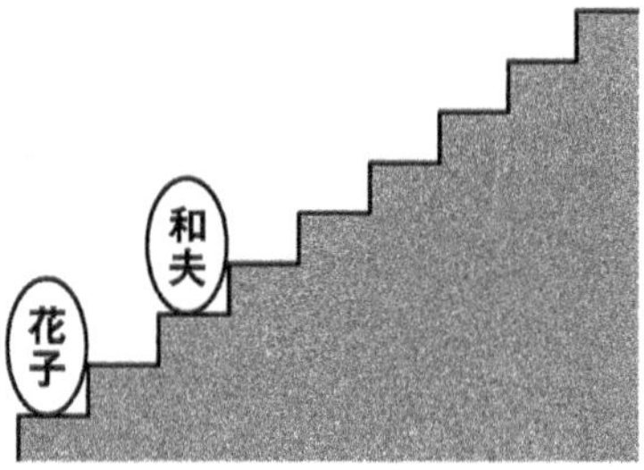

2　次の〔問１〕～〔問４〕に答えなさい。

〔問１〕　右の図は，円錐《すい》の投影図である。この円錐の立面図は１辺の長さが６㎝の正三角形である。

このとき，この円錐の体積を求めなさい。

ただし，円周率はπとする。

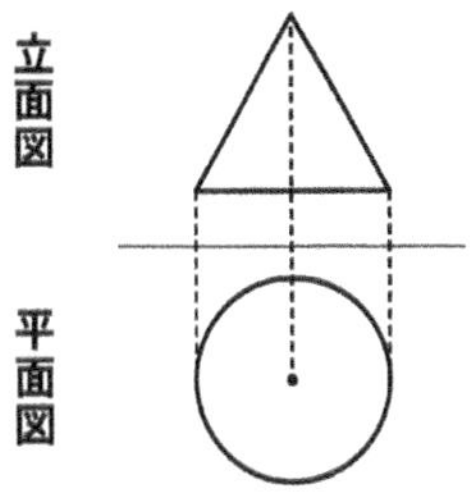

〔問２〕　右の図のように，２点A(２，６)，B(８，２)がある。次の文中の（ア），（イ）にあてはまる数を求めなさい。

直線 $y = ax$ のグラフが，線分AB上の点を通るとき，a の値の範囲は，（ア）$\leqq a \leqq$（イ）である。

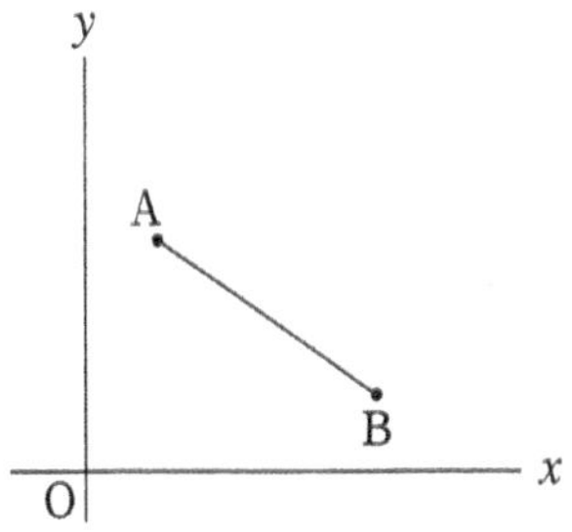

〔問３〕　右の図は，あるクラスの生徒30人が４月と５月に図書室で借りた本の冊数をそれぞれヒストグラムに表したものである。

たとえば，借りた本の冊数が０冊以上２冊未満の生徒は，４月では６人，５月では３人であることを示している。

このとき，次の⑴，⑵に答えなさい。

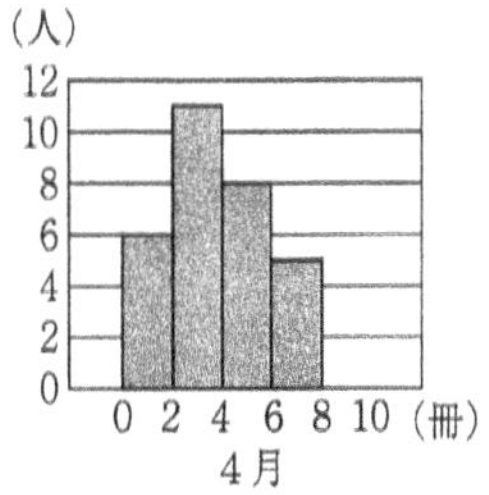

４月

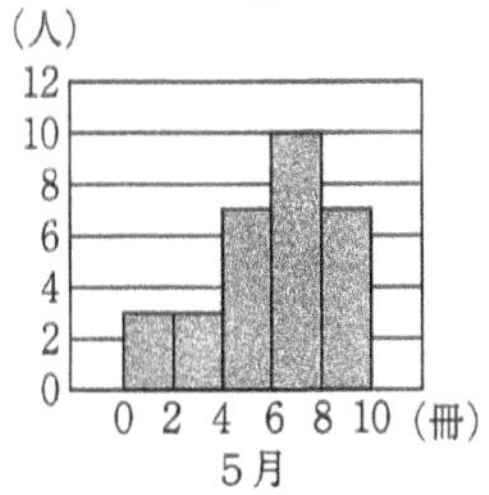

５月

⑴　４月と５月のヒストグラムを比較した内容として正しいものを，次の**ア**～**オ**の中からすべて選び，その記号をかきなさい。

ア　階級の幅は等しい。

イ　最頻《さいひん》値《ち》は４月の方が大きい。

ウ　中央値は５月の方が大きい。

エ　４冊以上６冊未満の階級の相対度数は５月の方が大きい。

オ　借りた冊数が６冊未満の人数は等しい。

⑵　５月に借りた本の冊数の平均値を求めなさい。

〔問４〕　次のページの図は，ある中学校における生徒会新聞の記事の一部である。この記事を読んで，先月の公園清掃ボランティアと駅前清掃ボランティアの参加者数はそれぞれ何人か，求めなさい。

ただし，答えを求める過程がわかるようにかきなさい。

3　図１のように，同じ大きさの立方体の箱をいくつか用意し，箱を置くための十分広い空間のある倉庫に箱を規則的に置いていく。倉庫の壁Ａと壁Ｂは垂直に交わり，２つの壁の面と床の面もそれぞれ垂直に交わっている。

各順番における箱の置き方は，まず１番目として，１個の箱を壁Ａと壁Ｂの両方に接するように置く。

２番目は，４個の箱を２段２列に壁Ａと壁Ｂに接するように置く。このように，３番目は９個の箱を３段３列に，４番目は16個の箱を４段４列に置いていく。なお，いずれの順番においても箱の面と面をきっちり合わせ，箱と壁や床との間にすき間がないように置いていくものとする。

このとき，次の〔問１〕，〔問２〕に答えなさい。

図１

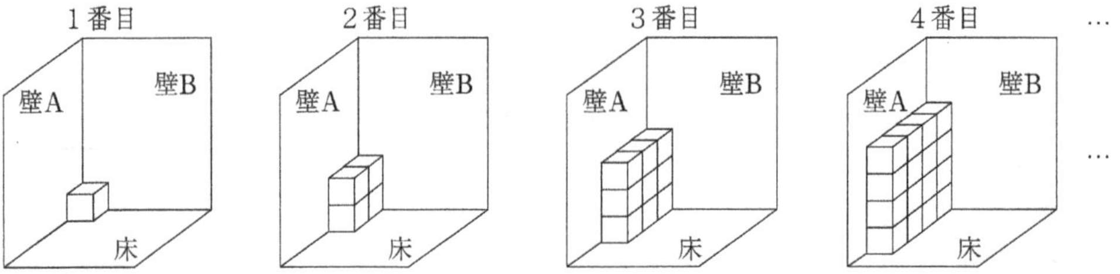

〔問１〕　各順番において，図１のように，置いた箱をすべて見わたせる方向から見たとき，それぞれの箱は１面が見えるもの，２面が見えるもの，３面が見えるもののいずれかである。

表１（次のページ）は，上の規則に従って箱を置いたときの順番と，１面が見える箱の個数，２面が見える箱の個数，３面が見える箱の個数，箱の合計個数についてまとめたものである。

下の⑴～⑶に答えなさい。

⑴　**表１**中の ア ， イ にあてはまる数をかきなさい。

⑵　８番目について，１面が見える箱の個数を求めなさい。

⑶　$(n+1)$ 番目の箱の合計個数は，n 番目の箱の合計個数より何個多いか，n の式で表しなさい。

表 1

順番（番目）	1	2	3	4	5	6	…	n	$n+1$	…
1 面が見える箱の個数（個）	0	1	4	9	＊	＊	…	＊	＊	…
2 面が見える箱の個数（個）	0	2	4	6	ア	＊	…	＊	＊	…
3 面が見える箱の個数（個）	1	1	1	1	＊	＊	…	＊	＊	…
箱の合計個数（個）	1	4	9	16	＊	イ	…	＊	＊	…

＊は，あてはまる数や式を省略したことを表している。

〔問 2〕 図 2 は，図 1 の各順番において，いくつかの箱を壁Bに接するように移動して，壁Aと壁Bにそれぞれ接する階段状の立体に並べかえたものを表している。

このとき，下の(1)，(2)に答えなさい。

図 2

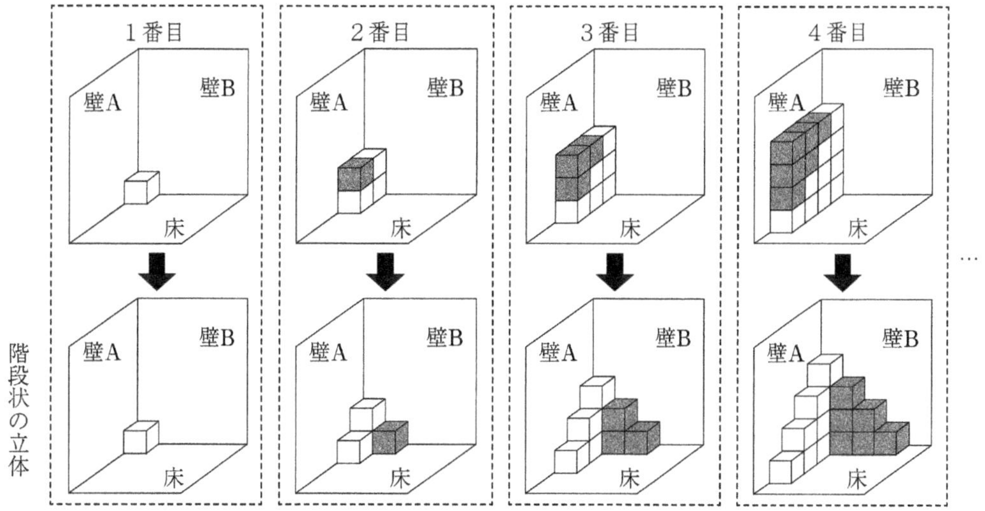

(1)　6 番目について，移動した箱の個数を求めなさい。

(2)　階段状の立体には，壁や他の箱に囲まれて見えない箱もある。

表 2（次のページ）は，各順番における階段状の立体の見えない箱の個数，見えている箱の個数，箱の合計個数についてまとめたものである。

x 番目のとき，見えている箱の個数が111個であった。x の値を求めなさい。

ただし，答えを求める過程がわかるようにかきなさい。

表2

順番（番目）	1	2	3	4	5	…	x	…
見えない箱の個数（個）	0	1	2	3	＊	…	＊	…
見えている箱の個数（個）	1	3	7	13	＊	…	111	…
箱の合計個数（個）	1	4	9	16	＊	…	＊	…

＊は，あてはまる数や式を省略したことを表している。

4 図1のように，関数 $y=-\frac{1}{4}x^2$ …① のグラフ上に点A(4，−4)があり，x 軸上に点Pがある。また，点B(−2，−4)がある。

次の〔問1〕～〔問4〕に答えなさい。

〔問1〕 関数 $y=-\frac{1}{4}x^2$ について，x の変域が $-6 \leqq x \leqq 1$ のとき，y の変域を求めなさい。

〔問2〕 △PABが二等辺三角形となるPはいくつあるか，求めなさい。

〔問3〕 図2のように，①のグラフと直線APが，2点A，Cで交わっている。Cの x 座標が−2のとき，Pの座標を求めなさい。

〔問4〕 図3のように，関数 $y=ax^2 (a>0)$ …② のグラフ上に，x 座標が−3である点Dがある。

Pの x 座標が4のとき，四角形PABDの面積が50となるような a の値を求めなさい。

図1

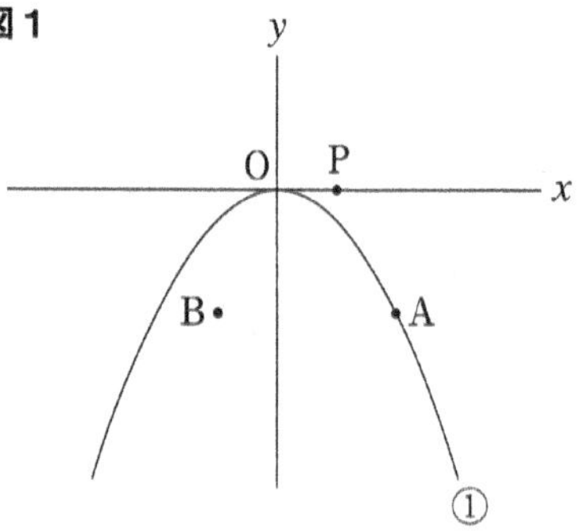

図2

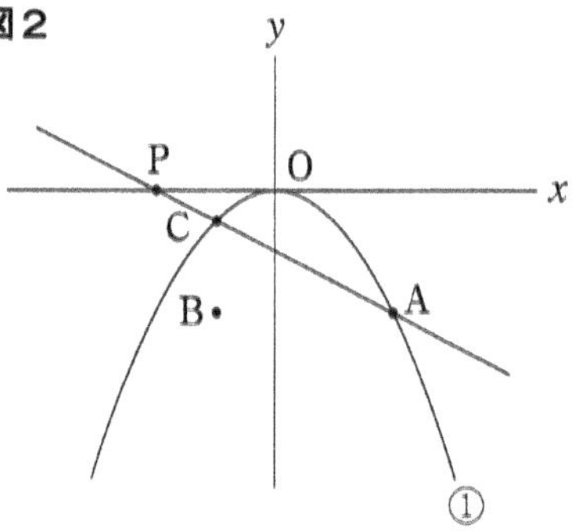

図3

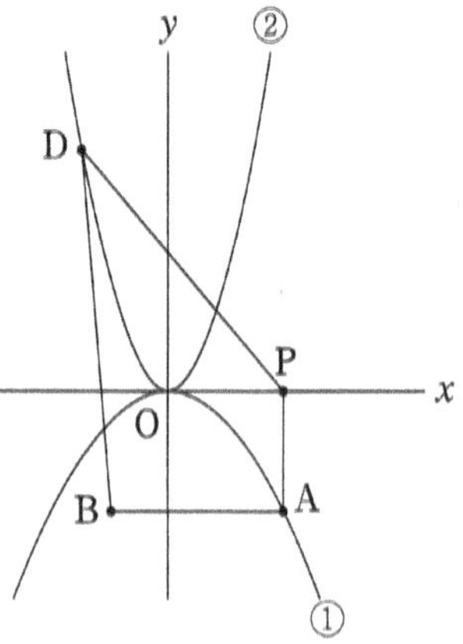

5　図１のように，点Oを中心とし線分ABを直径とする半径３cmの半円がある。$\overset{\frown}{AB}$上に２点P，Qがあり，Aに近い方をP，Bに近い方をQとする。また，線分BPと線分OQの交点をRとする。

次の〔問１〕～〔問３〕に答えなさい。

〔問１〕　PQ＝３cm，PQ // AB のとき，線分QRの長さを求めなさい。

図１

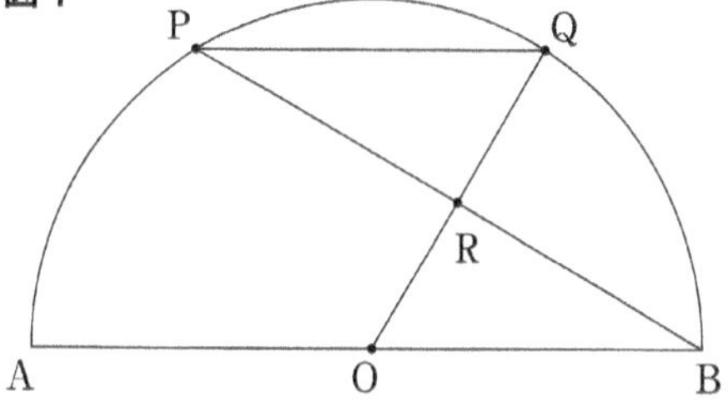

〔問２〕　図２のように，∠QPB＝36°のとき，おうぎ形OBQの面積を求めなさい。

ただし，円周率はπとする。

図２

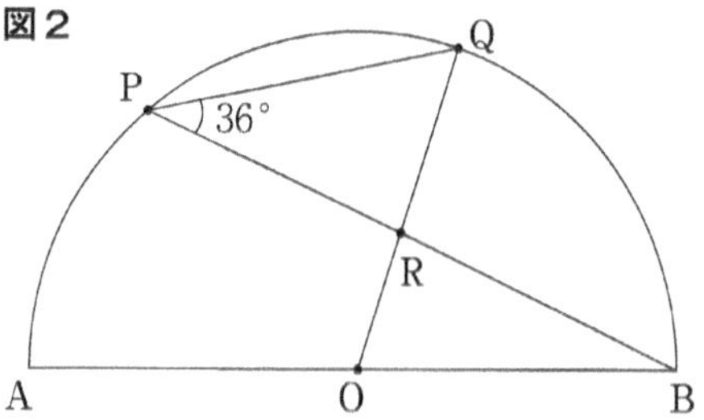

〔問３〕　図３のように，線分AQと線分BPの交点をSとする。

次の(1)，(2)に答えなさい。

(1)　△RQS∽△RPQ を証明しなさい。

図３

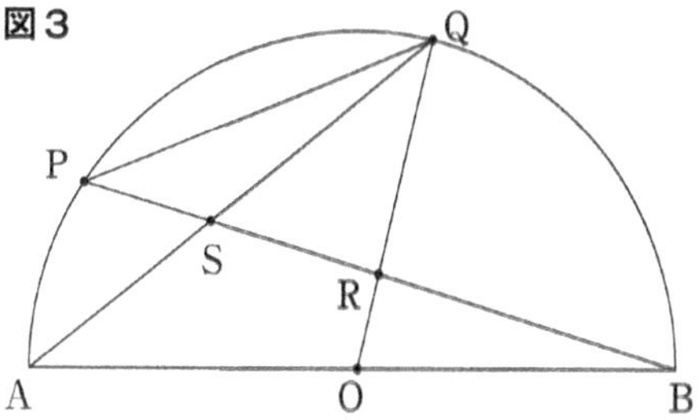

(2)　図４のように，∠QOB＝90°，OS // BQ となるとき，線分BRの長さを求めなさい。

図４

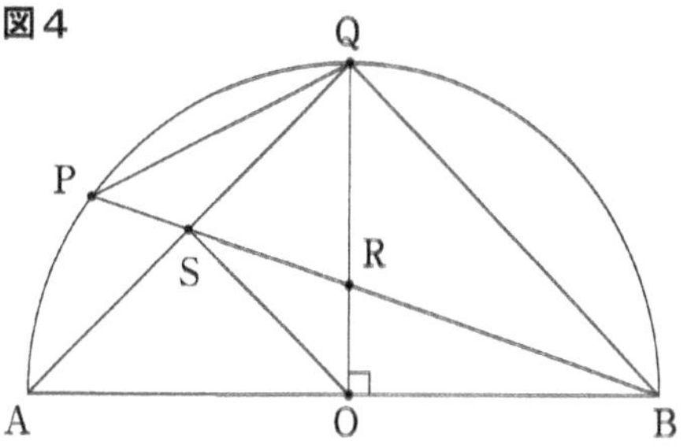

令和２年度学力検査　数学科解答用紙

受検番号	

1	〔問１〕	（１）	
		（２）	
		（３）	
		（４）	
		（５）	
	〔問２〕		
	〔問３〕	$n =$	
	〔問４〕	$\angle x =$	度
	〔問５〕		

2	〔問１〕		cm^3
	〔問２〕	（ア）	
		（イ）	
	〔問３〕	（１）	
		（２）	冊
	〔問４〕	（求める過程） 先月の公園清掃ボランティア参加者数　人 先月の駅前清掃ボランティア参加者数　人	

3	〔問１〕	（１）	ア	
			イ	
		（２）		個
		（３）		個
	〔問２〕	（１）		個
		（２）	（求める過程） $x =$	

4	〔問１〕		
	〔問２〕		個
	〔問３〕	P（　　　，　　　）	
	〔問４〕	$a =$	

5	〔問１〕	QR =		cm
	〔問２〕			cm^2
	〔問３〕	（１）	（証明）	
		（２）	BR =	cm

※この解答用紙は167％に拡大していただきますと，実物大になります。

＜英語＞　時間　50分　　満点　100点

1　放送をよく聞いて，次の〔問１〕～〔問３〕に答えなさい。

〔問１〕 No. 1，No. 2 の順にそれぞれA，B，C３つの対話を２回放送します。No. 1，No. 2の絵にある人物の対話として最も適切なものを，放送されたA，B，Cの中から１つずつ選び，その記号を書きなさい。

No. 1

No. 2

〔問２〕 No. 1～No. 3の順に，二人の対話をそれぞれ２回ずつ放送します。対話の最後にそれぞれチャイムが鳴ります。チャイムが鳴った部分に入る最も適切なものを，A～Dの中から１つずつ選び，その記号を書きなさい。

No. 1　父親との対話

A　Oh, my favorite subjects are music and math.
B　Oh, I love your favorite song.
C　Thank you.　I want to buy it.
D　Thank you.　I want to listen to it now.

No. 2　母親との対話

A　I saw it on your desk last night.
B　I bought some books yesterday.
C　I should put it in my bag.
D　I get up early in the morning.

No. 3　教室での対話

A　I watch them every day.
B　I watch them in my room.
C　I like movies about sports.
D　I like to watch them with my sister.

〔問３〕 中学生の恵太（Keita）が英語の時間に行ったスピーチと，その内容について５つの質問を２回放送します。No. 1～No. 5 の英文が質問の答えとなるように，□ に入る最も適切なものを，A～Dの中から１つずつ選び，その記号を書きなさい。

No. 1　He goes to the library [　　　].

A　every day　B　after school　C　every Sunday　D　on Saturday

No. 2　He [　　　].

A　talks with his friends there　B　uses the Internet there

C　buys some books there　D　reads books and studies there

No. 3　He learned about it [　　　].

A　by reading a book about Australia

B　by listening to people in the library

C　by studying in Australia

D　by talking with people in Australia

No. 4　[　　　] do.

A　Keita's friends

B　Keita's teachers

C　The people working in the city library

D　The people living in Australia

No. 5　He wants [　　　].

A　to build a library　B　to work in a library

C　to write interesting books　D　to read many books in Australia

[2]　次の英文は，高校生の紀子（Noriko）が，英語の授業で行った，グルメコンテストについてのスピーチの原稿です。これを読み，〔問１〕～〔問４〕に答えなさい。

We have a school festival every year. The festival has a contest. In the contest, students make lunch. There are four teams in the contest. Each team uses food from Wakayama. The team which makes the best lunch wins the contest.

We had the festival last week. My friends and I wanted to make the best lunch in the contest. We were the members of Team 1. We made *ume* hamburgers. Team 2 made peach pizza. Team 3 made persimmon sandwiches. Team 4 made orange curry.

Five judges decided the points of originality, appearance, and taste. The audience voted for their favorite lunch and decided the points of popularity. We got 25 points in popularity.

During the contest, a lot of people came to eat our lunch. Our team worked very hard to win the contest, but the winner was Team 3. We were second. In both originality and taste, persimmon sandwiches got more points than *ume* hamburgers. In originality, three teams got the same points. In appearance, persimmon sandwiches and *ume* hamburgers got the same points. When we saw the results, we were sad. We couldn't win the contest.

We want to win the contest next year. I should do many things to do so. Here is one example. I should [　①　]. I'll do my best.

（注）contest　コンテスト　　food　食材　　*ume* hamburger　梅のハンバーガー
peach pizza　桃のピザ　　persimmon sandwich　柿のサンドイッチ　　judge　審査員
point　点数　　originality　オリジナリティ（独創性）　　appearance　見た目　　taste　味
audience　観客　　vote for ～　～に投票する　　popularity　人気　　result　結果

〔問１〕 本文の内容に合うように，次の（　）にあてはまる最も適切なものを，ア～エの中から１つ選び，その記号を書きなさい。

Noriko (　　　) in the contest.

ア　decided the points of originality
イ　was a member of Team 2
ウ　made persimmon sandwiches with her friends
エ　wanted to make the best lunch

〔問２〕 次のグラフは，グルメコンテストの得点結果です。本文の内容に合うように， A ～ D にあてはまる４つの評価の観点（originality, appearance, taste, popularity）を，次のア～エの中から１つずつ選び，その記号を書きなさい。

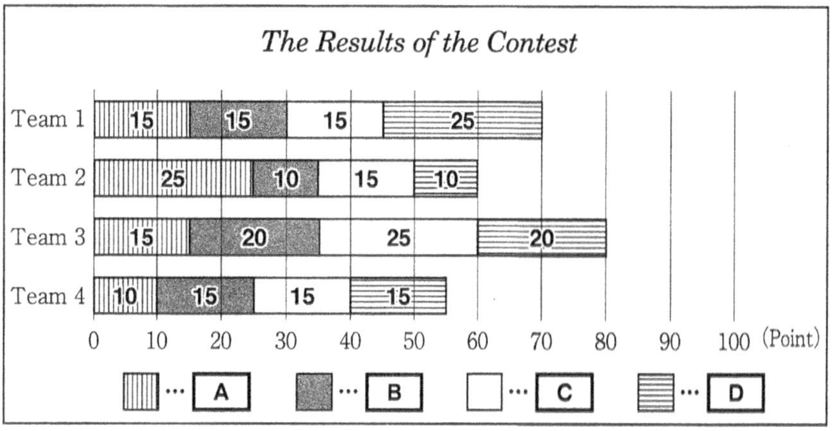

ア　originality　　イ　appearance　　ウ　taste　　エ　popularity

〔問３〕 本文の流れに合うように，文中の ① にふさわしい英語を考えて書きなさい。ただし，語数は２語以上とし，符号（．，？！など）は語数に含まないものとする。

〔問４〕 紀子は，スピーチ後，留学生のサム（Sam）と話をしました。次の対話文は，そのやりとりの一部です。これを読み，あとの(1)，(2)に答えなさい。

Noriko : Thank you for listening.
Sam　 : I enjoyed your speech. 　②　 But I've never eaten it.
Noriko : Really? *Umeboshi* is delicious and good for our health. My mother told me about that. She knows a lot about food.
Sam　 : I see. Eating *umeboshi* is a good idea. I'll eat it.

(1)　文中の ② に，「私は梅干し（*umeboshi*）に興味があります。」という意味を表す英文を書きなさい。ただし，語数は４語以上とし，符号（．，？！など）は語数に含まないものとする。

(2) 対話の内容に合う最も適切なものを，次のア～エの中から１つ選び，その記号を書きなさい。

ア Noriko enjoyed eating *umeboshi* with Sam.
イ Noriko's mother has a lot of information about food.
ウ Sam gave his mother good advice for her health.
エ Sam sometimes eats *umeboshi* with his mother.

3 次の英文は，中学生の健（Ken）と留学生のエミリー（Emily）の対話です。これを読み，〔問１〕～〔問４〕に答えなさい。

Ken : Hi, Emily. Look at this picture.
Emily : Oh, this is a very beautiful beach.
Ken : Yes. I went to Wakayama last week.
Emily : [　　　　　]?
Ken : Because I wanted to see my grandmother in Wakayama. I stayed there for three days.
Emily : Good. I've been to Wakayama. I love its wonderful nature. [A]
Ken : I had a good time. I enjoyed cooking with my grandmother.
Emily : That's nice. Did she [①] you how to cook delicious food?
Ken : Yes. She also told me many other things. When I was washing rice in the kitchen, she told me what to do for the environment.
Emily : What did she tell you?
Ken : She told me to use the rice rinse water. According to her, rice rinse water is a good fertilizer for plants. So she gives the water to [②]. If the water goes into rivers, it may have a bad effect on some fish. Giving rice rinse water to plants is good for the environment.
Emily : Oh, I have never [B]. It's amazing.
Ken : She also cleans plates with an old cloth before washing them. If we do this, we can save water.
Emily : I see. That's not so difficult.
Ken : Right. She does [③] things to save water. She wants to protect the environment. I think that there are many things we can easily do for the environment.
Emily : That's true. Let's find and start some of them soon.

(注) environment 環境　rice rinse water 米のとぎ汁（米を洗ったあとの白くにごった水）
according to ～ ～によると　fertilizer 肥料
have a bad effect on ～ ～に悪影響を及ぼす　plate 皿　cloth 布切れ

〔問１〕 対話の流れに合うように，文中の［　］にふさわしい英語を考えて書きなさい。ただし，語数は４語以上とし，符号（．，？！など）は語数に含まないものとする。

〔問２〕 対話の流れに合うように，文中の [A]，[B] にあてはまる最も適切なものを，それぞれア～エの中から１つずつ選び，その記号を書きなさい。

A

ア What time was it? イ What do you mean?

ウ How was your stay? エ How long does it take?

B

ア eaten delicious fish イ heard about that

ウ visited Wakayama エ helped your grandmother

〔問３〕 文中の［①］～［③］にあてはまる語の組み合わせとして最も適切なものを，次のア～エの中から１つ選び，その記号を書きなさい。

ア ① show ② flowers ③ simple

イ ① tell ② animals ③ good

ウ ① ask ② rivers ③ easy

エ ① teach ② trees ③ wrong

〔問４〕 下線部 That の内容を，日本語で具体的に書きなさい。

4 次の質問に対するあなた自身の返答を，理由や説明を含めて，30語以上の英語で書きなさい。ただし，符号（．，？！など）は語数に含まないものとする。

〔質問〕 Which do you like better, summer vacation or winter vacation?

5 次の英文は，高校生の浩紀（Hiroki）が，英語の授業で行ったスピーチの原稿です。これを読み，〔問１〕～〔問７〕に答えなさい。

Hello. Today, I'll talk about my experience with people from foreign countries.

Last fall, I saw foreign people at a station. They were trying to buy train tickets. But they didn't know where to buy the tickets. Though I wanted to help them, I couldn't talk to them. I had no courage. I was sad.

At home, I told my father about it. He said, "When you find foreign people in need, you should talk to them. That will help them. I know you often help Japanese people. You should help not only Japanese people but also foreign people by talking to them."

A few days later, I saw a young foreign man in front of my house. His name was Robert. He was looking at a map alone on his bike. I remembered my father's words. I thought, "He may be lost. I should talk to him."

I said to him, "Hello. Can I help you?" in English. Robert said, "Hello. I'm a tourist. I'm from Australia." He began to talk about his situation. He said, "I bought a bike in Wakayama. ⓐ But it's (me, to, for, find, difficult) information about cycling courses in Wakayama." He wanted someone to help him.

I asked Robert to wait. I went back to my house and found some cycling courses on the Internet. Robert said, "Thank you for your kindness. My trip will be fun." [A] So I said, "Can you tell me about your trip by e-mail after you finish your trip?" He said, "Actually, I'll come back here because I'll go to the airport by bus from this town. I'll see you again."

Two weeks later, I met him in a coffee shop in a hotel. He said to me, "Thank you for your information about the cycling courses. When you talked to me for the first time, I was a little lonely. ⓑ So (encouraged, your, was, by, I) kindness." I was very glad to hear that. I was able to help a person from a foreign country.

After Robert talked about his trip, we went to the bus stop together. At the bus stop, Robert said, "Well, I'll give my bike to you because I'm going to leave Japan soon." I was surprised to hear ⓒ that. I said, "Really? Oh, thank you. I'm very happy."

These days, many foreign people are in Japan. We're going to have the Olympics and Paralympics in Japan this year. More foreign people will come to Japan.

Now, I'll tell you the most important thing I learned from my experience. When we want to help foreign people, talking to them is the first thing we can do.

(注) ticket 切符 courage 勇気 Robert ロバート（男性の名前） map 地図
alone 一人で word 言葉 be lost 道に迷っている tourist 旅行者
situation 状況 cycling course サイクリングコース kindness 親切 airport 空港
coffee shop 喫茶店 hotel ホテル bus stop バス停
the Olympics and Paralympics オリンピックとパラリンピック

〔問１〕 下線部ⓐ，ⓑについて，それぞれ本文の流れに合うように（ ）の中の語を並べかえ，英文を完成させなさい。

〔問２〕 文中の [A] にあてはまる最も適切なものを，ア～エの中から１つ選び，その記号を書きなさい。

ア I didn't want to buy a bike for Robert.
イ I didn't want to talk to Robert in English.
ウ I wanted to give my bike to Robert.
エ I wanted to know about Robert's trip.

〔問３〕 下線部ⓒ that の内容を，日本語で具体的に書きなさい。

〔問４〕 次の(1)，(2)の質問の答えを，それぞれ英語で書きなさい。

(1) When did Hiroki see foreign people at a station?
(2) Where is Robert from?

〔問５〕 次のア～エの英文を，本文の流れに合うように並べかえると，どのような順序になりますか。その記号を書きなさい。

ア Hiroki talked with his father at home.
イ Hiroki found some cycling courses on the Internet.

ウ　Hiroki heard about Robert's trip in a coffee shop in a hotel.

エ　Hiroki saw a young foreign man who was looking at a map on his bike.

〔問６〕　浩紀が，自身の経験を通じて学んだ最も大切なことはどのようなことですか。日本語で書きなさい。

〔問７〕　浩紀のスピーチの後，先生は，クラスのある生徒と，次のようなやりとりをしました。次の対話文は，そのやりとりの一部です。

先生	：	Let's think about this situation. You see a foreign man near your house. He has a map in Japanese. He is going to stay at a hotel today. But he doesn't know where it is. What will you do to help him?
生徒	：	I'll talk to him and I'll [B].
先生	：	That's good.

対話の流れに合うように，文中の [B] にふさわしい英語を考えて書きなさい。ただし，語数は２語以上とし，符号（．，？！など）は語数に含まないものとする。

令和２年度学力検査　英語科解答用紙

受検番号	

1	〔問１〕	No. 1	
		No. 2	
	〔問２〕	No. 1	
		No. 2	
		No. 3	
	〔問３〕	No. 1	
		No. 2	
		No. 3	
		No. 4	
		No. 5	

2	〔問１〕					
	〔問２〕		A	B	C	D
	〔問３〕					
	〔問４〕	(1)				
		(2)				

3	〔問１〕		〔　　〕?
	〔問２〕	A	
		B	
	〔問３〕		
	〔問４〕		

4	

5	〔問１〕	ⓐ	But it's (　　) information about cycling courses in Wakayama.
		ⓑ	So (　　) kindness.
	〔問２〕		
	〔問３〕		
	〔問４〕	(1)	
		(2)	
	〔問５〕		(　　) → (　　) → (　　) → (　　)
	〔問６〕		
	〔問７〕		

※この解答用紙は167%に拡大していただきますと，実物大になります。

＜理科＞

時間　50分　　満点　100点

1　和美さんたちは，「新聞記事から探究しよう」というテーマで調べ学習に取り組んだ。次の〔問1〕，〔問2〕に答えなさい。

〔問1〕　次の文は，和歌山県内初の水素ステーション開設の新聞記事の内容を和美さんが調べ，まとめたものの一部である。後の(1)～(4)に答えなさい。

> 水素は宇宙で最も多く存在する原子と考えられており，地球上では，ほとんどが他の原子と結びついた化合物として存在する。水素原子を含む化合物から［X］の水素をとり出す方法の１つとして，水の電気分解がある（図１）。
>
> 一方で，①水の電気分解と逆の化学変化（図２）を利用して水素と酸素から電気エネルギーをとり出す装置がある。この装置を利用した自動車に水素を供給する設備として，水素ステーション（図３）が，2019年に和歌山県内に開設された。水素は，②化石燃料とは異なる新しいエネルギー源としての利用が注目されている。
>
> 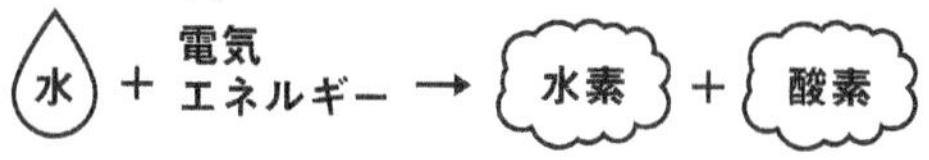
>
>
> **図１**　水の電気分解
>
> 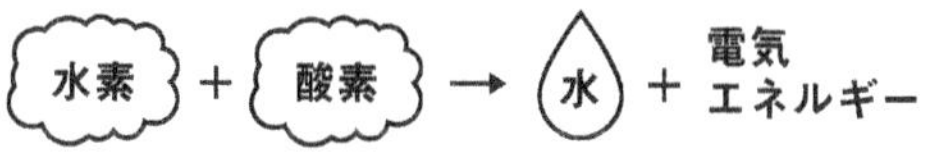
>
>
> **図２**　水の電気分解と逆の化学変化
>
> 
>
>
> **図３**　水素ステーション

(1)　文中の［X］にあてはまる，１種類の原子だけでできている物質を表す語を，次のア～エの中から１つ選んで，その記号を書きなさい。

ア　混合物　　イ　酸化物　　ウ　純物質　　エ　単体

(2)　水の電気分解に用いる電気エネルギーは，太陽光発電で得ることもできる。化石燃料のように使った分だけ資源が減少するエネルギーに対して，太陽光や水力，風力など，使っても減少することがないエネルギーを何というか，書きなさい。

(3) 下線部①の装置を何というか，書きなさい。

(4) 下線部②について，化石燃料を利用するのではなく，水素をエネルギー源にすると，どのような利点があるか。化学変化によって生じる物質に着目して，簡潔に書きなさい。

〔問2〕 次の文は，人類初の月面着陸から50周年の新聞記事の内容を和夫さんが調べ，まとめたものの一部である。後の(1)～(4)に答えなさい。

Ⅰ 月面着陸と地球への帰還

日本の日付で1969年7月21日，宇宙船（アポロ11号）は月に到着した。二人の宇宙飛行士は月面での活動を行った後，7月22日に月を出発した。そして，7月25日に無事に地球に帰還した。

Ⅱ ロケットの打ち上げのしくみ

月に向かった宇宙船は，ロケットで打ち上げられた。ロケットを打ち上げるためには，燃料を燃焼させてできた高温の気体を下向きに噴射させ，噴射させた気体から受ける上向きの力を利用する。このとき，ロケットが高温の気体を押す力と高温の気体がロケットを押す力の間には，［Y］の法則が成り立っている（図1）。

Ⅲ 宇宙服の着用

月には大気がなく，月面での温度変化は極端である。地球上と同じように③呼吸や体温の維持をしながら月面で活動できるよう，宇宙飛行士は宇宙服を着用した（図2）。宇宙服には酸素濃度や温度等を調節するための装置が備わっていた。

図1 ロケット

図2 宇宙服

(1) 月のように惑星のまわりを公転している天体を何というか，書きなさい。

(2) ある晴れた日の18時に，和歌山から図3のような月が見えた。このときの月の位置として最も適切なものを，図4のア～エの中から1つ選んで，その記号を書きなさい。

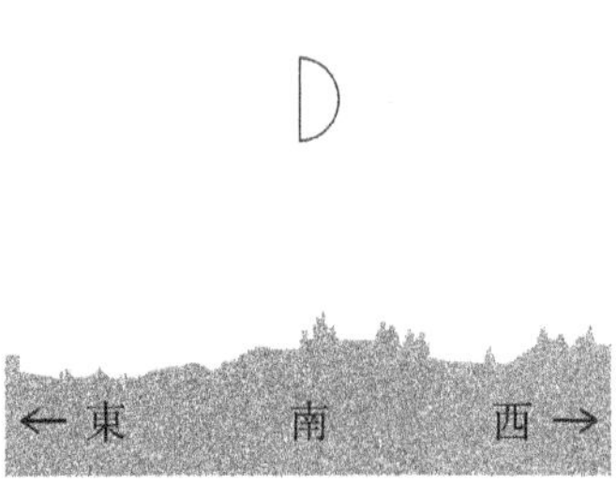

図3 ある晴れた日の18時の月

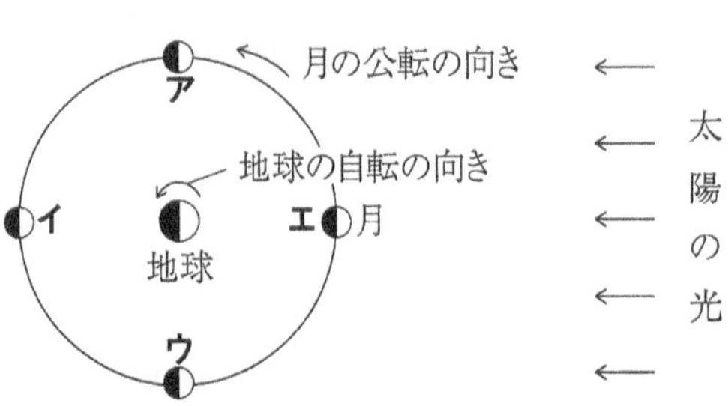

図4 地球と月の位置関係

(3) 文中の［Y］にあてはまる適切な語を書きなさい。

(4)　下線部③について，図５はヒトの肺のつくりを模式的に表したものである。図５中の Z にあてはまる，気管支の先につながる小さな袋の名称を書きなさい。
　また，この小さな袋が多数あることで，酸素と二酸化炭素の交換の効率がよくなる。その理由を，簡潔に書きなさい。

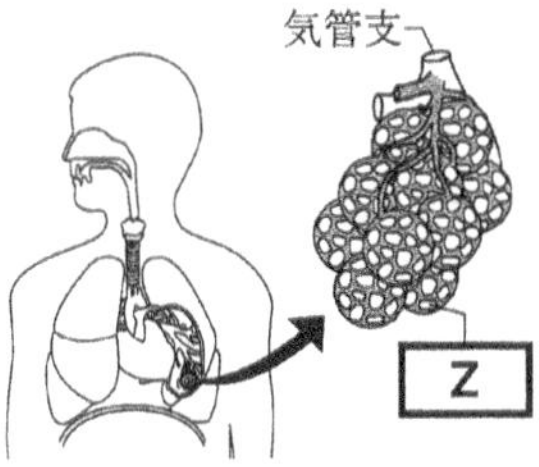

図５　肺のつくり

2　植物の分類に関する次の文を読み，下の〔問１〕～〔問７〕に答えなさい。ただし，文中と図１の X には，同じ語があてはまる。

　５種類の植物（ゼニゴケ，イヌワラビ，マツ，ツユクサ，アブラナ）を，それぞれの特徴をもとに分類した（図１）。
　植物は，種子をつくらない植物と種子をつくる植物に分類することができる。
　種子をつくらない植物は，①維管束のようすや，葉，茎，根のようすからコケ植物と X 植物に分類することができる。コケ植物にあたるのがゼニゴケであり，X 植物にあたるのがイヌワラビである。
　種子をつくる植物は，②胚《はい》珠の状態から③裸子植物と被子植物に分類することができる。裸子植物にあたるのが④マツである。
　被子植物は，芽生えのようすから，⑤単子葉類と⑥双子葉類に分類することができる。単子葉類にあたるのがツユクサであり，双子葉類にあたるのがアブラナである。

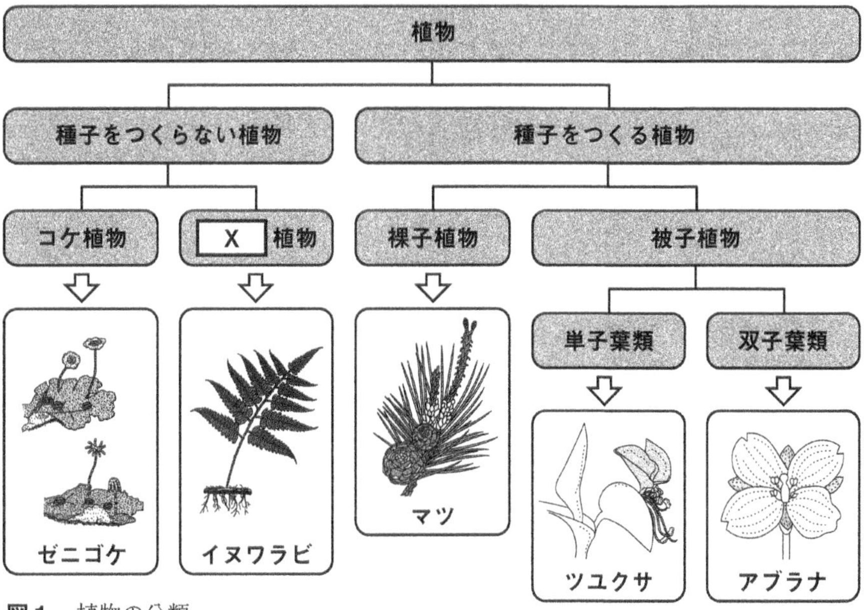

図１　植物の分類

〔問１〕　下線部①について，コケ植物の特徴として適切なものを，次のページのア～エの中から

1つ選んで，その記号を書きなさい。

ア　維管束があり，葉，茎，根の区別もある。

イ　維管束があり，葉，茎，根の区別はない。

ウ　維管束がなく，葉，茎，根の区別はある。

エ　維管束がなく，葉，茎，根の区別もない。

〔問2〕　文中および図1の **X** にあてはまる適切な語を書きなさい。

〔問3〕　下線部②について，次の文の **Y** にあてはまる適切な内容を書きなさい。

裸子植物は，被子植物と異なり，胚珠が　**Y**　という特徴がある。

〔問4〕　下線部③について，裸子植物を次の**ア**～**エ**の中からすべて選んで，その記号を書きなさい。

ア　アサガオ　　**イ**　イチョウ　　**ウ**　イネ　　**エ**　スギ

〔問5〕　下線部④について，次の(1)，(2)に答えなさい。

(1)　図2は，マツの枝先を模式的に表したものである。雄花はどれか，図2中の**ア**～**エ**の中から1つ選んで，その記号を書きなさい。

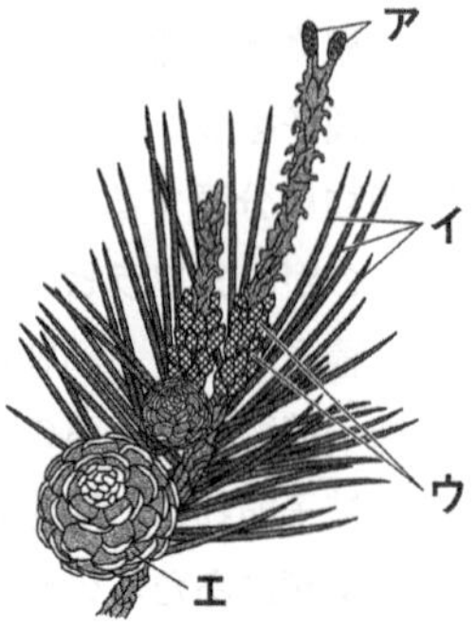

図2　マツの枝先

(2)　図3は，マツの雌花のりん片を模式的に表したものである。受粉後，種子となる部分をすべて黒く塗りなさい。

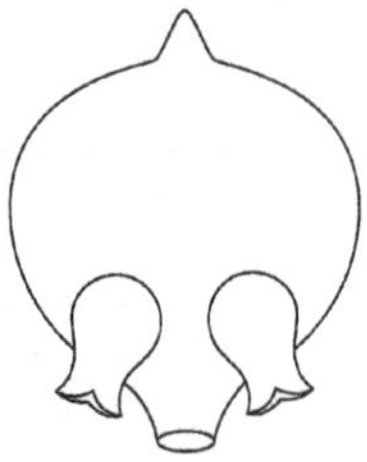

図3　マツの雌花のりん片

〔問6〕　下線部⑤について，図4は，単子葉類のつくりを模式的に表そうとしたものである。葉脈と根のようすはどのようになっているか，それぞれの特徴がかかるように，解答欄の □ に実線（――）でかき入れなさい。

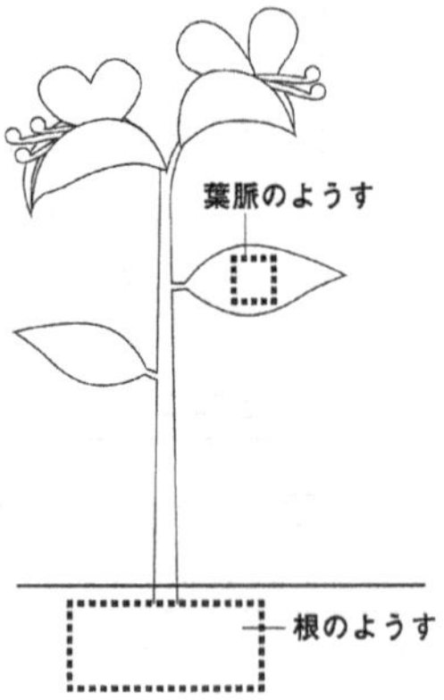

図4　単子葉類のつくり

〔問7〕 下線部⑥について，双子葉類は，花のつくりによって，離弁花類と合弁花類の２つに分類することができる。離弁花類の植物を下の**ア**～**エ**の中からすべて選んで，その記号を書きなさい。

また，離弁花類の特徴として，花のどの部分がどのようなつくりになっているか，簡潔に書きなさい。

ア　アブラナ　　**イ**　サクラ　　**ウ**　タンポポ　　**エ**　ツツジ

3 台風に関する次の文を読み，後の〔問1〕～〔問7〕に答えなさい。ただし，文中と図1の［ X ］には，同じ語があてはまる。

熱帯で発生する低気圧を熱帯低気圧とよぶ。このうち，最大風速が約17m/s以上のものを台風とよぶ。熱帯低気圧や台風の内部には①積乱雲が発達している。

体風は，台風周辺の気圧配置や上空の風の影響を受けて移動する。②台風は，通常，低緯度では西に移動し，［ X ］のまわりを北上して中緯度に達すると，上空の偏西風の影響を受けて進路を東よりに変えて速い速度で進むようになる（図1）。

表1は，ある台風が日本に上陸した日の気象観測の結果をまとめたものの一部である。

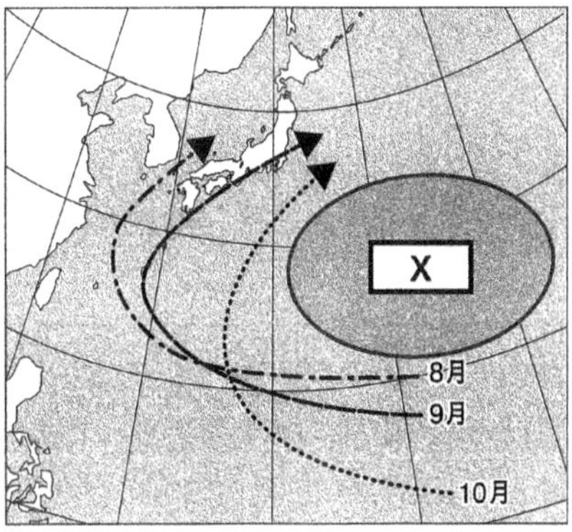

図1　台風の進路の傾向

表1　和歌山地方気象台における気象観測記録

時刻	気圧〔hPa〕	降水量〔mm〕	平均風速〔m/s〕	風向
12:00	974.7	3.5	11.7	東
12:10	972.7	3.5	12.3	東
12:20	970.7	6.5	12.6	東南東
12:30	968.3	8.5	16.0	東南東
12:40	966.8	8.5	18.7	南東
12:50	964.9	17.0	20.8	南南東
13:00	962.2	13.0	24.3	南南東
13:10	962.5	0.5	28.3	南
13:20	964.3	0.0	37.6	南南西
13:30	969.2	0.0	37.1	南南西
13:40	973.9	0.0	33.4	南南西
13:50	977.9	1.0	28.7	南西
14:00	980.3	0.5	24.1	南西

（出典　気象庁公式ウェブサイト）

〔問1〕 下線部①について，積乱雲を説明した文として正しいものを，次の**ア**～**エ**の中から２つ選んで，その記号を書きなさい。

ア　積乱雲が発達すると弱い雨が広い範囲に降ることが多い。

イ　積乱雲が発達すると強い雨が局地的に降ることが多い。

ウ　積乱雲は寒冷前線を特徴づける雲である。

エ　積乱雲は温暖前線を特徴づける雲である。

〔問2〕 下線部②について，低緯度から中緯度における大気の動きを模式的に表した図として最も適切なものを，次のページの**ア**～**エ**の中から１つ選んで，その記号を書きなさい。

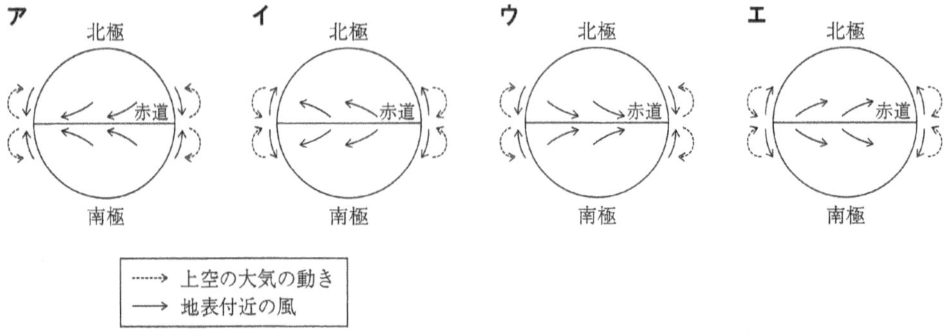

〔問3〕 文中および図1の X にあてはまる高気圧または気団の名称を書きなさい。

〔問4〕 台風が接近すると大気中の水蒸気量が増え，降水量が多くなることがある。気温が25℃，湿度が80%のとき，1 m^3 の空気に含まれる水蒸気の質量は何 g か。気温と飽和水蒸気量の関係（図2）より求めなさい。

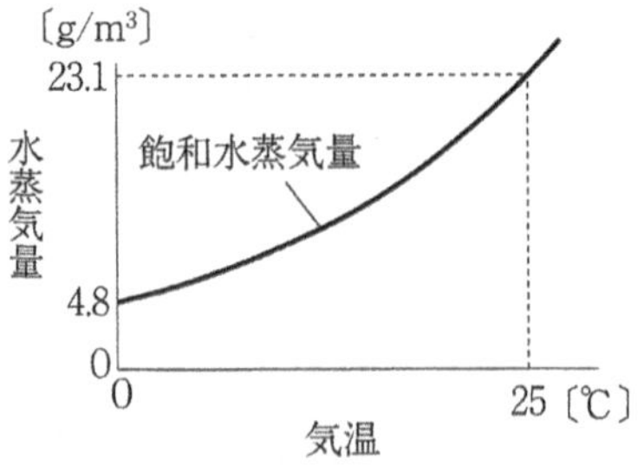

図2　気温と飽和水蒸気量の関係

〔問5〕 次の文は，雲のでき方を説明したものである。文中の①，②について，それぞれア，イのうち適切なものを1つ選んで，その記号を書きなさい。

> 水蒸気を含む空気の塊が上昇すると，周囲の気圧が① {ア　高い　　イ　低い} ために膨張して気温が② {ア　上がる　　イ　下がる}。やがて，空気中に含みきれなくなった水蒸気が水滴になることで，雲ができる。

〔問6〕 **表1**の気象観測記録から，この台風はどこを進んだと考えられるか。台風の通過経路（➡）を表した図として最も適切なものを，次のア～エの中から1つ選んで，その記号を書きなさい。ただし，**表1**の記録が観測された地点を■で，各時刻の台風の中心の位置を●で示している。

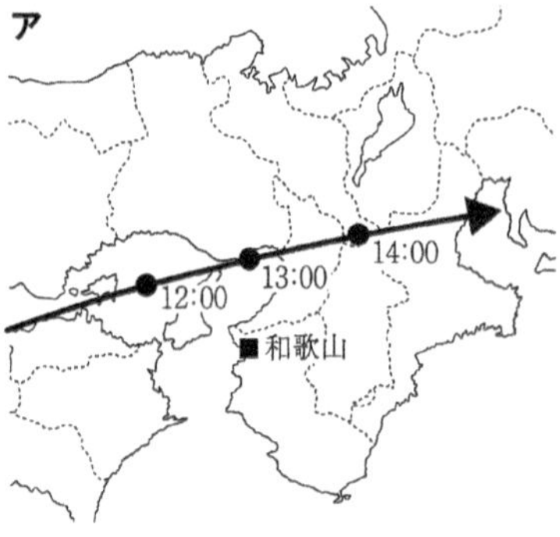

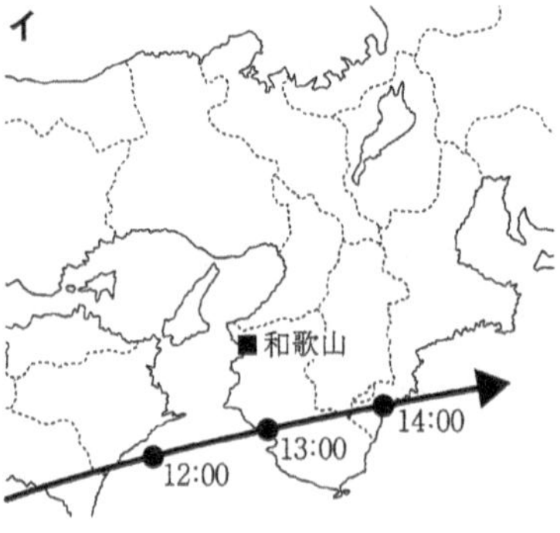

ウ

エ

〔問7〕 台風により，高潮が発生することがある。高潮が発生するしくみを，簡潔に書きなさい。

4 水溶液を電気分解したときにできる物質を調べるために，次の**実験Ⅰ**，**実験Ⅱ**を行った。後の〔問1〕～〔問6〕に答えなさい。　　（図2，図3，表2は次のページにあります。）

実験Ⅰ 「塩化銅水溶液の電気分解」

(i) **図1**のような装置（炭素棒電極）を組み立て，塩化銅水溶液に電流を流した。

(ii) 陰極表面に付着した物質を取り出して，薬さじの裏でこすった。

(iii) 陽極付近から発生した気体のにおいを調べた。

(iv) 実験の結果をまとめた（**表1**）。

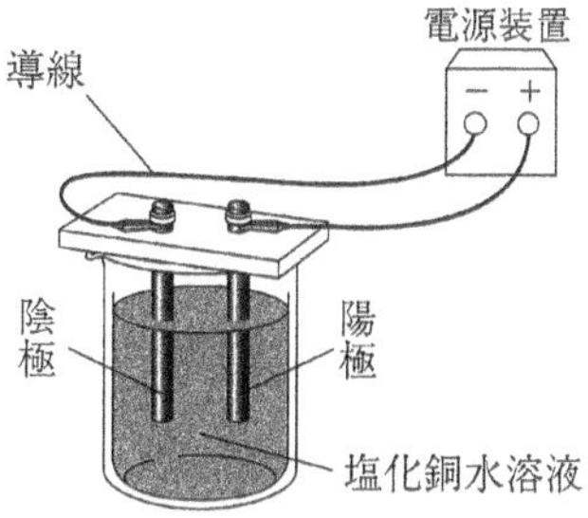

図1　実験装置

表1　**実験Ⅰ**の結果

陰極	陽極
・付着した赤色の物質を薬さじの裏でこすると，金属光沢が見られた。	・発生した気体はプールの消毒薬のようなにおいがした。

実験Ⅱ 「塩酸の電気分解」

(i) **図2**のように，ゴム栓をした電気分解装置（白金めっきつきチタン電極）に，①質量パーセント濃度が3.5%のうすい塩酸を入れ，電流を流した。

(ii) どちらかの極側に気体が4目盛りまでたまったところで，電流を止めた。

(iii) 陰極側と陽極側にたまった気体のにおいをそれぞれ調べた。

(iv) 陰極側にたまった気体にマッチの火を近づけた。

(v) 陽極側の管の上部の液をスポイトで少量とって，赤インクに加えた（**図3**）。

(vi) 実験の結果をまとめた（**表2**）。

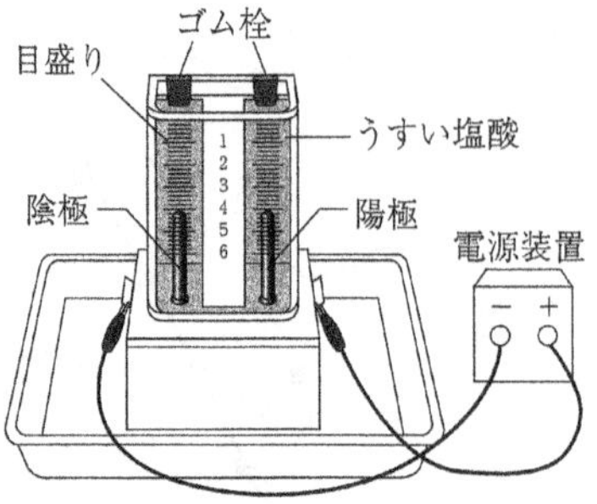

図２　実験装置

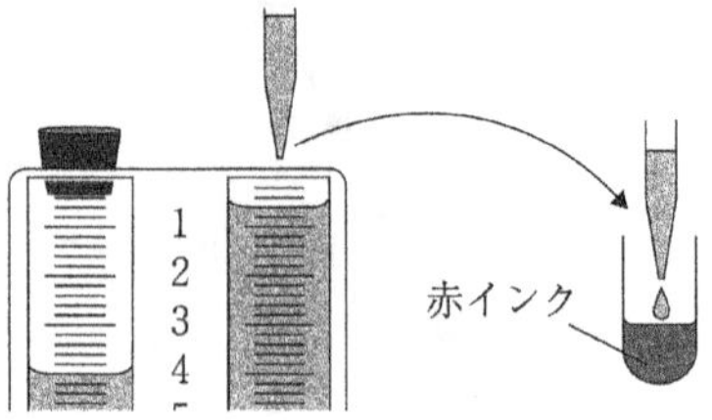

図３　赤インクに加えるようす

表２　**実験Ⅱ**の結果

陰極	陽極
・４目盛りまで気体がたまった。 ・気体は無臭であった。 ・マッチの火を近づけると，［ X ］。	・たまった気体の量は陰極側より少なかった。 ・気体はプールの消毒薬のようなにおいがした。 ・赤インクに加えると，②インクの色が消えた。

〔問１〕　**実験Ⅰ**について，陰極の表面に付着した物質は何か，化学式で書きなさい。

〔問２〕　**実験Ⅰ**と**実験Ⅱ**について，気体のにおいを調べるときの適切なかぎ方を，簡潔に書きなさい。

〔問３〕　**実験Ⅰ**について，水溶液中で溶質が電離しているようすをイオンのモデルで表したものとして最も適切なものを，次の**ア**～**エ**の中から１つ選んで，その記号を書きなさい。ただし，図中の○は陽イオンを，●は陰イオンをそれぞれ表している。

ア

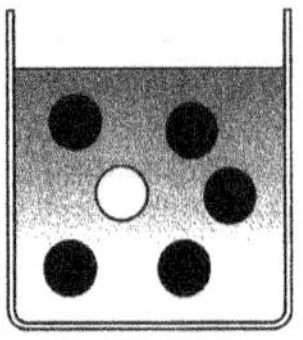

イ

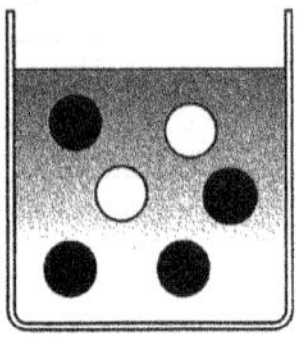

ウ

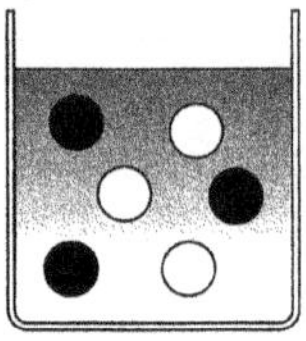

エ

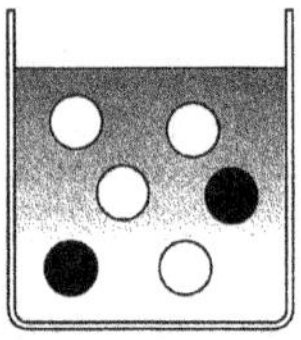

〔問４〕　**実験Ⅱ**の下線部①について，質量パーセント濃度が35％の塩酸20 gに水を加えて，3.5％のうすい塩酸をつくった。このとき加えた水の質量は何 gか，書きなさい。

〔問５〕　**実験Ⅱ** (ⅳ)について，**表２**の［ X ］にあてはまる適切な内容と，陰極側にたまった気体の名称を書きなさい。

〔問６〕　**実験Ⅰ**と**実験Ⅱ**で陽極側から発生した気体は，においの特徴から，どちらも塩素であると考えられる。次の(1)～(3)に答えなさい。

(1)　塩素の特徴である，**表２**の下線部②のような作用を何というか，書きなさい。

(2)　次のページの文は，塩素が陽極側から発生する理由について説明したものである。文中の①，②について，それぞれ**ア**，**イ**のうち適切なものを１つ選んで，その記号を書きなさい。

塩素原子を含む電解質は，水溶液中で電離して塩化物イオンを生じる。塩化物イオンは，塩素原子が①{ア　電子　　イ　陽子} を1個②{ア　受けとる　　イ　失う} ことで生じ，－（マイナス）の電気を帯びている。そのため，電気分解で塩素の気体が生じるときは，陽極側から生じることになる。

(3) **実験Ⅱ**について，陰極側と陽極側からは同じ体積の気体が発生すると考えられるが，**表2**のようにたまった気体の量には違いが見られた。その理由を，簡潔に書きなさい。

5 物体にはたらく圧力について調べるため，**実験Ⅰ**～**実験Ⅲ**を行った。次のページの〔**問1**〕～〔**問7**〕に答えなさい。

実験Ⅰ「スポンジにはたらく圧力の違いを調べる実験」

(i) 質量が500gの直方体の物体を用意し，この物体の面積の異なる3つの面を面**A**，面**B**，面**C**とした（**図1**）。

(ii) 直方体の物体の面**A**，面**B**，面**C**をそれぞれ上にして，**図2**のようにスポンジの上に置き，スポンジの変形のようすを調べた。

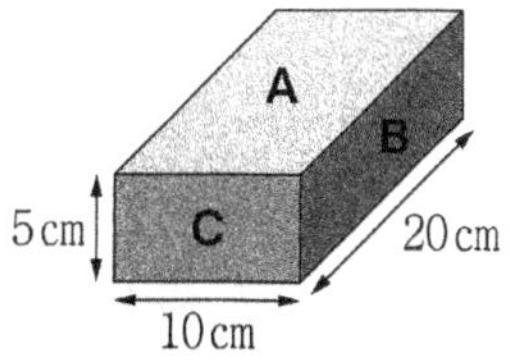

図1　直方体の物体

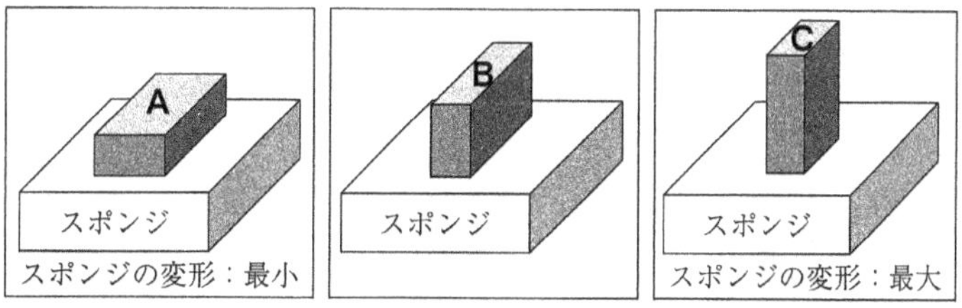

図2　物体の置き方とスポンジの変形のようす

実験Ⅱ「水圧や浮力について調べる実験」

(i) 直方体の形をした全く同じ容器を2つ用意し，それぞれの容器の中に入れるおもりの数を変えて密閉し，容器**A**，容器**B**とした（**図3**）。

(ii) 容器**A**をばねばかりに取り付け，①空気中，②容器が半分水中に沈んだとき，③容器が全部水中に沈んだときの順で，ばねばかりが示す値をそれぞれ読み取った（**図4**）。

(iii) 容器**B**に替えて(ii)と同様の操作を行った。

(iv) 実験結果を表にまとめた（**表1**）。

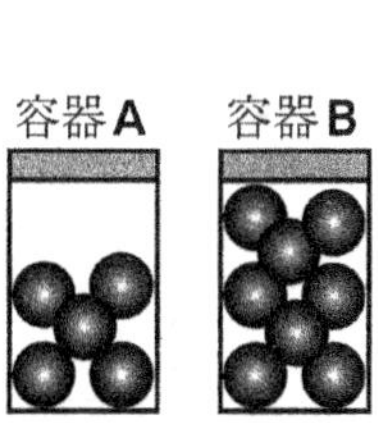

図3　2つの容器

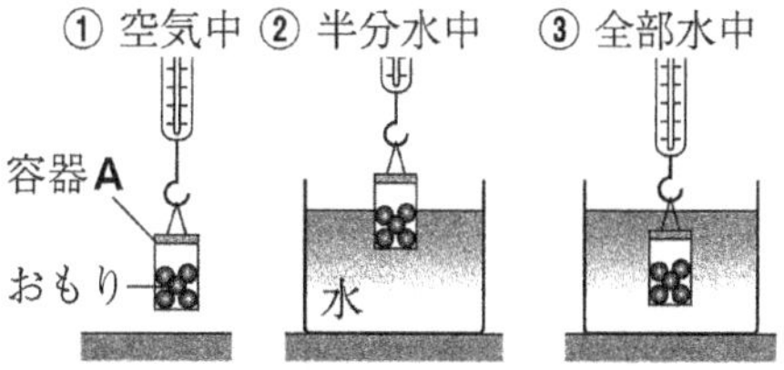

図4　測定のようす

表1　実験結果

	容器	①空気中	②半分水中	③全部水中
ばねばかりが示す値〔N〕	**A**	1.00	0.60	0.20
	B	1.50	1.10	0.70

実験Ⅲ　「大気圧について調べる実験」

(i)　フックを取り付けたゴム板をなめらかな面でできた容器の内側に押しつけて，ゴム板と容器の間の空気を追い出した（図5）。

(ii)　フックに糸でおもりを取り付け，容器を逆さまにしても落ちないことを確認した（図6）。

(iii)　容器にふたをし，簡易真空ポンプを使って，容器内の空気を少しずつ抜いた（図7）。

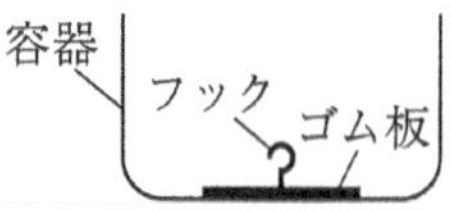

図5　容器の内側にゴム板を置いたようす

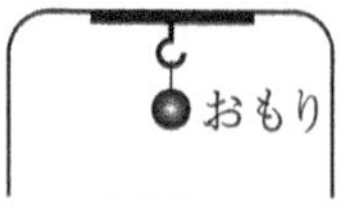

図6　容器を逆さまにしたようす

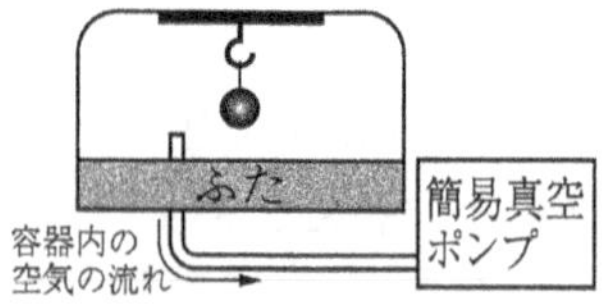

図7　容器内の空気を抜くようす

〔問1〕　圧力の大きさは「Pa」という単位で表される。この単位のよみをカタカナで書きなさい。

〔問2〕　図1の直方体の物体を2つ用意し，重ね方を変えながら，はみ出さないようにスポンジの上に置いた。スポンジにはたらく圧力が，図2の面**C**を上にしたときと等しくなるものを，次の**ア**～**エ**の中からすべて選んで，その記号を書きなさい。

ア

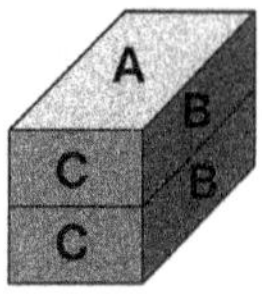

イ

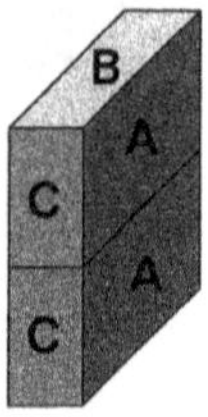

ウ

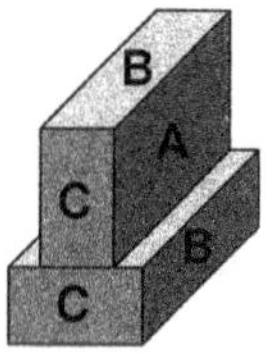

エ

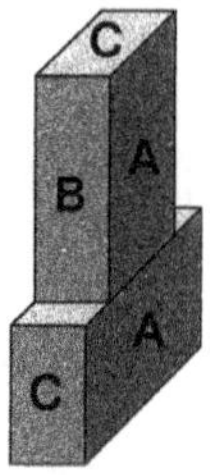

〔問3〕　やわらかい雪の上を移動するときに，スキー板をはいて歩くと，足が雪に沈みにくくなる。この理由を**実験Ⅰ**の結果をふまえて簡潔に書きなさい。ただし，「**面積**」「**圧力**」という語を用いること。

〔問4〕　**実験Ⅱ**で，容器**A**が全部水中に沈んだとき，容器にはたらく水圧のようすを模式的に表したものとして最も適切なものを，次の**ア**～**エ**の中から1つ選んで，その記号を書きなさい。ただし，**ア**～**エ**は，容器**A**を真横から見たものであり，矢印の向きは水圧のはたらく向き，矢印の長さは水圧の大きさを示している。

ア

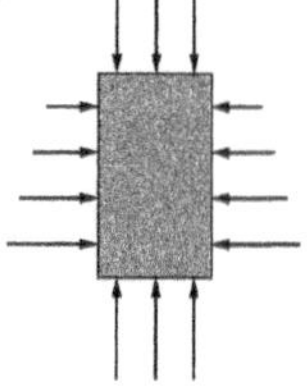

イ

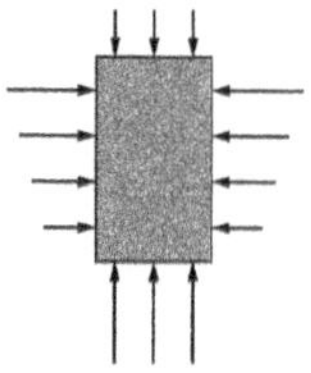

ウ

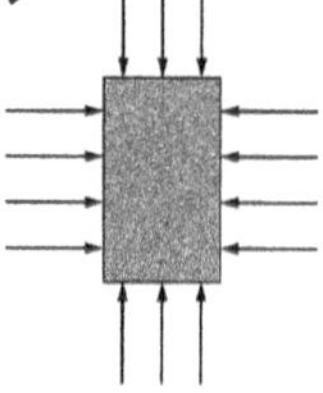

エ

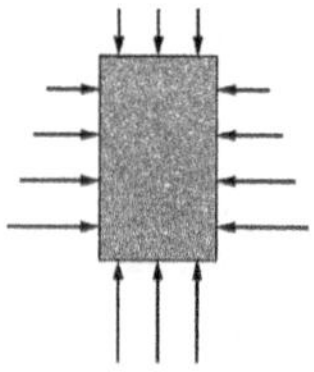

〔問5〕　次のページの文は，**実験Ⅱ**の結果を考察したものである。[X]，[Y] にあてはまる適切な数値をそれぞれ書きなさい。また，[Z] にあてはまる適切な内容を書きなさい。

> 容器Aについて，半分水中にあるときに受ける浮力の大きさは [X] Nで，全部水中にあるときに受ける浮力の大きさは [Y] Nである。
> また，容器Bに替えたとき，容器Aのときと水中にある部分の体積が同じであれば，受ける浮力の大きさは [Z] 。

〔問6〕 **実験Ⅲ** (i)のとき，ゴム板は大気圧を受けて容器の内側にはりつき，真上に引き上げても容器からはずれなかった。このとき，ゴム板が大気から受ける力は何Nか，書きなさい。ただし，容器の底の大気圧を1000hPa，ゴム板の面積は25cm^2とする。また，1hPaは100Paである。

〔問7〕 **実験Ⅲ** (iii)で，容器内の空気を抜いていくと，ゴム板はおもりとともに容器からはずれて落下した。ゴム板が落下した理由を，簡潔に書きなさい。ただし，実験器具は変形しないものとする。

令和２年度学力検査　理科解答用紙

受検番号	

1

〔問１〕	（１）	
	（２）	
	（３）	
	（４）	
〔問２〕	（１）	
	（２）	
	（３）	
	（４）	Z
		理由

2

〔問１〕		
〔問２〕		
〔問３〕		
〔問４〕		
〔問５〕	（１）	
	（２）	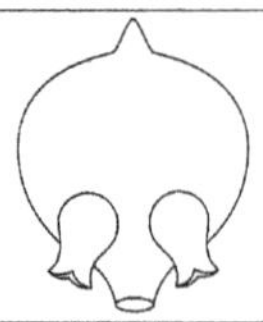
〔問６〕	葉脈のようす 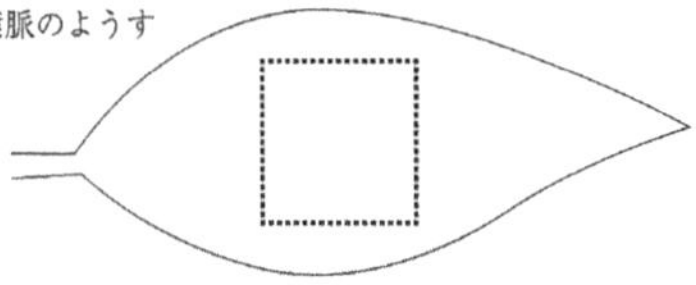	
	根のようす 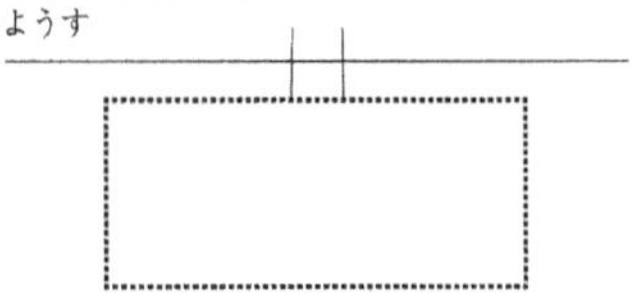	
〔問７〕	記号	
	特徴	

3

〔問１〕		
〔問２〕		
〔問３〕		
〔問４〕	g	
〔問５〕	①	②
〔問６〕		
〔問７〕		

4

〔問１〕			
〔問２〕			
〔問３〕			
〔問４〕	g		
〔問５〕	X		
	気体		
〔問６〕	（１）	作用	
	（２）	①	②
	（３）		

5

〔問１〕		
〔問２〕		
〔問３〕		
〔問４〕		
〔問５〕	X	Y
	Z	
〔問６〕	N	
〔問７〕		

※この解答用紙は167％に拡大していただきますと，実物大になります。

<社会>

時間　50分　　満点　100点

1　由紀さんは，社会科の授業で，「世界と日本の関わり」をテーマにして，調べ学習を行いました。次の文は，そのレポートの一部です。これを読み，下の図1を見て，〔問1〕～〔問4〕に答えなさい。

> 私たちは，ⓐ近隣の国々をはじめ，日本から遠く離れた世界の国々と関わりをもちながら暮らしています。例えば，小麦はアメリカやカナダから，カカオ豆の多くはⓑ赤道付近にあるⓒアフリカの国々から輸入しています。また，毎日着ている衣服も日本で作られているものは少なく，中国をはじめ，ベトナムやインドネシアなどⓓアジアの国々で作られたものを多く輸入しています。
>
> その他にも，私たちの生活に必要なものがたくさん海外から輸入されており，それらの国々と日本は密接に関わっています。

図1

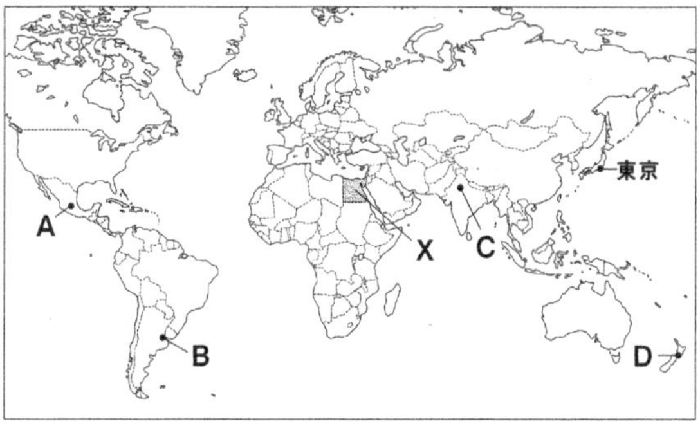

図2

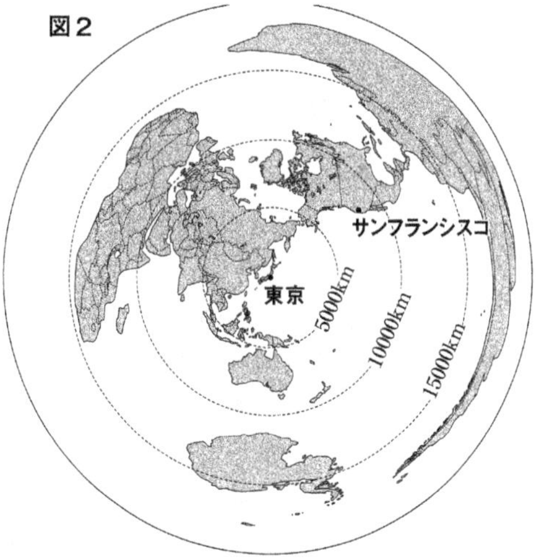

〔問1〕　文中の下線ⓐに関し，図2は，東京からの距離と方位が正しく表された地図です。これを見て，次の(1)，(2)に答えなさい。

(1)　図2中の東京から見た，アメリカの都市であるサンフランシスコの方位として適切なものを，次のア～エの中から1つ選び，その記号を書きなさい。

ア　北東　　イ　北西　　ウ　南東　　エ　南西

(2)　図1中のA～Dは，メキシコ，アルゼンチン，インド，ニュージーランドの首都を順に示しています。4つの国の首都A～Dを東京からの直線距離が短い順に並べるとどのようになりますか，図2を参考にし，その記号を順に書きなさい。

〔問2〕　文中の下線ⓑにある地域の中でも標高が高い地域では，1年を通して気温が低く，作物はあまり育ちません。このような地域の気候を何といいますか，書きなさい。

〔問3〕　文中の下線ⓒに関し，次のページの(1)，(2)に答えなさい。

(1) 図１中のXの国名を何といいますか，書きなさい。

(2) 図１中のアフリカ大陸には，直線的な国境線が見られます。その理由を，歴史的背景に着目して，簡潔に書きなさい。

〔問４〕 文中の下線ⓓに関し，表は，中国，ベトナム，インドネシア，日本の４か国について，それぞれの国の面積，輸出総額，主要輸出品の輸出額，輸入総額，主要輸入品の輸入額を示したものです。ベトナムにあたるものを，表中のア～エの中から１つ選び，その記号を書きなさい。

表

	面積（千km^2）	輸出総額（百万ドル）	主要輸出品の輸出額（百万ドル）	輸入総額（百万ドル）	主要輸入品の輸入額（百万ドル）
ア	1911	168810	石炭（20462），パーム油（18513），機械類（14448），衣類（8214）	157388	機械類（36521），石油製品（15873），鉄鋼（8668），原油（8232）
イ	378	698097	機械類（247850），自動車（144719），精密機械（36914），鉄鋼（29287）	671474	機械類（163937），原油（63745），液化天然ガス（34913），衣類（28095）
ウ	9600	2263371	機械類（979752），衣類（157464），繊維品（109595），金属製品（85832）	1843793	機械類（627780），原油（163821），精密機械（92158），自動車（79100）
エ	331	215119	機械類（86560），衣類（25037），はきもの（15218），魚介類（8282）	213215	機械類（86613），繊維品（14519），プラスチック（10968），鉄鋼（9887）

（「世界国勢図会2019/20年版」から作成）

2 次の文は，誠さんが社会科の授業で，「日本の工業と環境対策」について調べ，レポートにまとめたものの一部です。これを読み，〔問１〕～〔問５〕に答えなさい。

> 工業製品の原料になる鉄鉱石や，エネルギー源として利用される石油や天然ガスなどをⓐ鉱産資源といいます。
>
> 日本では，鉱産資源の輸入に便利な地域に工場が立ち並び，特に第二次世界大戦後，各地にⓑ工業の盛んな地域が形成されました。しかし，これらの一部の地域では，工場の排煙や排水による深刻な公害が発生しました。
>
> それに対し，企業や自治体において，公害を防ぐ取り組みが進み，資源のリサイクルや環境対策などの技術が向上しました。
>
> 1990年代後半には，自動車産業において，環境に配慮したハイブリッド車の量産が始まり，また，ⓒ関東地方，中部地方，ⓓ九州地方などにおいて，循環型社会を形成することを目的としたエコタウン事業が行われてきました。エコタウンの第１号に承認された都市は，神奈川県川崎市，ⓔ長野県飯田《いいだ》市，福岡県北九州市です。

〔問１〕 文中の下線ⓐに関し，携帯電話の小型電池などに使われている金属に，コバルトやリチウムがあります。埋蔵量が少なく，生産量も限られている，これらの金属の総称を何といいますか，書きなさい。

〔問２〕 文中の下線ⓑに関し，次のア～ウは，日本の工業のようすについて述べたものです。これらを年代の古い順に並べるとどのようになりますか，その記号を順に書きなさい。

ア 内陸部の交通網が整備されて，高速道路のインターチェンジ付近に工業団地の開発が行われ，北関東に工業地域が形成されはじめた。

イ 外国製品との競争や，貿易上の問題により，工業製品の輸出先であるアメリカやヨーロッパで現地生産をはじめた。

ウ　京浜，中京，阪神，北九州の４つの地域を中心に，臨海部で工業が発達しはじめた。

〔問３〕　文中の下線ⓒに関し，日本を７地方に区分したとき，関東地方と接する東北地方の県が１県あります。その県名を書きなさい。

〔問４〕　文中の下線ⓓに関し，次の⑴，⑵に答えなさい。

⑴　図は，南西諸島で見られる伝統的な住居です。この住居は，周囲を石垣で囲ったり，屋根のかわらをすき間なく固めたりしています。このような住居のつくりにしている理由を，簡潔に書きなさい。

図

⑵　表は，福岡県，大分県，鹿児島県，沖縄県について，それぞれの人口，人口密度，第３次産業の就業者割合，豚の産出額，地熱発電電力量を示したものです。表中の①～④にあてはまる県名の組み合わせとして正しいものを，下の**ア**～**エ**の中から１つ選び，その記号を書きなさい。

表

	人口（千人）	人口密度（人/km²）	第３次産業の就業者割合（%）	豚の産出額（億円）	地熱発電電力量（百万kWh）
①	5107	1024.1	75.8	56	0
②	1626	177.0	72.2	723	243
③	1443	632.7	80.7	113	0
④	1152	181.7	69.6	90	879

（「データでみる県勢2019年版」などから作成）

ア　①　沖縄県　②　福岡県　③　鹿児島県　④　大分県

イ　①　福岡県　②　鹿児島県　③　沖縄県　④　大分県

ウ　①　鹿児島県　②　福岡県　③　大分県　④　沖縄県

エ　①　福岡県　②　大分県　③　沖縄県　④　鹿児島県

〔問５〕　文中の下線ⓔは，中央高地に位置し，内陸性気候に区分されます。次の**ア**～**エ**は，長野県飯田市を含め，北海道網走《あばしり》市，富山県富山市，高知県土佐清水《とさしみず》市のいずれかの都市の気温と降水量を表したものです。長野県飯田市にあたるものを１つ選び，その記号を書きなさい。

ア

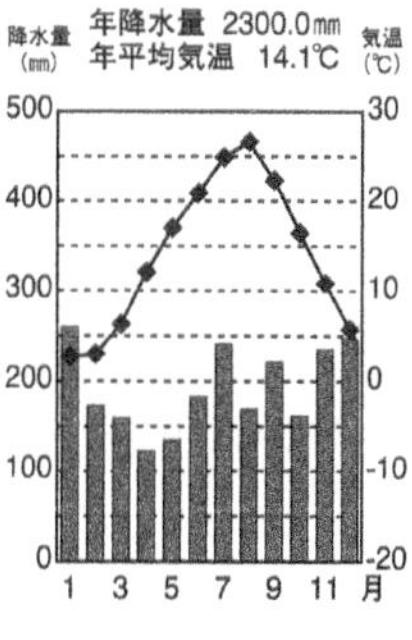

イ

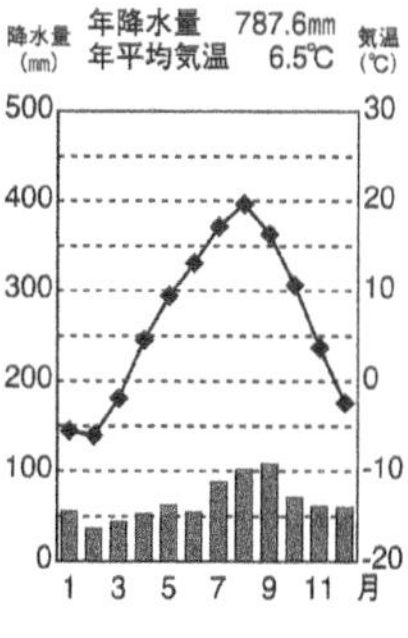

ウ

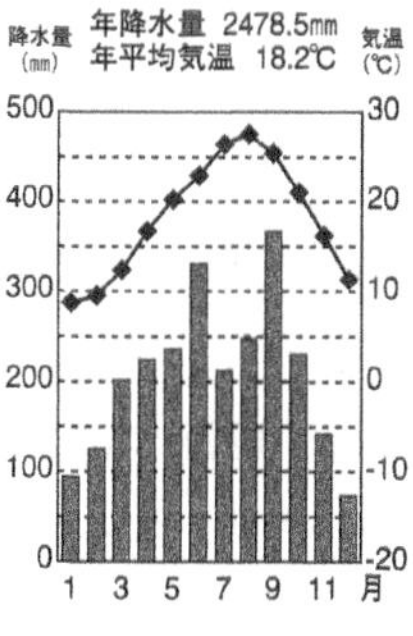

エ

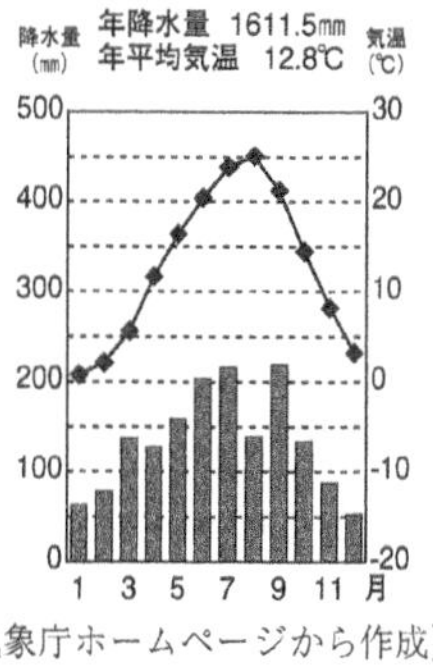

（気象庁ホームページから作成）

3　次の文と略地図は，さくらさんが自由研究で，「日本の歴史と東アジアの関わり」について調べ，レポートにまとめたものの一部です。これらを見て，〔問１〕～〔問10〕に答えなさい。

時代	日本の歴史と東アジアの関わり
弥生	中国大陸や朝鮮半島から伝わった稲作が広まり，ⓐ小さな国が各地に生まれた。
古墳	ⓑ大和政権《やまとせいけん》（ヤマト王権《おうけん》）の倭王《わおう》は，中国の南朝《なんちょう》に使いを送った。
飛鳥	大陸の影響を受けたⓒ仏教文化が栄えた。
〃	ⓓ朝鮮半島に大軍を送り，唐《とう》と新羅《シルラ》《しらぎ》の連合軍と戦った。
奈良	唐の長安にならった平城京に都を移し，ⓔ地方をおさめる役所も整備された。
平安	遣唐使《けんとうし》が廃止され，日本独自の文化であるⓕ国風文化《こくふうぶんか》が栄えた。
鎌倉	２度にわたり元《げん》軍が九州北部に襲来した。
〃	中国大陸から伝わった禅宗《ぜんしゅう》などのⓖ新しい仏教が広まった。
室町	宋《そう》や明《みん》から輸入された貨幣が取り引きに使われるなど，ⓗ商業が活発になった。
江戸	徳川家光《とくがわいえみつ》の頃に貿易統制が行われたが，ⓘ東アジアとの関わりは継続された。
〃	江戸時代後期には，ⓙ東アジアへの進出をめざすロシア船などが接近するようになった。

【略地図】

〔問１〕　文中の下線ⓐに関し，吉野ヶ里《よしのがり》遺跡の位置を，略地図中の**ア**～**エ**の中から１つ選び，その記号を書きなさい。

〔問２〕　文中の下線ⓑに関し，**資料１**（次のページ）は，略地図中の稲荷山古墳から出土した鉄剣《てっけん》とその一部を拡大したものです。そこには，大和政権（ヤマト王権）の大王《おおきみ》《だいおう》の一人と考えられている**ワカタケル**の名が漢字で刻まれています。また，**資料１**と同じように，ワカタケルの名が刻まれているとされる鉄刀《てっとう》が略地図中の江田船山古墳からも出土しています。これらの鉄剣や鉄刀に刻まれた文字からは，古墳にほうむられた人物が，ワカタケル大王に仕えていたこと

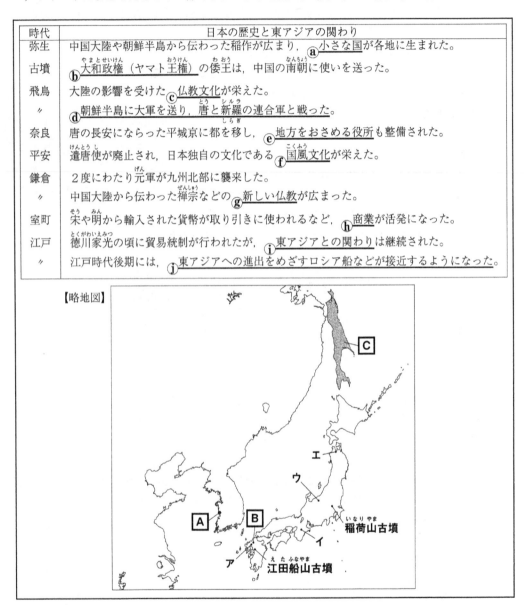

が読み取れます。これらのことから，当時の大和政権（ヤマト王権）の勢力について考えられることを，簡潔に書きなさい。

資料１

〔問３〕 文中の下線ⓒに関し，現存する世界最古の木造建築がある奈良県の寺院を何といいますか，書きなさい。

〔問４〕 文中の下線ⓓの戦いは，略地図中の A で起こりました。この戦いを何といいますか。また，この戦いが起こった理由を，簡潔に書きなさい。

〔問５〕 文中の下線ⓔに関し，略地図中の B に設けられた外交や防衛も担《にな》っていた役所を何といいますか，書きなさい。

〔問６〕 文中の下線ⓕが栄えた頃，摂政《せっしょう》や関白《かんぱく》が政治の中心となる摂関政治《せっかんせいじ》が行われました。この時代に，４人の娘を天皇の妃《きさき》にし，**資料２**の歌をよんだ人物はだれですか，書きなさい。

資料２

この世をば我《わ》が世とぞ思う
望月《もちづき》のかけたることも無しと思えば

〔問７〕 文中の下線ⓖに関し，**図**は，踊念仏《おどりねんぶつ》のようすを描いたものです。このように踊りを取り入れたり，念仏の札を配ったりするなど，工夫をこらしながら時宗《じしゅう》を広めた人物を，次の**ア**～**エ**の中から１つ選び，その記号を書きなさい。

図

ア 法然《ほうねん》　**イ** 日蓮《にちれん》　**ウ** 一遍《いっぺん》　**エ** 栄西《えいさい》《ようさい》

〔問８〕 文中の下線ⓗに関し，室町時代の商業について適切に述べているものを，次の**ア**～**エ**の中から１つ選び，その記号を書きなさい。

ア 五街道《ごかいどう》が整備され，参勤交代《さんきんこうたい》の大名や商人のほか，荷物を運ぶ飛脚《ひきゃく》が行き来した。
イ 都の左京には東市《ひがしのいち》，右京には西市《にしのいち》がおかれ，全国から運び込まれた品物が取り引きされた。
ウ 城下町安土に楽市《らくいち》・楽座《らくざ》令が出され，だれでも自由に商工業ができるようになった。
エ 交通の盛んなところで，物資を運ぶ馬借《ばしゃく》や問《とい》とよばれる運送業者が活動した。

〔問９〕 文中の下線ⓘに関し，**表**は，江戸時代初期の東アジアの国や地域との関わりについて表したものです。表中の X にあてはまる品目と，Y にあてはまる藩の組み合わせとして正しいものを，後の**ア**～**エ**の中から１つ選び，その記号を書きなさい。

表

	朝鮮	蝦夷地《えぞち》
日本側が交易で得た物	X	鮭《さけ》・こんぶ
日本側の窓口となった藩	対馬藩《つしま》	Y

ア X －木綿《もめん》・生糸・絹織物　Y －薩摩藩《さつま》
イ X －木綿・生糸・絹織物　Y －松前藩《まつまえ》

ウ　X －銀・銅　　Y －薩摩藩

エ　X －銀・銅　　Y －松前藩

〔問10〕　文中の下線ⓙに関し，ロシアの南下をおそれた幕府は，北方の調査を行いました。幕府の命令で略地図中の C を調査し，この地が島であることを確認した人物はだれですか，書きなさい。

4　次のA～Dのカードは，健さんが社会科の課題学習で，「紙幣に描かれた人物」についてまとめたものの一部です。これらを読み，〔問１〕～〔問５〕に答えなさい。

A　板垣退助《いたがきたいすけ》

　戊辰《ぼしん》戦争で活躍し，新政府の参議《さんぎ》となりましたが，大久保利通《おおくぼとしみち》らと意見が対立し，政府を去りました。その後，1874年に，ⓐ民撰議院設立建白書《みんせんぎいんせつりつけんぱくしょ》を政府に提出し，日本最初の政党を設立するなど，立憲政治の確立に大きな役割を果たしました。

百円
（1953年発券開始）

B　伊藤博文《いとうひろぶみ》

　幕末期，長州《ちょうしゅう》藩の松下村塾《しょうかそんじゅく》で学び，ⓑ尊王攘夷《そんのうじょうい》の運動に参加しました。明治維新《めいじいしん》後は，新政府の中心となり，初代内閣総理大臣に就任しました。ⓒ日露《にちろ》戦争の後，韓国統監府《かんこくとうかんふ》の初代統監に就任するなど，明治時代の政治を主導しました。

千円
（1963年発券開始）

C　新渡戸稲造《にとべいなぞう》

　札幌農《さっぽろのう》学校を卒業後，アメリカやドイツに留学しました。その後,日本の精神文化を紹介した『武士道《ぶしどう》』を著しました。1920年には，ⓓ国際連盟《こくさいれんめい》の事務局次長を務め，国際機関の一員として世界平和のために力を尽くしました。

五千円
（1984年発券開始）

D　福沢諭吉《ふくざわゆきち》

　幕末に欧米へ渡り，帰国後，慶応義塾《けいおうぎじゅく》を創設しました。また，人間の自由・平等・権利の尊さを説く『学問のすゝ《（す）》め』を著すとともに，欧米の思想や文化を日本に紹介するなど，ⓔ人々の生活や考え方に影響を与えました。

一万円
（1984年発券開始）

〔問１〕　文中の下線ⓐの提出をきっかけとして始まった，憲法制定や議会開設などの実現をとおして，国民が政治に参加する権利の確立をめざす運動を何といいますか，書きなさい。

〔問２〕　文中の下線ⓑとはどのような考え方ですか，簡潔に書きなさい。

〔問３〕　文中の下線ⓒに関し，表は，日清《にっしん》戦争と日露戦争における日本の戦費と死者数を，図は，ポーツマス条約調印後に発生した日比谷《ひびや》焼き打ち事件のようすを表したものです。日露戦争後，このような暴動をともなう民衆運動が起こった理由として考えられることを，表中の日清戦争と日露戦争を比較し，「**賠償金**」という語を用いて，簡潔に説明しなさい。

表

	戦費(千円)	死者数(人)
日清戦争	232404	13825
日露戦争	1826290	85082

（「日本長期統計総覧」から作成）

図

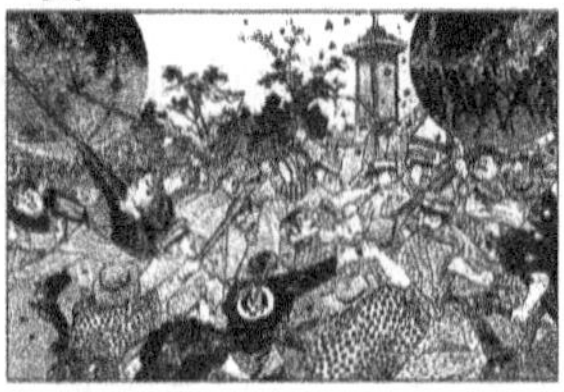

〔問４〕　文中の下線ⓓが第二次世界大戦を防げなかったという反省から，戦後，国際連合《こくさいれんごう》が設立されたものの，当初は日本の加盟が認められませんでした。その後，日本の国際連合への加盟が実現するきっかけとなったできごととして最も適切なものを，次の**ア**～**エ**の中から１つ選び，その記号を書きなさい。

ア　岸信介《きしのぶすけ》内閣が日米安全保障条約を改定した。
イ　鳩山一郎《はとやまいちろう》内閣が日《にっ》ソ共同宣言《きょうどうせんげん》に調印した。
ウ　佐藤栄作《さとうえいさく》内閣が非核三原則を国の方針として定めた。
エ　田中角栄《たなかかくえい》内閣が日中共同声明《にっちゅうきょうどうせいめい》を発表した。

〔問５〕　文中の下線ⓔに関し，次の**ア**～**エ**は，近現代の人々の生活や文化について述べたものです。これらのできごとを年代の古い順に並べるとどのようになりますか，その記号を順に書きなさい。

ア　大都市の郊外に大規模な団地が建設され，テレビ，冷蔵庫などの家庭電化製品が普及し，スーパーマーケットが広がった。
イ　太陽暦《たいようれき》が採用され，れんが造りの洋館が建設された街にはガス灯や馬車が登場し，牛鍋《ぎゅうなべ》を出す店があらわれるなど，新たな食文化が広がりはじめた。
ウ　食料や衣料品などの生活必需品の配給制《はいきゅうせい》や切符制《きっぷせい》がとられ，都市の小学生たちは農村に集団で疎開《そかい》した。
エ　ラジオ放送が始まり，都市にはデパートや映画館が出現し，カレーライスやコロッケなどの洋食が広がった。

5　次の文は，一郎さんたちが社会科の授業で，「2017年に開かれた国会の動き」をテーマにして，レポートにまとめたものの一部です。これらを読み，〔問１〕～〔問４〕に答えなさい。

第193回　ⓐ国会
2017年１月20日に召集され，内閣総理大臣による演説が行われました。会期は150日間でした。
内閣から翌年度の予算案が提出され，審議されました。また，法律案についても審議され，その中で，ⓑ天皇の退位等に関する皇室典範《こうしつてんぱん》特例法が成立しました。

第194回　国会
2017年９月25日，内閣総理大臣が衆議院解散を表明したことを受けて，９月28日に召集されました。同日にⓒ衆議院が解散されたため，会期は１日でした。
これにより，前国会で継続審議となっていた法律案が，すべて廃案となりました。

第195回　国会
2017年10月22日に行われたⓓ衆議院議員の総選挙を受けて，11月１日に召集されました。会期は39日間でした。
召集日当日，衆議院と参議院の本会議において，内閣総理大臣の指名が行われました。

〔問１〕 文中の下線ⓐに関し，次の⑴，⑵に答えなさい。

⑴ 第193回，第194回，第195回の国会の種類の組み合わせとして正しいものを，次の**ア**～**エ**の中から１つ選び，その記号を書きなさい。

ア 第193回－特別会　第194回－臨時会　第195回－常会

イ 第193回－常会　第194回－特別会　第195回－臨時会

ウ 第193回－常会　第194回－臨時会　第195回－特別会

エ 第193回－臨時会　第194回－常会　第195回－特別会

⑵ **表１**は，1989年の国際連合総会において採択された条約が定めた権利をまとめたものです。国会で承認され，1994年に日本が批准《ひじゅん》した，この条約を何といいますか，書きなさい。

表１

権利	内容
生きる権利	防げる病気などで命を失わないこと。
育つ権利	教育を受け，休んだり遊んだりできること。
守られる権利	あらゆる種類の虐待《ぎゃくたい》や搾取《さくしゅ》から守られること。
参加する権利	自由に意見を表したり，団体をつくったりできること。

〔問２〕 文中の下線ⓑに関し次の⑴，⑵に答えなさい。

⑴ 次の日本国憲法の第１条中の [X] にあてはまる語を書きなさい。

> 第１条　天皇は，日本国の [X] であり日本国民統合の [X] であって，この地位は，主権の存する日本国民の総意に基く。

⑵ 天皇の国事行為について適切に述べているものを，次の**ア**～**オ**の中からすべて選び，その記号を書きなさい。

ア 条約を公布する。　　**イ** 国務大臣を任命する。

ウ 弾劾裁判所を設置する。　　**エ** 内閣総理大臣を任命する。

オ 最高裁判所長官を指名する。

〔問３〕 文中の下線ⓒに関し，国会の議決において，いくつかの重要な点では，衆議院の優越が認められています。衆議院の優越が認められている理由を，**「国民の意見」**という語句を用いて，簡潔に書きなさい。

〔問４〕 文中の下線ⓓに関し，**図**は，衆議院議員総選挙における当選者に占める女性の割合の推移を，**表２**は，2017年の主な世界の国における下院の女性議員の割合を示したものです。図と表２から，日本の女性議員の割合について読み取れることを，簡潔に書きなさい。

図

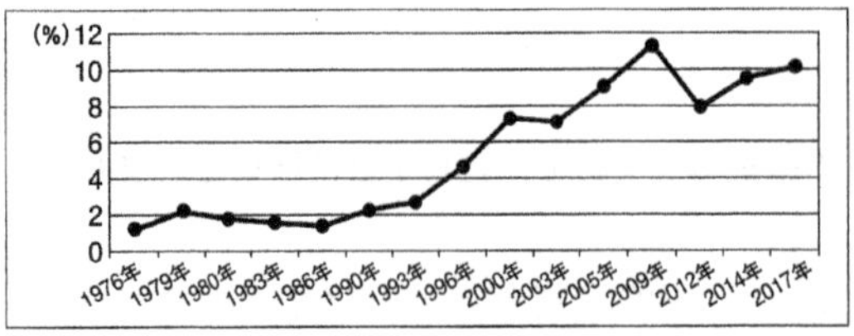

（内閣府ホームページから作成）

表２

国名	下院の女性議員の割合（%）
メキシコ	42.6
南アフリカ	41.8
フランス	39.0
アルゼンチン	38.1
イギリス	32.0
ドイツ	30.7
世界平均	23.6

（内閣府ホームページから作成）

6 たかこさんたちは，社会科の課題学習で，「G20《トゥエンティ》サミット」について調べ，発表することになりました。次の文は，その発表原稿の一部です。これを読み，〔問１〕～〔問５〕に答えなさい。

> 2019年６月28日，29日に日本が初めて議長国を務めたG20サミットが，大阪で開催されました。G20サミットは，金融やⓐ世界経済を主要な議題とする国際会議です。
>
> この会議は，2008年に発生した世界金融危機に対処するため，財務大臣やⓑ日本銀行などの中央銀行の総裁が集まるG20から，首脳が参画する会議に格上げされたものです。会議には，これまでのG20のメンバー国に加えて，招待国やⓒ国際機関の代表が参加しています。
>
> 近年のG20サミットでは，主要な議題に加え，気候やエネルギー，テロへの対策，移民やⓓ難民に関する問題などについても活発に議論が行われてきました。大阪で行われたG20サミットでは「大阪首脳宣言」を通じて，自由貿易の推進や世界の経済成長と格差への対処，ⓔ環境問題など地球規模で解決しなければならない課題への貢献など，多くの分野で力強い意志を世界に発信しました。
>
> 2020年のG20サミットは，サウジアラビアのリヤドで開催されることが決定しています。

〔問１〕 文中の下線ⓐに関し，次の⑴，⑵に答えなさい。

⑴ 貿易を行う場合や，海外に旅行する場合，自国の通貨と他国の通貨を交換する必要があります。このときの交換比率を何といいますか，書きなさい。

⑵ **図**は，円高または円安になったときに，アメリカから日本へ２万ドルの自動車を輸入した場合の円に換算した価格を模式的に示したものです。図中の **A** ～ **D** にあてはまる語や数値の組み合わせとして正しいものを，下の**ア**～**エ**の中から１つ選び，その記号を書きなさい。

図

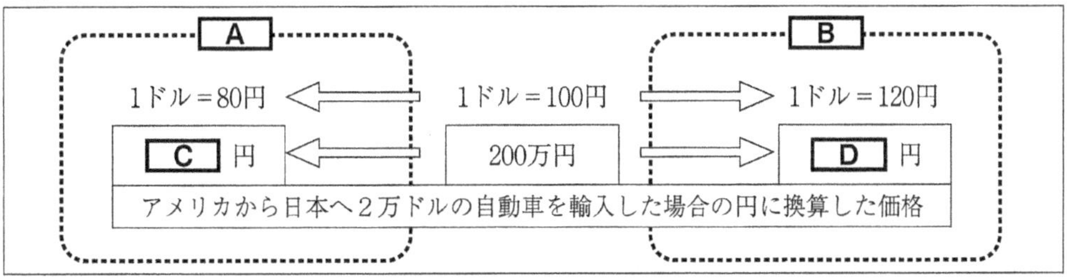

ア A － 円高　B － 円安　C － 240万　D － 160万
イ A － 円安　B － 円高　C － 240万　D － 160万
ウ A － 円高　B － 円安　C － 160万　D － 240万
エ A － 円安　B － 円高　C － 160万　D － 240万

〔問２〕 文中の下線ⓑは，景気や物価の安定を図るため，様々な金融政策を行います。次のページの**説明文**は，日本銀行が景気の悪いときに行う公開市場操作について述べたものです。文中の①，②について，それぞれ**ア**，**イ**のうち適切なものを１つ選び，その記号を書きなさい。

説明文

日本銀行は，銀行などを対象にして国債を① {ア　売る　　イ　買う} ことで，銀行の資金量を② {ア　増加　　イ　減少} させる。

〔問３〕 文中の下線ⓒに関し，1948年に設立された，世界の各国民の健康の保持と公衆衛生の向上を目的とする国際連合の専門機関を何といいますか，書きなさい。

〔問４〕 文中の下線ⓓとは，どのような人々のことをいいますか，難民となるに至った理由も含めて，簡潔に書きなさい。

〔問５〕 文中の下線ⓔに関し，国際社会では，現在も地球温暖化を防ぎ，先進国と発展途上国が共存しながら持続可能な社会をつくっていくための議論が続けられています。温室効果ガスの削減をめざしたしくみの１つとして考えられている「排出量取引」について，次の語を用いて，簡潔に説明しなさい。

目標　　売買

令和２年度学力検査　社会科解答用紙

受検番号	

1

〔問１〕	(1)	
	(2)	→ → →
〔問２〕		
〔問３〕	(1)	
	(2)	
〔問４〕		

2

〔問１〕		
〔問２〕		→ →
〔問３〕		
〔問４〕	(1)	
	(2)	
〔問５〕		

3

〔問１〕	
〔問２〕	
〔問３〕	
〔問４〕	の戦い
	〔理由〕
〔問５〕	
〔問６〕	
〔問７〕	
〔問８〕	
〔問９〕	
〔問10〕	

4

〔問１〕	
〔問２〕	
〔問３〕	
〔問４〕	
〔問５〕	→ → →

5

〔問１〕	(1)	
	(2)	
〔問２〕	(1)	
	(2)	
〔問３〕		
〔問４〕		

6

〔問１〕	(1)	
	(2)	
〔問２〕	①	②
〔問３〕		
〔問４〕		
〔問５〕		

※この解答用紙は167％に拡大していただきますと，実物大になります。

令和二年度学力検査 国語科解答用紙

受検番号

一

〔問1〕 ①（げる） ②（い） ③ ④ ⑤（れる） ⑥（える） ⑦ ⑧

〔問2〕

〔問3〕

〔問4〕 (1) (2)

二

〔問1〕

〔問2〕

〔問3〕

〔問4〕

〔問5〕

〔問6〕

三

〔問1〕

〔問2〕

〔問3〕

〔問4〕

〔問5〕

〔問6〕

四

※この解答用紙は172%に拡大していただきますと、実物大になります。

四　ある中学校の生徒会では、ものの見方や考え方を深めることを目的として、全校生徒に参加者を募り、異なる世代の方々と話し合う取り組みをしています。

今回も、前回に引き続き、地域の福祉施設でお年寄りの方々と交流することになりました。参加者を募集するにあたり、より多くの生徒に参加してもらうために、参加を呼びかける文章を生徒会新聞に掲載することにしました。

次の**A案**は、生徒会長が最初に考えた文章です。**B案**は、**A案**をもとに生徒会でさらに話し合って書き改めた文章です。**A案**と**B案**を比較し、**B案**の表現の工夫と、そのような工夫をしたことによる効果について、あなたの考えを書きなさい。

ただし、あとの条件(1)～(4)にしたがうこと。

A案

私たちの学校では、ものの見方や考え方を深めることを目的として、異なる世代の方々と話し合う取り組みをしています。今回も、前回に引き続き、地域の福祉施設を訪問し、お年寄りの方々と交流します。

前回は、たいへん多くの生徒が参加してくれました。何を話せばいいのか、考えたり悩んだりする人もいるかもしれません。しかし、お年寄りの方から色々と聞いてくださるので、あまり負担に感じることはないと思います。参加を迷っている人もいると思いますが、この活動に参加することで、私たちの世代とは異なる世代の考え方を知ることができ、視野を大きく広げることにつながると思います。

皆さんもぜひ、積極的に参加してください。

B案

私たちの学校では、ものの見方や考え方を深めることを目的として、異なる世代の方々と話し合う取り組みをしています。今回も、前回に引き続き、地域の福祉施設を訪問し、お年寄りの方々と交流します。

前回は、全学年から三十六名の生徒が参加してくれました。最初は、私たちも緊張していましたが、昔話を教えてもらったり、最近の流行等を紹介したりすることで話が盛り上がりました。最後は、お年寄りの方から、「色々な話ができて楽しかった。」などの言葉をかけていただきました。私たちも異なる世代の考え方を知ることができ、視野が大きく広がったように感じました。

皆さんもぜひ、積極的に参加してください。

[条件]

(1)　原稿用紙の正しい使い方にしたがって書くこと。ただし、題名や自分の氏名は書かないこと。

(2)　二段落構成とし、八行以上、十行以内であること。

(3)　第一段落には、**A案**と比較して、**B案**がどのように工夫されているかについて書きなさい。

(4)　第二段落には、第一段落で述べた工夫によって、どのような効果が期待されるかについて書きなさい。

ア　一心不乱　　イ　一念発起
ウ　一致団結　　エ　一騎当千

〔問2〕本文中、Bぼくはあらためてメガネをかけた小学2年生の実力に感心していた　とありますが、このとき、「ぼく」が感心した「小学2年生の実力」とは、どのようなことですか。文中の言葉を用いて、簡潔に書きなさい。

〔問3〕本文中、Cまさか、ここまで認めてもらっているとは思わなかったので、ぼくは呆然としていた　とありますが、「ぼく」は、有賀先生の言葉をどのように受け取りましたか。このときの「ぼく」の心情の説明として最も適切なものを、次の**ア**～**エ**の中から選び、その記号を書きなさい。

ア　成長のスピードが著しく、厳しいプロの棋士の世界であっても、必ず頂点に立つ逸材であると信じてくれていると感じている。

イ　将棋の才能があるとはとても思えないが、年下に対してもやさしく、まじめで好感がもてる生徒だと受けとめてくれていると感じている。

ウ　プロを目ざす山沢君には及ばないが、これから努力を重ねれば、アマチュア初段になる力は十分にあると評価してくれていると感じている。

エ　年齢的には厳しいかもしれないが、もしかしたら、プロの棋士を目ざせるかもしれないほどの素質があると期待してくれていると感じている。

〔問4〕本文中の□には、「思いがけないことが起こって、わけがわからずぼんやりする」という意味の表現が入ります。□にあてはまる最も適切な表現を、次の**ア**～**エ**の中から選び、その記号を書きなさい。

ア　トラの尾を踏んだ
イ　キツネにつままれた
ウ　ネコの手も借りたい
エ　サルも木から落ちる

〔問5〕本文中、Dつぎの対局は負けないよ。絶対に勝ってやる、Eうん、また指そう。そして、一緒に強くなろうよ　とありますが、このとき、山沢君と「ぼく」は、対局の相手をそれぞれどのように考えていますか。文中の言葉を用いて八十字以内で書きなさい。
（句読点やその他の符号も一字に数える。）

〔問6〕本文中、Fぼくはかけ足で図書館にむかった　とありますが、このときの「ぼく」の心情の説明として最も適切なものを、次の**ア**～**エ**の中から選び、その記号を書きなさい。

ア　前回は全く歯が立たなかった山沢君に勝った喜びを忘れないでいようと決心し、図書館で棋譜をつける作業を早く済ませて、両親が待つ家に帰りたいと思っている。

イ　今日の山沢君との対局で疲れてへとへとになってしまったことを反省し、何時間かかるかわからない対局にも対応できる体力をしっかり身につけたいと思っている。

ウ　プロへの道がどれほど難しく苦しかったとしても絶対にやりぬいてみせると決心し、今日の一戦をふり返るために、早速山沢君との対局の棋譜をつけたいと思っている。

エ　将棋を続けていくことを両親がどのように考えているかはわからないが、今後対局する相手に集中していこうと決心し、山沢君の面影を早く振り払いたいと思っている。

は呆然《ぼうぜん》としていた。将棋界のことをなにも知らない父と母は□ような顔をしている。二人とも、すぐに仕事に戻らなければならないというので、詳しいことは今晩話すことにした。

　１０３号室に戻り、カバンを持って出入り口にむかうと、山沢君が立っていた。ぼくより20センチは小さくて、腕も脚もまるきり細いのに、負けん気の強そうな顔でこっちを見ている。

「Dつぎの対局は負けないよ。絶対に勝ってやる」

「Eうん、また指そう。そして、一緒に強くなろうよ」

　ぼくが言うと、山沢君がメガネの奥の目をつりあげた。

「なに言ってんだよ。将棋では、自分以外はみんな敵なんだ」

　小学2年生らしいムキになった態度がおかしかったし、「自分以外はみんな敵だ」と、ぼくだって思っていた。

「たしかに対局中は敵だけど、盤を離れたら、同じ将棋教室に通うライバルでいいんじゃないかな。ぼくは初段になったばかりだから、三段になろうとしているきみをライバルっていうのは、おこがましいけど」

　ぼくの心ははずんでいた。個人競技である将棋にチームメイトはいないが、ライバルはきっといくらでもあらわれる。勝ったり負けたりをくりかえしながら、一緒に強くなっていけばいい。

「そういえば、有賀先生のおとうさんが教えた大辻弓彦《おおつじゆみひこ》さんっていうひとが、関西の奨励会でがんばっているんだってね。大辻さんが先にプロになって、きみとぼくもプロになって、いつかプロ同士で対局できたら、すごいよね」

　奨励会試験に合格するにはアマ四段の実力が必要とされる。それに試験では奨励会員との対局で五分以上の星をあげなければならない。合格して奨励会に入っても、四段＝プロになれるのは20パーセント以下だという。

　それがどれほど困難なことか、正直なところ、ぼくにはよくわかっていなかった。でも、どれほど苦しい道でも、絶対にやりぬいてみせる。

「このあと、となりの図書館で※棋譜をつけるんだ。今日の、引き分けだった対局の」

　ぼくが言うと、山沢君の表情がほんの少しやわらかくなった。

「それじゃあ、またね」

　三つも年下のライバルに言うと、Fぼくはかけ足で図書館にむかった。

（佐川《さがわ》　光晴《みつはる》　著『駒音高く』から……一部省略等がある。）

（注）・将棋＝二人で交互に駒を動かし、相手の玉将《ぎょくしょう》（王将）という駒を先に捕獲した方が勝ちとなるゲーム。
・王手＝直接玉将（王将）を攻める手。
・玉を詰ます＝玉将（王将）の逃げ道が完全になくなる状態にすること。玉とは玉将のこと。
・入玉＝玉将（王将）が敵陣内に入ること。
・馬引き＝馬という駒を自陣側に動かすこと。
・研修会＝日本将棋連盟が運営する将棋の研修機関。
・奨励会＝将棋のプロ棋士を目ざす者が所属する日本将棋連盟の研修機関。
・Bコース＝将棋教室の午後の後半のコース。
・棋譜＝将棋の対局の記録。

〔問1〕　本文中、A壁の時計に目をやる暇などない　とありますが、山沢君と対局中の「ぼく」の様子を表す四字熟語として最も適切なものを、次の**ア**～**エ**の中から選び、その記号を書きなさい。

た」

プロ五段の有賀先生から最高の賛辞をもらったが、ぼくは詰み筋を懸命に探し続けた。

「※馬引きからの7手詰めだよ」

山沢君が悔しそうに言って、ぼくの馬を動かした。

「えっ?」

まさか山沢君が話しかけてくるとは思わなかったので、ぼくはうまく返事ができなかった。

「こうして、こうなって」

詰め将棋をするように、山沢君が盤上の駒を動かしていく。

「ほら、これで詰みだよ」

(なるほど、そのとおりだ)

頭のなかで答えながら、Bぼくはあらためてメガネをかけた小学2年生の実力に感心していた。

「プロ同士の対局では、時間切れ引き分けなんてない。それは※研修会でも、※奨励会でも同じで、将棋の対局はかならず決着がつく。でも、ここは、小中学生むけのこども将棋教室だからね。今日の野崎君と山沢君の対局は引き分けとします」

有賀先生のことばに、ぼくはうなずいた。

「さあ、二人とも礼をして」

「ありがとうございました」

山沢君とぼくは同時に頭をさげた。そして顔をあげたとき、山沢君のうしろにぼくの両親が立っていた。

「えっ、あれっ。ああ、そうか」

ぼくは母が3時前に来る約束になっていたことを思いだしたが、まさか父まで来てくれるとは思ってもみなかった。もう※Bコースの生徒たちが部屋に入ってきていたので、ぼくは急いで駒を箱にしまった。

「みなさん、ちょっと注目。これから野崎君に認定書を交付します」

ふつうは教室が始まるときにするのだが、有賀先生はぼくの両親に合わせてくれたのだ。

「野崎翔太殿。あなたを、朝霧こども将棋教室初段に認定します」

みんなの前で賞状をもらうなんて、生まれて初めてだ。そのあと有賀先生の奥さんが賞状を持ったぼくと有賀先生のツーショット写真を撮ってくれた。両親が入った4人での写真も撮ってくれた。

「野崎さん、ちょっといいですか。翔太君も」

有賀先生に手招きされて、ぼくと両親は廊下に出た。

「もう少し、むこうで話しましょうか」

どんな要件なのかと心配になりながら、ぼくは先生についていった。

「翔太君ですが、成長のスピードが著しいし、とてもまじめです。今日の一局も、じつにすばらしかった」

有賀先生によると、山沢君は小学生低学年の部で埼玉県のベスト4に入るほどの実力者なのだという。来年には研修会に入り、奨励会試験の合格、さらにはプロの棋士になることを目標にしているとのことだった。

「小学5年生の5月でアマチュア初段というのは、正直に言えば、プロを目ざすには遅すぎます。しかし野崎君には伸びしろが相当あると思いますので、親御さんのほうでも、これまで以上に応援してあげてください」

そう言うと、有賀先生は足早に廊下を戻っていった。

Cまさか、ここまで認めてもらっているとは思わなかったので、ぼく

たが、人間のルーツは自然の中にあるということを証明するために、自然との共存を実現していく必要があるだろう。

イ　百年後の人類が現代の常識では考えられないテクノロジーをもつために、科学の力の重要性を理解し、自然を制御しコントロールする技術をますます高めていく必要があるだろう。

ウ　様々なリスクを常に抱え、改変した自然をコントロールし続けることに労力を費やす社会とならないよう、自然に対する制御とコントロールをさらに推し進める必要があるだろう。

エ　人間が持続可能な生活を続けていくには、科学の力を用いて自然を理解し、自然を制御しコントロールする技術も高めながら、自然と共存する方策を考えていく必要があるだろう。

三　次の文章を読んで、〔問1〕～〔問6〕に答えなさい。※印には（注）がある。

> ぼく（野崎《のざき》翔太《しょうた》）は、小学5年生。公民館で偶然、※将棋教室をのぞいたことから、将棋のおもしろさに引き込まれ、将棋のプロ棋士である有賀《ありが》先生が指導する朝霧《あさか》こども将棋教室に通っている。通いだしてまだ4か月ほどだが、順調に昇級し、ついにアマチュア初段（朝霧こども将棋教室初段）になった。しかし、初段になって初めての対局（対戦）で、小学2年生でアマチュア二段の山沢《やまさわ》君に負けてしまった。悔しくてたまらないぼくは、次に対局するときは絶対に勝とうと闘志を沸き立たせ、さらに将棋の研究に取り組んだ。そして、2週間後、思いがけず再戦することになり、対局が始まった。

序盤から激しい展開で、80手を越えると双方、どこからでも※王手がかかるようになった。しかし、どちらにも決め手がない。ぼくも山沢君もとっくに持ち時間はつかいきり、ますます難しくなっていく局面を一手30秒以内で指し続ける。A壁の時計に目をやる暇などないが、たぶん40分くらい経っているのではないだろうか。持ち時間が10分の将棋は30分あれば終わるから、ぼくはこんなに長い将棋を指したことはなかった。これでは有賀先生との2局目を指す時間がなくなってしまう。

「そのまま、最後まで指しなさい」

有賀先生が言って、そうこなくちゃと、ぼくは気合いが入った。かなり疲れていたが、絶対に負けるわけにはいかない。山沢君だって、そう思っているはずだ。

（勝ちをあせるな。相手※玉を詰ますことよりも、自玉が詰まされないようにすることを第一に考えろ）

細心の注意を払って指していくうちに、形勢がぼくに傾いてきた。ただし、頭が疲れすぎていて、目がチカチカする。指がふるえて、駒をまっすぐにおけない。

「残念だけど、今日はここまでにしよう」

ぼくに手番がまわってきたところで、有賀先生が対局時計を止めた。

「もうすぐ3時だからね」

そう言われて壁の時計を見ると、短針は「3」を指し、長針が「12」にかかっている。40分どころか、1時間半も対局していたのだ。

ぼくは盤面に視線を戻した。ぼくの玉はすでに相手陣に入っていて、詰ませられることはない。山沢君も※入玉《にゅうぎょく》をねらっているが、10手あれば詰ませられそうな気がする。ただし手順がはっきり見えているわけではなかった。

「すごい勝負だったね。ぼくが将棋教室を始めてから一番の熱戦だっ多様性は連鎖的に低下し、思わぬ環境変化が起こるリスク、アレルギー（雑菌などが少ない潔癖な生活が一因との説がある）のような新たな現代病に悩まされるリスク、危険や不快感に対する適応力を失ってしまうリスクなどを常に抱え、改変した自然をコントロールし続けることに大きな労力を費やす社会になる可能性が高いだろう。

世界中の先住民たちは、経験的、感覚的に自然を理解し、自然と共存しながら持続可能な自給自足生活を続けてきたはずだ。それが、急激に経済成長を始めた国から順次、自然を制御しコントロールしようとする価値観に急激に転換していった。そして、自然破壊と文明発展が進むと、今度は科学の力で自然への理解を深め、自然をコントロールする技術も高めつつ、再び自然と共存する道を探る段階に来ているように見える。

（林《はやし》　将之《まさゆき》　著『葉っぱはなぜこんな形なのか？』から……一部省略等がある。）

（注）・ルーツ＝起源。
・ミステリー＝怪奇。神秘。不可思議。
・テクノロジー＝科学技術。

〔問1〕本文中の[a]、[b]には同じ言葉が入ります。[a]、[b]にあてはまる最も適切な言葉を、次のア〜エの中から選び、その記号を書きなさい。

ア　ならびに　　イ　すなわち　　ウ　もしくは　　エ　ところで

〔問2〕本文中、A仮に人間が地球外からの生命体に由来するのであれば、「人間が地球の自然を保護します」という表現は、何ら違和感ない　とありますが、なぜ「違和感ない」と筆者は考えていますか。その理由を述べた次の文の[　]にあてはまる表現を、文中から二十字以内でそのまま抜き出して書きなさい。

[　　　　]であるため、人間が自然の外の存在ということであれば、言葉の使い方として違和感がないから。

〔問3〕本文中、Bリスクのある相手と共存するという意味では、相手を「車」に置き換えると理解しやすいだろう　とありますが、人間は、どのようにして「車」と「共存」しようとしていますか。車のリスクと、共存する方策とがわかるように、あなたの考えを六十字以内で書きなさい。（句読点やその他の符号も一字に数える。）

〔問4〕本文中、C完全なる制御とコントロールを推し進める社会では、〝迷惑生物〟の撲滅運動が起きるかもしれない　とありますが、「完全なる制御とコントロールを推し進める社会」は、どのようになるだろうと筆者は述べていますか。その内容として最も適切なものを、次のア〜エの中から選び、その記号を書きなさい。

ア　科学の力を失った日常生活を送らなければならなくなり、科学ではコントロールできない問題が起こるだろう。

イ　生物の多様性が破壊され、先住民たちのように自給自足の生活を続けていかなければならない事態に陥るだろう。

ウ　生態系の一部が崩れて、それによる問題が発生し、その問題を新たにコントロールする必要性が生まれるだろう。

エ　人間に必要のない生物をすべて絶滅させることになり、人間にとってユートピアのような世界が必ず訪れるだろう。

〔問5〕本文中の[c]には、大型のサメを駆除した結果、ホタテやハマグリが大きく減少した理由が入ります。文中の図を踏まえて、[c]にあてはまるように、その理由を五十字以内で書きなさい。（句読点やその他の符号も一字に数える。）

〔問6〕本文の内容に合致するものとして最も適切なものを、次のア〜エの中から選び、その記号を書きなさい。

ア　人間は、自然の外にいるか中にいるかを都合よく使い分けてきり合わせのストレスフルな日常を送りたいとは思わない。誰だって便利さを求めるし、自分の生活空間には危険を減らしたいし、病気とも無縁でありたいものだ。そのためには、まず相手（自然）を理解することが不可欠だろう。相手にはどんな性質があり、どんな長所と短所があり、どう付き合えばよいか。B リスクのある相手と共存するという意味では、相手を「車」に置き換えると理解しやすいだろう。逆に、相手がカや毒ヘビであれば、特に「長所」は理解しがたいかもしれない。その点では、相手を理解するために科学の力が重要になるだろうし、適度に「制御しコントロールする」技術ももつことが賢明と思われ、それが生物としての人間の進化でもあるのだろう。

反対に、C 完全なる制御とコントロールを推し進める社会では、〝迷惑生物〟の撲滅運動が起きるかもしれない。まず、人間に必要な動物は、ウシ、ブタ、ヒツジなどの家畜とペットだけだから、オオカミやクマはもちろん、シカやイノシシも絶滅させよう。さらに、遺伝子組換えでカを根絶させる試みのように、マムシ、ハブ、スズメバチ、ムカデ、ゴキブリ、ナメクジ、ヒルなど、危険生物や不快生物はとことん絶滅させたらどうか。海の中なら、サメ、有毒クラゲ、ガンガゼ、オコゼ、イモガイあたりはぜひ絶滅させてほしい。植物なら、ウルシ科、イラクサ、シキミ、ドクウツギなどの毒やかぶれ物質をもつ植物をはじめ、手を切りやすいススキや、駆除が難しいクズあたりも、絶滅させる候補に挙がるかもしれない。もちろん、毒キノコや各種病原菌だって絶滅させた方がいいだろう。

これらのありふれた迷惑生物を絶滅させるとどう悪影響があるのか、今の科学では正確に推測できないだろう。しかし、間違いなく生態系の一部が崩れて、何らかの別問題が発生し、そこにまたコントロールの必要性が生じることだろう。

図

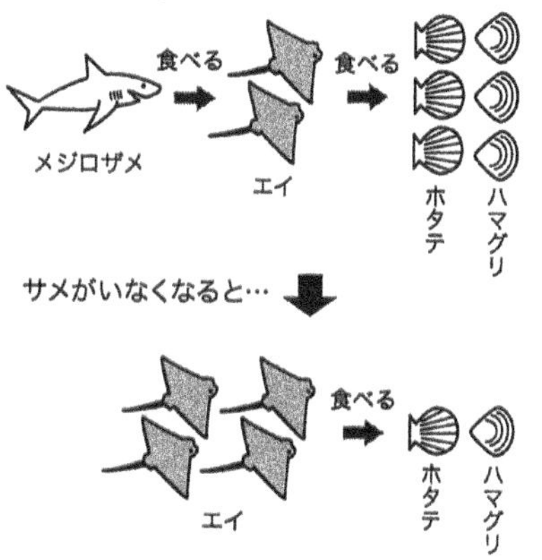

ちなみに、シカがまったくいない森は、シカが多少いる森に比べて、虫の種類がやや少ないという。大型のサメを乱獲したアメリカ東海岸では、ホタテやハマグリが大きく減少して漁業に悪影響が出た。それがなぜか、わかるだろうか？　シカがいなくなると、シカへの防御機構をもつ植物や、シカが作った草地に生える植物が、他の植物との競争に負けて姿を消し、それを食草としていた虫や、シカのフンや死体を食べていた虫もいなくなるのだろう。サメの例では、大型のサメを駆除したことで、

C

と推測されている。

目障《ざわ》りな生物をすべて絶滅させれば、人間にとってユートピア（理想郷）のような世界が訪れる可能性もゼロではないだろうが、生物の

るのに「家庭保護」という言葉を使わないのと同様に、保護という言葉は外部の立場から使う言葉であり、「警察があなたの家庭を保護します」といった文脈で使われるべきだと思っている。「人間が地球の自然を保護します」というのであれば、人間は自然の外にいる何様だろう？　神様に近い存在か、地球外から来た生命体と考えるのが妥当だろう。ところが理科の授業では、今も昔も人間はサルから進化したと教えられている。それが真実なら、人間も間違いなく自然の中の一生物であるはずなのに、いつから外部の存在になったのだろう？

　言葉のあやはともかく、少なくとも日本人は、時と場合に応じて、人間が「自然の外」か「自然の中」かを、都合よく使い分けてきたように思う。特別保護地区や外来種の判定では、人間は「自然の外」の存在だが、里山の生態系や、伝統的な野生動物の狩猟を肯定してきた点では、人間は「自然の中」と判断されているように思う。

　これには宗教観も大きく影響していると思われ、日本の神道や仏教が、自然を崇《あが》めたり、人間と自然は一体であるという価値観をもつのに対して、キリスト教では、「自然は神から人間に与えられたものであり、人間が支配するもの」といった旨《むね》が聖書に記されている。日本以上に原生林を開拓し尽くしてしまったヨーロッパや、ゾウやライオンなど貴重な野生動物のハンティングを楽しむ欧米の価値観は、この宗教観によるものも大きいだろう。

　そもそも、人間の※ルーツは自然の中なのか外なのか、今の僕は考えが揺らいでいる。たとえば、僕の妻は、「人間は宇宙からやってきた生命体とのハイブリッド（雑種）だよ」と言っている。※ミステリー好きの僕は、妻の話をいろいろ詳しく聞いているうちに、確かにあり得るなと思い始めた。今の科学は、人間がサルから進化したことを実証できていないし、地球上には、サルから進化したばかりの人間には成し得ないような遺跡が数多く存在するのもご存じの通りだ。確率論で考えても地球外に知的生命体、［b］″宇宙人″がいるのは間違いないわけで、今も「宇宙人なんているわけない」と信じている学者が人類の起源を研究しているなら、その研究は客観性を欠いていることになる。おそらく百年後の人類は、気軽に宇宙旅行を楽しんでいるだろうし、現代の常識では考えられない※テクノロジーをもっているはずだ。ならば、長い宇宙の歴史の中で、地球より先に文明の進んだ星から、地球にやってきている知的生命体がいても、何ら不思議はないはずだ。

　話がちょっと膨らみすぎたが、人と自然の関係を追究するには、そこまで考えることも大事だと思う。A仮に人間が地球外からの生命体に由来するのであれば、「人間が地球の自然を保護します」という表現は、何ら違和感ないのだから。

　こうして人間と自然の関係性をいろいろ考えていると、両者の付き合い方には、大きく二つの価値観があることに気づき始めた。「自然を理解し共存する」という考えと、「自然を制御しコントロールする」という考えだ。前者が「自然の中」に身を置き、後者が「自然の外」に身を置く考え方ともいえるだろう。

　たとえば、クマやオオカミと人間がうまく共存する術《すべ》を探る手法は前者で、クマやオオカミなど危険生物は排除して、シカやイノシシの個体数は人間が管理する手法は後者である。絶滅したオオカミを再導入する行為は、両者の中間かもしれない。人間がコントロールしながらオオカミを導入し、共存へと導く手法だからである。

　個人的には、僕は前者の「自然を理解し共存する」方針に賛同したいが、かといって、大昔の原始生活に戻して、不便で危険や病気と隣

＜国語＞

時間　五〇分　満点　一〇〇点

一　次の〔問1〕～〔問4〕に答えなさい。

〔問1〕　次の①～⑧の文の――を付した、カタカナは漢字に直して書き、漢字には読みがなをひらがなで書きなさい。

①　自分の名前を相手にツげる。
②　アサい川を渡る。
③　昼夜のカンダンの差が激しい。
④　キンベンな学生。
⑤　難を逃れる。
⑥　店を構える。
⑦　渓流で釣りをする。
⑧　材料を吟味する。

〔問2〕　次の□で囲まれたA～Dの漢字について、楷書で書いた場合、同じ総画数になる組み合わせを、あとのア～カの中から一つ選び、その記号を書きなさい。

A 泳　B 紀　C 雪　D 祝

ア　AとB　**イ**　AとC　**ウ**　AとD
エ　BとC　**オ**　BとD　**カ**　CとD

〔問3〕　次の文の　うかがう　と同じ意味の「うかがう」を用いた文として最も適切なものを、あとの**ア**～**エ**の中から選び、その記号を書きなさい。

先輩からクラブの活動方針をうかがう。

ア　相手の顔色をうかがう。　**イ**　先生のお話をうかがう。
ウ　先生のお宅にうかがう。　**エ**　ひそかに好機をうかがう。

〔問4〕　次の古文を読んで、あとの⑴、⑵に答えなさい。

天下旱《ひでり》して（世の中が日照りに見舞われ、）、池の水も失《う》せ、食物《じきもつ》も無くして、飢《うゑ》んとして、つれづれなりける時、蛇、亀をもて使者として（蛙のところへ亀を使者に立てて）、蛙《かへる》の許《もと》へ「時のほどおはしませ（ちょっとおいでください。）。見参《げんざん》せん（お目にかかりたい）」と云《い》ふに、蛙、返事に申しけるは、「飢渇《きかつ》にせめらるれば（あなたは飢えに苦しんでいるから、）、仁義を忘れて食《じき》をのみ思ふ。情けも好《よし》みも世の常の時こそあれ（親しく付き合うのも、普通に暮らしている時のことだ。）。Aかかる比《ころ》なれば、え参らじ」とぞB返事しける。

（『沙石集《しゃせきしゅう》』から）

⑴　文中のAかかる比の内容として最も適切なものを、次の**ア**～**エ**の中から選び、その記号を書きなさい。

ア　飢えに苦しんでいる時　**イ**　何もすることがない時
ウ　普通に暮らしている時　**エ**　ぜひ会いたいと思う時

⑵　文中のB返事しけるの主語として最も適切なものを、次の**ア**～**エ**の中から選び、その記号を書きなさい。

ア　蛇　**イ**　亀　**ウ**　蛙　**エ**　使者

二　次の文章を読んで、〔問1〕～〔問6〕に答えなさい。

※印には（注）がある。

僕はもともと、人間は問違いなく自然の一部で、生態系に組み込まれた存在、[a]「自然の中」と確信していた。だから、「自然保護」という言葉に違和感を感じてきた。なぜなら、自分も自然の一部なのに、自然を「保護」するというのはおかしいからだ。自分の家庭を守

MEMO

大切なことはメモしておこうネ！

2020年度

解　答　と　解　説

《2020年度の配点は解答用紙集に掲載してあります。》

＜数学解答＞

1 〔問1〕 (1) -3　(2) $\frac{1}{7}$　(3) $5a+2b$　(4) $\sqrt{3}$　(5) $2x^2-7$

〔問2〕 $(3x+2y)(3x-2y)$　〔問3〕 $n=1,\ 6,\ 9$　〔問4〕 $\angle x=140$(度)　〔問5〕 $\frac{1}{6}$

2 〔問1〕 $9\sqrt{3}\pi\,(\mathrm{cm}^3)$　〔問2〕 (ア) $\frac{1}{4}$　(イ) 3　〔問3〕 (1) ア，ウ　(2) 6(冊)

〔問4〕 先月の公園清掃ボランティア参加者数30人
先月の駅前清掃ボランティア参加者数60人　(求める過程は解説参照)

3 〔問1〕 (1) ア 8　イ 36　(2) 49(個)　(3) $2n+1$(個)

〔問2〕 (1) 15(個)　(2) $x=11$(求める過程は解説参照)

4 〔問1〕 $-9\leqq y\leqq 0$　〔問2〕 5(個)　〔問3〕 P$(-4,\ 0)$　〔問4〕 $a=\frac{8}{9}$

5 〔問1〕 $\mathrm{QR}=\frac{3}{2}$(cm)　〔問2〕 $\frac{9}{5}\pi\,(\mathrm{cm}^2)$　〔問3〕 (1) 解説参照　(2) $\mathrm{BR}=\sqrt{10}$(cm)

＜数学解説＞

1 (数・式の計算，平方根，式の展開，因数分解，角度，確率)

〔問1〕 (1) **異符号の2数の和の符号は絶対値の大きい方の符号で，絶対値は2数の絶対値の大きい方から小さい方をひいた差**だから，$-8+5=(-8)+(+5)=-(8-5)=-3$

(2) **四則をふくむ式の計算の順序は，乗法・除法→加法・減法**　となる。$1+3\times\left(-\frac{2}{7}\right)=1-\frac{6}{7}=\frac{7}{7}-\frac{6}{7}=\frac{7-6}{7}=\frac{1}{7}$

(3) **分配法則**を使って，$2(a+4b)=2\times a+2\times 4b=2a+8b$，$3(a-2b)=3\times a-3\times 2b=3a-6b$ だから，$2(a+4b)+3(a-2b)=(2a+8b)+(3a-6b)=2a+8b+3a-6b=2a+3a+8b-6b=(2+3)a+(8-6)b=5a+2b$

(4) $\sqrt{27}=\sqrt{3^3}=\sqrt{3^2\times 3}=3\sqrt{3}$，$\frac{6}{\sqrt{3}}=\frac{6\times\sqrt{3}}{\sqrt{3}\times\sqrt{3}}=\frac{6\sqrt{3}}{3}=2\sqrt{3}$ より，$\sqrt{27}-\frac{6}{\sqrt{3}}=3\sqrt{3}-2\sqrt{3}=(3-2)\sqrt{3}=\sqrt{3}$

(5) **乗法公式$(a+b)^2=a^2+2ab+b^2$**より，$(x+1)^2=x^2+2\times x\times 1+1^2=x^2+2x+1$，**乗法公式$(x+a)(x+b)=x^2+(a+b)x+ab$**より，$(x-4)(x+2)=\{x+(-4)\}(x+2)=x^2+\{(-4)+2\}x+(-4)\times 2=x^2-2x-8$　だから，$(x+1)^2+(x-4)(x+2)=(x^2+2x+1)+(x^2-2x-8)=x^2+2x+1+x^2-2x-8=x^2+x^2+2x-2x+1-8=2x^2-7$

〔問2〕 **乗法公式$(a+b)(a-b)=a^2-b^2$**より，$9x^2-4y^2=(3x)^2-(2y)^2=(3x+2y)(3x-2y)$

〔問3〕 $\sqrt{10-n}$の値が自然数となるためには，$\sqrt{\ }$の中が(自然数)^{2}の形になればいい。このような自然数nは，$10-1=9=3^2$，$10-6=4=2^2$，$10-9=1=1^2$より，$n=1,\ 6,\ 9$の3つ。

〔問4〕 線分ECと辺ADの交点をFとする。折り返したから，$\angle\mathrm{ACB}=\angle\mathrm{ACF}=20°$　**平行線の錯角は等しい**から，$\angle\mathrm{CAF}=\angle\mathrm{ACB}=20°$　$\triangle\mathrm{ACF}$の**内角と外角の関係**から，$\angle\mathrm{CFD}=\angle\mathrm{ACF}+\angle\mathrm{CAF}=20°+20°=40°$　以上より，$\angle x=180°-\angle\mathrm{CFD}=180°-40°=140°$

〔問5〕 それぞれ1個のさいころを同時に投げるとき，全ての目の出方は，$6\times6=36$通り。和夫さんの投げたさいころの出た目の数をa，花子さんの投げたさいころの出た目の数をbとしたとき，花子さんが和夫さんより上の段にいるのは，$b-a\geqq3$となるときだから，$(a,\ b)=(1,\ 4)$，$(1,\ 5)$，$(1,\ 6)$，$(2,\ 5)$，$(2,\ 6)$，$(3,\ 6)$の6通り。よって，求める確率は，$\frac{6}{36}=\frac{1}{6}$

2 （円錐の体積，比例関数，資料の散らばり・代表値，連立方程式の応用）

〔問1〕 右図で，△ABHは30°，60°，90°の直角三角形で，3辺の比は$2:1:\sqrt{3}$だから，円錐の高さAHは，$AH=AB\times\frac{\sqrt{3}}{2}=6\times\frac{\sqrt{3}}{2}=3\sqrt{3}$ cm

また，底面の円の半径はBHに等しく，$BH=\frac{BC}{2}=\frac{6}{2}=3$cm　だから，

問題の円錐の体積は，$\frac{1}{3}\times\pi\times3^2\times3\sqrt{3}=9\sqrt{3}\,\pi\,\mathrm{cm}^3$

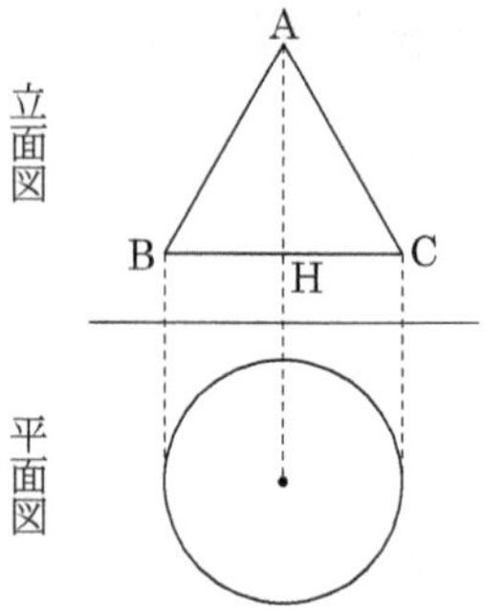

〔問2〕 直線$y=ax$のグラフの傾きaの値は，点B(8, 2)を通るときに，$2=a\times8=8a$より，**最小値**$a=\frac{1}{4}$…①　をとり，点A(2, 6)を通るときに，$6=a\times2=2a$より，**最大値**$a=3$…②　をとるから，①，②より，直線$y=ax$のグラフが，線分AB上の点を通るとき，aの値の範囲は，$\frac{1}{4}\leqq a\leqq3$である。

〔問3〕 (1) 資料を整理するために用いる区間を**階級**，区間の幅を**階級の幅**という。4月も5月も借りた本の冊数を2冊ごとに区切って整理してあるから，この2冊が階級の幅である。アは正しい。度数の最も多い階級の**階級値**が**最頻値**。4月の方は2冊以上4冊未満の階級の階級値$\frac{2+4}{2}=3$冊が最頻値。5月の方は6冊以上8冊未満の階級の階級値$\frac{6+8}{2}=7$冊が最頻値。イは正しくない。**中央値**は資料の値を大きさの順に並べたときの中央の値。生徒の人数は30人で偶数だから，借りた本の冊数の少ない方から15番目と16番目の生徒が入っている階級が，中央値の入っている階級。4月の方は2冊未満には生徒が6人入っていて，4冊未満には生徒が$6+11=17$人入っているから，中央値の入っている階級は2冊以上4冊未満の階級で，中央値は大きくても$\frac{3+3}{2}=3$冊。5月の方は6冊未満には生徒が$3+3+7=13$人入っていて，8冊未満には生徒が$13+10=23$人入っているから，中央値の入っている階級は6冊以上8冊未満の階級で，中央値は小さくても$\frac{6+6}{2}=6$冊。ウは正しい。**相対度数$=\frac{\text{各階級の度数}}{\text{度数の合計}}$**　4月の方の4冊以上6冊未満の階級の相対度数は$\frac{8}{30}$　5月の方の4冊以上6冊未満の階級の相対度数は$\frac{7}{30}$　$\frac{8}{30}>\frac{7}{30}$より，エは正しくない。4月の方の借りた冊数が6冊未満の人数は$6+11+8=25$人　5月の方の借りた冊数が6冊未満の人数は$3+3+7=13$人　オは正しくない。

(2) **平均値$=\frac{\{(\text{階級値})\times(\text{度数})\}\text{の合計}}{(\text{度数の合計})}$**　だから，5月に借りた本の冊数の平均値は，(1冊×3人＋3冊×3人＋5冊×7人＋7冊×10人＋9冊×7人)÷30人＝180冊÷30人＝6冊

〔問4〕 (求める過程) (例)先月の公園清掃ボランティア参加者数をx人，先月の駅前清掃ボランティア参加者数をy人とする。$\begin{cases} y-x=30 \\ 1.5x+1.2y=1.3(x+y) \end{cases}$　これを解いて，$x=30$，$y=60$　よって，先月の公園清掃ボランティア参加者数30人，先月の駅前清掃ボランティア参加者数60人

3 （規則性，文字を使った式，方程式の応用）

〔問1〕 (1) 箱の合計個数は，1番目が$1^2=1$個，2番目が$2^2=4$個，3番目が$3^2=9$個，4番目が$4^2=16$個だから，5番目は$5^2=25$個，6番目は$6^2=36$個…イ　1面が見える箱の個数は，ひとつ前の

順番における箱の合計個数に等しいから，2番目が$(2-1)^2=1$個，3番目が$(3-1)^2=4$個，4番目が$(4-1)^2=9$個，5番目が$(5-1)^2=16$個　3面が見える箱の個数は，どの順番も1個　よって，5番目の2面が見える箱の個数は，（5番目の箱の合計個数）－（5番目の1面が見える箱の個数）－（5番目の3面が見える箱の個数）＝25－16－1＝8個…ア

(2)　前問(1)より，（8番目の1面が見える箱の個数）＝（7番目の箱の合計個数）＝$7^2=49$個

(3)　前問(1)より，箱の合計個数は，$(n+1)$番目が$(n+1)^2$個，n番目がn^2個だから，$(n+1)$番目の箱の合計個数は，n番目の箱の合計個数より，$(n+1)^2-n^2=n^2+2n+1-n^2=(2n+1)$個多い

〔問2〕(1)　移動した箱の個数は，2番目が1個，3番目が1＋2＝3個，4番目が1＋2＋3＝6個だから，6番目は1＋2＋3＋4＋5＝15個

(2)　（求める過程）（例）x番目について，箱の合計個数は，x^2（個）　見えない箱の個数は，$x-1$（個）である。見えている箱の個数は，箱の合計個数から，見えない箱の個数をひけばよい。よって，見えている箱の個数は111個であることから，$x^2-(x-1)=111$　$x^2-x-110=0$　$(x+10)(x-11)=0$　$x=-10,\ 11$　xは自然数だから，$x=-10$は問題にあわない。$x=11$は問題にあっている。したがって，$x=11$

4　(図形と関数・グラフ)

〔問1〕　xの変域に0が含まれているから，yの最大値は0　$x=-6$のとき，$y=-\frac{1}{4}\times(-6)^2=-9$　$x=1$のとき，$y=-\frac{1}{4}\times1^2=-\frac{1}{4}$　よって，yの最小値は-9　yの変域は，$-9\leqq y\leqq0$

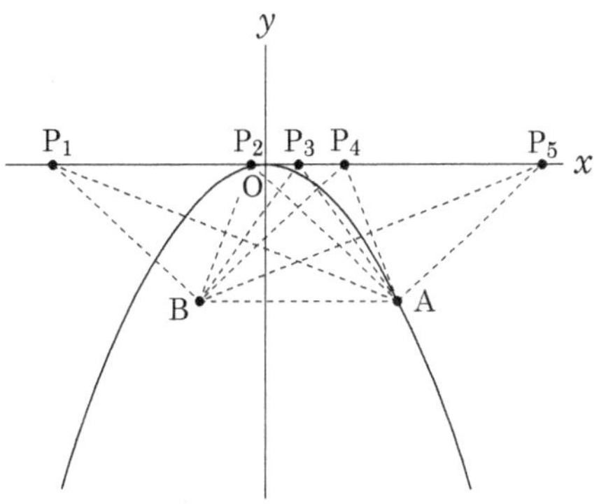

〔問2〕　右図のように，∠Bを頂角とする二等辺三角形は$\triangle P_1AB$と$\triangle P_4AB$の2個。∠Aを頂角とする二等辺三角形は$\triangle P_2AB$と$\triangle P_5AB$の2個。∠Pを頂角とする二等辺三角形は$\triangle P_3AB$の1個。以上より，△PABが二等辺三角形となるPは全部でP_1～P_5の5個ある。

〔問3〕　点Cは$y=-\frac{1}{4}x^2$上にあるから，そのy座標は$y=-\frac{1}{4}\times(-2)^2=-1$　で，C$(-2,\ -1)$　2点A，Cを通る直線の式は，傾きが$\frac{-4-(-1)}{4-(-2)}=-\frac{1}{2}$なので，$y=-\frac{1}{2}x+b$とおいて点Cの座標を代入すると，$-1=-\frac{1}{2}\times(-2)+b$　$b=-2$　直線ACの式は，$y=-\frac{1}{2}x-2$…①　これより，点Pのy座標は0だから，点Pのx座標は①に$y=0$を代入して，$0=-\frac{1}{2}x-2$　$x=-4$　P$(-4,\ 0)$

〔問4〕　点Dは$y=ax^2$上にあるから，そのy座標は$y=a\times(-3)^2=9a$で，D$(-3,\ 9a)$　2点A，Bのy座標が等しいことから，AB//x軸　また，2点A，Pのx座標が等しいことから，AP//y軸　以上より，（四角形PABDの面積）＝△PAD＋△ABD＝$\frac{1}{2}$×AP×（点Aのx座標－点Dのx座標）＋$\frac{1}{2}$×AB×（点Dのy座標－点Aのy座標）＝$\frac{1}{2}\times\{0-(-4)\}\times\{4-(-3)\}+\frac{1}{2}\times\{4-(-2)\}\times\{9a-(-4)\}$ ＝$27a+26$　これが50に等しいから，$27a+26=50$　$a=\frac{8}{9}$

5　(円の性質，線分の長さ，おうぎ形の面積，相似の証明)

〔問1〕　PQ//ABだから，平行線と線分の比についての定理より，QR：RO＝PQ：OB＝3：3＝1：1　よって，点Rは半径OQの中点だから，QR＝$\frac{1}{2}$×OQ＝$\frac{1}{2}\times3=\frac{3}{2}$cm

〔問2〕 $\overset{\frown}{BQ}$に対する中心角と円周角の関係から，$\angle QOB=2\angle QPB=2\times36°=72°$ よって，(おうぎ形OBQの面積)$=\pi\times OB^2\times\frac{\angle QOB}{360°}=\pi\times3^2\times\frac{72°}{360°}=\frac{9}{5}\pi\,cm^2$

〔問3〕 (1) (証明) (例)△RQSと△RPQで，$\angle QRS=\angle PRQ$…① $\overset{\frown}{BQ}$に対する円周角の定理より，$\angle RPQ=\angle OAQ$…② △OAQはOA＝OQの二等辺三角形だから，$\angle OAQ=\angle RQS$…③ ②，③より，$\angle RQS=\angle RPQ$…④ ①，④から，2組の角が，それぞれ等しいので，△RQS∽△RPQ

(2) OS//BQだから，平行線と線分の比についての定理より，QR：RO＝BQ：OS＝AB：OA＝6：3＝2：1 よって，$OR=OQ\times\frac{OR}{OQ}=3\times\frac{1}{2+1}=1cm$ △OBRで三平方の定理を用いると，$BR=\sqrt{OB^2+OR^2}=\sqrt{3^2+1^2}=\sqrt{10}cm$

<英語解答>

[1] 〔問1〕 No. 1 B No. 2 C 〔問2〕 No. 1 D No. 2 A No. 3 C
〔問3〕 No. 1 C No. 2 D No. 3 A No. 4 C No. 5 B

[2] 〔問1〕 エ 〔問2〕 [A] イ [B] ウ [C] ア [D] エ 〔問3〕 (例)make lunch every Sunday 〔問4〕 (1) (例)I am interested in *umeboshi*. (2) イ

[3] 〔問1〕 (例)Why did you go there 〔問2〕 A ウ B イ 〔問3〕 ア
〔問4〕 (例)私たちが環境のために簡単にできることがたくさんあるということ。

[4] (例) I like summer vacation (better). I have two reasons. First, I can swim in the sea. Second, my birthday is in August. My parents buy a cake for me every year.

[5] 〔問1〕 ⓐ difficult for me to find ⓑ I was encouraged by your
〔問2〕 エ 〔問3〕 (例)(まもなく日本を出発するので，)ロバートが，浩紀に自転車をあげるということ。 〔問4〕 (例)(1) He saw them last fall. (2) He is from Australia. 〔問5〕 ア→エ→イ→ウ 〔問6〕 (例)私たちが外国人を助けたい時，彼らに話をすることが，私たちができる最初のことであるということ。 〔問7〕 (例) look for the hotel with him

<英語解説>

[1] (リスニング)

放送台本の和訳は，58ページに掲載。

[2] (長文読解問題・エッセイ：グラフを用いた問題，語句補充，和文英訳，内容真偽)

(全訳) 私たちの学校では毎年学園祭があります。学園祭ではコンテストが行われます。そのコンテストで，生徒たちはランチ(弁当)を作ります。コンテストには4つのチームが出ます。それぞれのチームは和歌山産の食材を使います。一番良いランチを作ったチームがコンテストで勝利します。

先週学園祭がありました。私の友だちと私は，コンテストで一番良いランチを作りたいと思っていました。私たちはチーム1のメンバーでした。私たちは梅ハンバーガーを作りました。チーム2は桃ピザを作りました。チーム3は柿サンドイッチを作りました。チーム4はみかんカレーを作りました。

5人の審査員が，独創性，見た目，味の点数を決めました。観客は気に入ったランチに投票し，人気の点数を決めます。私たちは人気で25点獲得しました。

コンテストの間，たくさんの人たちが私たちのランチを食べに来ました。私たちのチームはコンテストで勝利するために一生懸命努力しましたが，優勝はチーム3でした。私たちは2位でした。独創性と味の両方で，柿サンドイッチが梅ハンバーガーよりも点数を獲得しました。独創性では，3つのチームが同じ点数を獲得しました。見た目では，柿サンドイッチと梅ハンバーガーが同じ点数を獲得しました。私たちは結果を見て残念に思いました。私たちはコンテストで勝利することはできませんでした。

私たちは来年はコンテストで勝利したいと思っています。私はそのためにたくさんのことをしなければなりません。例えばこんなことです。私は①毎週日曜日にランチを作るのがいいでしょう。私はベストを尽くすつもりです。

〔問1〕　紀子はコンテストで，一番良いランチを作りたいと思った。全訳参照。第2段落2文目に注目。decide ＝決める　決定する

〔問2〕　全訳参照。A・B・Cは第4段落4文目から6文目に注目。　D　第3段落最後の1文に注目。第3段落に，紀子たちはチーム1で，人気で25点獲得したとあるので，D が popularity であることが分かる。

〔問3〕　全訳参照。I should make lunch every Sunday.　should ＝～する方がいい，～すべきだ

〔問4〕　(問題文訳)　紀子：聞いてくれてどうもありがとう。／サム：君のスピーチはおもしろかったよ。②僕は梅干しに興味があるんだ。でも食べたことはないんだよ。／紀子：本当に？　梅干しはおいしくて健康にいいのよ。私の母がそれを教えてくれたの。彼女は食べ物についてよく知っているのよ。／サム：そうなんだね。梅干しを食べるのはいい考えだね。食べることにするよ。

(1)　**<be 動詞+ interested in +～>**で「～に興味がある」　(2)　ア　紀子はサムと梅干しを喜んで食べた。　イ　紀子の母は食べ物についてたくさん情報をもっている。(○)　紀子の2番目の発言に注目。　ウ　サムは彼の母に健康について良いアドバイスをした。　エ　サムは時々彼の母と梅干しを食べる。

3　(会話文問題：自由・条件英作文，語句補充・選択，語句の解釈・指示語，日本語で答える問題)

(全訳)　健：ハイ，エミリー。この写真を見て。

エミリー：まあ，とてもきれいな砂浜ね。

健　　　：うん。僕は先週和歌山へ行ったんだ。

エミリー：〔どうしてそこへ行ったの？〕

健　　　：和歌山のおばあちゃんに会いたかったからなんだ。そこに3日間滞在したよ。

エミリー：いいわね。私は和歌山へ行ったことがあるわ。和歌山の素晴らしい自然が大好きよ。A和歌山はどうだった？（滞在はどうでしたか？）

健　　　：楽しかったよ。おばあちゃんと料理を楽しんだよ。

エミリー：それは良かったわね。おばあさんはあなたにおいしい料理の作り方を①教えてくれたの？

健　　　：うん。たくさん他のことも教えてくれたよ。僕が台所でお米を洗っていた時，環境のために何をすればいいのか教えてくれたんだ。

エミリー：おばあさんはあなたに何を教えてくれたの？

健　　　：彼女は僕にお米のとぎ汁を使うことを教えてくれたんだ。おばあちゃんの話によると，お米のとぎ汁は植物の良い肥料なんだって。だから彼女はその水を②花にあげているんだ。その水が川に流れ込むと，魚には悪い影響を及ぼすかもしれない。お米のとぎ汁を植物にあげることは環境のために良いことなんだ。

エミリー：まあ，Bそれは聞いたことがなかったわ。驚きね。

健　　　：彼女はお皿を洗う前に古い布切れできれいにすることもやっているんだ。そうすれば，水を節約できるんだよ。

エミリー：なるほどね。それは難しいことではないわ。

健　　　：そうなんだ。おばあちゃんは水を節約するために③簡単なことをしてるんだよ。彼女は環境を守りたいんだ。僕は，環境のために簡単にできることがたくさんあると思っているよ。

エミリー：その通りね。すぐに何かそれ(環境のために簡単にできること)を見つけて始めましょう。

〔問1〕　全訳参照。空所〔　〕直後の健の発言に注目。「なぜなら～」以下で和歌山に行った理由を述べている。

〔問2〕　全訳参照。　A　空所A直後の健の発言に注目。　B　**<have never ＋過去分詞>で「今まで～したことがない」(現在完了)**

〔問3〕　全訳参照。　①　**< show ＋人＋ how to ～>＝(人)に～のやり方を教える，どのように～すればよいか教える**　　show は「(やって見せるなどして)教える」の意味。　②　6番目の健の発言最後の一文に注目。　plant ＝植物　　③　直前のエミリーの発言に注目。健もその発言に同意していることから，simple (簡単な) が適当であることが分かる。

〔問4〕　全訳参照。ここでの that は「それは」の意味。少し前に見たり聞いたりしたもの，相手が言ったことなどを指す。

4　(自由・条件英作文)

(問題文訳)　あなたは夏休みと冬休み，どちらが好きですか？

(解答例訳)　私は夏休みの方が好きです。それには2つ理由があります。一つ目は，海で泳げることです。二つ目は，私の誕生日が8月にあることです。私の両親は毎年私のためにケーキを買ってくれます。

5　(長文読解問題・エッセイ：語句の並べ換え，文の挿入，語句の解釈・指示語，英問英答，文の並べ換え，日本語で答える問題)

(全訳)　こんにちは。今日は，外国から来た人たちとの僕の経験について話します。

この前の秋，僕は駅で外国の人たちを見かけました。彼らは電車の切符を買おうとしていました。でも，彼らはどこで切符を買えばよいのか分かっていませんでした。僕は彼らを助けたいと思いましたが，彼らに話しかけることはできませんでした。僕には勇気がありませんでした。僕は残念に思いました。

家で，そのことを父に話しました。彼はこう言いました，「外国の人たちが困っていることが分かったら，話しかけた方がいいよ。そのことが彼らの助けになるはずだよ。君がよく日本の人たちを助けているのは知っているよ。日本の人たちだけでなく，外国の人たちも話しかけることで助けた方がいいね」。

数日後，僕は家の前で若い外国の男性を見かけました。彼の名前はロバートといいました。彼は自転車に乗って一人で地図を見ていました。僕は父の言葉を思い出しました。僕はこう思いました,「彼は多分道に迷っているのだろう。話かけた方がいい」。

僕は彼に英語でこう言いました,「こんにちは，お手伝いしましょうか？」 ロバートは言いました,「こんにちは，僕は旅行者です。オーストラリアから来ました」 彼は彼の状況について話し始めました。彼は言いました,「僕は和歌山で自転車を買いました。でも和歌山のサイクリングコースについての情報をⓐ見つけるのは僕には難しいのです」 彼は誰かに助けてほしいと思っていました。

僕はロバートに待つように頼みました。僕は家に戻り，インターネットでいくつかサイクリングコースを見つけました。ロバートは言いました,「ご親切にありがとうございます。私の旅行が楽しくなります」 A僕はロバートの旅行について知りたいと思いました。そこで僕はこう言いました,「あなたの旅行が終わったら，旅行について僕にメールで教えてくれませんか？」 彼は言いました,「実は，ここに戻ってくるのです，この町から空港まではバスで行くつもりなので。もう一度会えますよ」

2週間後，僕は彼にホテルの喫茶店で会いました。彼は僕にこう言いました,「サイクリングコースについての情報をありがとうございました。あなたが僕に最初に話しかけてくれた時，私は少し寂しくなっていました。だからⓑあなたのご親切に励まされました。」 僕はそれを聞いてとても嬉しかったです。僕は外国から来た人を助けることができました。

ロバートと彼の旅行について話した後，僕たちは一緒にバス停に行きました。バス停で、ロバートは言いました,「そうそう，あなたに僕の自転車をあげます，私はもうすぐ日本を離れるので」 僕はⓒそれを聞いて驚きました。僕は言いました,「本当ですか？ありがとうございます。とても嬉しいです」

この頃は，たくさんの外国の人たちが日本にいます。今年日本でオリンピックとパラリンピックが行われるのです。もっと多くの外国の人たちが日本に来るでしょう。

それでは，私が経験から学んだ最も大切なことを伝えます。外国の人たちを助けたい時には，彼らに話しかけることが私たちができることの第一歩です。

〔問1〕 全訳参照。 ⓐ (But it's)difficult for me to find (information about cycling courses in Wakayama.)< **It is ～ for 人＋ to ＋動詞の原形…>で「(人)が…することは～だ」** ⓑ (So)I was encouraged by your (kindness.)< **be 動詞＋過去分詞>で「～される」(受け身)** encourage ＝勇気づける，励ます courage ＝勇気 接頭辞 en- は，名詞や形容詞につけて動詞をつくる働きがある。

〔問2〕 全訳参照。空所A直後の一文，浩紀の発言に注目。

〔問3〕 全訳参照。下線部?直前のロバートの発言に注目。

〔問4〕 (1) 浩紀はいつ駅で外国の人たちを見かけましたか？／彼はこの前の秋に見かけました。第2段落1文目に注目。 (2) ロバートはどこから来ましたか？／彼はオーストラリアから来ました。第5段落2文目に注目。

〔問5〕 (選択肢訳・正解順) ア 浩紀は彼の父と家で話をした。第3段落→ エ 浩紀は，自転車に乗って地図を見ている若い外国の男性を見かけた。第4段落→ イ 浩紀はインターネットでサイクリングコースをいくつか見つけた。第6段落→ ウ 浩紀はホテルの喫茶店でロバートの旅行について聞いた。第7段落

〔問6〕 全訳参照。 最後の段落に注目。

〔問7〕 (問題文・解答例訳)先生：この状況について考えましょう。あなたが家の近くで外国の男性を見かけます。彼は日本語の地図を持っています。彼は今日ホテルに泊まることになってい

ます。でもそのホテルがどこにあるのか分かりません。あなたは彼を助けるために何をしますか？／生徒：私は彼に話かけて$_B$彼と一緒にホテルを探します。／先生：それはいいですね。

2020年度英語　リスニングテスト

〔放送台本〕

これから英語の学力検査を行います。1番はリスニング問題で，〔問1〕，〔問2〕，〔問3〕の3つがあります。放送を聞きながら，メモをとってもかまいません。

〔問1〕は，絵の内容に合った対話を選ぶ問題です。はじめに，No. 1，No. 2のそれぞれの絵を見なさい。これから，No. 1，No. 2の順に，それぞれA，B，C 3つの対話を2回放送します。No. 1，No. 2の絵にある人物の対話として最も適切なものを，放送されたA，B，Cの中から1つずつ選び，その記号を書きなさい。それでは始めます。

No. 1　A　父　親： Can you see the animals?
　　　　　女の子： Yes. All of them are sleeping.
　　　B　父　親： There are some animals over there!
　　　　　女の子： They are very cute. Two dogs are running.
　　　C　父　親： Look at the animals!
　　　　　女の子： Oh, a cat is sleeping in front of the door.

No. 2　A　女の子： Is my bag in this room?
　　　　　男の子： No. There are no bags here.
　　　B　女の子： Are you busy now?
　　　　　男の子： Yes. I'm drawing a picture now.
　　　C　女の子： Can I use the camera on the table?
　　　　　男の子： Yes. You can use it.

これで，〔問1〕を終わります。

〔英文の訳〕

No. 1　A　父　親：動物たちが見えるかい？
　　　　　女の子：うん。みんな寝ているね。
　　　B　父　親：向こうに何か動物がいるよ！
　　　　　女の子：とてもかわいいわ。2匹の犬が走ってる。
　　　C　父　親：あの動物を見てごらん！
　　　　　女の子：まあ，ドアの前で猫が寝ているわ。

No. 2　A　女の子：この部屋に私のかばんはあるかしら？
　　　　　男の子：ないよ。ここにはかばんはないよ。
　　　B　女の子：今忙しい？
　　　　　男の子：うん。今絵を描いているんだ。
　　　C　女の子：テーブルの上にあるカメラを使ってもいい？
　　　　　男の子：うん。使ってもいいよ。

〔放送台本〕

〔問2〕は，二人の対話を聞いて答える問題です。まず，〔問2〕の問題文を読みなさい。

これから，No. 1からNo. 3の順に，二人の対話をそれぞれ2回ずつ放送します。対話の最後にそれぞれチャイムが鳴ります。チャイムが鳴った部分に入る最も適切なものを，AからDの中から1つずつ選び，その記号を書きなさい。それでは始めます。

No. 1　父親との対話

父　親： Hi, Misa. This is a birthday present for you.
女の子： Wow. What is it?
父　親： It's a CD of your favorite music. I hope you will like it.
女の子： ＜チャイム音＞

No. 2　母親との対話

男の子： Good morning, Mom.
母　親： Good morning, Takashi. What are you doing?
男の子： I'm looking for my English dictionary.
母　親： ＜チャイム音＞

No. 3　教室での対話

男の子： What do you usually do on weekends?
女の子： I often watch movies.
男の子： What kind of movies do you like?
女の子： ＜チャイム音＞

これで，〔問2〕を終わります。

〔英文の訳〕

No. 1　父親との対話

父　親：やあ，ミサ。これは君への誕生日プレゼントだよ。
女の子：わあ。何かしら？
父　親：君が好きな音楽のCDだよ。気に入ってくれるといいな。
女の子：D　ありがとう。今聴きたいわ。

No. 2　母親との会話

男の子：おはよう，お母さん。
母　親：おはよう，タカシ。何をしているの？
男の子：英語の辞書を探しているんだ。
母　親：A　昨日の夜，あなたの机の上にあるのを見たわよ。

No. 3　教室での会話

男の子：週末は普段何をしているの？
女の子：よく映画を見るわ。
男の子：どんな映画が好き？
女の子：C　スポーツに関する映画が好きなの。

〔放送台本〕

〔問3〕は，英語のスピーチを聞いて，答える問題です。まず，〔問3〕の問題文を読みなさい。これから，中学生の恵太が英語の時間に行ったスピーチと，その内容について5つの質問を2回放送します。

No.1からNo.5の英文が質問の答えとなるように，空欄に入る最も適切なものを，AからDの中から1つずつ選び，その記号を書きなさい。それでは始めます。

Hi. I'm Keita. I love libraries. I'll tell you three reasons.

First, libraries are very quiet. I like to spend time in a quiet place. I go to a city library near the station every Sunday. I read books and study there. I sometimes see my friends there.

Second, there are many kinds of books in libraries. We can get a lot of information from books. When I read a book about Australia last month, I learned about its history without going there. I also learned about its culture from the book.

Third, I like people who work in libraries. I often talk with the people working in the city library. They know a lot about books. They show me interesting books. When I look for books, they always help me. They are very kind. In the future, I want to work in a library.

Libraries are wonderful places. Why don't you go to a library?

Question No. 1: When does Keita go to a city library?

Question No. 2: What does Keita do when he is in the city library?

Question No. 3: How did Keita learn about the history of Australia last month?

Question No. 4: Who shows Keita interesting books?

Question No. 5: What does Kieta want to do in the future?

これで，放送を終わります。

〔英文の訳〕

こんにちは，僕は恵太です。僕は図書館が大好きです。これからその理由を3つ話します。

まず一つ目に，図書館はとても静かです。僕は静かな場所で過ごすのが好きです。毎週日曜日に駅の近くの市立図書館に行きます。僕はそこで本を読んだり勉強したりします。そこで時々友だちに会います。

二つ目に，図書館にはたくさんの種類の本があります。私たちは本からたくさんの情報を手に入れることができます。先月オーストラリアについての本を読んだときには，そこへ行くことなくオーストラリアの歴史について学びました。またその本からオーストラリアの文化についても学びました。

三つ目に，僕は図書館で働く人たちが好きです。僕はよく市立図書館で働いている人たちと話をします。彼らは本についてたくさんのことを知っています。彼らは僕に面白い本を教えてくれます。僕が本を探していると，彼らはいつも助けてくれます。彼らはとても親切です。将来，僕は図書館で働きたいと思っています。

図書館は素晴らしい場所です。皆さんも図書館へ行きませんか？

質問No. 1　恵太はいつ図書館へ行きますか？

答え　　C　彼は毎週日曜日に図書館に行きます。

質問No. 2　恵太は図書館にいるとき何をしますか？

答え　　D　彼はそこで本を読んだり勉強したりします。

質問No. 3　先月恵太はどのようにしてオーストラリアの歴史について学びましたか？

答え　　A　彼はそれをオーストラリアについての本を読むことで学びました。

質問No. 4　誰が恵太に面白い本を教えてくれますか？
答え　　　C　市立図書館で働いている人たちが教えてくれます。
質問No. 5　恵太は将来何をしたいと思っていますか？
答え　　　B　彼は図書館で働きたいと思っています。

＜理科解答＞

1　〔問1〕 (1)　エ　　(2)　再生可能エネルギー[再生可能なエネルギー，自然エネルギー]
(3)　燃料電池　　(4)　有害な物質を出さない。[二酸化炭素を出さない。]
〔問2〕 (1)　衛星　　(2)　ア　　(3)　作用・反作用
(4)　Z　肺胞　　理由　(例)空気に触れる表面積が大きくなるから。

2　〔問1〕 エ　〔問2〕 シダ　〔問3〕 むきだしになっている
〔問4〕 イ，エ　〔問5〕 (1)　ウ　　(2)　右図1　〔問6〕 下図2
〔問7〕 (記号)　ア，イ　　(特徴)　(例)花弁が分かれている。

3　〔問1〕 イ，ウ　〔問2〕 ア　〔問3〕 太平洋高気圧[小笠原気団]　〔問4〕 18.48[18.5](g)　〔問5〕 ①　イ　②　イ　〔問6〕 ウ　〔問7〕 (例)気圧の低下により海面が吸い上げられることで発生する。[強風で海水が陸に吹き寄せられることで発生する。]

4　〔問1〕 Cu　〔問2〕 (例)手であおぐようにしてかぐ。
〔問3〕 イ　〔問4〕 180(g)　〔問5〕 X　(例)音を立てて燃えた　(気体)　水素　〔問6〕 (1)　漂白(作用)
(2)　①　ア　②　ア　(3)　(例)塩素の方が水に多く溶けたから。[塩素の方が水に溶けやすいから。]

5　〔問1〕 パスカル　〔問2〕 イ，エ　〔問3〕 (例)力のはたらく面積が大きくなると，圧力が小さくなるため。　〔問4〕 エ　〔問5〕 X　0.40　Y　0.80　Z　変わらない　〔問6〕 250(N)　〔問7〕 (例)容器内の空気がゴム板を押す力が，おもり，ゴム板，フック，糸にはたらく重力の和よりも小さくなったため。

図1

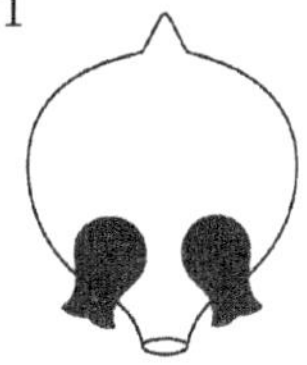

図2

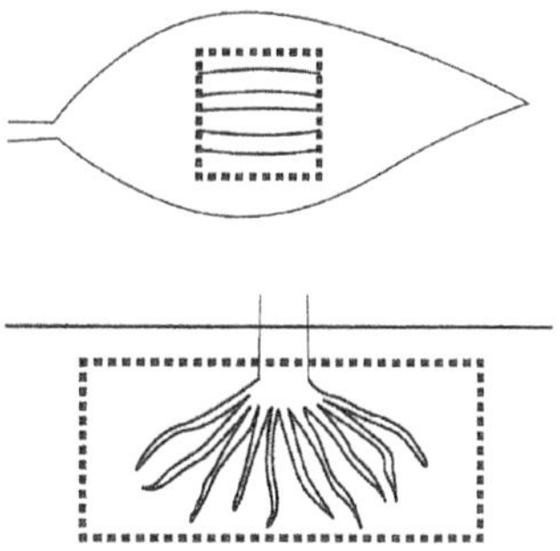

＜理科解説＞

1　(各分野小問集合)

〔問1〕 (1)　水の電気分解では，**水→水素＋酸素**の反応が起こり，単体の水素をとり出すことができる。　(2)　使っても減らない資源を用いてつくったエネルギーを，再生可能エネルギーという。　(3)　燃料電池では，**水素＋酸素→水**の化学変化を利用している。　(4)　水素を燃焼すると，酸素と化合したあとにできるのは水だけであり，有害な物質や二酸化炭素を排出しない。

〔問2〕 (1)　月は地球の衛星である。　(2)　月の光っている方向に太陽がある。よって，地球から見て月の右側に太陽が位置しているのはアとなる。　(3)　ロケットが気体を押す力が作用，ロケットが気体におし返される力が反作用となる。　(4)　肺胞があることで，肺の表面積が大きく増加するので，気体の交換効率が良くなる。

2 (植物の分類)

〔問1〕 コケ植物は根，茎，葉の区別がないため，維管束がない。

〔問2〕 種子をつくらない植物にあたるのは，コケ植物とシダ植物である。

〔問3〕 裸子植物は子房をもたない。よって，胚珠がむき出しでついている。

〔問4〕 アサガオ，イネは被子植物である。

〔問5〕 (1) 枝の先についているアが雌花，雌花のもとのほうに多くついているウが雄花である。
(2) 受粉後種子となるのは胚珠である。胚珠はりん片の下部に2つついている。

〔問6〕 単子葉類は，平行脈をもち，根はひげ根になっている。

〔問7〕 アブラナ，サクラは，花弁が1枚1枚離れたつくりとなっているので離弁花類である。タンポポ，ツツジは，花弁がもとのほうで1つにつながっているので，合弁花類である。

3 (天気の変化)

〔問1〕 **積乱雲**は縦に長く発達する雲で，強い雨がせまい範囲に降る。寒冷前線付近に多く見られる。

〔問2〕 赤道付近には，赤道に向かって東から西につねに風がふいている。

〔問3〕 日本の南の海上にできる気団は**太平洋高気圧(小笠原気団)**である。台風は，西へ進んだあと，太平洋高気圧のへりに沿うように北上し，偏西風の影響で東に進路を変える。

〔問4〕 25℃の飽和水蒸気量23.1g/m^{3}のうちの80%の水蒸気が，実際に空気に含まれている。23.1〔g/m^3〕×0.8＝18.48〔g/m^3〕

〔問5〕 上空は気圧が低いため，地上の空気は上空へ向かうにしたがって，体積が大きくなる。その結果，温度が下がり露点に達する。

〔問6〕 表1より，台風が和歌山地方に最も接近したのは，気圧の変化から13：00から13：10頃であり，この頃和歌山地方には南寄りの風がふいていることから，台風の中心は和歌山地方よりも北側にあるとわかる。台風は低気圧なので，風が反時計回りにふきこむため，12：00と14：00の風向から，ウであるとわかる。

〔問7〕 台風は勢力の強い**低気圧**であり，中心付近には強い上昇気流が生じているため，周囲の海水を上へ吸い上げる。このことによって高潮が発生する。

4 (化学変化とイオン)

〔問1〕 塩化銅を電気分解すると，陽極に塩素，陰極に銅が発生する。

〔問2〕 有毒な気体を大量に吸い込むのを防ぐため，気体のにおいをかぐときは，手であおぐようにしてにおいをかぐ。

〔問3〕 $CuCl_2 \rightarrow Cu^{2+} + 2Cl^-$より，塩化銅が電離すると，銅イオン：塩化物イオン＝1：2の数の割合でイオンが生じる。

〔問4〕 質量パーセント濃度が35%の塩酸20gに含まれる塩化水素は，20〔g〕×0.35＝7〔g〕　これが3.5%に相当するときの塩酸の全体量は，7〔g〕÷0.035＝200〔g〕　よって，追加する水は，200－20＝180〔g〕

〔問5〕 塩酸の電気分解では，陽極に塩素，陰極に水素が発生する。水素にマッチの火を近づけると，音を立てて燃える。

〔問6〕 (1) 塩素は漂白作用をもつ。　(2) 塩素原子は，電子を1個受けとることで，－の電気を帯びた塩化物イオンとなる。　よって，この実験では，＋極へ引き寄せられる。　(3) 発生した水素と塩素の気体としての体積は1：1となるが，実際は発生した塩素が水に溶けるため，塩素の発生量が少ないように見える。

5 **(力と圧力)**

〔問1〕 力の単位パスカルは，記号でPaと書く。

〔問2〕 **圧力〔Pa〕＝力の大きさ〔N〕÷力のはたらく面積〔m^2〕**より，図2の面Cを上にしたときのスポンジに加わる圧力は，5〔N〕÷(0.05×0.1)〔m^2〕＝1000〔Pa〕　ア～エの圧力をそれぞれ求めると，
ア…(5×2)〔N〕÷(0.1×0.2)〔m^2〕＝500〔Pa〕　イ…(5×2)〔N〕÷(0.05×0.2)〔m^2〕＝1000〔Pa〕
ウ…(5×2)〔N〕÷(0.1×0.2)〔m^2〕＝500〔Pa〕　エ…(5×2)〔N〕÷(0.05×0.2)〔m^2〕＝1000〔Pa〕

〔問3〕 同じ大きさの力が加わる場合，**力がはたらく面積が大きくなるほど圧力は小さくなる。**そのためスキー板をはくと，足が雪に沈みにくくなる。

〔問4〕 水圧は，水の深さが深くなるほど大きくなる。

〔問5〕 X…1.00－0.60＝0.40〔N〕　Y…1.00－0.20＝0.80〔N〕　Z…**浮力は，水中の体積によって決まる**ので，水中の体積が等しい容器Aのときの浮力と同じになる。

〔問6〕 1000hPa＝100000Paより，100000〔Pa〕×0.0025〔m^2〕＝250〔N〕

〔問7〕 図5や図6では，ゴム板は，空気に押されているために容器の底にはりついている。図7のように，容器内の空気を抜いていくと，空気がゴム板を押す(支える)力が小さくなるため，ゴム板は落下する。

<社会解答>

1 問1 (1) ア　(2) C→D→A→B　問2 高山気候　問3 (1) エジプト
(2) (例)かつて，アフリカの大部分を植民地にしたヨーロッパの国々が緯線や経線を使って引いた境界線を，現在も国境線として使っているから。　問4 エ

2 問1 レアメタル[希少金属，希土類，レアアース]　問2 ウ→ア→イ　問3 福島県
問4 (1) (例)台風から住居を守るため。[強風から住居を守るため。]　(2) イ
問5 エ

3 問1 ア　問2 (例)大和政権[ヤマト王権]の勢力は，九州中部から関東地方までおよんでいた。　問3 法隆寺　問4 白村江(の戦い)　理由 (例)百済の復興を助けるため。
問5 大宰府　問6 藤原道長　問7 ウ　問8 エ　問9 イ　問10 間宮林蔵

4 問1 自由民権運動　問2 (例)天皇を尊び，外国の勢力を排除しようとする考え方。
問3 (例)日清戦争に比べ，日露戦争は負担が大きかったにもかかわらず，賠償金が得られなかったから。　問4 イ　問5 イ→エ→ウ→ア

5 問1 (1) ウ　(2) 子どもの権利条約[児童の権利条約，児童の権利に関する条約]
問2 (1) 象徴　(2) ア・エ　問3 (例)衆議院は任期が短く，解散があるため，国民の意見をよく反映するから。　問4 (例)日本の女性議員の割合は増加してきているが，世界の割合からみると低い。

6 問1 (1) 為替相場[為替レート]　(2) ウ　問2 ① イ　② ア
問3 世界保健機関[WHO]　問4 (例)紛争や迫害などにより，住んでいた国や土地を離れざるをえなくなった人々。　問5 (例)温室効果ガスの排出量が目標を下まわった国と，上まわった国との間で，排出量の枠を売買するしくみ。

＜社会解説＞

1 （地理的分野―世界―地形・気候，人口・都市，交通・貿易）

問1　(1)　図2は**正距方位図法**で描かれた地図。サンフランシスコが東京から見て右上に位置することから判断する。　(2)　図1上のA～Dを図2に描き込んで考える。東京からの直線距離はAが約10000km，Bが15000km以上，Cが約5000km，Dが10000km弱であることが読み取れる。

問2　南アメリカ大陸の**アンデス山脈**付近の地域などが高山気候にあたる。

問3　(1)　エジプトには王の墓であるとされる**ピラミッド**が位置し，かつて国内を流れる**ナイル川**流域に高度な文明が栄えた。　(2)　かつてヨーロッパの国々が引いた境界線が国境線として使われているため，アフリカでは現在でも紛争が絶えない地域がある。

問4　アは石炭が主要輸出品であることからインドネシア。イは面積が約38万km^2，輸出入総額が2番目に多いこと，自動車が主要輸出品であることから日本。ウは面積や輸出入総額が最も大きく，衣類が主要輸出品であることから中国。残ったエがベトナムと判断する。

2 （地理的分野―日本―日本の国土・地形・気候，人口・都市，農林水産業，資源・エネルギー）

問1　レアメタルの採掘がさかんなアフリカ諸国では，それらの輸出にたよる**モノカルチャー経済**が行われている。

問2　ア…戦後，東京の過密化が進み地価も上がったため，比較的土地が安価な北関東に工業地域が発達した。イ…**貿易摩擦**が深刻化した1980年代の様子。ウ…四大工業地帯は戦前から発達していた。

問3　福島県は茨城県，栃木県，群馬県と接する。

問4　(1)　南西諸島とは沖縄県などを含む地域のことで，台風が多く通過する。　(2)　人口最大のアが福岡県，豚の産出額が最も多いイが鹿児島県，第3次産業の就業者割合が最も高いウが沖縄県，地熱発電電力量が最も多いエが大分県と判断する。

問5　**内陸性気候**は，年間降水量が少なく比較的冷涼。ただし，イは冬の気温が0度を下回る冷帯気候のため，北海道網走市の雨温図と判断する。アが富山県富山市，ウが高知県土佐清水市。

3 （歴史的分野―日本史―時代別―旧石器時代から弥生時代，古墳時代から平安時代，鎌倉・室町時代，安土桃山・江戸時代，日本史―テーマ別―政治・法律，経済・社会・技術，文化・宗教・教育，外交）

問1　**吉野ケ里遺跡**は，佐賀県に位置する弥生時代の遺跡。

問2　**ワカタケル大王**は，みずからの名を刻んだ鉄剣や鉄刀を自分に従った者に与えたと考えられる。

問3　**聖徳太子**が建てたとされる法隆寺は，世界文化遺産に登録されている。

問4　663年におこった**白村江の戦い**で，わが国の軍は大敗した。その後，唐や新羅の侵攻に備えて九州北部に大野城や水城を築いた。

問5　**大宰府**は現在の福岡県におかれた。

問6　**藤原道長**は1016年に摂政となり，摂関政治の全盛期を築いた。また，子の**藤原頼通**は京都の宇治に平等院鳳凰堂を建てた。

問7　「踊念仏」「時宗」などから判断する。アは浄土宗，イは日蓮宗(法華宗)，エは臨済宗の開祖。

問8　アは江戸時代，イは奈良・平安時代，ウは安土桃山時代のようす。

問9　対馬藩の宗氏と朝鮮との交易において，木綿・生糸・絹織物を輸入し，銀・銅を輸出した。薩摩藩は**琉球王国**を支配した。

問10　略地図中のCは樺太。**間宮林蔵**は北方の探索をすすめ，樺太が島であることを確認した。

4 (歴史的分野―日本史―時代別―明治時代から現代，日本史―テーマ別―政治・法律，文化・宗教・教育，外交)

問1　**板垣退助**は，国会開設の勅諭が発表されると自由党を結成した。

問2　尊王攘夷運動がさかんになると，井伊直弼が**安政の大獄**を行い，尊王攘夷派を処罰した。

問3　表から，日露戦争は日清戦争に比べて戦費も死者数も多いことが読み取れる。日露戦争後の**ポーツマス条約**で，わが国は北緯50度以南の樺太や南満州鉄道などを得たものの賠償金は獲得できなかった。

問4　日本の国際連合加盟が実現したのは1956年。アが1960年，ウが1967年，エが1972年。

問5　アが高度経済成長，イが文明開化，ウが戦時中，エが大正時代のようす。

5 (公民的分野―憲法の原理・基本的人権，三権分立・国の政治の仕組み)

問1　(1)　**1月に召集**されていることから第193回が常会，**衆議院議員の総選挙後**に召集されていることから第195回が特別会，残った第194回が臨時会と判断できる。　(2)　表1中の「育つ権利」などから，子供に関する内容だと判断する。

問2　(1)　日本国憲法の三大原則の一つ「**国民主権**」に関する条文。　(2)　イは内閣総理大臣，ウ・オは国会の仕事。

問3　法律の制定，内閣総理大臣の指名，条約の承認，予算の議決については**衆議院の優越**が適用される。

問4　図から，1980年代以前と比較して衆議院議員総選挙における当選者に占める女性の割合が上昇していることや，現在ではその割合が10％前後であることが読み取れる。また，表2から，主な世界の国における下院の女性割合がいずれも30～40％台と，日本と比較して割合が高いことが読み取れる。

6 (公民的分野―財政・消費生活・経済一般，国際社会との関わり)

問1　(1)　自国や他国の景気や経済状況，国際関係などで，相場が変動する**変動相場制**が採用されている。　(2)　円の価値が上がることを円高，低くなることを円安という。2万ドルの自動車が1ドル＝80円のときは20000×80＝1600000(円)となり，1ドル＝120円のときは20000×120＝2400000(円)となる。

問2　**不景気**は通貨量の減少によって引き起こされるため，**通貨量を増やす**政策を行う。

問3　解答はWHOでも可。

問4　国際連合のUNHCR(国連難民高等弁務官事務所)が難民の保護や支援にあたり，難民問題の解決に対して働きかけている。

問5　**京都議定書**では，先進国の温室効果ガスの排出量の削減目標を定めるとともに，その達成のため，温室効果ガスの排出量を割り当てた上で，その排出量を取引する制度が創設された。これを京都メカニズムという。

<国語解答>

一　〔問1〕　①　告(げる)　②　浅(い)　③　寒暖　④　勤勉　⑤　のが(れる)　⑥　かま(える)　⑦　けいりゅう　⑧　ぎんみ　〔問2〕　オ　〔問3〕　イ　〔問4〕　(1)　ア　(2)　ウ

二 〔問1〕 イ　〔問2〕 保護という言葉は外部の立場から使う言葉　〔問3〕 (例) 車の排気ガスが環境に悪影響を与えるため，電気自動車など，排気ガスを出さない車を造ることによって，共存しようとしている。　〔問4〕 ウ　〔問5〕 (例)その(サメの)えじきになっていたエイが増え，そのエイが好むホタテ，ハマグリなどが大量に食べられたため
〔問6〕 エ

三 〔問1〕 ア　〔問2〕 (例)ぼくがわからなかった詰み筋を見通していたこと　〔問3〕 エ
〔問4〕 イ　〔問5〕 (例)山沢君は，自分以外はみんな敵だと考えているが，ぼくは，対局中は敵でも，勝ったり負けたりをくりかえしながら，一緒に強くなっていけるライバルだと考えている。　〔問6〕 ウ

四 (例) B案は，A案よりも前回の福祉施設での様子を具体的に述べている。
　前回参加しなかった人は，お年寄りの方々とどのように交流すればよいかわからないなどの不安を感じているかもしれない。しかし，B案は前回の様子を具体的に伝えているので，そのような不安は少なくなるはずだ。具体的にどうすればよいかがわかることで，参加しようと思うきっかけにつながると思う。

<国語解説>

一 (知識問題，古文－文脈把握，指示語の問題，漢字の読み書き，筆順・画数・部首，敬語，書写)

〔問1〕 ① 音読みは「**コク**」で，熟語は「告知」などがある。　② 音読みは「**セン**」で，熟語は「深浅」などがある。　③ 「寒暖」は，寒さと暖かさのこと。　④ 「勤勉」は，勉強や仕事などに励むこと。　⑤ 音読みは「**トウ**」で，熟語は「逃避」などがある。　⑥ 音読みは「**コウ**」で，熟語は「構成」などがある。　⑦ 「渓流」は，谷を流れる川のこと。　⑧ 「吟味」は，念入りに調べること。

〔問2〕 A「泳」は，八画。B「紀」は，九画。C「雪」は，十一画。D「祝」は，九画。

〔問3〕 傍線部とイの「うかがう」は，「聞く」の謙譲語。ウも謙譲語だが，これは「行く」という意味。

〔問4〕 <口語訳>　世の中が日照りに見舞われ，池の水もなくなり，食べ物もなく，飢えそうになり，何もすることがない時，蛇が蛙のところへ亀を使者に立てて「ちょっとおいでください。お目にかかりたい」と言うと，蛙が返事として申し上げるには，「あなたは飢えに苦しんでいるから，仁義を忘れて食べることだけを考えている。情けも親しく付き合うのも，普通に暮らしている時のことだ。このような頃なので，うかがうことはできない」と返事をした。

(1) 蛙は，世の中が日照りで飢えている時なので，蛇も食べることだけを考えていると想像しているのだから，「かかる比」は，飢えに苦しんでいる時のことである。　(2) 直前にかぎかっこの終わりがある。始まりの部分を見ると，その前に「蛙，返事に申しけるは」とあり，「返事しける」の主語は蛙だとわかる。

二 (論説文－大意・要旨，内容吟味)

〔問1〕 aは，前で人間は「生態系に組み込まれた存在」と述べ，後でそのことを「自然の中」と表現している。bは，前の「知的生命体」を後で「宇宙人」と述べている。いずれも前の内容を後で言い換えているのだから，「すなわち」があてはまる。

〔問2〕 筆者は，「もともと，人間は間違いなく自然の一部」だと考えている。そのため，「外部の立場から使う言葉」である「保護という言葉」を用いた「自然保護」という表現に違和感を抱い

ている。しかし，「人間が地球外からの生命体に由来する」のであれば，「外部の立場から使う言葉」を用いた「人間が地球の自然を保護します」という表現に違和感がないのである。

〔問3〕「自然を理解し共存する」ということについて，「車」を例に考えるというのである。「車」が「どんな性質」で，そこにある「リスク」と「どう付き合えばよいか」を具体的に考える。「車」における「リスク」としては，排気ガスを排出することや，事故を引き起こすことなどが挙げられる。その「リスク」とどう共存すべきか，自分の意見をまとめる。

〔問4〕傍線部直後から，「完全なる制御とコントロールを推し進める社会」における「〝迷惑生物〟の撲滅運動」の具体例が挙げられている。そして次の段落で，「迷惑生物を絶滅させる」とどうなるかということに視点が移り，「生態系の一部が崩れて，何らかの別問題が発生し，そこにまたコントロールの必要性が生じるだろう」と述べられている。

〔問5〕図で示されているものの数に注目する。図の上部は，サメがエイを食べ，エイがホタテやハマグリを食べていることを示している。サメがいなくなったことを示している下部では，上部よりエイが増え，ホタテやハマグリが減少している。

〔問6〕筆者は，人間が「自然を理解し共存する」ためには，「科学の力が重要」で，「適度に『制御しコントロールする』技術をもつことが賢明」だと考えているのだから，エが正解。

三 (小説－情景・心情，内容吟味，熟語，ことわざ・慣用句)

〔問1〕「一心不乱」は，一つのことに集中している様子のこと。「一念発起」は，何かを成し遂げようと決心すること。「一致団結」は，一つの目的のために多くの人がまとまること。「一騎当千」は，一人で多くの敵に対抗できるほど強いということ。よって，対局中に「時計に目をやる暇などない」様子に合うのは「一心不乱」。

〔問2〕「ぼく」が「詰み筋を懸命に探し続けた」ところに，山沢君は駒を動かして詰み筋を示した。「ぼく」はそのような山沢君に感心したのである。

〔問3〕直前の「プロを目指すには遅すぎ」るものの，「伸びしろが相当ある」という先生の言葉に対して，「まさか，ここまで認めてもらっているとは」と驚いているのだから，エが正解。

〔問4〕「キツネにつままれた」は，事情がわからずにぼんやりすること。

〔問5〕山沢君は，「将棋では，自分以外はみんな敵」だと言っているが，「ぼく」は，「ライバルでいいんじゃないかな」と言っている。「勝ったり負けたりをくりかえしながら，一緒に強くなっていけ」る「ライバル」でありたいと考えているのである。

〔問6〕「ぼく」は，自分と山沢君が「プロになって，いつかプロ同士で対局できたら」と考えるようになっている。プロになるのは「困難なこと」だろうが，「絶対にやりぬいてみせる」と決心しているため，勉強としてすぐに「今日の，引き分けだった対局の」「棋譜」をつけたいと「かけ足で図書館にむかった」のだ。

四 (作文)

A案とB案で大きく異なっている点は，第二段落である。B案では，前回の訪問時の様子を具体的に伝えている。そのことによって，どういう効果につながるかを考えよう。

MEMO

大切なことはメモしておこうネ！

解答用紙集

○月×日 △曜日 天気（合格日和）

◆ご利用のみなさまへ

＊解答用紙の公表を行っていない学校につきましては、弊社の責任において、解答用紙を制作いたしました。

＊編集上の理由により一部縮小掲載した解答用紙がございます。

＊編集上の理由により一部実物と異なる形式の解答用紙がございます。

人間の最も偉大な力とは、その一番の弱点を克服したところから生まれてくるものである。 ——カール・ヒルティ——

東京学参株式会社

※ 161％に拡大していただくと，解答欄は実物大になります。

令和６年度学力検査　数学科解答用紙

受検番号	

1	〔問１〕	（１）		
		（２）		
		（３）		
		（４）		
		（５）		
	〔問２〕	x ＝		
	〔問３〕	n ＝		
	〔問４〕			
	〔問５〕	（１）		個
		（２）	ア	度
			イ	直線
	〔問６〕	$\angle x$ ＝		度

2	〔問１〕	
	〔問２〕	（求める過程） 一般道路　km 高速道路　km
	〔問３〕	
	〔問４〕	
	〔問５〕	（１）
		（２）（説明）

3	〔問１〕	
	〔問２〕	
	〔問３〕	AB : BD ＝　　：
	〔問４〕	

4	〔問１〕	BH ＝	cm
	〔問２〕	$\angle x$ ＝	度
	〔問３〕	（１）	cm^2
		（２）	（証明）

※ 164％に拡大していただくと，解答欄は実物大になります。

令和６年度学力検査　英語科解答用紙

受検番号	

1	〔問１〕	No. 1	
		No. 2	
		No. 3	
	〔問２〕	No. 1	
		No. 2	
	〔問３〕	No. 1	
		No. 2	
		No. 3	
		No. 4	
		No. 5	

2	〔問１〕	(1)			
		(2)			
	〔問２〕	(1)			
		(2)	A	B	C
	〔問３〕	(1)			
		(2)			

3	〔問１〕		(　　　　　) → (　　　　　) → (　　　　　) → (　　　　　)
	〔問２〕		
	〔問３〕		
	〔問４〕	(1)	
		(2)	
	〔問５〕		

4	I will join Event〔　　〕.

5	〔問１〕	A	
		B	
		C	
	〔問２〕		
	〔問３〕	(1)	
		(2)	
	〔問４〕		
	〔問５〕		

※ 164%に拡大していただくと，解答欄は実物大になります。

令和6年度学力検査　理科解答用紙

受検番号	

1	〔問1〕	(1)	
		(2)	
	〔問2〕	(1)	
		(2)	
	〔問3〕	(1)	
		(2)	
	〔問4〕	(1)	
		(2)	

2	〔問1〕	(1)			
		(2)	X　　レンズ		
			Y　　レンズ		
		(3)			
	〔問2〕	(1)			
		(2)			
		(3)	a	b	c
			d	e	
		(4)			

3	〔問1〕	(1)			
		(2)			
		(3)	m^3		
	〔問2〕	(1)			
		(2)	①	②	③
		(3)	気団		
		(4)	風向	風力	
			天気		
		(5)	水蒸気の量		
			理由		

4	〔問1〕		
	〔問2〕		
	〔問3〕		
	〔問4〕		
	〔問5〕		
	〔問6〕	①	②
	〔問7〕	%	

5	〔問1〕	(1)	
		(2)	Hz
		(3)	音の高さ
			波形
	〔問2〕	(1)	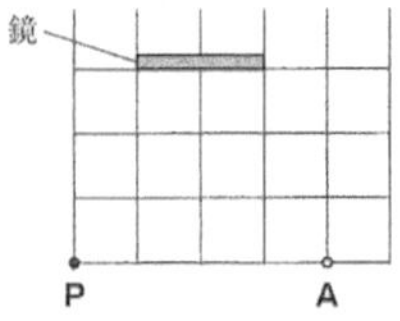
		(2)	
	〔問3〕	(1)	
		(2)	

※ 164％に拡大していただくと，解答欄は実物大になります。

令和6年度学力検査　社会科解答用紙

受検番号	

1

〔問1〕		
〔問2〕	山脈	
〔問3〕		
〔問4〕		
〔問5〕		
〔問6〕		

2

〔問1〕	県	県庁所在地名　市
〔問2〕	(1)	X
		Y
		Z
	(2)	
〔問3〕	(1)	
	(2)	
〔問4〕		

3

〔問1〕	→ →	
〔問2〕		
〔問3〕		
〔問4〕		
〔問5〕		
〔問6〕		
〔問7〕		
〔問8〕	①	
	②	
	③	
〔問9〕		

4

〔問1〕		
〔問2〕		
〔問3〕	(1)	
	(2)	
〔問4〕		

5

〔問1〕	
〔問2〕	
〔問3〕	
〔問4〕	X
	Y
	Z
〔問5〕	
〔問6〕	

6

〔問1〕	
〔問2〕	法
〔問3〕	X
	Y
	Z
〔問4〕	
〔問5〕	
〔問6〕	

和歌山県公立高校　２０２４年度

※１６７％に拡大していただくと，解答欄は実物大になります。

令和六年度学力検査　国語科解答用紙

受検番号

一

〔問1〕 ①（う）　②（う）　③　④　⑤（む）　⑥（みる）　⑦　⑧

〔問2〕

〔問3〕

〔問4〕 (1)　(2) 欲《シ》窮《メント》千里《ノ》目《ヲ》

二

〔問1〕

〔問2〕

〔問3〕 ～ ができているから。

〔問4〕 社会が全く存在しない状況を例として挙げることによって，（50）

〔問5〕 Ⅰ　Ⅱ

〔問6〕（80）

三

〔問1〕

〔問2〕

〔問3〕（35）

〔問4〕

〔問5〕（60）

四

2024年度入試配点表（和歌山県）

数学	1	2	3	4	計
	〔問1〕　各3点×5 〔問5〕　各2点×3 他　各4点×4	〔問2〕　6点 〔問5〕(1)　2点 〔問5〕(2)　5点 他　各4点×3	〔問1〕　3点 〔問2〕　4点 〔問3〕　5点 〔問4〕　6点	〔問1〕　3点 〔問2〕　4点 〔問3〕(1)　5点 〔問3〕(2)　8点	100点

英語	1	2	3	4	5	計
	〔問3〕　各3点×5 他　各2点×5	〔問2〕(2)　各1点×3 他　各3点×5	〔問3〕,〔問4〕 各4点×3　他　各3点×3(〔問1〕完答)	10点	〔問1〕　各2点×3 〔問3〕,〔問5〕　各3点×4 他 各4点×2	100点

理科	1	2	3	4	5	計
	〔問1〕(1),〔問2〕(2), 〔問3〕(2),〔問4〕(1) 各2点×4 他　各3点×4	〔問2〕(2)　2点 他　各3点×6 (〔問1〕(2)・(3), 〔問2〕(3)各完答)	〔問1〕(1)・(3) 〔問2〕(4)・(5) 各3点×4 他　各2点×4 (〔問2〕(2)・(4)・(5)各完答)	〔問1〕　2点 他　各3点×6 (〔問6〕完答)	〔問1〕(1)　2点 他　各3点×6 (〔問1〕(3),〔問2〕(2) 各完答)	100点

社会	1	2	3	4	5	6	計
	〔問1〕　2点 他　各3点×5	〔問2〕(2),〔問3〕(1) 各2点×2 他　各3点×4 (〔問1〕,〔問2〕(1)各完答)	〔問5〕,〔問7〕~〔問9〕 各3点×4 他　各2点×5 (〔問1〕,〔問8〕各完答)	〔問1〕,〔問2〕 各3点×2 他　各2点×3	〔問4〕,〔問5〕 各2点×2 他　各3点×4 (〔問4〕完答)	〔問5〕　2点 他　各3点×5 (〔問3〕,〔問6〕 各完答)	100点

国語	一	二	三	四	計
	〔問1〕　各2点×8 他　各3点×4	〔問2〕,〔問3〕　各4点×2 〔問4〕　6点　〔問6〕　8点 他　各3点×3	〔問3〕　6点 〔問5〕　8点 他　各4点×3	15点	100点

※ 164%に拡大していただくと，解答欄は実物大になります。

令和５年度学力検査　数学科解答用紙

受検番号	

1	〔問１〕	(1)	
		(2)	
		(3)	
		(4)	
		(5)	
	〔問２〕		
	〔問３〕		個
	〔問４〕	ア	
		イ	
	〔問５〕		
	〔問６〕		∠x ＝　度

2	〔問１〕	(1)	
		(2)	Qの体積：Rの体積 ＝　：
	〔問２〕	(1)	色
		(2)	cm
	〔問３〕		
	〔問４〕		(求める過程) ドーナツ　個 カップケーキ　個

2	〔問５〕	(理由)

3	〔問１〕	
	〔問２〕	
	〔問３〕	
	〔問４〕	

4	〔問１〕	∠BAE ＝　度
	〔問２〕	DE ＝　cm
	〔問３〕	
	〔問４〕	倍

※ 164％に拡大していただくと，解答欄は実物大になります。

令和５年度学力検査　英語科解答用紙

受検番号	

1	〔問１〕	No. 1	
		No. 2	
		No. 3	
	〔問２〕	No. 1	
		No. 2	
	〔問３〕	No. 1	
		No. 2	
		No. 3	
		No. 4	
		No. 5	

2	〔問１〕	(1)				
		(2)				
	〔問２〕		A	B	C	D
	〔問３〕	(1)				
		(2)				

3	〔問１〕		
	〔問２〕		
	〔問３〕	(1)	
		(2)	
	〔問４〕		
	〔問５〕		

4	

5	〔問１〕	A	
		B	
	〔問２〕	ⓐ	After talking with my great-grandfather, ( ) wars in the world.
		ⓒ	Now my friends, my dream is to ( ).
	〔問３〕		
	〔問４〕	(1)	
		(2)	
	〔問５〕		( ) → ( ) → ( ) → ( )
	〔問６〕		

※ 164%に拡大していただくと，解答欄は実物大になります。

令和5年度学力検査　理科解答用紙

受検番号	

1

〔問1〕	(1)	の法則
	(2)	
〔問2〕	(1)	
	(2)	
	(3)	
	(4)	
〔問3〕	(1)	
	(2)	

2

〔問1〕	(1)	
	(2)	めしべ→　→　→
	(3)	
	(4)	
〔問2〕	(1)	X 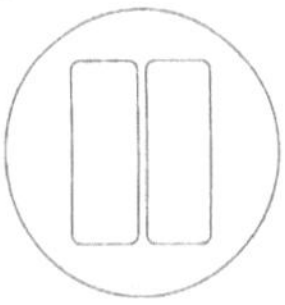 Y 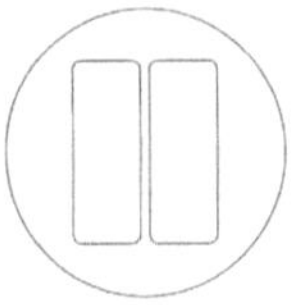
	(2)	形質
	(3)	
	(4)	減数分裂によって，

3

〔問1〕	
〔問2〕	
〔問3〕	
〔問4〕	
〔問5〕	
〔問6〕	
〔問7〕	

4

〔問1〕		
〔問2〕	(1)	
	(2)	
〔問3〕		
〔問4〕		
〔問5〕	X	
	Y	
〔問6〕		g

5

〔問1〕	(1)	の法則
	(2)	A
	(3)	電源装置 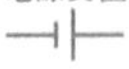
	(4)	
〔問2〕	(1)	A
	(2)	J
	(3)	

※ 164%に拡大していただくと，解答欄は実物大になります。

令和５年度学力検査　社会科解答用紙

受検番号	

1

〔問１〕

〔問２〕 (1) (2)

〔問３〕

〔問４〕 A B C

〔問５〕

2

〔問１〕

〔問２〕 A B C

〔問３〕

〔問４〕

〔問５〕

〔問６〕 〔特徴〕 〔理由〕

3

〔問１〕 天皇

〔問２〕 (1) (2)

〔問３〕

〔問４〕

〔問５〕

〔問６〕

〔問７〕

〔問８〕

4

〔問１〕 → →

〔問２〕

〔問３〕

〔問４〕 国名 政策

〔問５〕

5

〔問１〕

〔問２〕

〔問３〕

〔問４〕 A B

〔問５〕

〔問６〕

6

〔問１〕

〔問２〕

〔問３〕

〔問４〕

〔問５〕 (1) (2)

※164%に拡大していただくと，解答欄は実物大になります。

令和五年度学力検査　国語科解答用紙

受検番号

一

〔問1〕	① （む）	② （える）
	③	④
	⑤ （わす）	⑥ （らす）
	⑦	⑧
〔問2〕	(1)	(2)
〔問3〕	(1) a	b
	(2)	(3)
〔問4〕	(1) 擇ビテ其ノ善ナル者ヲ	(2)

二

〔問1〕	彼女は、　～　から。
〔問2〕	
〔問3〕	品詞名　　文
〔問4〕	35
〔問5〕	25
〔問6〕	

三

〔問1〕	
〔問2〕	30
〔問3〕	表現技法　　効果
〔問4〕	
〔問5〕	80
〔問6〕	

四

私なら、「読書は『□』」というキャッチコピーにする。

2023年度入試配点表(和歌山県)

	1	2	3	4	計
数学	〔問1〕,〔問2〕 各3点×6 〔問4〕 各2点×2 他 各4点×3	〔問1〕(1),〔問2〕(1) 各3点×2 〔問4〕 6点 〔問5〕 5点 他 各4点×3	〔問1〕 3点 〔問2〕 4点 〔問3〕 5点 〔問4〕 6点	〔問1〕 3点 〔問2〕 4点 〔問3〕 7点 〔問4〕 5点	100点

	1	2	3	4	5	計
英語	〔問3〕 各3点×5 他 各2点×5	〔問2〕 各1点×4 他 各3点×4	〔問4〕 4点 他 各3点×5	10点	〔問1〕,〔問2〕,〔問4〕 各3点×6 他 各4点×3 (〔問2〕,〔問5〕各完答)	100点

	1	2	3	4	5	計
理科	〔問1〕(1),〔問2〕(2) ・(3),〔問3〕(1) 各3点×4 他 各2点×4 (〔問2〕(1)完答)	〔問1〕(1)・(3)・(4), 〔問2〕(2) 各2点×4 他 各3点×4 (〔問1〕(2),〔問2〕(1)完答)	〔問3〕 2点 他 各3点×6 (〔問4〕完答)	〔問1〕,〔問3〕,〔問5〕 各2点×4 他 各3点×4	〔問1〕(1) 2点 他 各3点×6	100点

	1	2	3	4	5	6	計
社会	〔問1〕 2点 他 各3点×5 (〔問4〕完答)	〔問3〕,〔問5〕 各2点×2 他 各3点×4 (〔問2〕完答)	〔問2〕,〔問3〕,〔問6〕, 〔問8〕 各2点×5 他 各3点×4	〔問4〕,〔問5〕 各3点×2 他 各2点×3 (〔問1〕,〔問4〕各完答)	〔問2〕,〔問5〕 各2点×2 他 各3点×4 (〔問4〕完答)	〔問5〕(1) 2点 他 各3点×5	100点

	一	二	三	四	計
国語	各2点×15 (〔問3〕(1)完答)	〔問1〕 4点 〔問4〕 6点 〔問5〕 5点 他 各3点×4(〔問3〕完答)	〔問1〕,〔問4〕 各3点×2 〔問3〕 4点 〔問5〕 8点 他 各5点×2(〔問3〕完答)	15点	100点

※ 164%に拡大していただくと，解答欄は実物大になります。

令和４年度学力検査　数学科解答用紙

受検番号	

1	〔問１〕	（1）	
		（2）	
		（3）	
		（4）	
		（5）	
	〔問２〕	x =	
	〔問３〕	n =	
	〔問４〕	y =	
	〔問５〕	$\angle x$ =	度
	〔問６〕		cm^3

2	〔問１〕		
	〔問２〕	（1）	色
		（2）	個
	〔問３〕	（求める過程） 唐揚げ弁当１個の定価　円 エビフライ弁当１個の定価　円	
	〔問４〕	（1）（Ⅰ）	
		（1）（Ⅱ）	
		（1）（Ⅲ）	
		（2）	
		（3）（理由）	

3	〔問１〕		
	〔問２〕	（ア）	
		（イ）	
	〔問３〕	x座標が最も大きい座標	B（　　　，　　　）
		x座標が最も小さい座標	B（　　　，　　　）
	〔問４〕		

4	〔問１〕	（1）	$\angle PAQ$ =　　　度
		（2）	cm^2
	〔問２〕	（証明）	
	〔問３〕		cm

※ 164%に拡大していただくと，解答欄は実物大になります。

令和４年度学力検査　英語科解答用紙

受検番号	

1	〔問１〕	No. 1	
		No. 2	
		No. 3	
	〔問２〕	No. 1	
		No. 2	
	〔問３〕	No. 1	
		No. 2	
		No. 3	
		No. 4	
		No. 5	

2	〔問１〕					
	〔問２〕		A	B	C	D
	〔問３〕					
	〔問４〕	(1)				
		(2)				

3	〔問１〕		〔　　　〕?
	〔問２〕	A	
		B	
	〔問３〕		
	〔問４〕		

4	

5	〔問１〕	A	
		B	
	〔問２〕		
	〔問３〕	ⓑ	I talked with Shiho (　　　).
		ⓒ	I also (　　　) and graduates.
	〔問４〕	(1)	
		(2)	
	〔問５〕		(　　　) → (　　　) → (　　　) → (　　　)
	〔問６〕		

※ 164％に拡大していただくと，解答欄は実物大になります。

令和4年度学力検査　理科解答用紙

受検番号	

1	〔問1〕	(1)	
		(2)	
		(3)	
		(4)	瞳の大きさ
			記号
	〔問2〕	(1)	
		(2)	
		(3)	
		(4)	光が

2	〔問1〕	(1)	
		(2)	
		(3)	
		(4)	
	〔問2〕	(1)	
		(2)	
		(3)	
		(4)	a
			b

3	〔問1〕	
	〔問2〕	
	〔問3〕	
	〔問4〕	km/s
	〔問5〕	プレート
	〔問6〕	
	〔問7〕	
	〔問8〕	

4	〔問1〕		
	〔問2〕	X	Y
	〔問3〕		
	〔問4〕		
	〔問5〕	電池	
	〔問6〕		
	〔問7〕		
	〔問8〕		

5	〔問1〕		
	〔問2〕	N	
	〔問3〕		
	〔問4〕	%	
	〔問5〕	おもりの位置エネルギーの一部が	
	〔問6〕		
	〔問7〕	(1)	
		(2)	

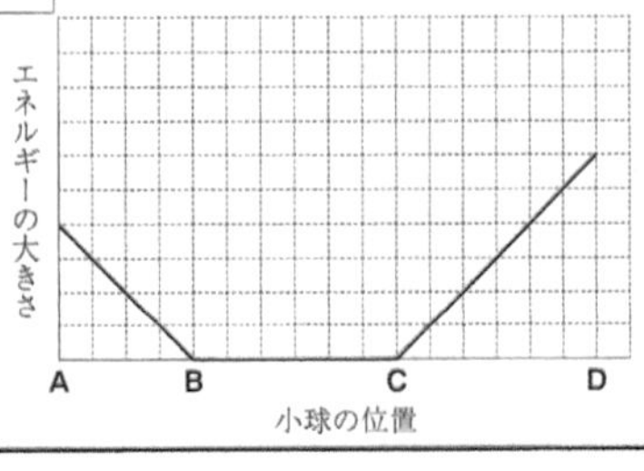

※ 167%に拡大していただくと，解答欄は実物大になります。

令和4年度学力検査　社会科解答用紙

受検番号	

1

〔問1〕	
〔問2〕	
〔問3〕	
〔問4〕	
〔問5〕	A
	B
	C
〔問6〕	

2

〔問1〕	
〔問2〕	
〔問3〕	地域
	説明
〔問4〕	
〔問5〕	
〔問6〕	A
	B
	C

3

〔問1〕	
〔問2〕	
〔問3〕	
〔問4〕	
〔問5〕	
〔問6〕	→　→
〔問7〕	
〔問8〕	
〔問9〕	

4

〔問1〕	地名
	位置
〔問2〕	→　→
〔問3〕	
〔問4〕	
〔問5〕	

5

〔問1〕		
〔問2〕		
〔問3〕	(1)	
	(2)	
〔問4〕		
〔問5〕		

6

〔問1〕	の原則	
〔問2〕		
〔問3〕		
〔問4〕	(1)	①
		②
	(2)	
〔問5〕		

和歌山県公立高校　２０２２年度

※１７２％に拡大していただくと、解答欄は実物大になります。

令和四年度学力検査　国語科解答用紙

受検番号

一

〔問1〕 ①（びる） ②（める） ③ ④ ⑤ ⑥（たり） ⑦ ⑧

〔問2〕 (1) (2) ① ②

〔問3〕 (1) (2) (3) (4)

二

〔問1〕 50

〔問2〕 a b c d

〔問3〕 役割 役割

〔問4〕

〔問5〕 → →

〔問6〕

三

〔問1〕 60 という思い。

〔問2〕

〔問3〕

〔問4〕

〔問5〕

〔問6〕 80

四

選んだポスター

2022年度入試配点表（和歌山県）

数学	1	2	3	4	計
	〔問1〕,〔問2〕　各3点×6 他　各4点×4 （〔問3〕完答）	〔問2〕(1),〔問4〕(2) 各3点×2　〔問3〕　6点 〔問4〕(1)　各2点×3 他　各4点×3	〔問1〕　3点 〔問4〕　6点 他　各2点×4	〔問1〕(1)　3点 〔問1〕(2)　4点 〔問2〕　7点 〔問3〕　5点	100点

英語	1	2	3	4	5	計
	〔問3〕　各3点×5 他　各2点×5	〔問2〕　各1点×4 〔問4〕(1)　4点 他　各3点×3	〔問1〕・〔問3〕 各4点×2 他　各3点×3	10点	〔問2〕4点　〔問6〕6点 他　各3点×7 （〔問3〕ⓑ・ⓒ,〔問5〕各完答）	100点

理科	1	2	3	4	5	計
	〔問1〕(1)・(3),〔問2〕 (1)・(3)　各2点×4 他　各3点×4 （〔問1〕(4)完答）	〔問1〕(2)・(4) 各3点×2 他　各2点×7 （〔問1〕(2)完答）	〔問1〕,〔問2〕,〔問5〕, 〔問8〕　各2点×4 他　各3点×4	〔問1〕,〔問3〕,〔問5〕, 〔問6〕　各2点×4 他　各3点×4 （〔問1〕,〔問2〕各完答）	〔問1〕,〔問3〕,〔問6〕, 〔問7〕(1)　各2点×4 他　各3点×4	100点

社会	1	2	3	4	5	6	計
	〔問1〕,〔問2〕 各2点×2 他　各3点×4 （〔問5〕完答）	〔問1〕　2点 他　各3点×5 （〔問3〕,〔問6〕各完答）	〔問4〕～〔問6〕, 〔問8〕　各3点×4 他　各2点×5	〔問2〕,〔問3〕 各3点×2 他　各2点×3 （〔問1〕,〔問2〕各完答）	〔問1〕,〔問3〕(2) 各2点×2 他　各3点×4	〔問5〕　2点 他　各3点×5 （〔問4〕(1)完答）	100点

国語	一	二	三	四	計
	〔問3〕(2)・(3)　各3点×2 他　各2点×12	〔問1〕　6点　〔問5〕　4点 〔問6〕　5点 他　各3点×4	〔問1〕　6点 〔問2〕,〔問5〕　各3点×2 〔問6〕　8点　他　各4点×2	15点	100点

※ 164%に拡大していただくと，解答欄は実物大になります。

令和３年度学力検査　数学科解答用紙

受検番号	

1	〔問１〕	（1）	
		（2）	
		（3）	
		（4）	
		（5）	
	〔問２〕	$x =$	
	〔問３〕		
	〔問４〕		
	〔問５〕	中央値（メジアン）	m
		最頻値（モード）	m

2	〔問１〕	（1）	面
		（2）	本
		（3）	cm
	〔問２〕		
	〔問３〕	（1）	
		（2）	
	〔問４〕	（求める過程）	午後４時　　分

3	〔問１〕	（1）	ア	
			イ	
		（2）		
				n番目の白タイルの枚数　　枚
	〔問２〕	（1）		
		（2）		cm

4	〔問１〕	P	秒後
		Q	秒後
	〔問２〕		
	〔問３〕		秒後
	〔問４〕	D（　　，　　）	

5	〔問１〕	∠CAD ＝	度
	〔問２〕		cm^2
	〔問３〕	（証明）	
	〔問４〕	△ABE：△CGE ＝ 　：	

※ 164％に拡大していただくと，解答欄は実物大になります。

令和３年度学力検査　英語科解答用紙

受検番号	

1	〔問１〕	No. 1	
		No. 2	
	〔問２〕	No. 1	
		No. 2	
		No. 3	
	〔問３〕	No. 1	
		No. 2	
		No. 3	
		No. 4	
		No. 5	

2	〔問１〕	(1)				
		(2)				
	〔問２〕		A	B	C	D
	〔問３〕	(1)				
		(2)				

3	〔問１〕		〔　　〕?
	〔問２〕		
	〔問３〕	A	
		B	
	〔問４〕		

4	

5	〔問１〕	A	
		B	
	〔問２〕	ⓐ	Let's (　　) to us.
		ⓑ	Soon we (　　) us.
	〔問３〕		
	〔問４〕	(1)	
		(2)	
	〔問５〕		(　　) → (　　) → (　　) → (　　)
	〔問６〕		

※ 164%に拡大していただくと，解答欄は実物大になります。

令和３年度学力検査　理科解答用紙

受検番号	

1	〔問1〕	(1)	
		(2)	
		(3)	
		(4)	
	〔問2〕	(1)	
		(2)	A　　　B
		(3)	
		(4)	記号 理由

2	〔問1〕	
	〔問2〕	①　　②　　X
	〔問3〕	
	〔問4〕	
	〔問5〕	
	〔問6〕	

3	〔問1〕	
	〔問2〕	
	〔問3〕	
	〔問4〕	
	〔問5〕	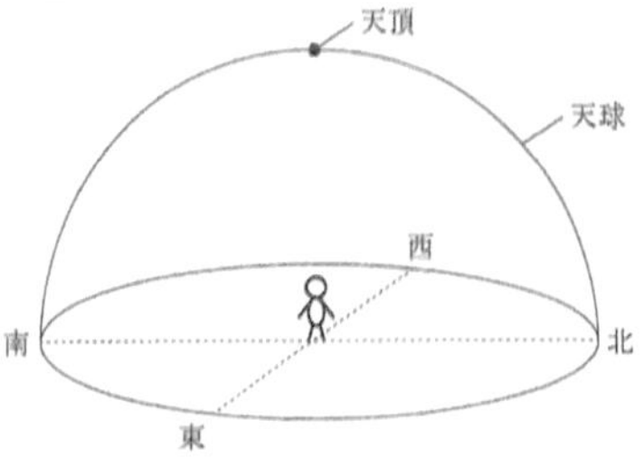

3	〔問6〕	
	〔問7〕	東　　西　　南　　北

4	〔問1〕	→　→　→　→	
	〔問2〕		
	〔問3〕	(1)	①　　②　　③
		(2)	
	〔問4〕		
	〔問5〕		
	〔問6〕	g	

5	〔問1〕	A
	〔問2〕	
	〔問3〕	
	〔問4〕	Ω
	〔問5〕	
	〔問6〕	
	〔問7〕	
	〔問8〕	

※161％に拡大していただくと，解答欄は実物大になります。

令和３年度学力検査　社会科解答用紙

受検番号	

1

〔問１〕
〔問２〕
〔問３〕
〔問４〕
〔問５〕 (1) (2)

2

〔問１〕
〔問２〕
〔問３〕 (1) (2)
〔問４〕
〔問５〕

3

〔問１〕
〔問２〕
〔問３〕
〔問４〕
〔問５〕
〔問６〕
〔問７〕
〔問８〕 (1) (2)
〔問９〕

4

〔問１〕 X Y
〔問２〕 → → →
〔問３〕
〔問４〕

5

〔問１〕
〔問２〕 X Y Z
〔問３〕
〔問４〕
〔問５〕
〔問６〕 人以上

6

〔問１〕 (1) A B (2)
〔問２〕
〔問３〕 (1) (2)

※１７２%に拡大していただくと、解答欄は実物大になります。

令和三年度学力検査　国語科解答用紙

受検番号

一

〔問1〕 ① (あ) ② (て) ③ ④ ⑤ (う) ⑥ (い) ⑦ ⑧

〔問2〕 (1) (2)

〔問3〕

〔問4〕 (1) (2) (3)

二

〔問1〕 ① ② ③

〔問2〕

〔問3〕

〔問4〕

〔問5〕

〔問6〕

〔問7〕

80

三

〔問1〕

〔問2〕

〔問3〕

〔問4〕

〔問5〕

60

〔問6〕

四

2021年度入試配点表（和歌山県）

	1	2	3	4	5	計
数学	〔問4〕　4点 〔問5〕　各2点×2 他　各3点×7	〔問1〕(1)・(2) 各2点×2　〔問3〕(2) 4点　〔問4〕6点 他　各3点×3	〔問1〕(1)　各2点×2 〔問1〕(2)　4点 〔問2〕(1)　3点 〔問2〕(2)　5点	〔問1〕　2点(完答) 〔問2〕　3点 〔問3〕　5点 〔問4〕　6点	〔問1〕　2点 〔問3〕　6点 他　各4点×2	100点

	1	2	3	4	5	計
英語	〔問3〕　各3点×5 他　各2点×5	〔問2〕　各1点×4 〔問3〕(1)　4点 他　各3点×3	〔問1〕・〔問4〕 各4点×2 他　各3点×3	10点	〔問3〕4点　〔問6〕6点 他　各3点×7 (〔問5〕完答)	100点

	1	2	3	4	5	計
理科	〔問1〕(3)，〔問2〕(2) 各3点×2 〔問2〕(4)　4点 他　各2点×5 (〔問2〕(2)・(4)各完答)	〔問5〕，〔問6〕 各4点×2 他　各3点×4 (〔問2〕完答)	〔問4〕，〔問7〕各3点×2 (〔問7〕完答) 〔問5〕，〔問6〕各4点×2 他　各2点×3	〔問2〕，〔問3〕(1) 各3点×2 〔問5〕，〔問6〕各4点×2 他　各2点×3 (〔問1〕，〔問3〕(1)各完答)	〔問1〕，〔問2〕，〔問4〕， 〔問6〕　各2点×4 他　各3点×4	100点

	1	2	3	4	5	6	計
社会	〔問1〕，〔問3〕 各2点×2 他　各3点×4 (〔問4〕完答)	〔問3〕(1)　2点 他　各3点×5	〔問1〕，〔問2〕， 〔問6〕，〔問8〕 各2点×5 他　各3点×5	〔問4〕　2点 他　各3点×3 (〔問1〕，〔問2〕各完答)	〔問1〕，〔問6〕 各2点×2(〔問1完答) 他　各3点×4 (〔問2〕，〔問4〕各完答)	〔問1〕(1)，〔問2〕 各2点×3 他　各3点×3	100点

	一	二	三	四	計
国語	各2点×14	〔問3〕，〔問6〕　各3点×2 〔問4〕　5点　〔問7〕　8点 他 各4点×3(〔問1〕，〔問4〕各完答)	〔問4〕，〔問6〕　各5点×2 〔問5〕　7点 他　各3点×3	15点	100点

令和２年度学力検査　数学科解答用紙

受検番号	

1

〔問１〕	（1）	
	（2）	
	（3）	
	（4）	
	（5）	
〔問２〕		
〔問３〕	$n=$	
〔問４〕	$\angle x=$	度
〔問５〕		

2

〔問１〕		cm^3
〔問２〕	（ア）	
	（イ）	
〔問３〕	（1）	
	（2）	冊
〔問４〕	（求める過程） 先月の公園清掃ボランティア参加者数　　人 先月の駅前清掃ボランティア参加者数　　人	

3

〔問１〕	（1）	ア	
		イ	
	（2）		個
	（3）		個
〔問２〕	（1）		個
	（2）	（求める過程） $x=$	

4

〔問１〕	
〔問２〕	個
〔問３〕	P（　　　，　　　）
〔問４〕	$a=$

5

〔問１〕	QR ＝	cm
〔問２〕		cm^2
〔問３〕	（1）	（証明）
	（2）	BR ＝　　　cm

※この解答用紙は167％に拡大していただきますと，実物大になります。

令和２年度学力検査　英語科解答用紙

受検番号	

1

〔問１〕	No. 1	
	No. 2	
〔問２〕	No. 1	
	No. 2	
	No. 3	
〔問３〕	No. 1	
	No. 2	
	No. 3	
	No. 4	
	No. 5	

2

〔問１〕					
〔問２〕		A	B	C	D
〔問３〕					
〔問４〕	(1)				
	(2)				

3

〔問１〕		〔　　　　〕？
〔問２〕	A	
	B	
〔問３〕		
〔問４〕		

4

5

〔問１〕	ⓐ	But it's (　　　　) information about cycling courses in Wakayama.
	ⓑ	So (　　　　) kindness.
〔問２〕		
〔問３〕		
〔問４〕	(1)	
	(2)	
〔問５〕		(　　　) → (　　　) → (　　　) → (　　　)
〔問６〕		
〔問７〕		

※この解答用紙は167％に拡大していただきますと，実物大になります。

令和２年度学力検査　理科解答用紙

受検番号	

1	〔問１〕	（１）	
		（２）	
		（３）	
		（４）	
	〔問２〕	（１）	
		（２）	
		（３）	
		（４）	Z
			理由

2	〔問１〕		
	〔問２〕		
	〔問３〕		
	〔問４〕		
	〔問５〕	（１）	
		（２）	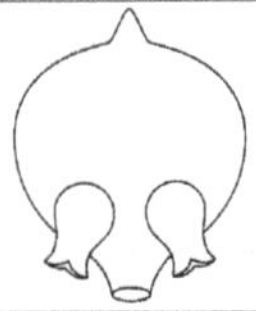
	〔問６〕	葉脈のようす	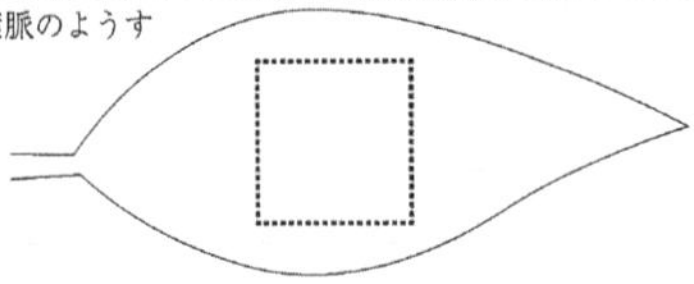
		根のようす	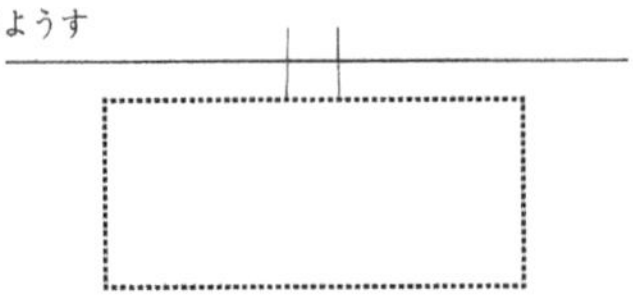
	〔問７〕	記号	
		特徴	

3	〔問１〕		
	〔問２〕		
	〔問３〕		
	〔問４〕	g	
	〔問５〕	①	②
	〔問６〕		
	〔問７〕		

4	〔問１〕			
	〔問２〕			
	〔問３〕			
	〔問４〕	g		
	〔問５〕	X		
		気体		
	〔問６〕	（１）	作用	
		（２）	①	②
		（３）		

5	〔問１〕		
	〔問２〕		
	〔問３〕		
	〔問４〕		
	〔問５〕	X	Y
		Z	
	〔問６〕	N	
	〔問７〕		

※この解答用紙は167％に拡大していただきますと，実物大になります。

令和２年度学力検査　社会科解答用紙

受検番号	

1	〔問１〕	(1)	
		(2)	→　→　→
	〔問２〕		
	〔問３〕	(1)	
		(2)	
	〔問４〕		

2	〔問１〕		
	〔問２〕		→　→
	〔問３〕		
	〔問４〕	(1)	
		(2)	
	〔問５〕		

3	〔問１〕	
	〔問２〕	
	〔問３〕	
	〔問４〕	の戦い
		〔理由〕
	〔問５〕	
	〔問６〕	
	〔問７〕	
	〔問８〕	
	〔問９〕	
	〔問10〕	

4	〔問１〕	
	〔問２〕	
	〔問３〕	
	〔問４〕	
	〔問５〕	→　→　→

5	〔問１〕	(1)	
		(2)	
	〔問２〕	(1)	
		(2)	
	〔問３〕		
	〔問４〕		

6	〔問１〕	(1)	
		(2)	
	〔問２〕	①	②
	〔問３〕		
	〔問４〕		
	〔問５〕		

※この解答用紙は167％に拡大していただきますと，実物大になります。

令和二年度学力検査　国語科解答用紙

受検番号

一

〔問1〕
① （げる）
② （い）
③
④
⑤ （れる）
⑥ （える）
⑦
⑧

〔問2〕

〔問3〕

〔問4〕 (1) (2)

二

〔問1〕

〔問2〕 20

〔問3〕 60

〔問4〕

〔問5〕 50

〔問6〕

三

〔問1〕

〔問2〕

〔問3〕

〔問4〕

〔問5〕 80

〔問6〕

四

※この解答用紙は１７２％に拡大していただきますと、実物大になります。

2020年度入試配点表(和歌山県)

	1	2	3	4	5	計
数学	〔問4〕・〔問5〕 各4点×2 他　各3点×7	〔問1〕　4点 〔問2〕　各2点×2 〔問4〕　6点 他　各3点×2	〔問1〕(3)・〔問2〕(1) 各3点×2 〔問2〕(2)　6点 他　各2点×3	〔問1〕　3点 〔問4〕　5点 他　各4点×2	〔問3〕(1)　6点 〔問3〕(2)　5点 他　各3点×2	100点

	1	2	3	4	5	計
英語	〔問3〕　各3点×5 他　各2点×5	〔問2〕　各1点×4 〔問3〕　4点 他　各3点×3	〔問1〕・〔問4〕 各4点×2 他　各3点×3	10点	〔問6〕6点〔問7〕4点 他　各3点×7 (〔問1〕・〔問5〕各完答)	100点

	1	2	3	4	5	計
理科	〔問1〕(4),〔問2〕(4) 理由　各3点×2 他　各2点×7	他　各2点×10 (〔問4〕,〔問7〕記号 各完答)	〔問3〕　2点 他　各3点×6 (〔問1〕,〔問5〕各完答)	〔問1〕,〔問2〕,〔問3〕, 〔問6〕(1)　各2点×4 他　各3点×4 (〔問5〕,〔問6〕(2)各完答)	〔問1〕,〔問4〕 各2点×2 〔問5〕　4点 他　各3点×4 (〔問2〕,〔問5〕各完答)	100点

	1	2	3	4	5	6	計
社会	〔問1〕(1),〔問3〕 (1)　各2点×2 〔問3〕(2)　4点 他　各3点×3	〔問1〕　2点 他　各3点×5	〔問2〕,〔問4〕 各3点×2 他　各2点×8	〔問1〕,〔問4〕 各2点×2 他　各3点×3	〔問1〕(1)・(2), 〔問2〕(1) 各2点×3 他　各3点×3	〔問1〕(2),〔問4〕 各3点×2 〔問5〕　4点 他　各2点×3	100点

	一	二	三	四	計
国語	〔問1〕　各2点×8 他　各3点×4	〔問1〕,〔問4〕　各3点×2 〔問2〕　4点　〔問6〕　5点 他　各7点×2	〔問2〕　5点　〔問5〕　8点 〔問6〕　6点 他　各3点×3	15点	100点

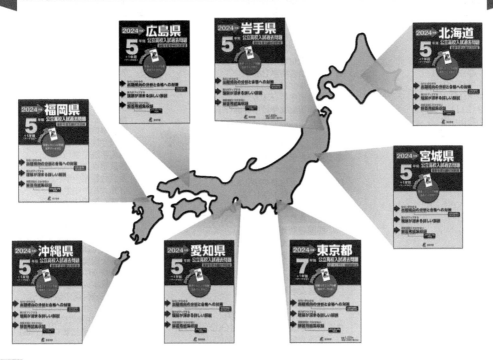

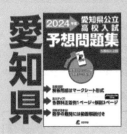

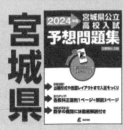

〈ダウンロードコンテンツについて〉

本問題集のダウンロードコンテンツ、弊社ホームページで配信しております。現在ご利用いただけるのは「2025年度受験用」に対応したもので、**2025年3月末日**までダウンロード可能です。弊社ホームページにアクセスの上、ご利用ください。

※配信期間が終了いたしますと、ご利用いただけませんのでご了承ください。

和歌山県公立高校　2025年度

ISBN978-4-8141-3280-5

[発行所] 東京学参株式会社

〒153-0043　東京都目黒区東山2-6-4

書籍の内容についてのお問い合わせは右のQRコードから ⇒

※書籍の内容についてのお電話でのお問い合わせ、本書の内容を超えたご質問には対応できませんのでご了承ください。

2024年7月26日　初版